債権法改正を読む

改正論から学ぶ新民法

松尾 弘

慶應義塾大学出版会

はしがき

　本書は，前著『民法改正を読む──改正論から学ぶ民法』（慶應義塾大学出版会，2012 年 9 月）の続編として，平成 29（2017）年 5 月 26 日に成立した民法の一部を改正する法律（6 月 4 日公布，平成 29 年法律 44 号。以下，**改正民法**）の内容と特色を明らかにするものである。その際，民法改正のプロセスで提示された様々な提案とその理由に着目し，それらが**改正民法**の規定になぜ，どのように採用されたか，あるいは採用されなかったかを確認する。それを通じて，改正前民法の諸規定の改廃の趣旨，**改正民法**の個々の規定の意味とともに，今次の民法改正の背景にある契約の基本思想および債権・債務の基本原理における変化の意味内容を解明することが，本書の重要な目標である。

　前著では，債権法改正検討委員会の基本方針（2009 年 3 月。以下，**委員会方針**），民法改正研究会案（2009 年 10 月。以下，**研究会案**）等の学者グループによる改正の準備作業および法制審議会民法（債権関係）部会による「民法（債権関係）の改正に関する中間的論点整理」（2011 年 4 月。以下，**中間整理**）を中心に，民法改正論の動向を検討した。その後，前著から**改正民法**に至るまでの重要な動きの 1 つとして，法制審議会民法（債権関係）部会による「民法（債権関係）の改正に関する中間試案」（2013 年 2 月。以下，**中間試案**）が，その理由説明を付して公表された。これは，民法改正を検討すべき項目と改正の指針を包括的かつ複眼的に検討したものである。それに対するパブリック・コメントを経て，その後の民法改正作業は，中間試案の提案をベースにし，それを採用したもの，採用しなかったもの，新たな提案を加えて修正したものという形で進展した。そこで，本書は，基本的に中間試案の提案を起点に，必要に応じてそれ以前およびそれ以後の提案との関連性にも目を配りながら，**改正民法**に至る経緯と帰結を明らかにする。

　それに先立ち，本書の第 I 章は，今次の民法改正がどのような事項に及び，どのような特色をもっているかについて，**改正民法**の全体像を手短に鳥瞰する。そのうえで，第 II 章から第 V 章は，民法総則，債権総論，債権各論・契約総論および債権

各論・契約各論の順に，**改正民法**の内容について，立法経緯を踏まえて，個別的に検討する。こうしたマクロおよびミクロの視点から，契約および債権関係を中心とする今次の民法改正の特色を描き出すことが，本書の課題である。それをどこまで果たし得ているかは心許ないが，今後も続く日本民法の発展への建設的な展望をもちながら，考察を進めたい。

　本書の執筆は，岡田智武さん（慶應義塾大学出版会）からの辛抱強くかつ的確なアドバイスとご協力なしには実現しなかった。記して感謝を申し上げたい。

　2017 年 9 月 7 日
　　　　　　　　バンコク・ルンビニー公園近くの滞在先にて　　松 尾　　弘

iii

目　次

はしがき　　i

I　民法（債権関係）改正の特色と全体像―――――――1

1　はじめに――民法改正に至る経緯　　2
2　改正の趣旨　　2
(1)　政府説明　2／(2)　契約の尊重とその効力強化の傾向　3
3　改正民法の全体像　　6
(1)　原理・原則，定義・例示規定の創設　6／(2)　民法総則関連　6／(3)　物，物権関連　9／(4)　債権総論関連　10／(5)　債権各論関連　15／(6)　小括　22

II　民法総則関連の改正―――――――23

1　法律行為と意思表示　　24
(1)　法律行為の意義　24／(2)　法律行為の無効事由の拡張とその根拠　24
2　意思能力を欠く者の法律行為　　25
3　意思表示の瑕疵　　26
(1)　心裡留保　26／(2)　錯誤　27／(3)　詐欺　30／(4)　不実表示について　31／(5)　小括　32
4　意思表示の効力発生時期　　33
5　代理制度　　33
(1)　改正の視点　33／(2)　代理行為の成立　33／(3)　代理権の内容と範囲　36／(4)　代理権の濫用　40／(5)　表見代理　41／(6)　無権代理人の責任　43／(7)　授権（処分権授与）について　44
6　法律行為の無効，意思表示の取消しの効果　　45
(1)　一部無効　45／(2)　取消権者　45／(3)　無効・取消しの効果　46／(4)　取り消すことのできる行為の追認の要件と効果　47／(5)　取消権の行使期間　48
7　条件および期限　　48
(1)　条件および期限の定義　48／(2)　条件成就の妨害等　49
8　消滅時効　　49
(1)　短期消滅時効の特則の削除と消滅時効の種類の統一化　49／(2)　時効の期間と起算点　50／(3)　時効の中断・停止から更新・完成猶予へ　54／(4)　時効の効果　60／(5)　小括　61

III 債権総論部分の改正―――――――――――――――――――――――63

A 債権の目的と効力　63

1 債権の目的　64
(1) 債権の内容　64 /(2) 外国通貨債権　65 /(3) 利息債権　66 /(4) 選択債権　66

2 債権の効力(1)―――履行請求権と履行遅滞・履行不能・受領遅滞の場合　69
(1) 履行請求権　69 /(2) 履行期と履行遅滞　69 /(3) 履行不能の場合　70 /
(4) 受領遅滞　72

3 債権の効力(2)―――履行の強制　74

4 債権の効力(3)―――債務不履行による損害賠償請求　74
(1) 損害賠償請求の要件―――帰責事由主義の原則の行方　74 /(2) 債務不履行の態
様と損害賠償要件　76 /(3) 損害賠償の範囲　77 /(4) 損害賠償額の算定における
中間利息の控除　78 /(5) 過失相殺および損害軽減義務　78 /(6) 損益相殺　79 /
(7) 損害賠償額の予定　79

5 債権の効力(4)―――代償請求権とその位置づけ　79

B 債権の第三者に対する効力　81

6 債権の第三者に対する効力(1)―――債権者代位権　82
(1) 改正の趣旨　82 /(2) 代位権行使の方法および範囲　84 /(3) 債権者と債務
者の関係　85 /(4) 転用型　87 /(5) 評価　87

7 債権の第三者に対する効力(2)―――詐害行為取消権　87
(1) 改正の趣旨と方向性　87 /(2) 要件　88 /(3) 効果　93

8 債権の第三者に対する効力(3)―――債権に基づく妨害排除請求等　96

C 多数当事者の債権・債務関係　97

9 多数当事者の債権・債務関係(1)―――債権者が複数の場合　98
(1) 分割債権の原則　98 /(2) 連帯債権の創設　98 /(3) 不可分債権　101

10 多数当事者の債権・債務関係(2)―――債務者が複数の場合　102
(1) 分割債務の原則　102 /(2) 連帯債務　102 /(3) 不可分債務　108 /(4) 債
権者・債務者複数の場合に関する改正民法の方向性　109

11 多数当事者の債権・債務関係(3)―――保証債務　109
(1) 保証債務の成立・内容―――個人保証人の保護　109 /(2) 保証債務の付従性　109
/(3) 主たる債務者について生じた事由の効力　110 /(4) 保証人の求償権の内容と要
件　111 /(5) 連帯保証人について生じた事由の主債務者に対する効果　113 /(6) 主
たる債務の履行状況に関する債権者の情報提供義務　114 /(7) 根保証の規律　115 /
(8)「事業に係る債務」についての個人保証契約の特則　117 /(9) その他　119

D 債権・債務の移転　121

12 債権・債務の移転(1)―――債権譲渡　122
(1) 債権の譲渡性の原則と債権譲渡制限特約の効果　122 /(2) 将来債権譲渡に関す

目次　v

る規定の新設　127／(3)　債権譲渡の債務者への対抗要件と債務者の抗弁　129／
(4)　債権譲渡の第三者対抗要件と権利行使要件　131／(5)　債権譲渡が競合した場合
の規律　133／(6)　有価証券　134

13　債権・債務の移転(2)——債務引受　136

(1)　債務引受とは何か　136／(2)　併存的債務引受　137／(3)　免責的債務引受　138

E　債権の消滅　141

14　債権の消滅(1)——弁済　142

(1)　弁済の定義　142／(2)　弁済の方法　142／(3)　弁済として引き渡した物の取
戻し　144／(4)　弁済の充当　145／(5)　代物弁済　147／(6)　弁済の目的物の供
託　147／(7)　第三者による弁済　148／(8)　弁済による代位　150／(9)　弁済の
相手方　154

15　債権の消滅(2)——相殺・更改・免除　155

(1)　相殺　155／(2)　更改　162／(3)　免除　167／(4)　債権の消滅原因と当事者
の意思ないし合意　168

IV　債権各論(1)　契約総論部分の改正————169

1　契約の基本原則，契約の交渉から契約の成立へ　170

(1)　契約に関する基本原則等　170／(2)　契約交渉段階における当事者間の権
利・義務　174／(3)　契約の成立　174／(4)　懸賞広告　180

2　契約の解釈　182

3　約款の規制　185

(1)　約款および定型約款の定義　185／(2)　約款の契約内容への組入要件　186／
(3)　約款の内容規制　188／(4)　約款の変更に伴う契約内容の変更　190／(5)　約
款の解釈における条項使用者不利の原則　191

4　双務契約の効果——同時履行の抗弁権，不安の抗弁権　192

(1)　同時履行の抗弁権　192／(2)　不安の抗弁権　193

5　第三者のためにする契約　196

(1)　第三者のためにする契約とは何か　196／(2)　第三者のためにする契約の成
立等　198／(3)　要約者による解除権の行使　201／(4)　要約者の意思表示の瑕疵
を理由とする主張　203

6　契約上の地位の移転　204

(1)　契約上の地位の移転の一般原則　204／(2)　賃貸不動産の譲渡に伴う賃貸人
の地位の移転等　207

7　契約解除と危険負担　214

(1)　債務の履行が不可能な場合の契約関係　214／(2)　契約解除　216／(3)　危険
負担　223／(4)　契約解除・危険負担の根本問題　224

8　継続的契約の終了　225

(1)　継続的契約の終了に関する規定を設ける意義　225／(2)　期間の定めのある

vi 目 次

契約と更新拒絶 227 ／(3) 期間の定めのない契約と解約申入れ 227 ／(4) 契約
解除の非遡及効 228 ／(5) 改正民法の立場 230

9 **事情変更の法理** 228
(1) 意義 228 ／(2) 要件 229 ／(3) 効果 230 ／(4) 改正民法の立場 230

V **債権各論(2)** 契約各論部分の改正 ————————————————231

1 **売買契約** 232
(1) 改正の方向性 232 ／(2) 売買予約 232 ／(3) 事業者買主の適時検査・通知義
務 232 ／(4) 買主の受領義務 233 ／(5) 売買契約成立後・履行着手前の解除 233
／(6) 売主の義務と責任 234 ／(7) 買主の義務 241 ／(8) 危険負担 242 ／(9) 買
戻し 243

2 **贈与契約** 244
(1) 改正の方向性 244 ／(2) 贈与契約の意義 244 ／(3) 贈与者の責任 245 ／
(4) 贈与契約の解除による返還義務の特則 248 ／(5) 贈与者の困窮による贈与
契約の解除 249 ／(6) 受贈者に著しい非行があった場合の贈与契約の解除 250

3 **消費貸借契約** 253
(1) 改正の方向性 253 ／(2) 消費貸借の意義と成立 253 ／(3) 消費貸借の効力 257

4 **賃貸借契約** 261
(1) 貸借型契約における賃貸借の規律と改正の方向性 261 ／(2) 賃貸借の意義
と成立 261 ／(3) 賃貸人の義務 267 ／(4) 賃借人の義務 268 ／(5) 賃貸借の
終了 272 ／(6) 賃貸借類似の契約 275

5 **使用貸借契約** 277
(1) 使用貸借の特色 277 ／(2) 使用貸借の成立等 278 ／(3) 使用借権の効力
280 ／(4) 使用貸借の終了 280

6 **請負契約** 282
(1) 請負契約をめぐる改正論点 282 ／(2) 仕事が完成しなかった場合における
報酬請求権等 283 ／(3) 請負人の瑕疵担保責任から契約不適合責任へ 285 ／
(4) 注文者の破産と請負人の解除権 289 ／(5) 下請負人の注文者に対する直接
報酬請求権 290

7 **雇用契約** 290
(1) 雇用契約をめぐる改正論点 290 ／(2) 労務が履行できなくなった場合の報
酬請求権 290 ／(3) 期間の定めのある雇用の解除 291 ／(4) 期間の定めのない
雇用の解約申入れ 292

8 **委任契約** 293
(1) 改正の論点 293 ／(2) 受任者の自己執行義務 293 ／(3) 報酬に関する規律 294
／(4) 委任の終了に関する規定 297 ／(5) その他 298

9 **寄託契約** 299
(1) 改正の論点 299 ／(2) 寄託契約の諾成契約化 299 ／(3) 受寄者の自己執行
義務 301 ／(4) 寄託物についての第三者の権利主張 301 ／(5) 寄託物の損傷・

一部滅失の場合　301 ／(6)　寄託者による返還請求　302 ／(7)　混合寄託　302 ／
(8)　消費寄託　303 ／(9)　その他の改正提案　303

10　組合契約　304

(1)　組合契約の意義　304 ／(2)　意思表示または法律行為の無効・取消し　304 ／
(3)　契約総則に関する規定の不適用　304 ／(4)　組合の財産関係　305 ／(5)　組合
の業務執行と組合代理　308 ／(6)　組合員の加入および脱退　311 ／(7)　組合の解
散および清算　312

11　終身定期金契約　313

12　和解契約　314

おわりに──「債権法改正」とは何か　315

索　引　318

【図表一覧】

図表 I-1	民法（債権関係）改正に関する活動経緯	図表 III-16	三面更改
図表 I-2	民法（債権関係）改正の全体像	図表 IV-1	履行不能の規律に関する改正前民法・中間試案・改正民法の比較
図表 II-1	代理行為の成立パターン	図表 IV-2	契約の成立に関する規律
図表 II-2	無権代理人（代理行為者）の責任	図表 IV-3	契約の解釈方法
図表 II-3	代理と授権の関係	図表 IV-4	第三者のためにする契約
図表 II-4	時効の障害事由	図表 IV-5	契約上の地位の移転（三者間合意の原則）
図表 III-1	債権の効力に関する主要規定の構成	図表 IV-6	賃貸人の地位の移転（当然承継の原則）
図表 III-2	債権者代位権	図表 IV-7	賃貸人の地位の移転（当然承継の例外則）
図表 III-3	詐害行為取消権		
図表 III-4	債権者多数の場合	図表 IV-8	継続的契約
図表 III-5	多数当事者の債権関係	図表 V-1	売買契約の改正点
図表 III-6	債務者複数の場合	図表 V-2	贈与契約の改正点
図表 III-7	多数当事者の債務関係	図表 V-3	消費貸借契約に関する改正点
図表 III-8	個人保証人の保護の方策		
図表 III-9	債権譲渡制限特約の効果	図表 V-4	賃貸借契約に関する改正点
図表 III-10	債権譲渡の競合	図表 V-5	転貸借の法律関係
図表 III-11	債務引受	図表 V-6	ファイナンス・リース
図表 III-12	正当な利益のない第三者による債務者の意思に反する弁済	図表 V-7	使用貸借に関する改正点
		図表 V-8	請負・雇用に関する改正点
図表 III-13	弁済による代位（二重資格者の責任）	図表 V-9	雇用契約の解除または解約申入れによる終了に関する規律
図表 III-14	相殺禁止の意思表示の効果（その1）	図表 V-10	委任に関する改正点
		図表 V-11	寄託に関する改正点
図表 III-15	相殺禁止の意思表示の効果（その2）	図表 V-12	組合に関する改正点
		図表 V-13	組合の財産関係

viii 目 次

【凡 例】

・文章中の「改正民法」は「民法の一部を改正する法律」（平成 29 年 6 月 2 日法律 44 号）
を指す。

・文章中（ ）における条文番号引用の「改正前」は「改正前民法」を意味する。

・引用条文に付された**強調**，傍点，<u>下線</u>は，とくに断りのない限り，引用者によるものである。

・引用条文の末尾に付された「＊」は，改正民法による改正があった民法条文を意味する。

・条文の引用中「／」は原文改行を意味する。

・文章中（ ）内における法令の条文番号の引用では，条項号等の表記を省略する。例えば，
（民法 95 ③ [2] ＊）は（**改正民法** 95 条 3 項 2 号）を，（商法 504 **本**，504 **但**）は（商法
504 条本文，504 条ただし書）を，（改正前 415 **前**，415 **後**）は（改正前民法 415 条前段，
415 条後段）を，（民法 95 ③**柱**）は（民法 95 条 3 項柱書）を，（民法 467 ①**括**）は（民法
467 条 1 項括弧書）を意味する。

【民法改正に関する提案等の略記】

委員会方針：民法（債権法）改正検討委員会『債権法改正の基本方針』（別冊 NBL 126 号，
商事法務，2009）

研究会案：民法改正研究会『民法改正　国民・法曹・学界有志案』（法律時報増刊，日本評
論社，2009）

たたき台：「民法（債権関係）の改正に関する要綱案のたたき台」（法制審議会民法（債権関
係）部会平成 25 年 9 月～平成 26 年 2 月）

中試：「民法（債権関係）の改正に関する中間試案」（法制審議会民法（債権関係）部会平成
25 年 2 月 26 日決定）

中整：「民法（債権関係）の改正に関する中間的な論点整理」（法制審議会民法（債権関係）
部会平成 23 年 4 月 12 日決定）

要仮：「民法（債権関係）の改正に関する要綱仮案」（法制審議会民法（債権関係）部会平成
26 年 8 月 26 日決定）

要仮原案：「民法（債権関係）の改正に関する要綱仮案原案」（法制審議会民法（債権関係）
部会平成 26 年 6 月～ 8 月）

要綱：「民法（債権関係）の改正に関する改正案要綱」（法制審議会平成 27 年 2 月 24 日決
定）

要綱案：「民法（債権関係）の改正に関する改正案要綱案」（法制審議会民法（債権関係）部
会平成 27 年 2 月 10 日決定）

【法令名等の略記】

会社：会社法

破産：破産法

民執：民事執行法

民訴：民事訴訟法

民保：民事保全法

民法改正案：「民法の一部を改正する法律案」（平成 27 年 3 月 31 日）

CISG：国際物品売買契約に関する国際連合条約

DCFR：ヨーロッパ民法共通参照枠草案

PECL：ヨーロッパ契約法原則

PICC：国際商事契約法原則

【参考文献の略記】

　本書では，以下の文献（略称の五十音順）は，編著者名と出版年で引用する。

荒木 2008：荒木新五「賃貸人の地位の譲渡とその対抗」椿ほか編 2008: 302-303 頁

池田ほか編 2010：池田真朗＝平野裕之＝西原慎治編著『民法（債権法）改正の論理』（新青出版，2010）

伊藤編 2014：伊藤滋夫編『不動産法と要件事実』（日本評論社，2014 年）

内田 2009：内田貴『債権法の新時代──「債権法改正の基本方針」の概要』（商事法務，2009）

内田 2011：内田貴『民法改正──契約のルールが百年ぶりに変わる』（ちくま新書，2011）

大久保ほか 2015：大久庭紀彦＝青山大樹＝末廣裕亮＝河上佳世子＝畑江智監修『「民法改正」法案（重要条文ミニ解説付き）』（中央経済社，2015）

岡島ほか 2013：岡島芳伸＝大久保拓也＝松嶋隆弘編著『民法（債権関係）改正と実務への影響』（三協法規，2013）

大村 2011：大村敦志『民法改正を考える』（岩波新書，2011）

加賀山 2015：加賀山茂『民法（債権関係）改正法案の〔現・新〕条文対照表（条文番号整理案付）』（信山社，2015）

加藤 2011：加藤雅信『民法（債権法）改正──民法典はどこにいくのか』（日本評論社，2011）

検討委員会 2009：民法（債権法）改正検討委員会『債権法改正の基本方針』（別冊 NBL 126 号，商事法務，2009）

小林 2008：小林明彦「実務家からみた債権譲渡法制の整備への期待」椿ほか編 2008: 243-245 頁

潮見 2014：潮見佳男『民法（債権関係）の改正に関する要綱仮案の概要』（金融財政事情研究会，2014）

潮見 2015：潮見佳男『民法（債権関係）改正法案の概要』（きんざい，2015）

潮見 2017a1：潮見佳男『新債権総論 I』（信山社，2017）

潮見 2017a2：潮見佳男『新債権総論 II』（信山社，2017）

潮見 2017b：潮見佳男『基本講義債権各論 I　契約法・事務管理・不当利得（第 3 版）』（新世社，2017）

詳解 I～V：民法（債権法）改正検討委員会編『詳解・債権法改正の基本方針 I～V』（商事法務，2010）

鈴木 2013：鈴木仁志『民法改正の真実──自壊する日本の法と社会』（講談社，2013）

x 目 次

椿ほか編 2008：椿寿夫＝新美育文＝平野裕之＝河野玄逸編『民法改正を考える』（日本評論社，2008）

円谷編 2010：円谷峻編著『社会の変容と民法典』（成文堂，2010）

円谷編著 2013：円谷峻編著『民法改正案の検討 第 1 巻』（成文堂，2013）

道垣内 2017：道垣内弘人『リーガルベイシス民法入門（第 2 版）』（日本経済新聞出版社，2017）

新田 1965：新田敏「民法における権利拘束の原則」法学研究 38 巻 1 号（1965）221-255 頁

部会資料集 1-1 〜 3-4：『法制審議会民法（債権関係）部会資料集第 1 集〈第 1 巻〉〜第 3集〈第 4 巻〉』（商事法務，2011 〜 2017）

松尾 2010：松尾弘「民法（債権法）改正における『意思主義』の行方」池田ほか編 2010：663-682 頁

松尾 2012a：松尾弘『民法改正を読む―――改正論から学ぶ民法』（慶應義塾大学出版会，2012）

松尾 2012b：松尾弘「消滅時効の制度設計と法改正の指針」ジュリスト 1436 号（2012）92-96 頁

松尾 2012c：松尾弘「賃貸不動産の譲渡と賃貸人の地位」慶應法学 24 号（2012）43-86 頁

松尾 2012d：松尾弘「民法改正とグローバル・スタンダード――統一化の要請と民法原則の動揺」法学セミナー 693 号（2012）18-21 頁

松尾 2013a：松尾弘「物権変動規定の交錯と物権変動法理の類型化――対抗の法理，無権利の法理および権利保護資格の法理の関係を中心に」司法研修所論集 122 号（2013）80-141 頁

松尾 2013b：松尾弘「民法改正における規範的意思主義と合意主義の相克」森＝池田編2013：529-564 頁

松尾 2014：松尾弘「賃貸不動産の譲渡に伴う賃貸人の地位の帰趨と要件事実論」伊藤編2014：112-135 頁

松尾 2016：松尾弘『民法の体系――市民法の基礎（第 6 版）』（慶應義塾大学出版会，2016）

松尾 2017：松尾弘「我妻民法の大転換 『大陸法』から『英米法』へ 国際的潮流への対応」週刊エコノミスト 2017 年 7 月 11 日号 37-38 頁

松岡 2015：松岡久和「経済教室 民法改正 商取引に変化も」日本経済新聞 2015 年 2 月20 日 29 頁

三林 2010：三林宏「債権譲渡――コスト・利便性を重視した対抗要件制度を」円谷編2010：228-241 頁

民事法研究会編 2011：民事法研究会編集部編『法制審議会民法（債権関係）部会資料（詳細版）・民法（債権関係）の改正に関する検討事項』（民事法令研究会，2011）

森＝池田編 2013：森征一＝池田真朗編『内池慶四郎先生追悼論文集 私権の創設とその展開』（慶應義塾大学出版会，2013）

山野目 2017：山野目章夫『新しい債権法を読みとく』（商事法務，2017）

我妻 1954：我妻栄『債権各論 上巻』（岩波書店，1954）

我妻 1964：我妻栄『新訂 債権総論』（岩波書店，1964）

我妻 1965：我妻栄『新訂 民法総則』（岩波書店，1965）

I 民法(債権関係)改正
の特色と全体像

1　はじめに——民法改正に至る経緯

　平成 27 年 3 月 31 日，内閣は「民法の一部を改正する法律案」（以下，**改正案**という）を第 189 回国会に提出した[1]。これにより，民法（債権関係）の改正作業は，第Ⅰフェーズとしての学者のグループを中心とする準備活動（平成 17 ～ 21 年）[2]，第Ⅱフェーズとしての法制審議会での議論（平成 21 ～ 27 年）を終え[3]，第Ⅲフェーズとしての国会での審議に到達した。**改正案**の国会審議には，閉会中審査の期間を含めて 2 年余りを要したが，平成 29 年 5 月 26 日，参議院で可決・成立した（以下，**改正民法**という。公布は 6 月 2 日法律 44 号，施行は，一部規定を除き，公布日から 3 年を超えない日。併せて，民法の一部を改正する法律の施行に伴う関係法律の整備等に関する法律案も可決・成立した。公布は 6 月 2 日法律 45 号。図表Ⅰ-1 参照）[4]。本書では，**改正民法**の特色を，改正に至る経緯および改正前民法との相違点を中心に検討する。それに先立ち，本章では，今次の民法改正の趣旨と改正点の全体像を概観する（図表Ⅰ-2 参照）。

2　改正の趣旨

(1)　政府説明

　改正案の提案理由について，内閣（民法の所管官庁である法務省）は，社会経済情勢の変化に鑑み，①消滅時効期間の統一化等の時効に関する規定の整備（民法 166 ＊～ 169 ＊。改正前 170 ～ 174 削除），②法定利率を変動させる規定の新設（民法 404 ＊），③保証人の保護を図るための保証債務に関する規定の整備（民法 446 ＊～ 465 の 10 ＊），④定型約款に関する規定の新設（民法 548 の 2 ＊～ 548 の 4 ＊）等を行う必要があるとしていた[5]。

---

1) 　法律案，提案理由，新旧対照条文等が法務省のホームページに公開されている。http://www.moj.go.jp/MINJI/minji07_00175.html
2) 　その主な成果として，①委員会方針，②研究会案がある。
3) 　第Ⅱフェーズは，第 1 ステージ（平成 21 年～平成 23 年における論点の抽出と整理。成果として，中間整理（平成 23 年 4 月 12 日）），第 2 ステージ（平成 23 年～平成 25 年における中間試案の取りまとめ。成果として，中間試案』（平成 25 年 2 月 26 日）），第 3 ステージ（平成 25 年～平成 27 年における改正案要綱の取りまとめ。成果として『民法（債権関係）の改正に関する改正案要綱』（平成 27 年 2 月 24 日））に区分できる。
4) 　平成 27 年 3 月 31 日第 189 回国会（常会）衆議院受理。平成 27 年 9 月 24 日衆議院法務委員会付託。平成 28 年 1 月 4 日第 190 回国会（常会）衆議院法務委員会付託（閉会中審査）。平成 28 年 8 月 1 日第 191 回国会（臨時会）衆議院法務委員会付託（閉会中審査）。平成 28 年 9 月 26 日第 192 回国会（臨時会）衆議院法務委員会付託（閉会中審査）。平成 29 年 1 月 20 日第 193 回国会（常会）衆議院法務委員会付託（4 月 12 日・14 日修正），4 月 14 日衆議院可決・参議院受理，4 月 19 日参議院法務委員会付託（5 月 25 日可決）。
5) 　前掲注 1 所掲の法務省ホームページにおける「理由」，松岡 2015: 29 頁参照。

図表I-1　民法（債権関係）改正に関する活動経緯

		活動目標	主要アウトプット
フェーズI		準備活動 （2005 ～ 2009 年）	委員会方針（2009 年 3 月 31 日） 研究会案（2009 年 10 月 15 日）
フェーズII	ステージ1	論点の抽出・整理 （2009 ～ 2011 年）	中間的論点整理（2011 年 4 月 12 日）
	ステージ2	中間試案の取りまとめ （2011 ～ 2013 年）	中間試案（2013 年 2 月 26 日）
	ステージ3	改正案要綱の取りまとめ （2013 ～ 2015 年）	改正案要綱（2015 年 2 月 24 日） 改正案（2015 年 3 月 31 日）
フェーズIII		国会審議	衆議院可決（2017 年 4 月 14 日） 参議院可決・成立（同年 5 月 26 日） 公布（同年 6 月 2 日法律 44 号） 施行（一部規定を除き，公布日から 3 年を超えない日）

(2)　契約の尊重とその効力強化の傾向

　しかし，**改正民法**の内容は多岐にわたり，形式的な文言の修正・補充から，現行規定の実質的変更，現行民法にない規定の創設，そして，民法の基本思想に関わる修正も含んでいる。その中心的特色は，契約の尊重とその効力強化の傾向である[6]。それは主として以下の点に現れている。

　第 1 に，いったん契約した以上，それによって生じた債務の履行が契約成立時に不能（原始的不能）でも，債権者は「履行の不能によって生じた損害」の賠償請求ができ（民法 412 の 2 ②＊），履行に代わる損害賠償（塡補賠償）の請求を可能とする（民法 415 ②＊）。これにより，債権者は特別損害についても債務者が「予見すべきであった」（民法 416 ②＊）ことを主張・立証すれば，履行利益の賠償も請求できる。これは伝統的解釈——原始的不能の契約は無効であり，過失によって契約を締結した当事者が相手方に対し，契約が有効に成立したと信じたことによる信頼利益の賠償義務を負うとの立場——に変更を迫るものである。すでに中間試案は，原始的不能の契約も有効であり，そうであるとすれば「損害賠償請求権の範囲が信頼利益に限定されない点で，伝統的な無効説と異なることになる」としていた[7]。もっとも，「実務上は」原始的不能の契約は「無効である」と考えられており，具体的な有効・無効の判断は事案ごとの個別具体的な解釈に委ねるのが相当であるから，原始的不能の契約も有効である旨の規定は設けない考え方もあるとして注記した（中試 26.2（注））。その後，

---

6)　「契約の尊重」の意味については，松尾 2012a: 11-12 頁および同所注 22 参照。
7)　中試 26.2 補足説明 3 (2)。

要綱仮案は，原始的不能の契約の有効性には触れず，債務の履行が契約成立時に不能でも「不能であることによって生じた損害の賠償を請求することを妨げない」[8]とした。そして，要綱もこの立場を承継した[9]。これが**改正民法**412条の 2 の前記提案に至ったものである[10]。

第 2 に，売買契約の目的物が通常備えるべき品質・性能を欠く場合の法定責任としての瑕疵担保責任（改正前570。損害賠償請求と契約解除）は，債務不履行責任に統合された。その結果，売買の目的物が契約内容に適合しない場合，特定物か不特定物かを問わず，①修補請求・代物請求等の追完請求，②代金減額請求，③損害賠償請求，④契約解除が可能になる[11]。このうち①・②・④は売主の帰責事由の有無を問わず，売買契約をした以上は認められるものであり，契約絶対の原則に立脚する[12]。これらを免れるには，契約で免責事由を合意しておく必要がある。③損害賠償請求は，売主がその帰責事由によらないことの主張・立証によって免れる余地を残している[13]。しかし，この帰責事由は，改正前民法 415 条後段の「債務者の責めに帰すべき事由によって履行をすることができなくなった」か否かが判断されるのと異なり，債務の不履行が「契約その他の債務の発生原因及び取引上の社会通念に照らして債務者の責めに帰することができない事由による」か否かが判断されることから，それが契約で明示または黙示に免責事由を定めた場合等に限定されると解釈すれば，契約絶対の原則に限りなく接近する可能性もある。

第 3 に，双務契約上の債務が，契約成立後，債務者・債権者双方の帰責事由によらずに履行不能となった場合（後発的不能），現行法では債務者の債務が当然消滅するという基本法理を前提にして[14]，反対給付請求権は法律の規定によって消滅するのが原則とされている（改正前536①）。これが危険負担の考え方である。これに対し，**改正民法**は，いったん契約が成立した以上，その後債務者の給付が履行前に不能となっても（後発的不能），債務は当然には消滅しないことを前提にして，「債務の履行が契約その他の債務の発生原因及び取引上

8）要仮 26.2。

9）要綱 27.2。

10）また，代償請求権の制度の新設も，履行不能の場合の債権の効力強化に通じる（後述 3 (4)(i)① [2]，第Ⅲ章 5 参照）。

11）**改正民法** 562 条，563 条，564 条参照。

12）契約絶対の原則はコモン・ローに由来する。松尾 2012a: 10 頁参照。

13）**改正民法** 415 条 1 項ただし書。

14）この基本法理は，「不能なことを行うべき債務はない」（Impossibilium nulla obligatio [est]）というものである。これは，ローマ法学に遡り（Digesta 50.17.185），ヨーロッパ大陸法の法学で形成された法理である。松尾 2012a: 9-11 頁参照。

の社会通念に照らして不能であるとき」は，**債権者は「その債務の履行を請求することができない」**（民法412の2①＊）とした[15]。一方，双務契約の場合，**その債権者は「反対給付の履行を拒むことができる」**（民法536①＊）とした[16]。契約がいったん成立し，債権・債務が発生した以上，弁済等の債務の消滅原因によらなければ，債務は消滅しないことが前提とされている点で，これも契約尊重の考え方の一環であると解される。

　第4に，従来は要物契約であった消費貸借，使用貸借，寄託につき，合意のみによる契約の成立可能性を認めた[17]。また，定型約款についても規定を設け，一定の要件下で，当事者が個別条項について具体的に合意していなくとも，定型約款を契約内容としたり，変更したりすることを合意したものとみなすことのできる場合を定めた[18]。

　以上は**改正民法**の一例であるが，当事者がいったん《合意》した以上，約定どおりの内容の実現が目指され，履行不能であっても債務自体は当然には消滅せず，履行された場合と同様の利益状況の回復をできる限り図るべきであるという志向を示している。もっとも，こうした契約の効力強化のカウンター・バランスとして，国家の法律規定によって法定責任的色彩をもつ規定も提案されている。例えば，前述のように，履行不能に対する損害賠償請求に対し，債務者の帰責事由によらないことの反証による免責の余地（民法415①但＊），双務契約の一方債務が後発的不能になった場合の反対給付請求に対する履行拒絶権の当然発生（契約解除を要しない民法536①＊），売買目的物の契約不適合責任の期間制限として，買主が不適合を知った時から1年以内に売主に通知しなければ，追完請求・代金減額請求・損害賠償請求・契約解除ができないとする規定（民法566＊）等である。

　しかし，そうした法律規定による調整にもかかわらず，全体として契約の尊重とその契約の効力強化という根強い思想を看取することができる。それは民法（債権関係）改正作業の各段階を通じて維持されてきた「隠された十字架」ともいえる。こうして《契約》したことの責任が一層増す方向に進んでいる点に，**改正民法**の最大の特色がある。

15）改正民法542条。
16）これは原始的不能の契約も有効とする規定を控えたように，立法が法解釈論や法学説の発展を妨げないようにする配慮とみることもできる。
17）改正民法587条の2，593条・593条の2，657条・657条の2。後述3⑸(ⅳ), (ⅴ), (ⅹ)参照。
18）改正民法548条の2〜548条の3。

3 改正民法の全体像

(1) 原理・原則, 定義・例示規定の創設

改正民法は, 現行民法が当然の前提である等の理由で規定していない原理・原則, 定義・例示に関する規定を設けている。原理・原則規定の例としては, ①「意思能力」を有しない当事者がした法律行為の無効（民法3の2＊）, ②契約の締結・内容の自由（民法521＊）, ③申込みと承諾による契約の成立と諾成主義（無方式主義）の原則（民法522＊）等の確認規定が挙げられる。

定義・例示規定の例として, ①時効の援用権者につき, 消滅時効の場合は「保証人, 物上保証人, 第三取得者その他」（民法145＊）の当事者を挙げる。また, ②「善良な管理者」（改正前400）につき, 「契約その他の債権の発生原因及び取引上の社会通念に照らして定まる善良な管理者」（民法400＊）, ③履行不能につき, 「債務の履行が契約その他の債務の発生原因及び取引上の社会通念に照らして不能であるとき」（民法412の2①＊）, ④帰責事由（改正前415）につき, 「契約その他の債務の発生原因及び取引上の社会通念に照らして」「責めに帰することのできない事由」（民法415①＊）というように, 判断基準を説明している。その他, 動機の錯誤（民法95②＊）, 代理人の権限濫用（代理権の濫用。民法107＊）, 不可分債権・不可分債務（民法428＊, 430＊）, 連帯債権・連帯債務（民法432＊, 436＊）, 定型約款（民法548の2＊）, 敷金（民法622の2①＊）, 混合寄託（民法665の2①＊）等々, 用語や概念の意義ないし定義に関する規定が数多く付加された。

(2) 民法総則関連

(i) 意思表示, 法律行為関連

① 錯誤につき, 効果が無効（改正前95）から取消し（民法95①＊）に変更された。これは, 錯誤をもっぱら表意者の表示に対応する意思の欠如としてみる改正前民法の解釈から, 相手方の行為態様（民法95③＊参照）も取り込んだ合意の欠陥としてみる解釈へと道を拓くものである。そして, 要件に関し, [1]動機の錯誤を「表意者が法律行為の基礎とした事情の認識が真実に反する錯誤」として規定し, 「その事情が法律行為の基礎とされていることが表示されていたとき」は取り消しうるとする（民法95②＊）。判例法理の明文化である。また, [2]表意者に重過失があることを相手方が主張・立証したとしても, 表意者は, ⟨1⟩相手方が表意者の錯誤を知りまたは重大な過失によって知らなかったこと, または⟨2⟩相手方が表意者と同一の錯誤に陥っていたことを主張・立証

3 改正民法の全体像 7

図表I-2 民法（債権関係）改正の全体像

	主な領域	主な焦点	中間試案	改正民法（主な改正条文）
I	法律行為と意思表示	法律行為の意義，公序良俗，意思能力，行為能力 意思表示の瑕疵，無効・取消し・追認，条件・期限	第1, 第2 第3, 第5, 第6	3 の 2, 13 ① [10], 20, 90, 93, 95, 96, 97, 98 の 2, 120, 121, 121 の 2, 122, 124, 125, 130
II	代理制度	代理，授権	第4	101, 102, 105 削除, 105, 106, 107, 108, 109, 110, 112, 117
III	時効制度	消滅時効	第7	145, 147, 148, 149, 150, 151, 152, 153, 154, 155~157 削除, 158, 159, 160, 161, 166, 167, 168, 169, 170~174 の 2 削除, 284, 291, 292
IV	債権の効力等	債権の目的，履行請求権，債務不履行，受領遅滞，代償請求権，多数当事者の債権・債務，保証債務 弁済，相殺，更改，免除	第 8, 第 9, 第 10, 第 13, 第 16, 第 17 第 22, 第 23, 第 24, 第 25	400, 404, 410, 412, 412 の 2, 413, 414, 415, 416, 418, 419, 420, 422 の 2
V	債権の第三者に対する効力	債権者代位権 詐害行為取消権	第14 第15	423, 423 の 2~423 の 7 424, 424 の 2~424 の 9, 425, 425 の 2~425 の 4, 426, 428, 429, 430, 432~435, 435 の 2
VI	債権・債務の移転	債権譲渡 有価証券 債務引受 契約上の地位の移転	第18 第19 第20 第21	466~469, 363 削除 520 の 2~520 の 20, 86 ③削除 470~472 の 4 539 の 2
VII	契約の成立・効力・解除等	契約解除 危険負担 契約自由の原則，契約交渉段階 契約の成立，契約の解釈，懸賞広告 約款，第三者のためにする契約 事情変更，同時履行・不安の抗弁権，継続的契約	第11, 第12 第26, 第27 第28, 第29 第30, 第31 第32, 第33 第34	541~542, 543~548 536 ①, 567 521, 522 ② 522 ①, 523~527, 529~530 548 の 2~548 の 4 533
VIII	権利移転型契約	売買 贈与	第35 第36	557, 560~572, 576~579, 581 549, 550, 551
IX	貸借型契約	消費貸借 賃貸借 使用貸借	第37 第38 第39	587 の 2, 588~591 601, 602, 604, 605~622 の 2 593~593 の 2, 596~600
X	役務提供型契約	請負 委任 雇用 寄託	第40 第41 第42 第43	634~637, 642~643 644 の 2, 648, 648 の 2, 651 624 の 2, 626, 627 ② 657, 657 の 2~666
XI	その他の契約	組合 終身定期金 和解	第44 第45 第46	667 の 2, 667 の 3, 670~688
XII	法定債権	契約以外の債務の不履行による損害賠償の免責事由	第10.1 (3)	415 ①
XIII	その他	先取特権，不動産質，債権質，根抵当権		316, 359, 363, 398 の 2, 398 の 3, 398 の 7

すれば，取消しを主張できる（民法95③＊）。例えば，Aがインターネットを通じて新型パソコンを198,000円で売るつもりで誤って「19,800円」と表示してオファーし，B_1〜B_{1500}が購入の承諾メールを送ったとする[19]。この場合，Aの取消しの主張に対し，BがAの重過失を主張・立証しても，Aは新型パソコンである等の取引内容に照らして1桁打ち間違えている（表示上の錯誤である）ことをBらが知りまたは重大な過失によって知らなかったことを主張・立証すれば取り消すことができる。

②　詐欺につき，第三者が詐欺を行った場合，表意者は相手方がその事実を知っていたとき（悪意。改正前96②）だけでなく，「知ることができた」ときも，取消しが可能になる（悪意または有過失。民法96②＊）。相手方に対し，表意者保護を一歩進めたものと考えられる。

③　意思表示の到達につき，相手方が正当理由なしに通知の到達を妨げた場合，到達が擬制される（民法97②＊）。

④　条件・期限に関し，条件成就によって利益を受ける当事者が不正に条件成就させたときも，相手方は条件成就しなかったとみなすことができる（民法130②＊）。また，不確定期限に関し，期限の到来を知った時から遅滞の責任を負うとする改正前民法（改正前412②）に対し，「その期限の到来した後に履行の請求を受けた時又はその期限の到来したことを知った時のいずれか早い時」とする（民法412②＊）。

(ⅱ)　**代理**

①　法定代理と任意代理に関し，任意代理に関する規定は委任に移す方針である。例えば，復代理に関し，任意代理人の復代理人選任は，受任者の復受任者選任に含めて規定し（民法644の2＊），改正前民法105条を削除する[20]。

②　代理人の権限濫用行為（代理権の濫用）につき，代理人の濫用目的を相手方が知りまたは知ることができたときは，無権代理行為とみなされる（民法107＊）。

③　自己契約・双方代理の効果も無権代理とみなすことに加え，より広く利益相反行為についても規定し，その効果も無権代理とみなす（民法108＊）。

④　表見代理に関し，民法109条と110条，112条と110条の重畳適用についても規定を設けた（民法109②＊，112②＊）。判例法理の明文化といえる。

19）類似の事案につき，「ネット販売パソコン　価格1ケタ間違い……」毎日新聞平成15年11月11日31頁参照。

20）なお，法定代理に関し，被保佐人が制限行為能力者の法定代理人として法律行為をする場合も，保佐人の同意を要する行為に加えられる（民法13①[10]＊）。

⑤　無権代理人の責任につき，相手方は無権代理であることを過失によって知らなかったとして無権代理人が免責を主張しても（民法117②[2]本文＊），相手方は無権代理人が悪意であったことを主張・立証すれば，無権代理人の責任追及がなお可能である（民法117②[2]但＊）。

(iii)　**時効**

①　債権の消滅時効の起算点と時効期間は，①債権者が権利行使できることを「知った時」から5年間，または②権利行使可能時から10年間（の何れか早い方）とした（民法166＊，167＊）[21]。そして，一連の短期消滅時効は廃止した（改正前170～174削除）。

なお，不法行為による損害賠償請求権の消滅時効は，①被害者またはその法定代理人が損害および加害者を知った時から3年間，または②不法行為の時から20年間（のいずれか早い方）となり，②も消滅時効であることが明文化された（民法724＊）。加えて，①の「3年間」は人の生または身体を害する不法行為の場合には「5年間」となった（民法724の2＊）。

さらに，一般の消滅時効期間・起算点，完成猶予の特則として，各種契約に基づく権利の期間制限がある（民法426＊，566＊，600②＊，637①＊，664の2＊）。

②　時効の中断・停止をそれぞれ「更新」・「完成猶予」と改称し，かつ訴えの提起等，従来の時効中断事由の多くを完成猶予に変更した（民法147＊，149＊～154＊，158＊～161＊）。その結果，更新事由は，①確定判決または確定判決と同一の効力を有するもの（調停等）によって権利が確定したとき，②強制執行・担保権の実行等の事由が終了した場合，③権利の承認があった場合となる（民法147②＊，148②＊，152＊）。

一方，完成猶予事由として，権利についての協議を行う旨の合意が書面でされたときが加わった（民法151＊）。また，天災による時効の完成猶予は障害の消滅時から3か月に延長された（民法161＊[22]）。

(3)　**物，物権関連**

(i)　**無記名債権**　　無記名債権を動産とみなす規定（改正前86③）を削除し，無記名債権は動産扱いではなく，「有価証券」の一種とされ，記名式所持人払証券の規定を準用する（民法520の20＊）。その結果，譲渡には証券の交付を要し，交付を受けた者は適法に権利を有すると推定される。占有を失った真の権

21）定期金債権は，①債権者が権利行使できることを知った時から10年，または債権行使可能時から20年間（の何れか早い方）で時効消滅する（民法168＊）。

22）改正前民法161条は2週間であった。

利者は，証券の所持人が「悪意又は重大な過失」によって当該証券を取得したことを主張・立証した場合にのみ返還請求できる（民法520の13＊〜520の15＊）。

(ⅱ) **法律行為の無効・取消しと第三者保護規定の明文化**　心裡留保につき，表意者は，真意でないことを相手方が知りまたは知ることができた（悪意または有過失）として無効を主張しても，「善意」の第三者に対抗することができない（民法93②＊）。一方，錯誤または詐欺による取消しは，「善意でかつ過失がない」第三者に対抗できない（民法95④＊，96③＊）。表意者の帰責性がより高い前者では，第三者保護要件を緩和する（善意であれば，過失があっても保護する）形で，表意者と第三者の利益衡量が図られている。

(ⅲ) **担保物権関係**

①　債権質として将来債権への質権設定も認められることを明文化し（民法364＊），かつ債権質の設定における証書の交付を要する場合（改正前363）および指図債権への質権設定に裏書を要する旨の規定（改正前365）を削除し，債権譲渡の対抗要件と同様の要件（第三債務者への通知またはその承諾）に一本化した（民法364＊）。

②　根抵当権につき，被担保債権として電子記録債権を含む旨を明文化した（民法398の2③＊）。

(4) 債権総論関連

(ⅰ) **債務不履行とその効果**

①　履行不能の効果として，[1] 債務の行行が「契約その他の債務の発生原因及び取引上の社会通念」に照らして不能と判断される場合，債権・債務が不発生または消滅するのではなく，債権者は「債務の履行を請求することができない」とした（民法412の2①＊）。そして，債務が契約成立時に履行不能でも，債権者は「その履行の不能によって生じた損害の賠償」を請求できる（民法412の2②＊）。それは履行利益の賠償に及びうる[23]。

加えて，[2]「代償請求権」の制度を新設した（民法422の2＊）。これは履行不能に際し，債務者が履行不能と同一の原因によって「債務の目的物の代償である権利又は利益」を取得した場合，債権者は受けた損害額の限度において，債務者に対して当該権利の移転またはその利益の償還を請求できるとするものである。契約等に基づく債権の効力を強化するものといえる。

②　履行遅滞・受領遅滞に関し，履行遅滞・受領遅滞中の当事者双方の帰責事由によらない履行不能は，債務者・債権者の帰責事由によるものとみなす

---

23) 前述2(2)「第1に」参照。

（民法 413 の 2 ＊）。また，受領遅滞の効果を明文化し，債務者は自己の財産に対するのと同一の注意をもって特定物を保存すれば足り（民法 413 ①＊），増加した履行費用は債権者負担となる（民法 413 ②＊）。

③　履行の強制につき，「直接強制，代替執行，間接強制その他の方法」を例示し（民法 414 ＊），改正前民法 414 条 2 項・3 項を削除して，手続法（民事執行法 171 〜 174 等。所要の修正を含む）に委ねた。

④　損害賠償請求に関し，債務者が債務の本旨に従った履行をしない場合または履行不能の場合，債権者はそれによって生じた損害の賠償を請求できるが，当該債務不履行が「契約その他の債務の発生原因及び取引上の社会通念に照らして債務者の責めに帰することができない事由」によることを債務者が主張・立証した場合に免責される（民法 415 ①＊）。

損害賠償には履行遅滞によって生じた損害の賠償（遅延賠償）と債務の履行に代わる損害の賠償（塡補賠償）があるが，塡補賠償請求ができる場合として，履行不能，債務者の履行拒絶意思の明確な表示，契約解除または契約解除権の発生を明文化した（民法 415 ②＊）。

⑤　利息に関し，法定利率は，その利息が生じた最初の時点における法定利率を基準とし，変動制を採用する（民法 404 ①＊，419 ①＊）。当初法定利率は年 3％に引き下げる（民法 404 ②＊）。

また，中間利息の控除についても，明文規定を設けた（民法 417 の 2 ＊，722 ＊）。これは，不法行為による損害賠償の場合にも準用される（民法 722 ①＊）。

(ii)　**債権者代位権**

債権者代位権（民法 423）につき，代位行使できない債権として，一身専属権（改正前 423 ①但）のほか，差押禁止債権，強制執行できない債権を明文化した（民法 423 ①但＊，423 ③＊）。被代位権利が金銭の支払・動産の引渡しを目的とするときは直接引渡しを請求できることを明文化する一方で（民法 423 の 3 ＊），民事訴訟・民事執行秩序との調整を図るべく，債権者代位権による債権回収機能に一定の制限を設け，債権を代位行使されても債務者は取立等の処分ができ，相手方も債務者に履行できること（民法 423 の 5 ＊），債権者は被代位権利の行使に係る訴えを提起したときは遅滞なく債務者に訴訟告知しなければならないこと（民法 423 の 6 ＊）等についても明文規定を設けた。また，登記・登録請求のための代位権行使（転用）が認められることも明文化した（民法 423 の 7 ＊）。

(iii)　**詐害行為取消権**

①　第 3 編債権・第 1 章総則・第 2 節債権の効力の中に新たに「**第 3 款　詐**

害行為取消権」を独立させ，破産法における否認権の規律とのバランスも考慮に入れて，規定を増設した。詐害行為に該当するか否かの要件に関し，相当代価による財産の処分行為（民法 424 の 2 ＊），特定の債権者への担保供与等（民法 424 の 3 ＊），過大な代物弁済等（民法 424 の 4 ＊）につき，判例法理を考慮して明文化した。

② 取消権の行使方法（裁判所への請求による）に関し，取消請求の相手方は受益者または転得者（転々得者を含む）であり（民法 424 の 7 ＊），請求内容は「債務者がした行為の取消し」および受益者または転得者が取得した「財産の返還」24) であることを明確にした（民法 424 の 6 ＊）。そして，転得者，転々得者に取消請求する場合，受益者および当該転得者または転々得者までの「全ての転得者」が転得当時，債務者の行為が債権者を害することを知っていたこと（悪意）を要するものとした（民法 424 ① ＊，424 の 5 ＊）。これにより，従来の判例法理によって形成された詐害行為取消しの相対効（相対的取消し）という解釈を否定し，絶対効への移行を志向した。

③ 取消権行使の効果につき，取消請求を受けた受益者の債務者に対する，または転得者の受益者に対する反対給付の返還請求権またはその価額の返還請求権等を規定した（民法 425 の 2 ＊〜 425 の 4 ＊）。

④ 取消権の行使期間は，債権者が債務者の詐害行為を知ってから 2 年間または詐害行為時から 10 年間（改正前 426 は 20 年間）とした（民法 426 ＊）。

(iv) 多数当事者の債権・債務関係

① 連帯債権について規定を新設し（民法 432 ＊〜 435 の 2 ＊），不可分債権に準用した（民法 428 ＊）。

② 連帯債務に関する規定（民法 432 〜 440）につき，連帯債務者の 1 人に対する履行請求が他の連帯債務者にも効力を生じる（改正前 434）等の絶対的効力事由を見直す等（改正前 434 は削除），連帯債務者の 1 人と債権者との更改・相殺・混同（民法 438 ＊，439 ＊，440 ＊）を除き，連帯債務者の 1 人について生じた事由は他の連帯債務者に効力を生じないとの**相対効の原則**を強化した（民法 441 ＊）25)。かかる連帯債務に関する規定は，債務の目的がその性質上不可分である場合の不可分債務に準用する（民法 430 ＊）。

③ 保証債務につき，保証人の保護を図った。例えば，［1］主たる債務者が

---

24) 財産の返還が困難であるときは価格償還となる。
25) 連帯債務とは，債務の目的が性質上は可分であるが，法律の規定または当事者の意思表示によって数人が連帯して債務を負担する場合と定義された（民法 436 ＊）。

債権者に対して相殺権・取消権・解除権をもつ場合，その行使によって主たる債務者が債務を免れる限度で保証人は債務の履行を拒みうる（民法457③＊）。[2] 主たる債務者の委託を受けた保証人は債権者に対して主たる債務に関する不履行の有無等の情報提供を請求できる（民法458の2＊）。[3] 主たる債務者が期限の利益を喪失した場合，債権者は保証人（法人を除く）に通知義務等を負う（民法458の3＊）。[4] 保証人が法人でない個人根保証契約は，極度額を定めなければ効力を生じない（民法465の2②＊）等である。また，事業に係る債務について保証契約の特則（民法465の6＊〜465の10＊）を設けた（後述第Ⅲ章C11(8)参照）。

(v) **債権譲渡，有価証券等**

① 債権譲渡に関する主要な改正点は，以下のとおりである。

[1] 債権譲渡の「制限特約」[26] は債権的効果をもつにとどまり，それが付されても債権譲渡は有効である。ただし，それについて悪意の第三者（譲受人等）に加え，重過失によって知らなかった第三者に対しても，債務者は履行を拒むことができる。しかし，第三者が債務を履行しない債務者に対し，相当期間を定めて譲渡人への履行を催告し，その期間内に履行がないときは，債務者は第三者からの履行請求を拒むことができない（民法466③・④＊）。ただし，「預貯金債権」に付された譲渡制限の合意は周知のものであり，物権的効力をもち，それについて悪意または重過失の譲受人等の第三者に対抗することができる（民法465の5＊）。

[2] 将来債権譲渡が可能であることを明文化し，譲渡時に対抗要件（債務者に対する通知または債務者の承諾。民法467＊）を備えておけば，債権発生時に譲受人は発生した債権を「当然に取得」する（民法466の6＊）。

[3] 債権譲渡に対して債務者が異議を留めない承諾をした場合における債務者の譲渡人に対する抗弁の譲受人への対抗不能の制度（改正前468①）は廃止する（民法468＊）。

[4] 債権譲渡と相殺に関し，債務者は債権譲渡の譲受人が対抗要件を具備した時より前に取得した譲渡人に対する債権による相殺をもって譲受人に対抗できるほか，対抗要件具備時より後に取得した債権でも，その「原因」がそれより前に生じ，または譲受債権と同一の原因契約から生じたときは，なお相殺

---

26) 従来は，債権譲渡「禁止特約」といわれることが多かった。しかし，改正案は債権譲渡「禁止特約」の効果を限定し，その分だけ債権譲渡自由の範囲を広くすることを志向している。そこで，本書でも，債権譲渡「制限特約」の表現を用いることにする。

を主張できる（民法469＊）。

②　債務引受につき，第3編債権・第1章総則に第5節として「**債務の引受け**」を新設した（民法470＊〜472の4＊。後述第Ⅲ章D13参照）。

③　契約上の地位の移転につき，第2章契約・第1節総則に第3款として「**契約上の地位の移転**」を新設した（民法539の2＊）。それは，契約の当事者の一方と第三者との契約上の地位の譲渡合意に対し，契約の相手方の承諾を要するものとした。この原則に対する例外として，賃借人の地位の移転がある（後述(5)(vi)⑦[1]参照）。

④　有価証券につき，第3編債権・第1章総則に第7節として「**有価証券**」を新設し，指図証券，記名式所持人払証券・その他の記名証券および無記名証券について規定を設けた（民法520の2＊〜520の20＊。後述第Ⅲ章D12(6)参照）。

(vi)　**債権の消滅**

①　弁済につき，債権の消滅原因として弁済を定義し（民法473＊），口座振込みによる弁済は債権者が払戻請求権を取得した時に効力を生じることを明文化した（民法477＊）。「債権の準占有者」に対する弁済（改正前478）に代え，取引上の社会通念に照らして「受領権者としての外観を有する者」に対する弁済は，弁済者が善意・無過失の場合は効力をもつとした（民法478＊）。受取証書の持参人への弁済（改正前480）は削除した。

弁済による代位に関し，弁済について正当な利益を有する者（弁済についての代位権者）がある場合，債権者が故意・過失によって担保を喪失または減少したときは，代位権者が償還を受けることができなくなる限度で責任を免れる（民法504）。しかし，取引上の社会通念に照らして合理的理由があると認められるときは，例外とする規定を設けた（民法504②＊）。

②　相殺につき，相殺を禁止・制限する意思表示は，債権譲渡制限特約の場合（民法466③＊）と同様に，悪意または重過失ある第三者に対抗可能とした（民法505②＊）[27]。悪意による不法行為に基づく損害賠償債務，人の生命または身体の侵害による損害賠償債務の債務者は，その債権者が他人から当該債権を譲り受けた場合でない限り，これを受働債権とする相殺を対抗できない（民法509＊）。

差押えを受けた債権の第三債務者は，差押え前に取得した債権による相殺ができるほか，差押後に取得した債権でも，それが差押前の原因に基づいて生じたときは，他人の債権を取得したのでない限り，相殺を対抗できる（民法511＊）。

27）改正前民法は善意の第三者に対抗できないとする（改正前505②）。

③ 更改は，従前の債務に代えて給付内容の重要な変更，債務者または債権者の交替を生じさせる債務を発生させるものとした（民法 513 ＊）。

(5) 債権各論関連

(i) 契約総論

① 契約の成立につき，契約の締結・内容の自由（民法 521 ＊），方式自由の原則（民法 522 ②＊）を確認し，契約は申込みに対して相手方が承諾したときに成立する旨を明文化した（民法 522 ①＊）。そして，意思表示は通知の到達時に効力を生じるから（民法 97 ①＊），契約は承諾通知の到達時に成立する。そこで，契約の成立時期を承諾通知の発信時とする改正前民法（改正前 526 ①）は削除した。しかし，「承諾の発信をするまで」に申込者が死亡，意思能力喪失の常況または制限行為能力者となったときは，申込みは効力を失うとした（民法 526 ＊）。その結果，契約成立時期を発信時としていた実質的意義は維持されている。もっとも，申込みの撤回通知の延着および承諾通知の延着の通知義務（改正前 522，527）は削除した。

② 第三者のためにする契約は，その成立時に第三者が現存または特定していなくとも有効とした（民法 537 ①＊）。第三者の権利は受益の意思表示の時に発生し，その後は諾約者が債務を履行しない場合でも，要約者は第三者の承諾を得なければ契約を解除できない（民法 538 ②＊）。

③ 懸賞広告では，ある行為をした者が広告を知っていたか否かにかかわらず，所定の行為をした者に対し，懸賞広告者に報酬支払義務が発生するものとした（民法 529 ＊）。

④ 定型約款につき，第 3 編債権・第 2 章契約・第 1 節総則に第 5 款として「定型約款」を設けた。特定の者が不特定多数の者を相手方として行う取引で，その内容の全部または一部が画一的であることが双方にとって合理的なもの（定型取引）を行う合意をした者が，[1] 定型取引の契約内容とする目的で当該特定の者が準備した条項の総体（定型約款）を契約内容とする旨を合意し，または [2] 定型約款の準備者が予めその定型約款を契約内容とする旨を相手方に表示していたときは，定型約款の個別条項についても合意したものとみなす（民法 548 の 2 ①＊）。また，定型約款の変更は，[1] それが相手方の一般の利益に適合し，[2] 契約目的に反せず，かつ変更の必要性，変更後の内容の相当性，変更することがある旨の定めの有無およびその内容，その他変更に係る事情に照らして合理的であるときは，定型約款の準備者が相手方と個別合意をしなくともすることができるものとした（民法 548 の 4 ①＊）。

⑤　同時履行の抗弁につき，双務契約当事者の一方は，相手方がその債務または「債務の履行に代わる損害賠償の債務の履行」を提供するまで，自己の債務の履行を拒むことができるものとした（民法 533 ＊）。

⑥　危険負担の規定を縮減し，当事者双方の帰責事由によらずに履行不能となったときは**「債権者は反対給付の履行を拒むことができる」**（民法 536 ①＊）とするにとどめた（改正前 534，535 は削除）。

⑦　契約解除は規定を充実し，[1] 催告解除（民法 541 ＊），[2] 無催告解除（民法 542 ＊）について定めたほか，[3] 債権者の帰責事由によって債務不履行が生じた場合，債権者は契約解除できないものとした（民法 543 ＊）。このうち，[1] 催告解除は債務不履行が「契約及び取引上の社会通念に照らして軽微」であるときはすることができない（民法 541 但＊）一方，[2] 無催告解除は履行の全部不能の場合だけでなく，債務者が債務全部の履行拒絶意思を明確に表示した場合，債務の一部についての履行不能または債務者の履行拒絶意思の明確な表示があり，残存部分のみでは契約目的を達成できない場合，催告しても契約目的の達成に足る履行がされる見込みがない場合にも認めた（民法 542 ①＊）[28]。

(ii)　**贈与**　「自己の財産」（改正前 549）を「**ある財産**」（民法 549 ＊）とし，書面によらない贈与の「撤回」（改正前 550）を「**解除**」（民法 550 ＊）とした。また，贈与者の担保責任（改正前 551）に代え，贈与者は贈与目的たる物または権利を贈与目的として特定した時の状態で引き渡しまたは移転することを約したものと推定するとした（民法 551 ＊）。

(iii)　**売買**

①　手付については，「相手方が契約の履行に着手」するまでは売主は手付放棄，買主は倍額の現実提供によって解除しうる（民法 557 ＊）。判例法理の明文化である。

②　買主のための売主による対抗要件（登記・登録）具備への協力義務を規定した（民法 560 ＊）。

③　売主の契約内容不適合責任として，「引き渡された**目的物**が種類，品質又は数量に関して契約の内容に適合しないものであるとき」は，買主は売主に対し，[1] 目的物の修補，代替物の引渡しまたは不足分の引渡しによる履行の追完請求（民法 562 ＊）[29]，[2] 所定の要件の下での代金減額請求（民法 563 ＊），

28）履行の一部不能または債務者が債務の一部の履行拒絶意思を明確に表示した場合，無催告の一部解除が可能である（民法 542 ②＊）。

29）この場合，売主は買主に不相当な負担を課するものでないときは，買主の請求とは異なる方法で履行の追完ができる（追完権。民法 562 但＊）。

[3] 損害賠償請求（民法 564 ＊，415 ＊），[4] 契約解除（民法 564 ＊，541 ＊，542
＊）ができる。このうち，[1]・[2]・[4] は売主の帰責事由の有無を問わない。
もっとも，これらの権利は買主が契約内容不適合を知った時から 1 年以内に売
主に通知しないと行使できない。ただし，売主が引渡時に不適合を知りまたは
重過失によって知らなかったときはこの限りでない（民法 566 ＊）。競売の目的
物に契約内容不適合があっても，[1]〜[4] の権利を行使できないものとした
（民法 568 ④＊）。

　④　売買目的物として特定された目的物の引渡しにより，危険が売主から買
主に移転する。引渡後に当事者双方の帰責事由によらない目的物の滅失・損傷
が生じても，買主は前述③[1]〜[4] の権利を行使できず，代金支払も拒絶で
きない（民法 567 ①＊）[30]。逆に引渡前であれば，これらの権利を行使できる。
これは法律によるリスク分配（法定責任）である。

　⑤　買戻しに関し，その対価は買主が支払った代金または当事者が別段の合
意をした場合はその合意による金額および契約費用としうる（民法 579 ＊）。規
制緩和・契約自由を一歩進めるものである。

　(iv)　**消費貸借**　　要物契約性（民法 587）を緩和し，書面（電磁的記録による場
合を含む）でした消費貸借は有効に成立する[31]。もっとも，その場合でも，借
主は物の受取までは契約解除でき，それに対して貸主は損害があれば賠償請求
できる（民法 587 の 2 ②＊）。

　(v)　**使用貸借**　　要物契約性（民法 593）を緩和し，無方式の合意のみで有効
に成立する。借主は物の受取までは契約解除できるが，書面による使用貸借は
受取前でも解除できない（民法 593 の 2 ＊）。贈与の場合（民法 550 ＊）に準拠し，
消費貸借の場合（前述(iv)）よりも諾成契約性を強めている。

　(vi)　**賃貸借**

　①　最長存続期間は，現行の 20 年（改正前 604）から 50 年とする（民法 604 ＊）。

　②　賃借物の修繕が必要な場合，賃借人の通知または賃貸人の認識にもかか
わらず，相当期間内に賃貸人が修繕しないときまたは窮迫の事情があるときは，
賃借人が修繕し，その費用を賃貸人に償還請求できる（民法 607 の 2 ＊）。

　③　賃借物の一部滅失等による賃料減額につき，賃借人の減額請求がなくと
も，使用・収益不能部分の割合に応じ，当然減額となる（民法 611 ①＊）。

---

30) 買主が受領遅滞中に当事者双方の帰責事由によらない目的物の滅失・損傷があったときも，危険は買主に移
　転する（民法 567 ②＊）。
31) ただし，借主が物の受取前に破産手続開始決定を受けたときは失効する（民法 587 の 2 ③＊）。

④　敷金　第2章契約・第7節賃貸借・第4款として「**敷金**」を新設し，定義，返還時期（賃貸借終了後かつ賃借物返還後，適法な賃借権譲渡後），賃貸人側からのみの充当可能性について規定を設けた（民法 622 の 2 ＊）。

⑤　賃借人の原状回復義務につき，賃借人は受取後の賃借物の・通・常・損・耗および・経・年・変・化を除き，損傷に対する原状回復義務を負う。ただし，賃借人の帰責事由によらない損傷については原状回復義務を負わない（民法 621 ＊）[32]。

⑥　賃借物の全部滅失，その他の事由によって使用・収益不能になった場合，賃貸借は当然に終了する（民法 616 の 2 ＊）。

⑦　賃貸借当事者の変更

［1］　貸不動産が譲渡された場合，賃借権が対抗要件を具備していれば当然に（民法 605 の 2 ①＊），対抗要件を具備していなくとも譲渡人と譲受人の合意により（民法 605 の 3 ＊），賃貸人の地位（賃料請求権，費用償還債務，敷金返還債務等を含む）は賃貸不動産譲受人に移転する。これは，契約上の地位の移転に関する原則（契約の相手方の承諾を要する。前述(4)(v)③。民法 539 の 2 ＊）に対する例外となる。もっとも，譲渡人と譲受人が賃貸人の地位を譲渡人に留保する合意をし，かつ譲受人が譲渡人に当該不動産を賃貸する合意をしたときは，賃貸人の地位は移転せず，譲渡人に留保される（民法 605 の 2 ②＊）。ただし，譲渡人と譲受人またはその承継人との賃貸借が終了したときは，賃貸人の地位は譲受人またはその承継人に移転する（民法 605 の 2 ＊）。これは賃貸人の地位の当然移転の原則への復帰とみることができる。

［2］　賃借物が適法に転貸された場合，賃貸人と賃借人が賃貸借を合意解除しても転借人に対抗できない。ただし，賃貸人が賃借人の債務不履行を理由とする解除権をもっていたときは解除を対抗できる（民法 613 ③＊）。

(vii)　**雇用**

①　労働者は，使用者の帰責事由によらない労働への従事不能，雇用が履行途中で終了した場合でも，既にした履行割合に応じて報酬請求権をもつ（民法 624 の 2 ＊）。

②　雇用期間が 5 年を超え，または終期が不確定である場合，使用者は 3 か月前，労働者は 2 週間前に予告して，契約解除できる（民法 626 ②＊）。期間の定めのない雇用で，期間によって報酬を定めた場合，解約申入れは，使用者からするときは次期以後についてすることができる（民法 627 ＊）。

32）ちなみに，使用借主は受取後の借用物の損傷（通常損耗，経年劣化を含む）について使用貸借終了時に原状回復義務を負うが，借主の帰責事由によらない場合は原状回復義務を負わない（民法 599 ③＊）。

(viii) **請負**

① 請負人は，注文者の帰責事由によらずに仕事が完成できず，または請負が仕事完成前に解除された場合でも，既にした仕事の結果の中に可分な部分給付があり，かつ注文者が利益を受けているときは，当該部分を仕事の完成とみなし，注文者が受ける利益の割合に応じて報酬請求できる（民法 634 ＊）。

② 請負人の担保責任につき，請負の目的物が引渡時（引渡しを要しない場合は仕事終了時）に種類・品質に関して契約内容に適合しない場合，注文者は［1］履行の追完請求，［2］所定の要件の下での報酬減額請求，［3］損害賠償請求，［4］契約解除ができる。これに対し，請負人は，契約不適合が注文者自身の与えた材料または指図によって生じたことを主張・立証すれば，［1］～［4］を拒絶しうる。これに対し，注文者は，請負人が当該材料または指図が不適当であることを知りながら告げなかったことを主張・立証し，［1］～［4］を行使できる（民法 636 ＊）。これら請負人の担保責任は注文者が不適合を知った時から 1 年以内に請負人に通知しないと行使できない。ただし，請負人が不適合を知りまたは重過失で知らなかったときはこの限りでない（民法 637 ＊）。

(ix) **委任**

① 受任者は，委任者の許諾を得たときまたはやむを得ない事由がある場合のみ，復受任者を選任できる。その場合，代理権をもつ復受任者を選任したときは，復受任者は委任者に対し，その権限の範囲内で，受任者と同一の権利・義務を負う（民法 644 の 2 ＊）[33]。

② 受任者は，委任者の帰責事由によらずに委任事務が履行不能となった場合または委任が履行の途中で終了した場合でも，既にした履行割合に応じて報酬請求できる（民法 648 ③＊）。また，「委任事務の履行により得られる成果に対して報酬を支払う」約束をした場合，当該成果が引渡しを要するときは，報酬支払は成果の引渡しと同時履行となる（民法 648 の 2 ＊）[34]。

③ 委任は各当事者がいつでも解除できる（改正前 651 ①。民法 651 ①＊は変更なし）。しかし，この規定は判例によって制限的に解釈されてきた（判例による委任の解除の制限法理）。すなわち，①当事者間で解除権を放棄する旨の明示または黙示の特約がされた場合は，任意解除はできない。②そうした特約が認められない場合でも，事務処理が委任者のみならず受任者の利益をも目的とすると

---

33) 任意代理人の復任権に関する規定（改正前 105）は本条に移された。また，遺言執行者の復任権も本条でカバーされ，改正前規定（改正前 1016 ②）は削除された。
34) この場合，請負の規定（民法 643 ＊。前述(viii)①参照）が準用される。

きは，委任者は改正前民法 651 条によって解除できない[35]。ただし，受任者の利益をも目的とする場合であっても，受任者が著しく不誠実な行動に出た等のやむを得ない事由があるときは，委任者は改正前民法 651 条に則って委任契約を解除することができるものと解されてきた[36]。

さらに，判例は，委任が受任者の利益にもなっている場合で，解除してもやむを得ない事由が存在しないときでも，委任者が委任契約の解除権自体を放棄したものとは解されない事情がある限り，当該契約が受任者の利益のためにもなされていることを理由に，委任者の意思に反して事務処理を継続させることは，委任者の利益を阻害し，委任契約の本旨に反するから，委任者は〔改正前〕民法 651 条に則り委任契約を解除できるとし，受任者がこれによって不利益を受けるときは，損害賠償によって塡補されれば足りると解釈するようになった[37]。**改正民法**は，この判例を踏まえ，受任者の利益をも目的とする委任も解除可能であることを明らかにした。すなわち，──

「②前項の規定〔民法 651 条 1 項。現行法から変更なし〕により委任の解除をした者は，次に掲げる場合には，相手方の損害を賠償しなければならない。ただし，やむを得ない事由があったときは，この限りでない。／ [1] 相手方に不利な時期に委任を解除したとき。／ [2] 委任者が受任者の利益（専ら報酬を得ることによるものを除く。）をも目的とする委任を解除したとき」。

このように，受任者がたんに報酬を得る目的以外の利益を目的とする委任であっても，委任者はこれを解除できることを認めたうえで，損害賠償義務を課している（その場合でも，やむを得ない事由があったときは，損害賠償義務すら負わない）。

(x) **寄託**

① 要物契約性（民法 657）を緩和し，諾成契約で有効に成立する。その場合でも寄託者は受寄者による寄託物の受取までは契約解除できるが，受寄者に生じた損害の賠償義務を負う。一方，無報酬の受寄者は寄託物の受取までは契約解除できるが，書面による寄託は受取前でも解除できない（民法 657 の 2 ＊）。使用貸借（前述(v)）と同程度に諾成契約性を強めている。

② 寄託物について権利を主張する第三者が訴えの提起，差押え等をした場合，受寄者は，寄託者が既に知っているのでない限り，遅滞なく寄託者に通知しなければならない（民法 660 ①＊）。その場合において，受寄者は，寄託物を

---

35) ★大判大正 9 年 4 月 24 日民録 26 輯 562 頁。ただし，取立委任のケース。

36) ★最判昭和 43 年 9 月 20 日判時 536 号 51 頁)。もっとも，その場合は，改正前民法 541 条による解除も可能とも解される。

37) ★最判昭和 56 年 1 月 19 日民集 35 巻 1 号 1 頁。

当該第三者に引き渡すべき旨を命じる確定判決またはそれと同一の効力を有するものがあり，それによって当該第三者に寄託物を引き渡したのでなければ，寄託者に対して返還しなければならない（民法 660 ② ＊）。それに従って受寄者が寄託者に返還した場合，第三者に損害が生じても受寄者は返還義務を負わない（民法 660 ③ ＊）。

③　寄託物の一部滅失または損傷による損害賠償請求，受寄者が支出した費用の償還請求は，寄託者が返還を受けた時から 1 年以内に請求しなければならず，その間，損害賠償請求権の消滅時効は完成しない（民法 664 の 2 ＊）。

④　混合寄託の規定を新設した（民法 665 の 2 ＊。後述第Ⅴ章 9 (7)参照）[38]。

(xi)　**組合**

①　組合契約は，通常の契約と異なり，[1] 組合員の 1 人について意思表示の無効・取消し原因があっても，他の組合員の間の組合契約の効力には影響がない（民法 667 の 3 ＊）。また，[2] 出資義務等の債務を履行しない組合員があっても，他の組合員は同時履行の抗弁，危険負担による履行拒絶，組合契約の解除を主張することはできない（民法 667 の 2 ＊）[39]。

②　組合の業務は，組合員の過半数で決定し，各組合員が執行する（民法 670 ① ＊）[40]。組合業務の執行に際し，組合代理が必要な場合，組合員の過半数の同意があれば，他の組合員を代理できる（民法 670 の 2 ① ＊）。業務執行者があれば業務執行者のみが組合員を代理し，業務執行者が数人あるときは，その過半数の同意を得た時に限り，組合を代理できる（民法 670 の 2 ② ＊）。ただし，常務は各組合員または各業務執行者が単独で代理できる（民法 670 の 2 ③ ＊）。組合員または業務施行者が，必要とされる過半数の同意を得ずに業務執行としての代理行為をした場合，無権代理行為になるものと解される。

③　組合の債権者は，[1] 組合財産に対して権利行使することも（民法 675 ① ＊），[2] 各組合員に対して損失分担の割合または等しい割合の何れかを選択して権利行使することもできる。これに対し，各組合員は，組合債権者が債権発生時に各組合員の損失分担割合を知っていたときは，その割合によるべき

---

38) 複数の者が寄託した物の種類・品質が同一である場合において，寄託者の承諾を得て，それらを混合して保管することをいう（民法 665 の 2 ① ＊）。

39) これらの場合，意思表示の無効・取消原因をもつ，または債務不履行にある組合員の脱退事由になることが考えられる。

40) 組合業務の決定および執行を 1 人または数人の業務執行者（組合員または第三者）に委任でき，業務執行者が数人ある場合，組合業務はその過半数で決定し，各業務執行者が執行する（民法 670 ② ・ ③ ＊）。ただし，その場合でも，総組合員の決定または執行によることができる（民法 670 ④ ＊）。また，常務は各組合員または は業務執行者が単独で行いうる（民法 670 ⑤ ＊）。

ことを主張しうる（民法675②＊）。

④　組合員は，組合財産の持分権を処分できず（民法676①），組合財産に属する債権の持分も単独で行使できない（民法676②＊）。

⑤　組合員の債権者は，組合財産に対して権利行使できない（民法677＊）。したがって，組合財産に対する当該組合員の持分権の差押え，当該組合員に対する債権を自働債権，組合が当該債権者に対してもつ債権（に対する当該組合員の持分権）を受働債権とする相殺（改正前677）等をすることができない。

⑥　組合員の加入（民法677の2＊），脱退組合員の責任等（民法680の2＊），解散事由（民法682＊）に関する規定を新設する（民法677の2＊，680の2＊）。

(xii)　**不当利得の特則**　無効な行為に基づく債務の履行として相手方から給付を受けた者は原状回復義務を負う（民法121の2①＊）。つまり，受領した物は全て，果実・使用利益（金銭の場合は法定利息）も付して返還するのが原則である。例外として，①無効な無償行為に基づく債務の履行として給付を受けた者は，受領当時に無効・取消原因を知らなかったときは，現に利益を受けている限度で（現受利益）返還義務を負う（民法121の2②＊）。②行為時に意思能力を欠いていた者または制限行為能力者も現受利益の返還義務を負うにとどまる（民法121の2③＊）。

(6)　小括

以上に概観した**改正民法**を特徴づける中心思想である契約を尊重し，その効力を強化することは，個々人の意思を尊重し，私的自治を推進することにより，市民社会の育成に通じるものと評価できる。もっとも，そのためには一般市民が契約の尊重とその効力強化の意味を十分に理解し，使いこなせることが大前提になる。**改正民法**について問われるべきは，そうした前提条件が満たされ，一般市民の大多数が理解し，望む内容になっているかである。そうした前提条件が整備されず，一部の者だけが使いこなせる契約の尊重では，情報量と情報処理能力のある者により有利に，それが不十分な者により不利に働く民法になってしまう。帰責事由や危険負担等の法定責任ルールとの調整が必要な所以である。

Ⅱ　民法総則関連の改正

1　法律行為と意思表示

⑴　法律行為の意義

改正民法 90 条は，中間試案にあった法律行為の定義——「法令の規定に従い，意思表示に基づいてその効力を生ずるもの」（中試 1.1⑴）であり [1]，「契約のほか，取消し，遺言その他の単独行為が含まれる」（中試 1.1⑵）——を採用しなかった。中間試案が法律行為概念を維持し，それを定義しようとしたことは評価できる。しかし，契約，単独行為がそれに含まれることをあえて規定する点には問題があった。というのも，それによっていわゆる合同行為——団体設立行為など，複数の意思表示の合致という点では契約と共通するが，錯誤や解除の主張を制限すべき法律行為——を否定するかにみえるからである [2]。中間試案の定義は，合同行為を排除する趣旨ではないと解する余地もあるが，議論のある点であることに鑑み，法律行為に契約や単独行為が含まれることはあえて規定する必要がないであろう。結局，法律行為の定義づけはされなかったが，今後の課題として残る点である。

⑵　法律行為の無効事由の拡張とその根拠

中間試案は，民法 90 条「公の秩序又は善良の風俗に反する<u>事項を目的とする</u>法律行為は，無効とする」から下線部「事項を目的とする」を削除し，公序良俗違反の有無を，法律行為の目的のみならず，法律行為が行われたプロセスや状況も考慮して判断する裁判例に適合する表現に改めた（中試 1.2⑴）[3]。この点は，公序良俗違反が法律行為の社会的妥当性を判断する客観的基準であることに鑑みて，妥当であろう。この改正提案は，**改正民法** 90 条でも維持された。

他方，中間試案は「相手方の困窮，経験の不足，知識の不足その他の相手方が法律行為をするかどうかを合理的に判断することができない事情があることを利用して，著しく過大な利益を得，又は相手方に著しく過大な不利益を与える法律行為は，無効とする」との規定を，公序良俗違反に関する規定と並列的に提示した（中試 1.2⑵）[4]。無効の判断基準として，①相手方の困窮，経験・知識の不足等，合理的判断力の欠如を利用するという主観的要素と，②著しく過大な，自己による利益の獲得または相手方への不利益付与という客観的要素

---

1)　これは，委員会方針【1.5.10】をほぼ承継したものである。
2)　ちなみに，研究会案 49 条 1 項は合同行為概念を維持する。
3)　これは，委員会方針【1.5.01】を承継したものである。
4)　これは，委員会方針【1.5.02】⑵をほぼ承継したものである。

を提示した[5]。それは，こうした法律行為が無効となる法理上の根拠を法律行為が前提とする社会的妥当性の欠如に求め，公序良俗違反に組み込まれることを明らかにする趣旨であれば，妥当であろう[6]。もっとも，規定上は公序良俗違反と暴利行為をなお併置しており，両者の関係は曖昧にみえる。

ポイントは，法律行為をする際に相手方の弱みに付け込むべきでない，過大な利益の獲得や不利益の付与をすべきでないといった行為規範を，法規範として市民に指し示すべきか否かである。それが倫理として妥当することは何ら疑いない。しかし，それを法規範化し，悪しき市民にサンクションを加え，良き市民を育成するための行為規制的・行為説諭的なルールを民法典に組み込むことが，市民の自律を促すべき民法の発展方向と相容れるかどうかである[7]。それに疑問が残るとすれば，公序良俗違反の解釈論に委ねるのが妥当であろう。**改正民法**は，暴利行為に関する新設規定の提案を採用しなかった。

2 意思能力を欠く者の法律行為

意思能力を欠く者による法律行為に関し，中間試案は，①「法律行為の当事者が，法律行為の時に，その法律行為をすることの意味を理解する能力を有していなかったときは，その法律行為は，無効とする」との規定を提案した（中試2）。これは，かつて委員会方針において意思能力を「法律行為をすることの意味を弁識する能力」と定義し，それを欠く状態で行われた法律行為は「取り消すことができる」とした提案を改めたものである[8]。委員会方針の取消構成に対しては，たとえ実定法規が取消構成をとったとしても，表意者（側）が意思能力の欠如を理由に法律行為は無効であるとして，法律行為の無効確認や既履行給付の返還を請求した場合は，無効主張を否定することは法理上難しいのではないかとの疑問を提起したが[9]，中間試案は無効構成を提示した。

また，②意思能力を欠く者は意思表示の受領能力も欠くことの明文化も提案された（中試3.5）。

これに対し，**改正民法**は，前記①・②何れの提案も採用しなかった。これらは，解釈論に委ねることで問題ないであろう。

---

5)　これは，判例（★大判昭和 9 年 5 月 1 日民集 13 巻 875 頁など）をベースにしている。
6)　松尾 2012a: 18-19 頁参照。
7)　それは，次第に生活行政全般を 1 つの法典に取り込むような大民法典主義に通じているように思われる。松尾 2010: 677 頁。
8)　委員会方針【1.5.09】⑴。取消構成をとった理由につき，松尾 2012a: 19 頁参照。
9)　松尾 2010: 668-669 頁，松尾 2012a: 19 頁。

26　Ⅱ　民法総則関連の改正

3　意思表示の瑕疵

(1)　心裡留保

　中間試案は，民法 93 条をつぎの 2 点で改正することを提案した。第 1 に，93 条但書の「相手方が表意者の<u>真意</u>を知り，または知ることができたときは」の下線部を「<u>真意ではないこと</u>」に改める提案である（中試 3.1 (1)）[10]。つまり，相手方は表意者の真意の内容そのものまで知り，または知ることができなくとも，表意者の意思表示が少なくとも真意ではないことを知り，または知ることができたときは，意思表示は無効とするものである。その場合でも相手方を保護する必要はないとの判断による。これは表意者にとって有利な改正であり，意思主義の妥当範囲を現行法よりもやや拡大するものといえる。**改正民法** 93 条 1 項ただし書は，この提案を採用した。妥当である。

　他方，表意者が相手方を誤信させようとする意図をもって意思表示をする**狭義の心裡留保**と，相手方が真意に気づいてくれるであろうと期待して意思表示をした**非真意表示**とを区別し，狭義の心裡留保の場合は，表意者は相手方が表意者の真意でないことについて悪意の場合のみ無効を主張できるが，非真意表示の場合は，表意者の真意でないことについて相手方が善意でも過失があれば表意者は無効を主張できる旨の委員会方針の提案は[11]，中間試案には取り入れられなかった。**改正民法**も，委員会方針の提案を復活させることはなかった。この区別は，狭義の心裡留保をした表意者へのサンクションと捉えることもできるが，表意者の真意の内容に応じて意思表示が無効になるための相手方の主観的要件に差を設けることは，意思主義の妥当範囲を拡大する方向ともいえる。今後の検討課題である。

　第 2 に，心裡留保を理由とする意思表示の無効は「善意の第三者」に対抗することができない旨の規定が提案された（中試 3.1 (2)）[12]。**改正民法** 93 条 2 項も，これを採用した。意思表示が無効であるにもかかわらず有効であるかのような外形を形成し，維持したことについて表意者の帰責性が高く，表意者に外形存置意思が認められる点で，民法 94 条 2 項と同様の価値判断をすべき点であり，妥当である[13]。

10）この提案は，委員会方針【1.5.11】(1)に由来する。

11）委員会方針【1.5.11】(1)(イ)。

12）委員会方針【1.5.11】(2)。これは民法 94 条 2 項を類推適用すべきとの判例（★最判昭和 44 年 11 月 14 日民集 23 巻 11 号 2023 頁）・学説を条文化するものである。

(2) 錯誤

虚偽表示（民法94）については改正がなかったが，錯誤（改正前95）については以下の5点が改正された。

第1に，中間試案は「要素」（民法95条）の錯誤を定義し，「表意者がその真意と異なることを知っていたとすれば表意者はその意思表示をせず，かつ，通常人であってもその意思表示をしなかったであろうと認められるとき」（中試3.2(1)）とした[14]。前者は主観的因果性，後者は客観的重大性をいうとされ，判例・学説上異論のないところであろう。なお，「法律行為」の要素の錯誤ではなく，表意者の「意思表示」の要素の錯誤を問題とする点は，意思と表示の不一致を表意者自身が認識していないことという錯誤の定義にも合致し，妥当である。これに対し，**改正民法95条1項は，「意思表示は，次に掲げる錯誤に基づくものであって，その錯誤が法律行為の目的及び取引上の社会通念に照らして重要なものであるときは，取り消すことができる。／[1] 意思表示に対応する意思を欠く錯誤／[2] 表意者が法律行為の基礎とした事情についてのその認識が真実に反する錯誤」**とした。ここでは，法律行為の要素を「その錯誤が法律行為の目的及び取引上の社会通念に照らして重要なものであるとき」と定義した。その判断基準は，なおも従来の解釈論に委ねる趣旨であり，その点の変更は企図されていない[15]。

第2に，中間試案は意思表示の要素に錯誤があった場合の効果として，「表意者はその意思表示を取り消すことができる」とし，取消構成を採用した（中試3.1(1)）。その理由は，錯誤無効は表意者保護の制度であり，表意者が主張しなければ，相手方や第三者から主張することはできないと解されている点で[16]，取消しと効果が類似していること，主張期間について取消可能期間（民法126条）と同程度の制限をすることが妥当であること等による[17]。**改正民法95条1項柱書も，取消構成を採用した。**このこと自体は妥当である。

もっとも，表意者保護のための制度であるから錯誤の主張は表意者の判断に委ねるべきであるということと，意思表示論の観点から法理上錯誤による意思表示の効果がどうなるかということは，理論的には別問題である。例えば，後

---

13) もっとも，中間試案では取り入れられなかったが，狭義の心裡留保と非真意表示を区別するときは，非真意表示の場合は第三者保護要件をより重くし，表意者との利益衡量を可能にするために，善意かつ無過失とすることも考えられる。松尾 2012a: 20 頁。

14) 中間試案 3.2(1)。★大判大正 3 年 12 月 15 日民録 20 輯 1101 頁，★大判大正 7 年 10 月 3 日民録 24 輯 1852 頁。

15) 潮見 2015: 8 頁。

16) ★最判昭和 29 年 11 月 26 日民集 8 巻 11 号 2087 頁ほか。

17) また，ドイツ民法 119 条，近時の契約法のモデル規定等も取消構成を採用している。

述のように，表意者と相手方がともに意思表示の要素について錯誤に陥っていたとすれば，そもそも意思表示としては成立しておらず，実定法規が取消構成をとっても，表意者が意思表示の無効を理由に，法律行為の無効確認や既履行給付の返還を請求してきたときは，それを拒むことは法理上困難である。その点でなお検討すべき問題は残しているというべきである。

　第3に，中間試案は動機の錯誤について，「目的物の性質，状態その他の意思表示の前提となる事項に錯誤があり，かつ，次のいずれかに該当する場合において，当該錯誤がなければ表意者はその意思表示をせず，かつ，通常人であってもその意思表示をしなかったであろうと認められるときは，表意者は，その意思表示を取り消すことができるものとする。／ア　意思表示の前提となる当該事項に関する表意者の認識が法律行為の内容になっているとき。／イ　表意者の錯誤が，相手方が事実と異なることを表示したために生じたものであるとき」という提案した（中試3.2(2)）。

　このうち，「ア」は従来の判例・学説を踏まえ，動機の錯誤であっても，内容の錯誤と同様に扱いうる場合を示したものである[18]。これに対し，「イ」は不実表示を理由とする意思表示の取消しに関する委員会方針を[19]，表意者が意思表示の前提となる事項について錯誤をした場合（動機の錯誤）に限定し，新たに導入しようとしたものである。委員会方針に対しては，消費者契約法4条1項1号，2項が規定する不実表示を民法に一般法化して取り込む場合，意思表示の取消しが認められる法理上の根拠が不明確である点に問題があることを指摘した[20]。中間試案は，これを錯誤規定に取り込むことにより，民法法理によって根拠づけようとしたものとも解される。しかし，動機の錯誤を理由に法律行為の効力を否定するためには，(a)動機の錯誤も一般的に錯誤として認め，あとは要素性と表意者の重過失を顧慮して判断する錯誤一元論に立つか，内容の錯誤と動機の錯誤を区別する二元論に立ちつつ，動機の錯誤も例外的に内容の錯誤と同視できる場合として，判例のいうように動機が表示されたとか，相手方が表意者の動機の錯誤を認識し，または認識できたといった独自の要件の明文化を検討すべきである。たしかに，不実表示をした相手方は，少なくとも表意者が動機ないし意思表示の前提となる事項について錯誤に陥っていることを認識し，または認識可能性があった場合が多いであろう。しかし，不実表示

18）★最判昭和40年9月10日民集19巻6号1512頁ほか。
19）委員会方針【1.5.15】，中整30. 5。
20）松尾2012a：24頁。

による意思表示の効力を否定する論拠は，①事実に対して誤認しやすい表意者の保護，および②不実表示をした相手方に対するサンクションと考えられ[21]，表意者の意思の欠陥に対する相手方の行為態様による影響も考慮した《合意の瑕疵》への移行を窺わせる。しかし，**改正民法**95条1項2号および2項は，相手方が不実表示をした場合には動機の錯誤も顧慮しうるとする前記「イ」の提案は採用しなかった。そのうえで，動機の錯誤を「表意者が法律行為の基礎とした事情についてのその認識が真実に反するとき」（民法95①[2]＊）と定義し，その場合における意思表示の取消しは，「その事情が法律行為の基礎とされていることが表示されていたときに限り，することができる」（民法95②＊）として，判例・通説を明文化した。妥当である。

　第4に，中間試案は，表意者に要素の錯誤がある場合でも，重過失があるときは意思表示の取消しを主張できないとしつつ，2つの例外を認めた。①1つは，表意者の錯誤について相手方が悪意であった，または善意でも重過失があったときである。②もう1つは，相手方自身も表意者と同一の錯誤に陥っていたとき（共通錯誤）である（中試3.2(3)）[22]。**改正民法**95条3項もこれを採用した。①は，相手方の行為態様を取消要件に取り込み，錯誤を《合意の瑕疵》として捉える方向性を示す。また，②ある意思表示の要素について表意者も相手方も共通錯誤に陥っているときは，意思表示自体が成立しておらず，法理上無効であるとも解される。したがって，共通錯誤は，表意者の重過失を理由に錯誤の効果（中間試案・**改正民法**によれば意思表示の取消し）を否定することへの再抗弁事由として規定するよりも，「相手方が表意者と同一の錯誤に陥っていたときは意思表示は無効である」旨を正面から規定すべきではなかろうか[23]。

　第5に，錯誤による意思表示の取消しは「善意でかつ過失がない第三者に対抗することができない」旨の第三者保護規定が提案され（中試3.2(4)），**改正民法**95条4項もこれを採用した。これは，心裡留保や虚偽表示の無効は「善意の第三者に対抗することができない」とすることと比して，バランスを失するものではない。なぜなら，心裡留保者や虚偽表示者は真意を欠く表示の形成・維持に対して帰責性が高いのに対し，錯誤者には結果的に失効した表示への帰責性はさほど重いとはいえず，その分だけ第三者の権利保護要件を重くして然るべきだからである。

21）松尾 2012a: 24 頁。
22）いずれも近時の有力説を採用するものである。
23）このことと，その無効を表意者のみが主張できると解釈することは，相容れないものではない。ちなみに，中間試案も意思能力の欠如を理由とする法律行為の無効を規定することを提案した（中試 2。前述 2）。

もっとも，共通錯誤を理由に表意者が法律行為の無効を主張したときは，意思に対応しない表示の形成・維持につき，表意者に権利喪失事由に相当する意思的関与がない限り，第三者に対しても無効を主張できるものと解される。

(3) 詐欺

中間試案は，民法96条1項に加え，「相手方のある意思表示において，相手方から契約の締結について媒介をすることの委託を受けた者又は相手方の代理人が詐欺を行ったとき」も，表意者は，それについて相手方の善意・悪意を問わず，意思表示を取り消すことができるとする（中試3.3(2)）[24]。これらの者による詐欺は，相手方による詐欺と同視できるから，という理由に基づくものである。しかし，「相手方から契約の締結について媒介をすることの委託を受けた者を具体的に挙げ，かつ相手方の責任について代理人と同視することには，疑問がある。**改正民法**96条2項は，この提案を採用しなかった。この点は妥当である。

他方，相手方とのそうした関係の有無にかかわらず，第三者による詐欺の場合も，表意者が意思表示を取り消すことができる場合として，中間試案は民法96条2項の要件を「**相手方がその事実を知り，<u>又は知ることができたとき</u>**」と緩和すること（下線部分）を提案した（中試3.3(3)）。理由として，第三者による詐欺について相手方の善意を要求するのは，当該意思表意が有効であるという相手方の「信頼を保護するため」であるが，そうした「信頼が保護に値する」要件として，善意のみならず無過失も要し，また，心裡留保による意思表示を無効と認める要件として相手方の悪意のみならず有過失も含むこととバランスを確保するためと説明される[25]。**改正民法**96条2項もこれを採用した。しかし，第三者による詐欺の場合でも表意者に取消しを認める根拠は，相手方の行為態様が自ら故意に欺罔した場合と同視できることにあるとすれば，相手方は善意・有過失でも責任を負うとすることには，詐欺取消しの法理として問題が残るように思われる。

なお，詐欺による取消しは「**善意で<u>かつ過失がない</u>第三者**に対抗することができない」（中試3.3(4)）との提案は，ここでの第三者保護の法理に照らして妥当である。なぜなら，詐欺取消しに対する第三者保護の法理は，心裡留保や虚偽表示の無効を善意の第三者に対抗できないことによる第三者保護法理である

24）判例（★大判明治39年3月31日民録12輯492頁。相手方の代理人による詐欺の場合）を取り込みつつ，契約の媒介の受けた者にも拡大するものである。委員会方針【1.5.16】(3)(7)は「その行為につき相手方が責任を負うべき者であるとき」としていた。
25）中試4.3概要・補足説明3。

無権利の法理（の例外則）――表意者の帰責事由が大きいことに鑑み，第三者は善意であれば保護される――と異なり，表意者は，騙された点に何らかの落ち度がある場合もありうるものの，詐欺の被害者であり，その点も考慮に入れて，第三者保護要件として第三者が単なる善意だけでなく，無過失であったことも加えてバランスをとろうとすることにも，理由がないとはいえない。**改正民法 96 条 3 項**はこの提案を採用した。もっとも，第三者保護要件の加重の仕方としては，過失要件のほかにも，目的物の引渡し等，契約の履行行為等も考えられる。いわゆる権利保護資格要件の問題である[26]。

(4) 不実表示について

委員会方針は，錯誤，詐欺に加え，意思表示の取消原因として，不実表示を提案していた[27]。これは，中間整理 30.5 に引き継がれたが，中間試案の段階で改正提案からは脱落した[28]。**改正民法**も，委員会方針の提案を復活させることはなかった。

不実表示と錯誤および詐欺との関係は，(i)意思表示をするか否かの判断に通常影響を及ぼすべき事項に関するものである必要がある。この点は，錯誤における法律行為の「要素」（民法 95）の要件に相当する。(ii)故意を要しない点で，詐欺（民法 96）よりも要件が緩い。(iii)第三者の行為によっても成立可能である点で，錯誤とは異なる一方，第三者の不実表示を理由とする取消しの要件は，第三者の詐欺を理由とする取消しの要件に相当する。

不実表示が意思表示の取消原因となる理由は何であろうか。これについては，(i)消費者契約の取消し原因としての，①不実告知，②不利益事実の故意の不告知（消費者契約法 4 条）に加えて，事実に関する不実の表示は，消費者でなくとも誤認する危険性が高いと判断されることから，民法に規定することが提案された。これは消費者契約法との連続性を意識した説明であると解される。

一方，(ii)事実を誤認して意思表示をしてしまった表意者を保護する制度であるという説明もある。契約の際に相手方から提供された情報のうち，契約をするかどうかを判断するうえで重要な情報について誤りがあり，それによって生じた誤認に基づいて契約が締結されてしまった場合に，そのリスクをどちらの当事者が負担すべきかという問題である。

---

26) 民法 94 条 2 項と 96 条 3 項の相違につき，松尾 2013a：87-90 頁，104-119 頁，125-128 頁参照。

27) 委員会方針【1.5.15】。不実表示の規定例として，イギリス不実表示法（1967 年）1 条，アメリカ第 2 次契約法リステイトメント 159 条～ 173 条，オランダ民法 6:228 条，PECL 4:103, 4:106, 4:111 条，DCFR II-7:201, 7:204, 7: 208 条，カンボジア民法 348 条等がある。

28) もっとも，その趣旨は，中間試案では，動機の錯誤を錯誤として顧慮しうる要件（動機の錯誤が，「相手方が事実と異なることを表示したために生じたものであるとき」。中試 3.2(2)イ）に組み込まれた。

さらに，(iii)事実に関して誤認しやすい表意者保護の必要性の高さ，および不実表示をした相手方へのサンクションであるという説明もある。この観点からは，不実表示を理由とする取消しは，行政法的な便宜と行為規制に基づく実定法規による効果であるとも解される。

不実表示の規定を置く場合の課題として，まず，売主が提供すべき情報のどこまでが不実表示になりうるかが問題になる。例えば，マンションの一室の売買において，当該マンションで自殺があった事実，当該部屋でなく，廊下，屋上，……等々で自殺があった事実，土地・建物の売買で付近に暴力団事務所がある事実等ことを告げていなかったことが，不実表示になるかどうかである。あまりに厳しい規制により，不実表示になるかどうかの判断が難しくなり，契約交渉に際して当事者を委縮させることがないかが問われる。

不実表示を理由とする取消しの提案は，中間試案以降消滅し，復活しなかった。

(5) 小括

法律行為・意思表示に関し，**改正民法**は，その準備作業の1つである委員会方針が不実表示を理由とする取消しの提案等を通じ，法律行為の当事者に良い行為を求め，悪い行為にサンクションを課すべく，現行法の意思主義を拡張する方向への提案を積極的にしたことに比べると，現行法との乖離を縮小し，意思主義の拡張もマイルドになっている。また，中間試案が維持した暴利行為規定の提案にみられるように，意思主義の拡張ないし脱却を図る傾向についても**改正民法**は採用しておらず，法理としての首尾一貫性と現実的妥当性の維持が図られたとも解される。民法は個々の市民が自ら考え，判断し，社会関係を主体的に形成してゆくための手段として，自己の法律関係を自律的に設定することをなおも理念にしているとすれば，法律行為・意思表示の規定の改正に際しては，生活行政的な規制の拡大は，慎重に検討する必要がある[29]。

---

29) なお，法律行為・意思表示に関して中間試案は，①意思表示の効力発生時期に関する到達主義の維持と到達の定義等（中試 3.4），②法律行為の無効・意思表示の取消しの効果としての既履行給付の原状回復義務の範囲や法律行為の一部無効（一部取消し）の原則的承認（中試 5.1，5.2），③取り消すことのできる行為の追認（法定追認を含む）の要件としての「追認権者が取消権を行使することができることを知った後」の付加，法定追認事由の追加（弁済の受領，担保権の取得）（中試 5.4，5.5），④取消権の行使期間の短縮（追認可能時から3年，かつ行為時から10年。中試 5.6），⑤条件・期限の定義の明文化，条件成就の擬制（民法 130）の要件として「条件を付した趣旨に反して」故意に条件を成就したこと，期限の利益の喪失事由（民法 137[2]）として債務者が「その義務に反して」担保を滅失・損傷・減少させたことの付加（中試 6）なども提案した。

4 意思表示の効力発生時期

　中間試案は，意思表示の効力発生時期に関し，到達主義を維持しつつ，意思表示の到達を相手方や相手方のために意思表示を受領する権限を有する者が意思表示を「了知することができる状態に置かれたこと」とし，その具体例を提示した（中試 3.4）。この点は，判例法理としても確立しており，妥当である。しかし，**改正民法** 97 条 1 項はこれを採用しなかった。引き続き解釈論で対応することになるが，今後の検討課題でもある。その一方で，**改正民法** 97 条 2 項は，意思表示の「相手方が正当な理由なく意思表示の通知が到達することを妨げたときは，その通知は，通常到達すべきであった時に到達したものとみなす」ことを明文化した。また，**改正民法** 97 条 3 項は，表意者が通知の発信後に死亡し，または行為能力の「制限」（改正前 97 ②は行為能力の「喪失」としていた）を受けた場合のほか，「意思能力を喪失」した場合も，意思表示は「そのためにその効力を妨げられない」事由に加えた。

5 代理制度

(1) 改正の視点

　法律行為は，本人が自分でするだけでなく，代理人を用いて行うことにより，取引の範囲が格段に広がる。市民にとって使いやすい，機能的な代理制度は，経済活動を活性化する。こうした代理制度の効率化および多様化という観点から，代理制度を用いた取引実務も考慮に入れて，改正提案の内容が注目される。

(2) 代理行為の成立

(i) 顕名主義の緩和

　代理人 X が本人 A のために相手方 B との間に法律行為を成立させるには，本人のためにすることを示して行うのが原則である（民法 99 ①）。つまり，①自分を「**A 代理人 X**」と表示して相手方 B と契約を結ぶ方法である（図表 II-1 ①）。本人 A のためにすることを示すという意味で，顕名主義という。

　しかし，②代理人 X が「**A**」と表示した場合（図表 II-1 ②）でも，② [1] X が自分は A でないことを前提に，代理意思をもって，A 名義で法律行為をしたときは，そのことが相手方 B に伝わっている以上，代理行為の成立を否定する理由はない[30]。これはいわゆる**署名代理**と呼ばれる代理行為の形態である。これに対し，② [2] X が自分は A であるとして A 名義で法律行為をしたとき

図表Ⅱ-1　代理行為の成立パターン

顕名の有無	代理人Xの表示名義	代理行為の成否	条文上の根拠
① 顕名の原則形態	A代理人X	成立	民法99①
② 顕名の変則形態	A（自分はAでないことを前提に）	成立	判例
	A（自分は本人Aであるとして）	成立	判例，中間試案4.12
③ 顕名がない場合	X（Aのためにする意思はあり）	原則的に不成立 例外的に成立	民法100本文 民法100ただし書
		商行為の場合，原則的に成立 善意の相手方は代理人に履行請求可能	商法504本文 商法504ただし書

はどうか。試案はこの場合も代理行為が成立すると解し，その旨を明文で規定することを提案する。すなわち，「代理人がその権限内において自らを本人であると称してした意思表示もまた，本人に対して直接にその効力を生ずるものとする」（中試4.1(2)）。

これは，後述する権限外の行為の表見代理（民法110）の新形態として，「代理人が<u>自らを本人であると称して</u>その権限外の行為をした場合において，<u>相手方が代理人の行為が本人自身の行為であると信ずべき正当な理由があるときは，本人は，当該行為について，その責任を負うものとする</u>」という提案をしたことと結びついている。つまり，この行為は，代理人が代理権の範囲を越えて法律行為したというだけでなく，「自らを本人であると称し」た点で，代理行為の成立要件としても欠陥をもっているが，「相手方が……本人自身の行為であると信ずべき正当な理由」があるときは，代理の効果を本人に帰属させてよいという提案である[31]。ここでは代理行為の成立の問題と代理権の範囲の問題が交錯しており，後者の欠陥の治癒が前者の欠陥の治癒に及ぶといえるかが問題である。

もっとも，②［2］の場合において，相手方Bが代理人Xを本人Aと誤解したために法律行為をしたときは，本人の同一性に関する法律行為の内容の錯誤であり，錯誤の要件（民法95）を満たすことにより，無効を主張する余地は残されていると解される[32]。

つぎに，③代理人Xが自ら「**X**」の名で意思表示をした場合（図表Ⅱ-1③）は，

30）判例（★大判大正9年6月5日民録26輯812頁）である。

31）これは，判例（★最判昭和44年12月19日民集23巻12号2539頁）を条文化しようとするものである。

32）BがXとの法律行為について錯誤を主張するということは，法律行為の有効性を争うということであるから，やはり法律行為（代理行為）が成立したことを前提にしている。

Xのためにしたものとみなされる（民法100本）。これは，Xが本人Aのためにする意思であってもX名義で意思表示をした以上は，錯誤を理由に意思表示の効力を否定できないことを意味する。ただし，XがAのためにする意思をもってX名義で意思表示をしたことを相手方Bが知り，または知りえたときは，代理行為を成立させてよい（民法100但）[33]。なお，代理人XがX自身のためにする意思でX名義で意思表示をしたときは，名実ともにXによるXのための法律行為がBとの間に成立するので，何ら代理の問題にはならない。

　改正民法は，代理行為の成立要件に関する以上の提案は，採用するに至らなかった。したがって，これらについては引き続き解釈論で対応することになる。

(ii) 代理行為の瑕疵

　改正民法 101 条は，中間試案の提案（中試 4.2(2)）を採用し，代理行為の瑕疵について，①代理人が相手方に意思表示をした場合と，②相手方が代理人に意思表示をした場合に分けて，次のように規定した。①「代理人〔X〕が相手方〔B〕に対してした意思表示の効力が意思の不存在，詐欺，強迫又はある事情を知っていたこと若しくは知らなかったことにつき過失があったことによって影響を受けるべき場合は，その事実の有無は代理人について決するものとする」（民法 101 ①＊）。他方，②「相手方が代理人に対してした意思表示の効力が意思表示を受けた者がある事情を知っていたこと又は知らなかったことにつき過失があったことによって影響を受けるべき場合には，その事実の有無は，代理人について決するものとする」（民法 101 ②＊）。このうち，②は改正前民法に規定がない場合についての規定である。これは，当然あるべき規定の欠缺を補充したものといえる。

　さらに，中間試案は代理人Xが本人Aから①「特定の法律行為をすることを委託された場合」において，②「本人の指図に従って」当該法律行為をした場合，本人Aは自ら知っていた事情または過失によって知らなかった事情について代理人が知らなかったことを主張することができない（改正前 101 ②）という法理を拡張する。すなわち，——

　①「本人が知っていた事情について，本人がこれを任意代理人に告げることが相当であった場合には，本人は，任意代理人がその事情を知らなかったことを主張することができない」。また，②「本人が過失によって知らなかった事

33）なお，商行為の代理では，代理人Xに本人Aのためにする意思があるかぎり，X名義でされたときでも，Aのために代理行為が成立する（商法 504 本）。ただし，XがAのためにしていることを知らなかった相手方Bは，X自身に履行を請求することもできる（商法 504 但）。

情について，本人がこれを知って任意代理人に告げることが相当であった場合には，本人は，任意代理人がその事情を過失なく知らなかったことを主張することができない」ものとすることを提案した（中試 4.2 (3)，(4)）。

本人が代理人をコントロールする可能性をもつ限り，代理人が法律行為をする場合にも，本人自身が法律行為をする場合に準じ，そうした本人の事情を考慮に入れることが本人と相手方の衡平に適うであろう。

もっとも，**改正民法** 101 条 3 項は，改正前民法 101 条 2 項から**「本人の指図に従って」を削除**し（理由は「特定の法律行為をすることを委託された」という中にその趣旨が含まれていると解しうる），それ以外は現行法を維持した。

(iii) 代理人の行為能力

中間試案は「制限行為能力者が代理人である場合において，その者が代理人としてした行為は，行為能力の制限によっては取り消すことができない」ものとした（中試 4.3 (1)）。これは「代理人は，行為能力者であることを要しない」との現行規定（改正前 102）をより分かりやすく表現するものといえる。加えて，中間試案は，制限行為能力者 X が他の制限行為能力者 A の「法定代理人」である場合において，X の代理行為が「当該法定代理人〔X〕を当事者としてした行為であるとすれば取り消すことができるものであるときは，本人〔A〕又は民法第 120 条第 1 項に規定する者は，当該行為を取り消すことができる」とした（中試 4.3 (2)）。これは改正前民法 102 条の例外を設け，取り消すことのできる場合を規定するものである [34]。法定代理の場合，代理人は行為能力者である本人の自由意思によって選任されたものでないことにも鑑みて，制限行為能力者たる代理人の行為から本人の利益を保護する手段を設けることは，衡平に適うものと考えられる。

改正民法 102 条は，この提案を実質的に承継し，より簡潔な表現により，次のように規定した。「制限能力者が代理人としてした行為は，行為能力の制限によっては取り消すことができない。ただし，制限行為能力者が他の制限候能力者の法定代理人としてした行為については，この限りでない」。

(3) 代理権の内容と範囲

(i) 代理人の権限

中間試案は，代理人の権限に関し，民法 103 条の趣旨の明確化を図った。すなわち，①任意代理人は代理権の発生原因である法律行為によって定められた行為をする権限をもつ。②法定代理人は法令によって定められた行為をする権

---

34) 中試 4.3 概要参照。

限をもつ。①・②によって代理人の権限が定まらない場合，代理人は［1］保存行為および［2］「代理の目的である物又は権利の性質を変えない範囲内」で「その利用又は改良を目的とする行為」を行う権限をもつ[35]。しかし，**改正民法**は，この提案を採用しなかった。従来どおり，解釈論によって対応可能と考えられる。

(ii) 復代理人の選任権と代理人の責任

代理人の権限としては，復代理人の選任権と復代理人の行為に対する責任が問題になる。現行法では，①任意代理人は本人の許諾を得たとき，またはやむを得ない事由があるときでなければ，復代理人を選任することができないが（民法104），そのようにして復代理人を選任した場合，［1］代理人は「その選任及び監督について」本人に対して責任を負い，［2］本人の指名に従って復代理人を選任したときは「復代理人が不適任又は不誠実であることを知りながら，その旨を本人に通知し又は復代理人を解任することを怠ったとき」だけ責任を負う（改正前105）。一方，②法定代理人はつねに復代理人を選任できるが［1］原則として「自己の責任で」しなければならず，［2］「やむを得ない事由があるとき」のみ，選任および監督に対する責任に軽減される（民法106）。

このうち，中間試案は①任意代理人の責任［1］［2］に関する改正前民法105条の削除を提案する。その理由は，債権者が債務者に対し，債務の履行——例えば，売買に基づく目的物の引渡し，請負に基づく仕事の完成，準委任に基づく事務処理等——のために，その履行を補助する第三者（履行補助者）の選任を許諾した場合，債務者がやむを得ない事由によって履行補助者を選任した場合，さらには債権者の指名に従って履行補助者を選任した場合でも，履行補助者の行為によって債権者が損害を被ったとき，債務者がどのような責任を負うかは，債務不履行責任の一般原則に従って判断される。復代理人 Y は任意代理人 X の権限に応じ，履行補助者 Z とは異なり，一定の裁量権をもつが，その行為に対する X の本人 A に対する責任に関しては相違がなく，Z が義務を履行しなかったり，その履行方法が悪かったために A に損害を与えたときは，X は AX 間の債務の内容に従い，債務不履行責任を負う。その債務の内容は，AX の間の委任・請負・雇用契約等，両者間の債権・債務関係を決定する原因によって決まる。このことは，Y 自身が「その権限内の行為について，本人を代表し」，「本人及び第三者に対して，代理人と同一の権利を有し，義務を負う」こと（改正前民法107）と矛盾するものではなく，X・Y が A に対して負う

35）中試 4.4。

それぞれの責任は両立可能であろう。

改正民法は、この提案を採用し、①民法 104 条を存置し、②改正前民法 105 条を削除し、③改正前民法 106 条を**改正民法** 105 条に繰り上げて、字句の形式を整え（改正前民法 106 条「前条第 1 項の責任のみを負う」→**改正民法** 105 条「本人に対してその選任及び監督についての責任のみを負う」）、④改正前民法 107 条を**改正民法** 106 条に繰り上げて、字句の追加をした（改正前民法 107 条 2 項「……代理人と同一の権利を有し、……」→**改正民法** 106 条 2 項「……その権限の範囲内において、代理人と同一の権利を有し、……」）。

(iii) 利益相反行為の規制

① **自己契約および双方代理の規制**　民法 108 条は、**自己契約**（A の代理人 X が自ら A の相手方となること）および**双方代理**（A の代理人 X が相手方 B の代理人にもなること）については、債務の履行に当たる場合、または予め A（自己契約の場合）または A および B（双方代理の場合）の許諾がある場合でなければ、X は「代理人となることができない」とする。しかし、「代理人となることができない」ということの意味は曖昧であり、X が本人の許諾なしに、かつ債務の履行にとどまらない代理行為をした場合、その効果がどうなるか不明確である。

この点につき、中間試案は、[1] 自己契約または双方代理は⟨1⟩本人が予め許諾するか、⟨2⟩「**本人の利益を害さない**」場合でない限り、「**代理権を有しない者がした行為とみなす**」、つまり、**無権代理行為とみなす**ことを提案した。加えて、[2] 自己契約や双方代理に当たらない場合でも、代理人と本人の利益が相反するような代理人の行為（利益相反行為）も、同様の要件の下に、無権代理行為とみなされる（中試 4.6）。

ここでは、まず、自己契約・双方代理が有効と認められるための要件が、「債務の履行」から「本人の利益を害さない場合」に転換することが提言されている。債務の履行に当たるとしても、本人の利益を害するときは、本人への効果帰属を否定する余地を残す趣旨である[36]。もっとも、より客観的・形式的な要件である「債務の履行」に対し、「本人の利益を害さない場合」は実質的な評価を含む評価的要件と解されるが、その解釈をめぐる紛糾や紛争の多発も予想される。

この点は、(a)自己契約・双方代理はそれ自体が代理権の範囲外の行為であり、原則として効果は本人に帰属せず、ごく例外的な場合だけ有効と認める趣旨か、(b)自己契約・双方代理であっても代理人の代理権の範囲内の行為である限り、

---

36) 中試 4.6 概要。

ただちに効果不帰属とはいえず，有効な場合を広く認める趣旨か，自己契約・双方代理の規制（改正前 108）の趣旨の解釈によると考えられる。(a)説によれば，例外の余地はより絞られるのに対し，(b)説によれば，本人の許諾がある場合のほか，債務の履行に当たるとき等も含め，比較的広く有効な代理と認められると解される。試案の趣旨は(a)説に近いように思われ，それゆえに例外の要件を評価的要件によって規制する方法に馴染むであろう[37]。この問題は，つぎにみる自己契約・双方代理という行為自体の法的性質を無権代理とみなすことの解釈問題に通じる。

　そもそも無権代理行為は，本人が追認しない限り，効果が帰属しないもの（当然の効果不帰属）であるが（民法 113），試案の立場は，(a)自己契約および双方代理の効果も無権代理と同様に解する判例法理を明文化したものであると説明されている[38]。これに対し，(b)自己契約または双方代理は，あくまでも代理権の範囲内の行為であるから，無権代理行為とは異なり，本人の効果不帰属の意思表示があってはじめて本人に効果が帰属しないことになるとの解釈もあり，中間試案はこの見解も取り上げている[39]。

　これら(a)・(b)の見解の相違は，自己契約または双方代理による法律行為の目的物を，相手方から転得した者等の第三者 C に対し，本人 A が取戻し等を請求できるかという形で問題になる。(a)無権代理行為であれば権限外の行為に関する表見代理の規定（改正前 110）によって規律されるが，それを自己契約・双方代理にも適用できるかは議論がある。これに対し，(b)あくまでも代理権の範囲内の問題であるとすれば，表見代理の規定は適用されず，第三者 C は有効に権利を取得するのが原則であり，例外的に本人が悪意の抗弁（民法 1 ②）によって第三者 C の権利取得を否定し，代理行為についての責任を免れる余地がある[40]。

　改正民法 108 条 1 項は，中間試案の提案を実質的に承継し，①自己契約および双方代理の効果は，原則として「代理権を有しない者がした行為とみなす」とする一方で，無権代理行為とならない例外事由は，現行民法 108 条ただし書の表現を維持し，「ただし，債務の履行及び本人があらかじめ許諾した行為については，この限りでない」とした。

37）もっとも，評価的要件は両刃の剣であり，中間試案は(b)説にも言及している（中試 4.6 注 1）。

38）中試 4.6 概要参照。

39）中試 4.6 注 1。

40）判例は，本人 A が転得者 C の悪意を主張・立証した場合に限り，代理行為についての責任を免れることができると解する（★最判昭和 47 年 4 月 4 日民集 26 巻 3 号 373 頁ほか）。

②　その他の利益相反行為の規制　　自己契約・双方代理に当たらない場合でも，代理人と本人との利益が相反する法律行為（利益相反行為）は，本人の許諾を得るか，本人の利益を害さないものでない限り，無権代理行為とみなされる旨の規定をおくことが提案された（中試 4.6 (3)）[41]。このことは，形式的・客観的に利益相反行為に当たるものでも[42]，実質的に本人の利益を害さないと認められるときは，代理の効果が生じることも意味する。

　改正民法 108 条 2 項は，中間試案の提案を採用し，「前項本文に規定するもの〔自己契約および双方代理〕のほか，代理人と本人との利益が相反する行為については，代理権を有しない者がした行為とみなす。ただし，本人があらかじめ許諾した行為については，この限りでない」とした。

　なお，利益相反行為の相手方 B からの転得者 C と本人 A との関係は，従来どおり解釈論に委ねられ，本人 A が C の悪意を主張・立証することにより，代理行為に基づく責任を免れることができると解される[43]。

　ここでも，利益相反行為の法的性質をどのように理解すべきかが鍵を握る。すなわち，(a)利益相反行為は原則として本人に効果帰属せず，本人の許諾を得るか，本人の利益に反しないことを相手方または第三者が主張・立証することにより，本人に責任追及できると解すべきか，(b)代理人 X が代理権の範囲内の行為をしている限り，原則として本人に効果が帰属するが，相手方 B に対しては本人 A が利益相反行為に当たることを主張・立証することにより，第三者 C に対しては，利益相反行為に当たると知っていたことを主張・立証することにより，本人への効果帰属を否定することができると解すべきかである。改正民法（および中間試案）は(a)説に，判例は(b)説に親和的であるようにみえる。

⑷　代理権の濫用

　改正民法 107 条は，代理権の濫用に関する規定を設けた。すなわち，「代理人が自己又は第三者の利益を図る目的で代理権の範囲内の行為をした場合において，相手方がその目的を知り，又は知ることができたときは，その行為は，代理権を有しない者がした行為とみなす」とした。

　代理人が自己または第三者の利益を図る目的で代理権の範囲内の行為をした場合（代理人の権限濫用，代理権の濫用）については，(a)改正前民法 93 条ただし書

41）これは判例（★大判昭和 7 年 6 月 6 日民集 11 巻 1115 頁ほか）に基づくものである。これに対し，とくに規定を設けず，依然として解釈論に委ねるべきであるとの見解もある（中試 4.6 注 2）。

42）利益相反行為に当たるか否かは，代理行為を外形的・客観的に考察して判断されるとの判例（★最大判昭和 42 年 4 月 18 日民集 21 巻 3 号 671 頁ほか）が参照されている（中試 4.6 概要）。

43）★最判昭和 43 年 12 月 25 日民集 22 巻 13 号 3511 頁ほか（中試 4.6 概要参照）。

を類推適用し，相手方が代理人の権限濫用について悪意または有過失の場合には代理行為を無効と解する見解・判例と [44]，(b)代理権の範囲内の行為であるから原則として有効であるが，本人が相手方の悪意（または重過失）を主張・立証することにより，民法1条2項を根拠に，相手方の権利行使を否定することができるとの見解がある。

改正民法は，(b)説の立場に従って明文化を図っていると解される。これは，中間試案の提案を採用したものである。すなわち，──

(i)代理人の権限濫用を相手方が知り，または**重大な過失によって知らなかったとき**は，本人は相手方に対して**代理行為の効果不帰属**の意思表示をすることができる。その場合には，(ii)当該法律行為は初めから本人に対して効力を生じなかったものとみなす。また，相手方からの転得者等の第三者Cは，代理人Xの権限濫用を知り，または重大な過失によって知らなかった場合に限り，本人Aは効果不帰属の意思表示を対抗することができる（中試 4.7）[45]。

この改正は，判例の解釈論を修正するものであり，実務および法理への影響が少なくないであろう。また，法人の代表者による代表権の濫用の問題（判例はここでも民法93条ただし書類推適用説をとる）にも影響を与えることが予想される。

(5) 表見代理

(i) 代理権授与の表示による表見代理

代理権授与表示による表見代理（改正前109）に関し，中間試案は，権限外の行為の表見代理（民法110）との**重畳適用**が可能である旨の明文化を提案した。すなわち，本人Aが相手方Bに対して他人Xに代理権を与えた旨を表示した場合において，Xがその表示された代理権の範囲外の行為をした場合において，Bが当該行為についてXの代理権があると信ずべき正当な理由があるときは，本人Aは当該行為についてその責任を負う。ただし，相手方Bが，その他人Xがその表示された代理権を与えられていないことを知り，または過失によって知らなかったときはこの限りでないものとする（中試 4.8）。

改正民法109条2項は，この提案を実質的に採用しつつ，既存の条文に適合するように文言を整序し，次のように規定した。「第三者に対して他人に代理権を与えた旨を表示した者は，その代理権の範囲内においてその他人が第三者との間で行為をしたとすれば前項の規定によりその責任を負うべき場合におい

---

44) ★最判昭和42年4月20日民集21巻3号697頁の立場である。

45) ただし，(a)説の理解に従い，代理権の濫用について相手方が悪意または重過失の場合は無効とする見解もある（中試 4.7 注2）。この立場によれば，第三者Cは民法94条2項の類推適用，192条の適用等によって保護されることになる。

て，その他人が第三者との間でその代理権の範囲外の行為をしたときは，第三者がその行為についてその他人の代理権があると信ずべき正当な理由があるときに限り，その行為についての責任を負う」。

これは，従来の判例法理の明文化といえる。主張・立証責任に関しては，①本人の責任を追及する相手方が，代理人の代理行為の成立，代理権授与表示および代理人の行為が代理権の範囲内にあると信じたことの正当理由を主張・立証し，②これに対して，本人が，代理権の不存在および相手方の悪意もしくは有過失，または相手方の正当理由を否定すべき不審事由を主張・立証することになる。

(ⅱ) 権限外の行為の表見代理

中間試案は，権限外の行為の表見代理（民法 110）に関し，**代理人 X が自らを本人 A であると称して，その権限外の行為をした場合**も，「相手方が代理人の行為が本人自身の行為であると信ずべき正当な理由があるときは，本人は，当該行為について，その責任を負うものとする」との規定を提案した（中試 4.9）。判例の明文化を試みるものであるが[46]，代理行為の成立要件の欠陥の治癒を代理権の範囲の欠陥の治癒によって行うものである（前述(2)(ⅰ)参照）。

しかし，**改正民法**は，この提案を採用しなかった。この問題は，解釈論によって対応することになる。

(ⅲ) 代理権消滅後の表見代理

中間試案は代理権消滅後の表見代理（民法 112）に関し，まず，「善意」の意味を明確にするために，「代理人であった者が代理権の消滅後にその代理権の範囲内の行為をした場合において，相手方がその代理権の消滅の事実を知らなかったときは」と規定することを提案した（中試 4.10(1)）。これは，ここでの「善意」が，代理行為時に代理権が存在しなかったことについての善意ではなく，過去に存在した代理権が代理行為時までに消滅したことについての善意である[47]。これは，本人が負うべき相手方の悪意／有過失についての主張・立証責任の対象を明確にするものと解される。

改正民法 112 条 1 項は，この提案を実質的に採用しつつ，文言を整序し，「他人に代理権を与えた者は，代理権の消滅後にその代理権の範囲内においてその他人が第三者との間でした行為について，代理権の消滅の事実を知らな

---

46) ★最判昭和 44 年 12 月 19 日民集 23 巻 12 号 2539 頁。
47) 判例（★最判昭和 32 年 11 月 29 日民集 11 巻 12 号 1994 頁，★最判昭和 44 年 7 月 25 日集民 96 号 407 頁）に基づく理解である。

かった第三者に対してその責任を負いう。ただし，第三者が過失によってその事実を知らなかったときは，この限りでない」とした。

また，中間試案は代理権消滅後の表見代理（改正前112）と権限外の行為の表見代理（改正前110）の重畳適用が可能である旨の明文化も提案した。すなわち，「代理人であった者が代理権の消滅後にその代理権の範囲外の行為をした場合において，相手方が，その代理権の消滅の事実を知らず，かつ，当該行為についてその者の代理権があると信ずべき正当な理由があるときは，本人は，当該行為について，その責任を負うものとする。ただし，相手方がその代理権の消滅の事実を知らなかったことにつき過失があったときは，この限りでないものとする」（中試4.10(2)）。

改正民法112条2項は，この提案を実質的に採用しつつ，文言を整序し，次のように規定した。「他人に代理権を与えた者は，代理権の消滅後に，その代理権の範囲内においてその他人が第三者との間で行為をしたとすれば前項〔民法112①*〕の規定によりその責任を負うべき場合において，その他人が第三者との間でその代理権の範囲外の行為をしたときは，第三者がその行為についてその他人の代理権があると信ずべき正当な理由があるときに限り，その行為についての責任を負う」。

これも，判例の明文化の試みである[48]。主張・立証責任に関しては，①本人の責任を追及する相手方が，代理人の代理行為の成立および代理行為が代理権の範囲内にあると信じたことの正当理由を主張・立証し，②これに対して，本人が，代理権の消滅および相手方の悪意もしくは有過失，または相手方の正当理由を否定すべき不審事由を主張・立証することになる。

(6) 無権代理人の責任

他人の代理人として行為した者（代理行為者）が代理権をもたず，本人の追認も得られない場合の責任（相手方の選択に従い，履行または損害賠償の責任。改正前民法107①）は無過失責任であると解されているが，相手方が悪意または有過失の場合は免責される（改正前107②）。これに対し，中間試案はつぎの2点について修正を提案した（図表Ⅱ-2）。

① 第1に，代理行為者が代理権を有しないことを相手方が過失によって知らなかった場合であっても，**代理行為者が自己に代理権がないことを自ら知っていたとき**は，責任を負う。

② 第2に，代理行為者が自己に代理権がないことを知らず，かつ知らない

---

48) ★大連判昭和19年12月22日民集23巻626頁。

図表Ⅱ-2　無権代理人（代理行為者）の責任

		相手方		
		善意・無過失	善意・有過失	悪　意
代理行為者	悪　意	○	**○**	×
	善意・重過失	○	×	×
	善意・無重過失	**×**	×	×

○　：代理行為者（無権代理人）の責任　あり
×　：同上　なし
<u>下線</u>：中間試案による提案

ことに重過失がなかったときは，錯誤による意思表示の取消し（民法95③＊）
に準じて，免責を認める。ちなみに，他人物の売主は，契約時に自己に権利が
ないことについて善意でも，買主が善意であればたとえ買主に過失があるとき
でも損害賠償義務を免れない（改正前561，562）。これに比べると，他人の代理
人として行為した者の責任は軽減されており，相手方が善意でも過失があれば
免責される（改正前117②）。しかし，代理行為者が善意（かつ無重過失）等の場
合については規定がない。中間試案はこの基本的価値判断を維持しつつ，代理
行為者と相手方との利益バランスをよりキメ細かに調整するものといえる。

　改正民法117条は，中間試案の提案①を実質的に採用しつつ（下記下線部），
字句を整序し，次のように規定した。「①他人の代理人として契約をした者は，
自己の代理権を証明したとき，又は本人の追認を得たときを除き，相手方の選
択に従い，相手方に対して履行又は損害賠償の責任を負う。／②前項の規定は，
次に掲げる場合には，適用しない。／［1］他人の代理人として契約をした者
が代理権を有しないことを相手方が知っていたとき。／［2］他人の代理人と
して契約をした者が代理権を有しないことを相手方が過失によって知らなかっ
たとき。ただし，<u>他人の代理人として契約をした者が自己に代理権がないこと
を知っていたときは，この限りでない。</u>／［3］他人の代理人として契約をし
た者が行為能力の制限を受けていたとき」。これは，代理行為者，本人，相手
方の利益をよりキメ細かく調整するルールとして，妥当である。しかし，**改正
民法**は，中間試案の提案②は採用しなかった（善意・無重過失の代理行為者による
錯誤主張の余地があるものと解される）。

(7)　**授権（処分権授与）について**

　中間試案は，権利者Aが他人Xに対し，Xとその相手方Bを当事者とする
法律行為により，Aの所有権，その他の権利を処分する権限を与えた場合，X
がBと当該法律行為をしたときは，当該権利はAからBに直接移転するもの

図表Ⅱ-3　代理と授権の関係

	代理	間接代理	授権
契約当事者	ＸＢ	ＸＢ	ＸＢ
債権・債務関係	ＡＢ	ＸＢ	ＸＢ
権利移転プロセス	Ａ→Ｂ	Ａ→Ｘ→Ｂ	Ａ→Ｂ

A：本人　　B：相手方　　X：行為者

とする授権（処分権授与）について規定することを提案した。この場合，債権・債務関係はＸＢ間に発生し，ＡＢ間には発生しないが，ＡはＸがＢとの法律行為において主張することのできる事由をＢに主張できる。その他の点では，代理に関する規定を，その性質に反しない限り，準用する（中試4.11）[49]。

　これに対し，**改正民法**は，中間試案の提案を採用しなかった。もっとも，委託販売等においては授権の活用が考えられている。今後は，授権・代理・間接代理等を比較しつつ，前述した授権のメリットに対する実務的要請を吟味して検討すべきである（図表Ⅱ-3参照）。

6　法律行為の無効，意思表示の取消しの効果

(1)　一部無効

　法律行為の無効が法律行為の一部だけに係る場合は，その余の部分は原則として有効であり，例外的に「当該一部が無効であることを知っていれば当事者がその法律行為をしなかったと認められる場合」は，当該法律行為全体が無効になる旨の規定が提案された（中試5.1）。この例外則の要件は「自己の法律関係を自律的に設計する」という法律行為の趣旨を活かすためである[50]。しかし，この提案は**改正民法**に導入されず，解釈論によって対応される。

(2)　取消権者

　改正民法120条は，改正前民法120条の取消権者について2点追加した[51]。

　（ⅰ）　制限能力者Ａの法定代理人Ｂが法律行為をしたが，Ｂ自身が制限行為能力者であった場合，任意代理の場合（民法102本＊）と異なり，当該法律行為は取り消すことができるが（民法102但＊），この場合はＢのみならず，Ａも取消権をもつ（民法120①括＊。Ａは「当該他の制限行為能力者」に当たる）。なお，Ｂが

49）これに対し，授権に関する規定は設けず，解釈に委ねるべきであるとの意見もあった（中試4.11注）。

50）中間試案たたき台(1)(2)(3)・17頁。

51）これらは，要仮4.3注2の提案を採用したものである。

成年被後見人であった場合は，その法定代理人たる成年後見人Ｃも取消権を
もち，Ｂが被保佐人であった場合において，ＢがＡのために民法 13 条 1 項 1
号〜9 号に掲げる行為をＡの法定代理人としてしたときは，Ｂの保佐人Ｄも
その取消権をもつ（民法 13 ①[10]＊・13 ④＊，120 ①＊）。

(ii)　錯誤によって意思表示をした者も，従来からの詐欺／強迫によって意思
表示した者とともに，瑕疵ある意思表示をした者として，取消権をもつ（民法
120 ②＊，95 ①＊）。

(3)　無効・取消しの効果

　法律行為が無効の場合，または意思表示の取消しの結果，法律行為が失効し
た場合における，当事者間の既履行給付の返還義務の範囲につき，民法 703
条・704 条の特則を明文で設けることが提案された。中間試案は，給付受領物
およびその果実の返還（返還不能の場合はその価格の償還）を原則とすることを提
案した（中試 5.2）。これは給付不当利得の返還ルールの原則を確認するものと
して妥当である。ただし，無効・取消しの原因について善意の受領者は現受利
益の返還で足りるとの例外則を設け，もっとも，無効な法律行為が有償契約で
あるときは，①現受利益か②自己の反対給付の額の何れか多い額を限度とする
とし，②が現受利益を超える余地（当事者が契約時に覚悟しているからとする）も残
した。

　改正民法は，この提案を実質的に取り入れ，表現を修正した。まず，改正前
民法 121 条の本文のみを残し，「取り消された行為は，初めから無効であった
ものとみなす」（民法 121 ＊）としたうえで（改正前 121 条ただし書は，**改正民法** 121
条の 2 ③に吸収），給付不当利得の効果である原状回復義務の範囲を定める**改正
民法** 121 条の 2 を新設した。同 1 項は「無効な行為に基づく債務の履行として
給付を受けた者は，相手方を原状に復させる義務を負う」とした。これは，原
状回復＝給付受領物およびその果実の返還（返還不能の場合はその価格の償還）の
原則を規定したものであり，民法 545 条 1 項・2 項と同旨であると解される。
そのうえで，同 2 項・3 項はその例外を定める。**改正民法** 121 条の 2 第 2 項は
「前項の規定にかかわらず，無効な無償行為に基づく債務の履行として給付を
受けた者は，給付を受けた当時その行為が無効であること（給付を受けた後に前
条〔民法 121〕の規定により初めから無効であったものとみなされた行為にあっては，給付
を受けた当時その行為が取り消すことができるものであること）を知らなかったときは，
その行為によって現に利益を受けている限度において，返還の義務を負う」。
例えば，贈与契約に無効／取消しの原因があることを知らずに目的物の引渡し

を受けた受贈者は，現受利益を返還すれば足りる。ついで，同3項は「第1項の規定にかかわらず，行為の時に意思能力を有しなかった者は，その行為によって現に利益を受けている限度において，返還の義務を負う。行為の時に制限行為能力者であった者についても，同様とする」。これは，改正前民法121条ただし書の規定内容に意思能力を欠く者を加えたものである。

(4) 取り消すことのできる行為の追認の要件と効果

(i) **追認の要件**　取り消すことのできる行為の追認の要件として，**改正民法** 122条1項は，改正前民法122条1項の「取消しの原因となっていた状況が消滅」したことに加え，「かつ，取消権を有することを知った後」にすることを求めている[52]。追認は，取消権の放棄を意味することから，取消権の存在を知ってする必要があり，そのことを明確にした規定といえる。

その結果，改正前民法122条2項「成年被後見人は，行為能力者となった後にその行為を了知したときは，その了知をした後でなければ，追認をすることができない」は「取消権を有することを知った」に吸収されて不要となるから，削除された。

なお，改正前民法122条3項は，**改正民法** 122条2項において表現を改め，「次に掲げる場合には，前項の追認は，取消しの原因となっていた状況が消滅した後にすることを要しない。／［1］法定代理人又は制限行為能力者の保佐人若しくは補助人が追認をするとき。／［2］制限行為能力者（成年被後見人を除く。）が法定代理人，保佐人又は補助人の同意を得て追認をするとき」とした。1号は改正前民法122条3項に該当し，2号は現在も認められている当然のことを明規したものであり，異論のないところである。

(ii) **法定追認の要件**　追認の要件として，取消権があることの認識を加えたことは，法定追認の要件とも関係する。改正前民法125条のように「前条の規定により追認をすることができる時以後に……」と規定したままであれば，法定追認の場合も取消権の存在についての認識を要することになる。中間試案はこの立場をとり，法定追認も取消権者が取消権の存在を知って行われる必要があると解した[53]。これは，法定追認も当事者の意思の推測を通じた自律的行為であるとの解釈を前提とする。しかし，法定追認は，取消権の存在についての認識の有無にかかわらず，当事者間の客観的な衡平を維持するためである

---

52) これは，判例（★大判大正5年12月28日民録22輯2529頁）に従い，中試5.4の提案を採用したものである。

53) 中試5.5は「前条の規定により」という文言を削除していない。

との解釈もある[54]。そこで，**改正民法**は，この点を解釈論に委ねる趣旨で，改正前民法125条柱書の「前条の規定により」を削除した[55]。

なお，中間試案は，法定追認事由として，改正前民法125条の履行や担保の供与のほかに，「弁済の受領」，「担保権の取得」も加えた（中試5.5）。これらは法定追認を当事者の追認意思の推測という構成に親和的である。しかし，**改正民法**は，これらの追加事由は採用しなかった。これは，法定追認を当事者間の衡平維持の制度とみる解釈に沿うものであると解される。

(iii) 追認の効果

追認は取消権の放棄であるから，取消権者（民法120＊）が追認したときは，取り消すことができた行為も，以後取り消すことができない（民法122＊）。その際，「ただし，追認によって第三者の権利を害することはできない」との改正前民法（改正前122但）は削除された。第三者の権利と追認によって取得される権利の優劣は，対抗要件によって決定されるから，改正前民法122条ただし書は空文化しているとの解釈に従ったものである[56]。

(5) **取消権の行使期間**

民法126条の期間は，「長すぎるという指摘があることを踏まえ」て短縮し，追認可能時から3年間，かつ行為時から10年で時効によって消滅する旨が提案されていた（中試5.6）[57]。

しかし，**改正民法**は，この提案を採用しなかった。

7　条件および期限

(1) **条件および期限の定義**

中間試案は，条件・期限について，民法127条〜134条，135条〜137条の規律を基本的に維持する。そのうえで，条件を「法律行為の効力の発生・消滅又は債務の履行を将来発生することが不確実な事実の発生に係らしめる特約」，期限を「法律行為の効力の発生・消滅又は債務の履行を将来発生することが確実な事実の発生に係らしめる特約」と定義し，明文化することを提案した[58]。

54）判例は，法定追認の場合は，取消権者が取消権の存在を知ってすることを要しないとする立場である（★大判大正12年6月11日民集2巻396頁）。

55）潮見2015:30頁。

56）しかし，第三者と追認権者の関係が常に単純な対抗問題であるとは限らず，より慎重な検討を要する問題である。松尾2016:4.72参照。

57）中間試案たたき台(1)(2)(3)・22頁。

しかし，**改正民法**は，これらの定義規定は採用しなかった。

⑵　条件成就の妨害等

(i)　条件成就の擬制

改正民法 130 条 1 項（条件成就の擬制）は，改正前民法 130 条と同じである。条件成就によって不利益を受ける当事者が「条件を付した趣旨に反して」故意に条件成就を妨げた場合に限るとする提案があったが（中試 6.1 ⑴，6.2 ⑴），採用されなかった。

(ii)　条件不成就の擬制

改正民法 130 条 2 項は「条件が成就することによって利益を受ける当事者が不正にその条件を成就させたときは，相手方は，その条件が成就しなかったものとみなすことができる」との規定を新設した。「条件の成就によって利益を受ける当事者……が故意に条件を成就させた」ときは「〔改正前〕民法 130 条の類推適用により……条件が成就していないものとみなすことができる」と解した判例を明文化したものである [59]。

(iii)　期限の利益の喪失事由

期限の利益の喪失事由の 1 つである担保の滅失・損傷・減少（民法 137［2］）については，債務者が「その義務に反して」したことを要する旨を明文化する提案が行われた（中試 6.2 ⑵）。

しかし，**改正民法**は，この提案を採用しなかった。それは当然のこととして解釈によって対応可能であると考えられる。

8　消滅時効

⑴　短期消滅時効の特則の削除と消滅時効の種類の統一化

消滅時効に関する民法の見直しは，今次の民法（債権関係）改正を促す背景事情の 1 つであるルールの国際標準化の影響を受けている。そこでは，消滅時効の期間の単純化・統一化，短期化，主観的起算点の導入に伴う消滅時効期間の二重期間化等の傾向がみられる。

改正前民法は債権の消滅時効期間を 10 年とする原則規定（改正前 167 ①）に加え，一定の原因から発生する債権については，例外的に 5 年・3 年・2 年・1 年の短期消滅時効を定めていた（改正前 169 ～ 174）。

58）中試 6. 1 ⑵の提案に基づくものである。
59）★最判平成 6 年 5 月 31 日民集 48 巻 4 号 1029 頁。

中間試案は，このうちで主として債権者または債務者の職業に応じて消滅時効期間を短く設定した規定（改正前民法 170 〜 174）の削除を提案した。理由は，①なぜここに掲げられた債権のみが，しかも 3 年・2 年・1 年と区別された短期消滅時効に服すべきなのか，対象となる債権の選別を合理的に説明することが困難であること，②どの区分にあてはまるのか一目瞭然とはいえない債権（例えば，様々な内容・形態の請負人の債権等）もあり，実際上判断コストがかかっていること等である（中試 7.1）。

改正民法は，この提案を採用し，債権の職業別短期消滅時効に関する**改正前民法 170 条〜 174 条を削除**した。これに加え，年またはこれより短い期間によって定めた金銭その他の給付を目的とする債権は 5 年間行使しないときは消滅するとした**改正前民法 169 条も削除**した。これは，**改正民法**が債権の消滅時効の起算点と期間に関する原則規定において，いわゆる二元構成（後述(2)(A)）を採用し，そのうち主観的起算点＝債権者が権利行使できることを知った時から 5 年間行使しないときは債権が時効消滅する旨の規定（民法 166 ①[I]＊）により，定期給付債権の消滅時効も扱うことが適切であると判断されたことによるものである。もっとも，権利行使の可能性を認識しない間に 5 年の経過によって債権が消滅するのは「債権者にいささか酷な面」もあることは認められていた。しかしなお，そのためにあえて短期消滅時効の特則を維持することは「相当でない」とし，時効期間の統一化への企図が優先されている[60]。

短期消滅時効の規定は，特則の位置づけにありながら，実際には日々発生している債権の多くの部分をカバーしている。**改正民法**は，反復・継続して多数発生し，証拠が不明確になりがちな債権について，紛争が多発することを回避する効果を図ったものと考えられる[61]。統一化の前提にはそうした危惧が少ないという経験的判断があるとみられるとともに，統一化そのものへの強い意欲が看取される。

(2) 時効の期間と起算点

(i) 時効期間と起算点に関する一般原則

消滅時効の起算点につき，改正前民法は「権利を行使することができる時」としていた（改正前 166 ①）。中間試案では，(a)これを維持しつつ，10 年間の時効期間（改正前 167 ①）を 5 年間に改める【甲案】（一元構成）と，(b)①「権利を行使することができる時」から 10 年間（改正前 166 ①・167 ①）か，②「債権者

60）部会資料集 3-2: 577-578 頁（部会資料 69A: 8-9 頁）。
61）ちなみに，そうした短期消滅時効の規定は，発展途上国の民法には比較的多くみられる傾向である。

が債権発生の原因及び債務者を知った時（債権者が権利を行使することができる時より前に債権発生の原因及び債務者を知っていたときは，権利を行使することができる時）」から［3年間／4年間／5年間］の，「いずれかの時効期間が満了した時に消滅時効が完成する」との【乙案】（二元構成）が提案された（中試7.2）[62]。加えて，「権利を行使することができる時」から10年間（民法166①，167①）を維持しつつ，事業者間の契約に基づく債権は5年間，消費者契約に基づく事業者の消費者に対する債権については3年間とするバリエーションも提示した（中試7.1（注））。これらの提案の背景には，消滅時効規定の単純化と統一化に伴う職業別短期消滅時効の廃止により，多くの場合に時効期間が長期化することへの懸念が存在する。この懸念に対処すべく，【甲案】は消滅時効の原則期間を5年間とした。これは商事消滅時効（商法522）を意識したものであり，改正前民法下でもその適用を受ける債権が少なくないとすれば，実際上の影響は小さいことも想定される。しかし，事務管理・不当利得に基づく債権，安全配慮義務違反に基づく損害賠償請求権等，実際に時効期間が短縮されることになる債権がなお少なからず存在する。これに対しては，それを甘受しつつ，生命または身体に生じた損害に係る損害賠償請求権（後述(iv)）等，短期化に相応しくない債権については特則を設けて対応することが考えられている。

　これに対し，【乙案】は，①改正前民法を維持したうえで，②債権者が債権発生の原因および債務者を認識した時点（かつ権利行使可能時）から3年間／4年間／5年間の短期時効期間を併置することにより，主として契約に基づく一般的な債権については時効期間を短縮化する一方で，債権者にとって発生原因や債務者の認識が困難な債権の場合は，改正前民法と同様の規律を維持することを企図しているとみられる[63]。こちらの方が，改正すべき点と維持すべき点のメリハリが効いた提案といえる[64]。

　改正民法は，【乙案】の二元構成を採用し，「債権」は，①「債権者が権利を行使することができることを知った時から5年間行使しないとき」，または②「権利を行使することができる時から10年間行使しないとき」は，時効によって消滅するとした（民法166①＊）。②の「権利を行使することができる時」の意味については，改正前民法166条1項の同じ文言をめぐる(a)法律上の障害消

---

62)［　］内は暫定的提案である。
63) 例えば，事務管理，不当利得等に基づく債権では，そうした場合も少なからず想定される。
64) なお，【乙案】の②は，不法行為による損害賠償請求権の起算点と時効期間（民法724前段）と枠組みを共通にする結果，不法行為の長期の時効期間（民法724後段）を10年に短縮すれば，民法724条の削除の可能性もあった。中試7.5概要参照

滅説と(b)現実的期待可能説の解釈論上の議論がなお妥当する。

これにより，**改正前商法 522 条**（5 年間の商事消滅時効）は**削除**される。

また，改正前民法 167 条 2 項は，**改正民法** 166 条 2 項で実質的に維持され，「債権又は所有権以外の財産権」は，「権利を行使することができる時から 20 年間行使しないときは，時効によって消滅する」となる（下線部が追加）。

さらに，改正前民法 166 条 2 項は，**改正民法** 166 条 3 項で実質的に維持され，「前 2 項の規定は，始期付権利又は停止条件付権利の目的物を占有する第三者のために，その占有の開始の時から取得時効が進行することを妨げない。ただし，権利者は，その時効を更新するため，いつでも占有者の承認を求めることができる」となる（下線部が「中断」から改正。後述(3)(i)）。

(ii) **定期金債権の特則**

改正前民法では，定期金の債権は第 1 回の弁済期から 20 年間行使しないとき，または最後の弁済期から 10 年間行使しないときは消滅する（改正前 168 ①）。中間試案はこれを改め，定期金債権は，①第 1 回の弁済期から［10 年間］行使しないとき，②最後の弁済時に未払給付がある場合は，最後の弁済時から［10 年間］行使しないとき，③最後の弁済時に未払給付がない場合は，次の弁済期から［10 年間］行使しないとき，時効消滅する旨を提案した（中試 7.3）。このうち，①は現在 20 年間の時効期間を 10 年間に短縮化する提案である。定期金債権の時効期間は債権の原則的時効期間より長期であることが適当であるとの考えを維持しつつ，原則的時効期間の短期化の提案（前述(i)）とバランスを図る趣旨である。また，改正前規定は定期金債権の弁済が 1 度もされない場合に適用されることは疑いないが，1 度でも弁済された場合が不明確である。そこで，その場合について，②は未払部分があればその時から権利行使できるので，最後の弁済期から起算し，③は未払部分がなければ次の弁済期まで権利行使できないから，その時から起算すべきことを明らかにした。これらにより，「最後の弁済期から 10 年間行使しないとき」という規定（改正前 168 ①後段）は不要となる。ゆえにその削除提案がされた。

これに対し，**改正民法**は，二元構成を取り入れ，「定期金の債権」は，①「債権者が定期金の債権から生ずる金銭その他の物の給付を目的とする各債権を行使することができることを知った時から 10 年間行使しないとき」（民法 168 ①[1]＊）または②「前号に規定する各債権を行使することができる時から 20 年間行使しないとき」（民法 168 ①[2]＊）は「時効によって消滅する」ものとした。これにより，消滅時効期間の短縮化・二重期間化という基本指針と，定

期金債権の時効期間は債権の原則的時効期間より長期であることが適当との考慮を具体化した。なお、「定期金の債権者は、時効の更新の証拠を得るため、いつでも、その債務者に対して承認書の交付を求めることができる」（民法168②＊）との規定は、「中断」を「更新」に改めたのみで維持している。

(iii) 不法行為による損害賠償請求権

中間試案は、改正前民法724条を改め、不法行為による損害賠償請求権は、①被害者またはその法定代理人が損害および加害者を知った時から3年間行使しないとき、または②不法行為の時から20年間行使しないときは、「時効によって消滅する」と提案した（中試7.4）。改正前民法724条後段の20年の期間は、消滅時効と異なり、中断や停止が認められない除斥期間であると解した判例がある[65]。中間試案は、かかる解釈が被害者救済を阻むおそれがあること、および不法行為から20年経過後でも時効の停止（改正後は「完成猶予」）に関する規定（改正前158。民法158＊も同文）の法意を援用して被害者を救済した判例もあることを考慮し[66]、①も②も同じく消滅時効期間であることを明確にした。もっとも、除斥期間が被害者救済を阻む可能性があることは、除斥期間の制度理念自体を全面的に否定する理由にはならない。したがって、被害者救済は、従来の判例法理を踏まえ、公平の趣旨に照らして、立法または解釈によって別途対応することも可能である。

しかし、**改正民法**は、中間試案の方針を採用し、不法行為による損害賠償請求権は、①「被害者又はその法定代理人が損害及び加害者を知った時から3年間行使しないとき」（民法724[1]＊）または②「不法行為の時から20年間行使しないとき」（民法724[2]＊）は「時効によって消滅する」とした。これにより、長期20年の時効期間を除斥期間と解釈した判例の立場は否定された。

(iv) 生命・身体の侵害による損害賠償請求権の消滅時効

中間試案は、生命・身体［またはこれらに類するもの］の侵害による損害賠償請求権の消滅時効は、債権の原則的消滅時効期間よりも長期とすべきことを提案した（中試7.5）。理由は、生命・身体（および身体の自由等、これに類するもの。以下、生命・身体等という）の侵害に対しては、被害者を保護する必要性が特に高いことによる。具体的な時効期間としては、生命・身体等の侵害による損害賠償請求権の発生原因が債務不履行か不法行為かを問わず、①債権者が債権発生の原因および債務者を知った時から［5年間／10年間］、または②権利行使可

---

65) ★最判平成元年12月21日民集43巻12号2209頁。
66) ★最判平成21年4月28日民集63巻4号853頁。

能時から［20年間／30年間］という提案がされた[67]。

これに対し，これらの場合を特別に扱い，より長期の時効期間を設ける必要性はないという考え方もあった（中試7.5（注））。消滅時効の根拠が，時間の経過によって事実関係が不明確になり，権利の帰属や内容をめぐる法的紛争が解決困難になる事態に対処するために，一定期間経過後は権利行使を否定することにあるとすれば[68]，被害者保護の要請を時効期間の長短に反映させることは，本来の趣旨を超える政策的配慮を消滅時効に取り込む観が強くなるからである。

改正民法は，中間試案の提案（選択肢の中では短期の方）を採用し，「人の生命又は身体の侵害による損害賠償請求権の消滅時効についての前条〔民法166＊〕第1項第2号の規定の適用については，同号中『10年間』とあるのは，『20年間』とする」（民法167＊），「人の生命又は身体を害する不法行為による損害賠償請求権の消滅時効についての前条〔民法724＊〕第1号の規定の適用については，同号中『3年間』とあるのは，『5年間』とする」（民法724の2＊）とした。その結果，人の生命・身体の侵害による損害賠償請求権の消滅時効は，債務不履行（安全配慮義務違反や保護義務違反による場合等）を理由とする場合も，不法行為を理由とする場合も，主観的起算点から5年間，客観的起算点から20年間で，同じルールに服する[69]。

(3) 時効の中断・停止から更新・完成猶予へ

(i) 時効の中断事由から更新事由へ

改正前民法は，「時効の中断事由」として，①請求，②差押え・仮差押え・仮処分，および③承認について規定した（改正前147～157）。しかし，時効の「中断」事由という用語は，時効期間の進行が一時的に停止することを意味するという誤解を招きやすいという指摘があり，中間試案は「中断」に代えて「更新」の用語を用い，かつ次の場合のみ「時効の更新事由」とすることを提案した（図表II-4参照）。①確定判決による権利の確定，②裁判上の和解・調停・その他確定判決と同一の効力を有するものによる権利の確定，③強制執行または担保権の実行としての競売手続の終了（権利の満足に至らない場合に限る。また，当該手続が権利者の請求または法律の規定に従わないことによって取り消されたときを除く）[70]，④相手方の権利の承認である。このうち，①・②の場合は各事由

67）前述(i)【乙案】（二元構成）による場合。同じく【甲案】（一元構成）による場合も，これと同様の特別の時効期間を設定する一方，債務不履行に基づく損害賠償請求権でも，生命・身体等の侵害に関する特別の時効期間を設定することが提案された。

68）松尾2012b：92頁参照。

69）これにより，製造物責任法5条も，鉱業法115条も改正される。

70）なお，仮差押えや仮処分（改正前147）は，その暫定性に鑑み，更新事由から除外される。

の確定時から新たに 10 年間の時効期間が進行を始める。③の場合は当該手続の終了時から，④の場合は承認時から，原則的時効期間（前述(2)(i)・(iii)）と同一の時効期間が新たに進行を始める（ただし，従前の時効期間の残存期間が原則的時効期間より長い場合は，残存期間が再び進行を開始する）（中試7.6）。これは，時効期間に特則が設けられている場合（前述(2)(ii)・(iv)）でも，いったん時効が更新されたときは，当該特則が置かれた趣旨は妥当しなくなると考えられるからである。このように，中間試案は，改正前民法（改正前 147 ～ 157）と異なり，各事由の効果が確定して覆らなくなった時点から，新たな時効期間が進行を開始することを提案した[71]。例えば，①・②は，裁判上の請求等がされた時（改正前 147 参照）ではなく，権利を認める裁判等が確定した時（改正前 157 ②に当たる）のみを更新時とするものである。その結果，改正前民法では中断事由である訴えの提起等は，次に述べる時効の停止（改正後は完成猶予）事由となる（後述(ii)）。

改正民法は，中間試案の提案を採用し，①裁判上の請求，②支払督促，③民事訴訟法 275 条 1 項の和解または民事調停法もしくは家事事件手続法による調停，④破産手続参加，再生手続参加または更生手続参加があった場合において，「確定判決又は確定判決と同一の効力を有するものによって権利が確定したとき」は，各「事由が終了した時から新たにその進行を始める」（**時効の更新**）とした（民法 147 ①[1]～[4]＊，147 ②＊）。また，⑤強制執行，⑥担保権の実行，⑦民事執行法 195 条に規定する担保権の実行としての競売の例による競売，⑧民事執行法 196 条に規定する財産開示手続の場合には，各「事由が終了した時から新たにその進行を始める。ただし，申立ての取下げ又は法律の規定に従わないことによる取消しによってその事由が終了した場合は，この限りでない」（民法 148 ①[1]～[4]＊，148 ②＊）とした。

さらに，⑨「時効は，権利の承認があったときは，その時から新たにその進行を始める」とし，承認が更新事由であることも規定された（民法 152 ①＊）。この点は，改正前民法が承認を中断事由としたことを実質的に維持している（改正前 147[3]）。もっとも，権利の承認をするには「相手方の権利についての処分につき行為能力の制限を受けていないこと又は権限があることを要しない」旨を明規した（民法 152 ②＊）[72]。

以上のように，時効の「中断」は「**更新**」に変更され，かつその事由が限定

71）これらの更新事由は，従前の法定中断事由と同様，取得時効にも適用可能なものとされる。これに対し，「占有」の中止または侵奪によって生じる取得時効の「中断」（自然中断）については変更がない（民法 164）。なお，取得時効は 20 年間または 10 年間の占有の継続を要件とし，その起算点は占有開始時となる（民法 162）。
72）これは，改正前民法 156 条を承継するものである。

図表 II-4　時効の障害事由

時効障害	改正前民法	中間試案	改正民法
中断／更新	請求 差押え 仮差押え・仮処分 承認	確定判決 裁判上の和解等 競売手続終了 権利の承認	時効「中断」→　時効「更新」 ① 裁判上の請求 ② 支払督促 ③ 民訴法 275 条①の和解，民調法・家手法の調停 ④ 破産手続参加，再生手続参加，更生手続参加 ⑤ 強制執行 ⑥ 担保権の実行 ⑦ 民執法 195 条の担保権の実行としての競売の例による競売 ⑧ 民執法 196 条に規定する財産開示手続 ⑨ 権利の承認
停止／完成猶予	未成年者・成年被後見人・夫婦間・相続財産・天災等（改正前 158 ～ 161）	裁判上の請求等 支払督促の申立て 和解・調停申立て 倒産手続参加 民事執行の申立て 保全命令の申立て 催告 協議の合意 （改正前 158 ～ 161）	時効の「停止」事由→「完成猶予」事由 ① 裁判上の請求 ② 支払督促 ③ 民訴法 275 条①の和解，民調法・家手法の調停 ④ 破産手続参加，再生手続参加，更生手続参加 ⑤ 強制執行 ⑥ 担保権の実行 ⑦ 民執法 195 条の担保権の実行としての競売の例による競売 ⑧ 民執法 196 条の財産開示手続 ⑨ 仮差押え ⑩ 仮処分

された点は，実質的にも重要な変更である。

(ii)　時効の停止事由から完成猶予事由へ

　時効の中断——民法改正後は更新——事由が限定される一方で，時効の停止——民法改正後は完成猶予——の事由は大幅に拡大された。すでに中間試案は，時効の停止事由（民法 158 ～ 161）を以下のように拡張した（図表 II-4 参照）[73]。

　(A)　**裁判手続**に関し，①裁判上の請求，②支払督促の申立て，③和解の申立てまたは民事調停法・家事事件手続法による調停の申立て，④破産手続参加・再生手続参加または更生手続参加，⑤強制執行・担保権の実行としての競売・その他の民事執行の申立て，⑥仮差押命令・その他の保全命令の申立ては，時効の更新事由（前述(i)）に至らずに手続が終了したとき（例えば，請求・申立て等の取下げ，却下等。改正前 149 ～ 152 参照）は，その終了時から 6 か月を経過するまでの間，時効は完成しないものとすることが提案された。これらの事由何れも改正前民法では時効の中断事由とされていたが（改正前 147 ～ 152），ひとまず時

---

73) これらの停止事由も，従前の停止事由と同様，取得時効にも適用可能なものとされる。

効の停止事由に組み入れ，手続が進行して認容判決が確定する等，所期の目的を達した場合は，時効の更新事由となる[74]。

その際，6か月の期間中に再度これらの手続が行われても，時効の停止の効力は生じないものとされる（中試 7.7）。これは，これらの手続の申立てと取下げを繰り返すことによって時効の完成が永続的に阻止されることを防ぐためである。

なお，改正前民法では，①裁判上の請求による時効の停止の効力は，債権の一部について訴えが提起された場合でも債権の全部に及ぶが，債権の一部について請求する趣旨を明示して訴えを提起したときは，時効中断の効力はその一部についてのみ生じると解するのが判例である[75]。この点，中間試案の提案は，裁判上の請求が時効の中断事由ではなく，停止事由とされることも考慮し，それと異なる規律を提案するものである。また，⑤強制執行・担保権の実行としての競売・その他の民事執行の申立て，⑥仮差押命令・その他の保全命令の申立ては，時効の利益を受ける者に対してしないときは，その者に通知をした後でなければ，時効停止の効力を生じないものとされる[76]。

改正民法は，中間試案の提案を基本的に採用し，①裁判上の請求，②支払督促，③民事訴訟法 275 条 1 項の和解または民事調停法もしくは家事事件手続法による調停，④破産手続参加，再生手続参加または更生手続参加があった場合，その事由が終了する（確定判決または確定判決と同一の効力を有するものによって権利が確定することなくその事由が終了した場合にあっては，その終了の時から 6 か月を経過する）までの間，時効は完成しない（**完成猶予**。民法 147 ①＊）とした。

また，⑤強制執行，⑥担保権の実行，⑦民事執行法 195 条に規定する担保権の実行としての競売の例による競売，⑧民事執行法 196 条に規定する財産開示手続があった場合，その事由が終了する（申立ての取下げまたは法律の規定に従わないことによる取消しによってその事由が終了した場合にあっては，その終了の時から 6 か月を経過する）までの間，時効は完成しない（**完成猶予**。民法 148 ①＊）。

さらに，⑨仮差押え，⑩仮処分があった場合も，その事由が終了した時から 6 か月を経過するまでの間，時効は完成しない（**完成猶予**。民法 149 ＊）。

⒝　**裁判外の手続**に関し，中間試案は，催告があったときはその時から 6 か月経過するまでの間，時効は完成しないものとすることが提案された（中試 7.7

74）これは，裁判上の催告に関する判例法理（★最判昭 45 年 9 月 10 日民集 24 巻 10 号 1389 頁等）を反映したものとされる。

75）★最判昭和 34 年 2 月 20 日民集 13 巻 2 号 209 頁。

76）改正前民法（改正前 155）はこれらを時効の中断の効力が生じないものとして規定としている。

(4))。これは，改正前民法 153 条を改め，催告を時効の停止事由に組み込んだものである。もっとも，催告は実際には時効完成間際に時効の完成を阻止するために用いられ，機能的には停止事由に相当するものと理解されていた。中間試案は，催告を重ねて時効の完成を永続的に阻止することを防ぐため，催告時から 6 か月の時効停止（時効完成阻止）の間に行われた再度の催告は，時効停止の効力を有しないことも明規した。これは，催告を繰り返しても時効中断が継続するものではないとする判例法理を反映したものである[77]。

　改正民法は，この提案を採用し（ただし，停止でなく完成猶予），催告があった場合，その時から 6 か月を経過するまでの間，時効は完成しない（民法 150 ①＊）とした。そして，催告によって時効の完成が猶予されている間にされた再度の催告は時効の完成猶予の効力を有しないことも明規した（民法 150 ②＊）。

　Ⓒ　時効期間の満了の時に当たり，**天災・その他避けることのできない事変**のため，裁判上の手続（前述Ⓐ中間試案の①～⑥）をとることができない場合につき，中間試案は，当該事変による障害事由の消滅時から 6 か月間，時効は完成しないことを提案した（中試 7.7(5)）。これは，改正前民法 161 条の 2 週間の期間を 6 か月に延長したものである。

　これに対し，**改正民法**は，「時効の期間の満了の時に当たり，天災その他避けることのできない事変のため第 147 条第 1 項各号又は第 148 条第 1 項各号に掲げる事由に係る手続を行うことができないときは，その障害が消滅した時から 3 箇月を経過するまでの間」時効は完成しないとし，**完成猶予期間を 3 か月**とした（民法 161 ＊）。

　このほか，未成年者または成年被後見人の利益保護（民法 158 ＊），夫婦間の権利（民法 159 ＊），相続財産（民法 160 ＊）に関しては，時効の「停止」を「**完成猶予**」としたほかは，実質的に改正前民法の規定内容が維持された。

　Ⓓ　**紛争当事者間の協議ないし交渉**に関し，中間試案は，当事者間で権利に関する協議を行う旨の［書面による］合意があったときは，①当事者の一方が相手方に対して協議の続行を拒絶する旨の［書面による］通知をした時から 6 か月，または②当該合意があった時から［1 年］が経過するまでの間は，時効は完成しないものとすることを提案した（中試 7.7(6)）[78]。これは当事者間の協議ないし交渉を時効の停止事由とする制度を新たに設ける提案である。その際，協議開始による停止事由の発生を明確にするために，「協議を行う旨の［書面

77）★大判大正 8 年 6 月 30 日民録 25 輯 1200 頁。
78）このような停止事由を設ける必要はないという考え方もあった（中試 7.7(6)(注)）。

による] 合意」を要することが示された。しかし，協議されない状態が続くことも想定されることから，そうした事態に対応すべく，協議を行う旨の合意があった時から [1年] という停止期間も設けた。この期間の起算点は，協議が実際に行われていれば，その都度更新されることが認められる。他方，この停止事由が解消される時点を明確にすべく，協議の続行を拒絶する旨の [書面による] 通知がされた時から6か月という基準を設けた。

改正民法は，この提案を採用し，「権利についての協議を行う旨の合意が書面でされたときは，次に掲げる時のいずれか早い時までの間は，時効は，完成しない。[1] その合意があった時から1年を経過した時／ [2] その合意において当事者が協議を行う期間（1年に満たないものに限る。）を定めたときは，その期間を経過した時／ [3] 当事者の一方から相手方に対して協議の続行を拒絶する旨の通知が書面でされたときは，その通知の時から6箇月を経過した時」（民法 151 ①＊）とした。

これに加え，再度の協議合意に関し，「前項の規定により時効の完成が猶予されている間にされた再度の同項の合意は，同項の規定による時効の完成猶予の効力を有する」（民法 151 ②本＊）としつつ，「ただし，その効力は，時効の完成が猶予されなかったとすれば時効が完成すべき時から通じて5年を超えることができない」（民法 151 ②但＊）として制限を設け，際限のない協議継続に歯止めを設けた。

また，催告による時効の完成猶予との関係については，「催告によって時効の完成が猶予されている間にされた第1項の合意は，同項の規定による時効の完成猶予の効力を有しない。同項の規定により時効の完成が猶予されている間にされた催告についても，同様とする」（民法 151 ③＊）とし，何れか先行する完成猶予の事由になり，猶予事由の重複はないものとした。

なお，「権利についての協議を行う旨の合意（民法 151 ①＊）がその内容を記録した電磁的記録（電子的方式，磁気的方式その他人の知覚によっては認識することができない方式で作られる記録であって，電子計算機による情報処理の用に供されるものをいう。以下同じ。）によってされたとき」は，「書面によってされたもの」とみなされ（民法 151 ③＊），協議の続行を拒絶する旨の通知（民法 151 ①[3]＊）も，その内容を記録した電磁的記録によってされたときは，書面によってされたものとみなされる（民法 151 ④＊）。

(iii) **時効の完成猶予・更新の効果が及ぶ者の範囲**

改正前民法は，時効の中断についてのみ，その効果が及ぶ者の範囲につき，

「その中断の事由が生じた当事者及びその承継人の間においてのみ，その効力を有する」（改正前148）と規定していた。

改正民法は，この規定を時効の更新のみならず，時効の完成猶予の効果にも拡張し，「①第147条又は第148条の規定による時効の完成猶予又は更新は，完成猶予又は更新の事由が生じた当事者及びその承継人の間においてのみ，その効力を有する。／②第149条から第151条までの規定による時効の完成猶予は，完成猶予の事由が生じた当事者及びその承継人の間においてのみ，その効力を有する。／③前条の規定による時効の更新は，更新の事由が生じた当事者及びその承継人の間においてのみ，その効力を有する」と明規した（民法154＊）。

また，**改正民法**148条1項各号の手続（強制執行・担保権の実行等）をとったことによる時効の更新または完成猶予の効力，または**改正民法**149条の手続（仮差押え・仮処分）をとったことによる時効の完成猶予の効力は，それらの手続を「時効の利益を受ける者に対してしないときは，その者に通知」した後でなければ，生じない（民法154＊）。

(4)　時効の効果

(i)　時効の援用権者　改正前民法は，時効の援用権者に関し，「時効は，当事者が援用しなければ，裁判所がこれによって裁判をすることができない」（改正前145）とした。

これに対し，中間試案は「時効期間が満了したときは，当事者又は権利の消滅について正当な利益を有する第三者は，消滅時効を援用することができるものとする」と提案した（中試7.8(1)）。これは，消滅時効の援用権者について，判例法理を踏まえ，その範囲を明確にしようとするものである[79]。

判例は，消滅時効を援用できる「当事者」（改正前145）として，債権の保証人，物上保証人，権利の目的物の第三取得者等を認め[80]，消滅時効の援用権者の範囲を画定する基準として「権利の消滅により直接利益を受ける者」という定式化を示している[81]。もっとも，「直接」利益を受ける者という定式は，援用権者の範囲を画定する解釈基準としては必ずしも明確ではない。そこで，中間試案は権利の消滅について「正当な利益を有する第三者」という基準を提示した。それは従前の判例法理を変更する趣旨ではない[82]。

79）援用権者の範囲に関するこの規定の考え方を取得時効にも及ぼすべきかどうかは，今後の検討課題とされている。同様のことは，援用された時効の効果（後述(ii)）についても妥当する。

80）★大判昭和8年10月13日民集12巻2520頁（保証人），★最判昭和43年9月26日民集22巻9号2002頁（物上保証人）。

81）★最判昭和48年12月14日民集27巻11号1586頁。

82）中試7.8概要。

改正民法は，これらの提案を実質的に採用し，「時効は，当事者（消滅時効にあっては，保証人，物上保証人，第三取得者その他権利の消滅について正当な利益を有する者を含む。）が援用しなければ，裁判所がこれによって裁判をすることができない」とし，消滅時効の援用権者につき，具体例を括弧内に例示したうえで，**「権利の消滅について正当な利益を有する者」**と定義した（民法 145 ＊）。判例法理の明文化に当たる。なお，取得時効の援用権者の範囲については変更が加えられていない。

(ii)　**時効の援用と効果**　　消滅時効の効果に関し，改正前民法は「債権は，10 年間行使しないときは，消滅する」，「債権又は所有権以外の財産権は，20 年間行使しないときは，消滅する」と規定する（民法 167）一方で，「時効の効力は，その起算日にさかのぼる」（改正前 144）と規定した。

この点につき，中間試案は「消滅時効の援用がされた権利は，時効期間の起算日に遡って消滅するものとする」と提案した（中試 7.8 (2)）。これは，消滅時効の効果につき，「援用があって初めて権利の消滅という効果が確定的に生ずるという一般的な理解」を明文化する趣旨である[83]。それは，時効を実体法上の権利変動原因とみたうえで（実体法説），時効の援用を時効によって実体法上の権利の得喪の効果を生じるための停止条件（または解除条件）とみる不確定効果説の立場を明文化したものとみられる[84]。

もっとも，学説には消滅時効の援用があっても，債権者が債務者から履行を受け，給付を保持する権能は失われないという解釈もある。この見解によれば，消滅時効の援用の効果につき，「権利は，……消滅するものとする」というのではなく，消滅時効が援用された「権利の履行」を請求することができないものとする旨を定めるべきであるという考え方もあった（中試 7.8（注））[85]。

時効の援用の効果の問題は，消滅時効の存在理由をどのように理解すべきかという時効観の相違に通じる。したがって，あえて 1 つの立場に立脚するかに解される規定を設けることには，慎重になるべきであろう。

改正民法は，この点について，あえて規定を設けなかった。

(5)　**小括**

以上に概観したように，**改正民法**の特色として，以下の点が挙げられる[86]。

---

83) 中試 7.8 概要。判例（★最判昭和 61 年 3 月 17 日民集 40 巻 2 号 420 頁）も，このような理解を前提にしていると解釈されている。

84) 時効の援用の法的性質論につき，松尾 2010a: 608 頁参照。

85) これは，時効の第一次的意義を，証拠の制約による立証の困難に対処するためのものと解し，実体法上の権利変動を第一次的な目的とするものではないとみる，訴訟法説の見方に親和的であるようにみえる。

（ⅰ）　除斥期間を廃し，消滅時効に一元化する傾向を示した。

（ⅱ）　短期消滅時効を廃し，消滅時効の類型を単純化した。

（ⅲ）　消滅時効の起算点と期間につき，国際的潮流とされる二元構成（主観的起算点の導入による客観的起算点との二重期間化），期間の短縮化をしたが，当事者間の合意による消滅時効期間の変更は採用しなかった。

（ⅳ）　時効障害については，改正前民法の中断事由（いわゆる法定中断事由。取得時効に関する自然中断事由〔民法 164〕は除く）を更新事由，停止事由を完成猶予事由としたうえで，改正前民法の中断事由のうち，確定判決等に絞って更新事由とし，従来の中断事由の多くを完成猶予事由に組み入れた。

（ⅴ）　時効の完成猶予事由に当事者間の協議を付け加えた。

（ⅵ）　時効の効果として，時効によって実体法上の権利変動が生じるが，援用があってはじめて権利変動の効果が確定するとみる不確定効果説（または訴訟法説）の立場を前面に出した中間試案の提案は採用しなかった。

86）委員会方針，研究会案，中間整理等との比較につき，松尾 2012a: 35-44 頁参照。

III 債権総論部分の改正

A 債権の目的と効力

1　債権の目的

(1)　債権の内容

　債権は，債務者に対して一定の行為（作為または不作為）を請求する権利である。したがって，個々の債権が債務者のどのような行為を目的とするものか，債務者にとっても債権者にとっても常に明確でなければならない。

　改正前民法400条は，特定物の引渡しを目的とする債権（特定物債権）の債務者は，その引渡しまで「善良なる管理者の注意」をもって目的物を保存すべきとする。これに対し，中間試案は債権が契約によって生じたか否かで区別し，(i)契約によって生じた特定物債権の場合，債務者は「[契約の性質，契約をした目的，契約締結に至る経緯その他の事情に基づき，取引通念を考慮して定まる]当該契約の趣旨に適合する方法により」，その物を保存すべきとし，(ii)契約以外の原因によって生じた債権の場合，改正前法と同様，債務者は「善良な管理者の注意」をもって保存すべきとすることを提案した（中試 8.1(1)）[1]。

　これは，契約による債権の内容はもっぱら契約によって確定できるという発想を前提にしている。その手がかりが，前記(i)にいう「契約の趣旨」である。それは，①契約書の記載内容等の合意の内容だけでなく，②契約の性質（有償・無償等を含む），③当事者が当該契約をした目的，④契約締結に至る経緯等，「契約をめぐる一切の事情」に基づき，取引通念を考慮して評価判断するものとされる[2]。

　しかし，契約による債権でもその内容をすべて契約から引き出すことができると考えることには無理があり，現実的でない。契約によって約定されなかった事項が残ることも，けっして不自然ではない。その場合，債権の内容は法律によって補充すべきである。特定物の保存義務の標準が明示的・黙示的な合意や契約の解釈から引き出されない場合，法定の標準的保存義務として，実務にも定着した善管注意義務（改正前400）を維持するのが望ましい。

　改正民法は，改正前民法400条の「善良な管理者」の前に「**契約その他の債権の発生原因及び取引上の社会通念に照らして定まる**」の語を挿入した（民法400＊。これは善良な管理者の注意義務の内容を明らかにするために，「契約その他の債権発生原因」という主観的事情と「取引上の社会通念」という客観的事情を参照すべきことを示したものであるが，まずは主観的事情に重きが置かれ，それによって善管注意義務の内容が

---

1)　これは，基本的に委員会方針に従った提案である。
2)　中試 8.1(1)概要，補足説明参照。

明確になれば，客観的事情によってそれを修正する必要はないものと説明されている[3]。

　もっとも，**改正民法**400 条が規定する保存義務の効果が何かについては，明確でない点もある。例えば，債務者がたとえ保存義務（民法400＊）を果たしたとしても，売買等の有償契約の目的物の種類・品質・数量が契約の内容に適合していないときは，債務者は追完・代金減額・損害賠償・契約解除されることによる担保責任を免れない（民法562＊〜564＊，559）。もっとも，贈与の場合は，贈与者は目的物を「贈与の目的として特定した時の状態」で引き渡すことを約したもの推定されるから（民法551①＊），契約当事者間に特別の約定がない限り，贈与者は保存義務を尽くしていれば，担保責任を免れるものと解される。

　他方，不特定物ないし種類物を目的とする債権（種類債権）に関して，中間試案は，目的物の特定が生じる事由として，債務者が「債権者の同意を得てその給付すべき物を指定したとき」（民法401②）を「債権者と債務者との合意により目的物を指定したとき」と改正することを提案した（中試8.2）。ここにも，契約による債権内容の確定の思想が徹底されている。

　しかし，**改正民法**はこの提案は採用しなかった。

(2)　外国通貨債権

　外国通貨で債権額を指定した債権（外国通貨債権）について，中間試案は，別段の意思表示がないときは，(i)債務者は当該外国通貨で履行しなければならず，(ii)債権者は当該外国通貨でのみ履行請求できるとすることを提案する（中試8.3）。これにより，外国通貨債権の場合，当事者間に特約がない限り，(i)債務者が履行地の為替相場に従って日本の通貨で弁済したり，(ii)債権者が履行地の為替相場に従って日本の通貨で支払請求することはできなくなる。(i)は民法403条を改め，(ii)は判例と異なる立場をとるものである[4]。また，(i)・(ii)ともに任意規定である（特約によって排除できる）ことを明らかにしている。

　このうち，外国通貨債権の規定を任意規定とする点は妥当である[5]。しかし，特約がない場合の標準ルールを外国通貨での履行および請求とすることには慎重になるべきである。特約を認める以上，標準ルールとしては日本の通貨での履行および請求を認めることが，国家主権（それに含まれる通貨高権）の行使に意義を認めることになる。そのことは，けっしてグローバル化に反する態度では

---

3)　潮見 2015: 48-49 頁。
4)　判例は(ii)を認めている。★最判昭和 50 年 7 月 15 日民集 29 巻 6 号 1029 頁。
5)　民法 403 条は，強行規定であると解釈されている。
6)　懸念されている金銭債権の強制執行実務への影響も回避できる。中試 8.3 概要参照。
7)　これは委員会方針を維持するものである。

ないと考える[6]。

改正民法は，中間試案の提案を採用しなかった。

(3) 利息債権

利息債権について，約定利率がない場合は法定利率（改正前404）によるが，(i)低金利の継続を考慮に入れた引下げ（一案として3％），および(ii)基準貸付利率（日本銀行法15①[2]，33①[2]）を指標とする変動制（一案として年1回に限り，0.5％刻みで改定）の採用が提案された（中試8.4(1)）[7]。

変動制を採用する場合，利率変更への対応ルールが必要になる。①利息を生ずべき債権は，別段の意思表示がないときは，利息を支払う義務（支分権たる具体的な利息債権）が生じた最初の時点の法定利率による。②金銭債務の不履行を理由とする損害賠償の額は，債務者が遅滞の責任を負った最初の時点の法定利率による。③債権の存続中に法定利率の改定があった場合は，改定後の法定利率が適用される（中試8.4(2)）。例えば，定期金債権の存続中に債務不履行があった場合，法定利息の算定はその都度の債務不履行発生時の法定利率によることになる。他方，④損害賠償額の算定に際して中間利息を控除すべき場合は，変動制ではなく，固定制の法定利率（一案として年5％）を用いる提案もされた（中試8.4(3)）[8]。法定利率は不法行為による損害賠償額を算定する際の中間利息控除（したがって，被害者が手にする賠償金額）に最も大きく影響することを考慮に入れ，再検討する必要がある。

改正民法は，**変動制**を採用し，以下のルールを設けた（民法404＊）。

①利息を生ずべき債権について別段の意思表示がないときは，その利率は，**その利息が生じた最初の時点における法定利率**による（民法404①＊）。②法定利率は最初は**年3％**であるが（民法404②＊），③法務省令の定めにより，**1期＝3年ごとに変動する**（民法404③＊）。各期の法定利率は，**法定利率に変動があった直近の期（直近変動期）における基準割合**[9]と**当期における基準割合との差に相当する割合（1％未満の端数切捨て）**を直近変動期の法定利率に加算または減算した割合となる（民法404④＊）。

(4) 選択債権

債権の目的を数個の給付の中から選択して定めるべき場合において，債権発

---

8) しかし，中間利息控除についても前記の変動制を適用すべきとの見解，規定を設けないとの見解もある。

9) 「基準割合」とは，法務省令の定めにより，各期の初日の属する年の6年前の年の1月から前々年の12月までの各月における短期貸付けの平均利率（当該各月において銀行が新たに行った，期間1年未満の貸付けに係る利率の平均）の合計を60で除して計算した割合（0.1％未満の端数があるときは切り捨てる）として法務大臣が告示するものである（民法404⑤＊）。

生前から不能であった（原始的不能）給付または債権発生後に不能（後発的不能）となった給付があるときは，債権は残存するものについて存在する。ただし，選択権をもたない当事者の過失によって給付が不能になったときは，この限りでない（改正前410）。中間試案はこの規定を削除し，選択の対象である給付の中に履行不能のもの（中間試案の擁護では「履行請求権の限界事由」があるもの。中試9.2）[10]がある場合において，その事由が選択権を有する当事者による「選択権付与の趣旨に反する行為」によって生じたときは，選択権は相手方に移転するものとすることを提案した（中試8.5(2)・(3)）[11]。

　これは，中間試案が「履行不能」概念を廃棄し，債権は発生した以上，弁済等の消滅事由がなければ消滅しないという基本思想の下で，履行不能に代えて「履行請求権の限界事由」の概念を導入したことに起因する。すなわち，選択対象の給付に「履行請求権の限界事由」があっても，改正前民法のように，選択権のない当事者の帰責事由によらないときは，ただちにその給付の選択肢が消滅し，他の給付に限定されるのではなく，当該給付を選択したうえで契約解除によって処理する等，選択権付与の趣旨に照らした柔軟な処理を可能にするという（中試8.5(2)・(3)概要）。しかし，履行不能概念の廃棄にはとくに慎重になるべきである[12]。

　改正民法は，中間試案の提案を実質的に採用し，「**債権の目的である給付の中に不能のものがある場合において，その不能が選択権を有する者の過失によるものであるときは，債権は，その残存するものについて存在する**」（民法410＊）とのみ規定した。これは，一見当然のことを規定したように見えるが，前述したように，給付の不能が選択権をもつ者の過失によらないときは，その給付の履行義務は不能によって当然消滅するのではなく，選択権をもつ者が当該給付を選択し，契約を解除することも可能とするものである。つまり，**改正民法410条の反対解釈として，不能が「選択権を有する者の過失」によらずに生じた場合，債権の目的は残存給付に特定しないため，選択権をもつ者は，あえて不能の給付を選択することもできる。これは，給付が不能になっても債務は消滅しない**，という理解を前提にしている。例えば，Aが所有する自転車α・βのうち，何れか1つを20万円でBに売却することに合意したとする。

　（ⅰ）αの滅失が，選択権をもつ債務者Aによる保管庫の失火によって滅失した場合，Bの債権（所有権移転・引渡し請求権）の目的はβに特定し，AはBか

---

10) 後述2(3)参照。
11) 選択権が第三者にある場合を除く。
12) 後述2(3)参照。

ら20万円を受領するのと引き換えに，βの所有権を移転し，引き渡さなければならない。

(ii)　αの滅失が，選択権をもつ債権者Bが試乗中にスピードを出し過ぎて転倒し，大破させたことによる場合，(i)と同様，債権の目的はβに特定し，AはBから20万円を受領するのと引き換えに，βの所有権を移転し，引き渡す義務を負う。αの滅失に対しては，BがAに対して別途損害賠償責任（民法709）を負う。

以上，(i)・(ii)は，**改正民法**410条の規定内容を直接具体化した帰結である。また，その反対解釈として，――

(iii)　αの滅失が，選択権をもたない債務者Aによる保管庫の失火，(iv)選択権をもたない債権者Bによる試乗中の運転ミス，または(v)A・Bいずれの過失にもよらずに滅失したときは，選択債権の目的は残存するβに特定しない。したがって，(iii)の場合において，Bが選択権をもち，βを選択することも，αを選択することもできる。αを選択した場合，αは履行不能であるから，BはAに履行を請求できないが（民法412の2①＊），債務不履行による損害賠償請求（塡補賠償請求が可能である。民法412の2②＊，415②[1]＊），契約解除（民法542①[1]＊）と損害賠償請求（民法545④＊，415②[3]＊）ができる。(iv)の場合において，もしAが選択権をもち，αを選択したときは，AはBの履行請求に対し，履行を拒絶する一方，反対給付である20万円の支払を請求できる（民法536①＊）。(v)の場合において，Bが選択権をもつときは，βを選択することも（通常はそうするであろう），αを選択することもでき，後者の場合，BはAに履行請求できず（民法412の2①＊），損害賠償請求もできないが（民法415①但＊），契約解除ができる（民法542①[1]＊。債務者Aの帰責事由を要しない）。(v)の場合において，Aが選択権をもつときは，βを選択することも，αを選択することもできる。後者の場合，AはBの履行請求を拒絶できる一方（民法412の2①＊），BはAの代金支払請求を拒絶し（民法536①＊），契約を解除できる（民法542①[1]＊，567①＊）。このように，(iii)・(iv)・(v)の例は，αが履行不能になっても（しかも，(v)の場合，αの履行不能が債権者・債務者の帰責事由によらないとしても），A・Bの債権・債務が消滅するわけではないことを示している。

図表 III-1　債権の効力に関する主要規定の構成

債権の効力に関する規定要素		改正前民法	委員会方針	中間試案	改正民法
履行請求	履行請求権	——	【3.1.1.53】	9.1	
	履行請求の拒絶権	——	【3.1.1.56】	9.2	412の2②
	追完請求権	——	【3.1.1.57】	35.4 (1)（売買）	562①本（売買）
	追完権	——	【3.1.1.58】	35.4 (3)（売買）	562①但（売買）
	同時履行の抗弁権	533	【3.1.1.54】		533
	不安の抗弁権	——	【3.1.1.55】	33	
債務不履行	履行の強制	414	【3.1.1.61】	9.3	414
	損害賠償	415	【3.1.1.62】	10.1	415
	履行遅滞の場合	415 前		10.2	415①本
	履行不能の場合＊	415 後		10.3，10.4	415①本
	代償請求権		【3.1.1.59】	10.5	422の2
	損害賠償の範囲	416		10.6	416
	過失相殺／損害軽減義務	418	【3.1.1.73】	10.7	418
	損益相殺		【3.1.1.74】	10.8	
	金銭債務の特則	419		10.9	419
	損害賠償額の予定	420	【3.1.1.75】	10.10	420
	契約解除	540 ～ 548	【3.1.1.77】	11	540 ～ 548
	危険負担	534 ～ 536 ①	【3.1.1.85】	12（廃止）	536 ①
受領（受取）遅滞	履行停止権		【3.1.1.87】〈1〉		
	増加費用の負担	413	【3.1.1.87】〈2〉	13・ア	413②
	保管義務の軽減		【3.1.1.87】〈3〉	13・イ	413①
	危険の移転	——	【3.1.1.87】〈4〉〈5〉		413の2，567②
	損害賠償	413	【3.1.1.88】		
	受領の強制		【3.1.1.89】		

＊中間試案では，履行請求権の限界事由

2　債権の効力(1)——履行請求権と履行遅滞・履行不能・受領遅滞の場合

(1)　履行請求権

債権には請求力・給付保持力・訴求力・執行力等がある[13]。中間試案は，まず請求力について「債権者は，債務者に対して，その債務の履行を請求することができる」との規定の新設を提案した（中試 9.1）[14]。これは，債務が任意に履行されない場合に債権者がとりうる履行の強制（民法 414）および債務不履行による損害賠償（民法 415）の前提となる（図表III-1 参照）。

改正民法は，この提案を採用しなかった。しかし，履行請求権が債権の効力の中核にあることは，法理上否定されないものと解される。

(2)　履行期と履行遅滞

改正民法 412 条は，債務の履行期と履行遅滞に陥る時期について，改正前民法 412 条を若干変更した。すなわち，債務者が履行遅滞の責任を負う時期は，——
（ i ）債務の履行について確定期限があるときは，**確定期限到来時**から，(ii)不確定期限があるときは，債務者がその**不確定期限到来後に履行請求を受けた時**ま

13）松尾 2012a: 48 頁参照。
14）これは，委員会方針【3.1.1.53】を承継したものである。松尾 2012a: 48 頁参照。

たはその**不確定期限の到来を知った時**のいずれか早い時から，(iii)期限を定めなかったときは，**債務者が履行請求を受けた時**からである（民法412①・②・③＊）。

(ii)は，債務者は不確定期限の到来を知った時から履行遅滞の責任を負う旨の改正前民法412条2項を修正したものである。この修正は，中間試案の提案である「債権者が不確定期限の到来したことを債務者に通知し，それが債務者に到達した時から」債務者は遅滞の責任を負うとの提案（中試9.4）を，さらに改正したものである。これは，不確定期限が付された場合について，債権者がとるべき手段を改正前法よりも明確にしたものであり，学説上も異論がなかった点を明文化したものである[15]。

(3) 履行不能の場合

中間試案は，債権者が履行請求権をもつことを明文化する一方，その限界事由も定めることを提案した。それは「契約による債権」（金銭債権を除く）につき，(A)履行が物理的に不可能である，(B)債権者が履行によって得る利益と比べて履行に要する費用が著しく過大である，(C)その他，当該契約の趣旨に照らして，債務者に債務の履行を請求することが相当でないと認められるときは，債権者は債務者に対してその履行を請求することができないものとした（中試9.2）[16]。

これは，改正前民法の「**履行不能**」の概念およびそれを前提とする債務不履行法体系を廃棄するものであり，重大な改正提案であった。それはたんに言葉の変更にとどまらない。従来の「履行不能」概念によれば，(i)履行不能が契約成立前から生じていた場合（**原始的不能**）は，契約は無効で，過失によってかかる契約を締結させた当事者に契約締結上の過失（culpa in contrahendo）の責任を生じさせる。(ii)履行不能が契約成立後に生じた場合（**後発的不能**）において，①債務者に**帰責事由**があるときは，**債務不履行**となり，**損害賠償債務**に転化する。②債務者に帰責事由がないときは，自己の**債務は消滅**する。そして，この債務の発生原因が双務契約であった場合，その反対債権は，当事者間に特約がなければ，**危険負担**に関する法定ルールに従い，原則として消滅し（改正前536①），例外的に反対給付請求が認められた（改正前534・535）。

これに対し，中間試案は，「履行不能」を「履行請求権の限界事由」と言い換えたうえで，(i)その事由が契約締結前に生じていても，契約は有効であり，債権は発生し，(ii)契約締結後に生じても，いったん発生した債権は，弁済等の

15）潮見2015: 53頁。
16）なお，契約によらない債権の場合については提案されなかった。この点にアンバランスが残る。もっとも，それについて検討する必要性は指摘された。中試9.2補足説明参照。

債権消滅事由がなければ，債権は消滅しないという思想に基づく，新たな法理の採用を提案した。これは，履行請求権の限界事由の発生が原始的か後発的か，債務者の帰責事由によるか否かにかかわらず，債権は存在するものとして問題を処理する法理である。この場合，(iii)債務者には，不可能を強いることはできないから，履行拒絶権を認めるが，債権者は，履行に代わる損害賠償を請求することができる。(iv)債務者は，これを免れるためには，契約解除をして，自己の債務（損害賠償債務を含めて）の履行を拒絶し，契約の拘束を免れることができる。

　もっとも，このような新しい債務不履行体系の鍵概念となる「履行請求権の限界事由」は，相当に解釈の余地があり，特に前述(B)および(C)の存否をめぐっては，紛争の多発も予想される[17]。他方，「履行不能」の概念およびそれに基づく債務不履行法体系は，法理的に理解しやすく，実務にも定着しており，制度変更には慎重さが求められた点である。

　改正民法は，「履行不能」の概念自体は残したものの，実質的に中間試案の提案を採用した。これは，今次民法改正において，法理上最も重要な核になる部分の改正であるといえる。

　（i）　まず，**「履行不能」についての一般規定**を設けた。「**債務の履行が契約その他の債務の発生原因及び取引上の社会通念に照らして不能**」であるときは，債権者は「**その債務の履行を請求することができない**」（民法412の2①＊）。履行不能の判断基準として，(a)契約などの債務発生原因という主観的事情と，(b)取引上の社会通念という客観的事情を並列的に掲げる。中間試案の履行請求の限界事由(A)〜(C)に比べ，基準を主観・客観と簡潔に整理し，主観的基準を第1に，客観的基準を第2に挙げ，意思主義の法理を首尾一貫させている。そして，履行不能の債務は，原始的不能か後発的不能かを問わず，「**履行を請求できない**」のであって，債務が《消滅する》のではないことを明らかにした。そして，「契約に基づく債務の履行がその契約の成立の時に不能であったことは，第415条の規定によりその履行の不能によって生じた損害の賠償を請求することを妨げない」。これは，原始的不能の給付を目的とする契約は無効で債務は成立せず，後発的不能の給付は，債務者の帰責事由によるときは損害賠償債務として存続するが（改正前415），債務者の帰責事由によらないときは，債務は消滅し，双務契約の場合は反対給付請求の可否を法律が定める，法定のリスク分

---

17) ただし，なお，「金銭債務を除く」ものとしており，金銭債務については履行請求権の限界事由を認めていない。もっとも，中間試案10.9は，金銭債務の不履行による損害賠償請求に関し，①民法419条1項・2項に加え，損害賠償の範囲に関する一般原則（中試10.6）に従って賠償請求する旨を規定する一方，民法419条3項を削除し，帰責事由主義に従って免責の余地も認める（中試10.9(1)・(2)）。

配制度としての危険負担の問題になるという，改正前民法の不能法理を根本的に転換するものである。

（ⅱ）つぎに，**「契約に基づく債務の履行がその契約の成立の時に不能であったことは，第415条の規定によりその履行の不能によって生じた損害の賠償を請求することを妨げない」**とした（民法412の2②＊）。これは，原始的不能の契約によっても債務が発生し，履行請求をすることはできないが（民法412の2①＊），履行に代わる損害賠償請求をすることはなおも可能であることを明らかにするものである。その前提には，原始的不能の契約も有効であるという理解があるとすれば，改正前民法が前提とする原始的不能の契約は無効であるという法理を転換するものであり，今次の民法改正における法理上最も大きな変更を意味する。

もっとも，**改正民法**412条の2・2項は，原始的不能の契約も有効であるとした中間試案の表現を修正した。そして，同項が指示する民法415条は，損害賠償請求の要件として，帰責事由が必要であるとしている。そうであるとすれば，改正前民法と同じく，契約は無効であるが，帰責事由のある債務者には民法415条によって特別に損害賠償義務を課したものと解釈する余地もある[18]。

(4) 受領遅滞

改正前民法は，債権者が債務の履行を受けることを拒み，または受けることができないときは，履行の提供があった時から「遅滞の責任を負う」と規定した（改正前413）。

これに対し，中間試案は「遅滞の責任」の内容を具体的に規定することを提案した。すなわち，①増加した履行費用の負担，および②特定物債権における保存義務（前述1(1)）の軽減である（図表Ⅲ−1参照）。ちなみに，③債務不履行による損害賠償責任を負わないこと，④契約解除されないことは，弁済の提供（改正前492）の効果とされている。さらに，⑤受領（受取）遅滞を理由に，債務者が損害賠償請求や契約解除をできるか，⑥同じく危険が移転するかについては，売買に関して規定を設け，有償契約に準用する（民法559）ことが提案された。これらは，物の引渡しを内容とする債権に適合するルールであるから，受領（受取）遅滞一般について規定するよりも，物の引渡しを内容とする債権に

---

[18] この解釈に対しては，債務者の帰責事由の有無自体が，「契約その他の債務の発生原因及び取引上の社会通念に照らして」判断されるから，契約が有効であることを前提としているとの反論も考えられる。しかしなお，契約が無効でも，契約「その他の債務の発生原因」および「取引上の社会通念」により，原始的不能の契約を締結した取引当事者間の「社会通念」を根拠に，法定の損害賠償債務が発生すると解釈する（従来の契約締結上の過失理論による）余地は排除されていないものと解される。

ついて規定することが妥当である。

改正民法は，受領遅滞の効果を具体化する方針を採用し，以下のように規定した。

（i）債務者の注意義務の軽減　**「債権者が債務の履行を受けることを拒み，又は受けることができない場合」**において，**「債務の目的が特定物の引渡しであるとき」**は，**「債務者は，履行の提供をした時からその引渡しをするまで，自己の財産に対するのと同一の注意をもって，その物を保存すれば足りる」**（民法413①＊）。

（ii）履行費用の増加分の債権者負担　**「債権者が債務の履行を受けることを拒み，又は受けることができないこと」**により，**「履行の費用が増加したとき」**は，**「その増加額は，債権者の負担とする」**（民法413②＊）。

（iii）受領遅滞中の履行不能による帰責事由の発生　**「債権者が債務の履行を受けることを拒み，又は受けることができない場合」**において，**「履行の提供があった時以後に当事者双方の責めに帰することができない事由によってその債務の履行が不能となったとき」**は，**「その履行の不能は，債権者の責めに帰すべき事由によるものとみなす」**（民法413の2②＊）

ちなみに，同様のことは，債権者の履行遅滞中にも生じうる。すなわち，債務者が債務の履行について遅滞の責任を負っている間に，**「当事者双方の責めに帰することができない事由によってその債務の履行が不能となったとき」**は，その履行不能は**「債務者の責めに帰すべき事由によるものとみなす」**とされる（民法413の2①＊）。

このほか，(iv)債務不履行による損害賠償責任を負わないこと，(v)契約解除されないことは，弁済の提供（民法492＊）[19]の効果とされている。さらに，(vi)受領（受取）遅滞による**危険の移転**については，売買について規定を設け（民法567②＊）[20]，有償契約に準用される（民法559）。なお，(vii)受領遅滞を理由に，債務者が損害賠償請求や契約解除できるかは，引き続き解釈論に委ねられる。

19）改正民法492条は，改正前民法492条の文言を改正し，**「債務者は，弁済の提供の時から，債務を履行しないことによって生ずべき責任を免れる」**とする。**「責任を免れる」**は，①損害賠償責任を負わないこと，②債権者によって解除されないことを含意する。もっとも，解除されることを**「責任」**と捉えることが，新たな解除制度のコンセプトに合致しないとのコメントもある（潮見2015: 166頁）。

20）改正民法567条2項は**「売主が契約の内容に適合する目的物をもって，その引渡しの債務の履行を提供したにもかかわらず，買主がその履行を受けることを拒み，又は受けることができない場合において，その履行の提供があった時以後に当事者双方の責めに帰することができない事由によってその目的物が滅失し，又は損傷したとき」**は，買主は追完請求，代金減額請求，損害賠償請求，契約解除ができない一方，売主は代金支払請求ができることを規定する。

3 債権の効力(2)——履行の強制

　中間試案は，改正前民法414条を改め，債権者が債務の履行を請求できる場合において，債務者が任意に債務の履行をしないときは，債権者は民事執行法の規定に従い，直接強制・代替執行・間接強制・その他の方法による履行の強制を裁判所に請求できる（図表Ⅲ-1参照）とし，ただし，債務の性質がこれを許さないときはこの限りでない，また，履行の強制は損害賠償請求を妨げないとすることを提案した。そのうえで，民法414条2項・3項の削除を提案した（中試9.3）。これは，債権の訴求力・執行力について，民法は実体法と手続法を架橋する概括的規定を置くべきであるとの判断によるものと考えられる。したがって，具体的な執行方法に関する規定（改正前414②・③）は削除し，民事執行法に委ねられることになる。

　改正民法は，この提案を全面的に採用した（民法414＊）。

　「①　債務者が任意に債務の履行をしないときは，債権者は，民事執行法その他強制執行の手続に関する法令の規定に従い，直接強制，代替執行，間接強制その他の方法による履行の強制を裁判所に請求することができる。ただし，債務の性質がこれを許さないときは，この限りでない。

　②　前項の規定は，損害賠償の請求を妨げない」。

4 債権の効力(3)——債務不履行による損害賠償請求

(1)　損害賠償請求の要件——帰責事由主義の原則の行方

　中間試案は「(1)債務者が<u>その債務の履行をしないとき</u>は，債権者は，債務者に対し，その不履行によって生じた損害の賠償を請求することができるものとする。／(2)契約による債務の不履行が，<u>当該契約の趣旨に照らして債務者の責めに帰することのできない事由</u>によるものであるときは，債務者は，その不履行によって生じた損害を賠償する責任を負わないものとする。／(3)契約以外による債務の不履行が，<u>その債務が生じた原因その他の事情に照らして債務者の責めに帰することのできない事由</u>によるものであるときは，債務者は，その不履行によって生じた損害を賠償する責任を負わないものとする」と提案した（中試10.1。下線は引用者による）。

　これは，①債務不履行を理由とする損害賠償請求につき，委員会方針が提示した帰責事由主義の廃棄を見直し，伝統的な帰責事由主義（改正前415後段）に

回帰するかのように見える（前記引用下線部）[21]。しかし，事由前記(2)の「当該契約の趣旨に照らして債務者の責めに帰することのできない事由」は，免責事由など，契約で明示または黙示に定められた帰責不能事由を意味する。これは，改正前民法の伝統的な客観的帰責事由主義から，契約絶対主義に由来する契約責任主義への転換を示唆している。なお，②履行遅滞後に履行請求権の限界事由が生じた場合は，それが履行期までに債務を履行するか否かにかかわらず生じたであろうときを除き，免責は認められない（中試 10.4）[22]。従来，履行遅滞後の履行不能として論じられてきた問題である。

　改正民法は，①中間試案の契約責任主義への接近を示しつつ，帰責不能事由の判断に「取引上の社会通念」を付加した（民法 415 ①＊）。また，②履行遅滞後の履行不能については，**改正民法** 413 条の 2・1 項に規定を設けた[23]。このうち，①については，以下の規定が設けられた。

　「債務者がその債務の本旨に従った履行をしないとき又は債務の履行が不能であるときは，債権者は，これによって生じた損害の賠償を請求することができる。ただし，その債務の不履行が<u>契約その他の債務の発生原因及び取引上の社会通念に照らして債務者の責めに帰することができない事由</u>によるものであるときは，この限りでない」。

　下線部分は，前記中間試案 10.1 (2)・(3) を統合し，債務が契約に基づいて発生する場合と，契約以外の原因に基づいて発生する場合の双方について，債務者の契約と契約以外の債務発生原因を帰責不能事由の判断基準として定めるとともに，もう 1 つの帰責不能事由の判断基準として，「取引上の社会通念」を付加したものである。その主張・立証責任は，債務者にある。問題は，「債務者の責めに帰することができない事由」（帰責不能事由）の判断基準としての「**契約その他の債務の発生原因**」と「**取引上の社会通念**」との関係である。前述した立法経緯をみると，例えば，①「契約」において債務者の帰責不能事由としての免責事由を明示的に排除していたり，免責事由を限定列挙していたときは，それらに加えて「取引上の社会通念」によって帰責不能事由を追加的に判断することは難しくなったということができるであろう。これに対し，②「契約」において免責事由を明示的に定めていなかったり，例示的に定めていたときは，なおも「取引上の社会通念」により，帰責不能事由が補充される余地は排除で

---

21) 委員会方針による帰責事由主義の廃棄とその批判につき，松尾 2012a: 52-53 頁参照
22) これは，判例（★大判明治 39 年 10 月 29 日民録 12 輯 641 頁ほか）および学説に従うものである。
23) これについては，受領遅滞中に履行不能が生じた場合と併せて，確認した（前述 2 (4)参照）。

きないと考えられる。この場合は，改正前民法415条後段の「債務者の責めに帰すべき事由」に関する伝統的な客観的帰責事由主義の立場から遠くないとも解される。もっとも，個々具体的な「契約」における定めが，①に当たるか②に当たるかの判断が困難なことも予想される。このように，「契約」等の債務発生原因と「取引上の社会通念」の関係の解釈次第で，**改正民法**415条がなおも帰責事由主義の立場を維持しているのか，中間試案のように契約責任主義に踏み込んでいるか，なおも解釈の余地が残されているように思われる。

　改正前民法415条後段の客観的な帰責事由主義は，一般市民の契約意識にも法実務にも定着しており，慎重に検討すべき問題であった。しかし，この点は国会でも実質的議論なしに，法案が通過した。

　なお，債務の履行について，履行補助者が存在する場合は，履行補助者の行為を債務者の行為と捉えたうえで，債務者の帰責事由を判断する際に，履行補助者の行為態様が考慮される。

(2)　債務不履行の態様と損害賠償要件

　中間試案は，債務不履行の要件として，債務者が「債務の本旨に従った履行をしないとき」（改正前415前段）という文言を，たんに「債務の履行をしないとき」へと変更することを提案した（前記(1)引用の(1)下線部）。それは，履行遅滞・全部不履行・不完全履行を含むものであり，債務不履行一元論に親しみやすい提案といえる。

　しかし，**改正民法**は，この点については改正前の規定を実質的に維持し，**「債務者がその債務の本旨に従った履行をしないとき又は債務の履行が不能であるときは」**とした（民法415①本＊）。

　また，履行不能の場合における損害賠償請求（改正前415後段）に関し，中間試案は，①債務に履行請求権の限界事由がある場合のほか，②債権者が債務不履行による契約の解除をした場合，③解除していなくとも，債権者が相当の期間を定めて債務の履行の催告をし，その期間内に履行がない場合，さらに，④債務者が債務を履行する意思がない旨を表示したり，その他の事由によって債務者が履行をする見込みがないことが明白である場合も，損害賠償請求できるとすることを提案した（中試10.3(1)・(2)）。これら①〜④は履行に代わる損害賠償（塡補賠償）であるが，塡補賠償請求をしたときは，債権者は債務者に履行請求することができないことになる（中試10.3(3)）。両者の関係については，債務者を長く不安定な地位に放置することを回避すべく，さらなる規律が必要であると考えられた[24]。

改正民法は，この点を考慮し，つぎのように規定した（民法415②＊）。

「前項〔415条1項〕の規定により損害賠償の請求をすることができる場合において，債権者は，次に掲げるときは，債務の履行に代わる損害賠償の請求をすることができる。

一　債務の履行が不能であるとき。

二　債務者がその債務の履行を拒絶する意思を明確に表示したとき。

三　債務が契約によって生じたものである場合において，その契約が解除され，又は債務の不履行による契約の解除権が発生したとき」。

本項柱書の「**履行に代わる損害賠償**」とは塡補賠償を指す。しかし，2号の場合および3号の解除権が発生したにとどまる場合は，なおも履行請求が可能であり，当然に塡補賠償請求しかできなくなってしまうわけではないことに留意する必要がある。

なお，この塡補賠償請求においても，債務者の帰責事由（民法415①但＊）は当然の要件になっている[25]。ちなみに，契約解除自体については，中間試案も改正民法も帰責事由を要件としていない[26]。しかし，解除したうえで損害賠償を請求するためには，帰責事由を要件とすることに注意する必要がある。

(3)　損害賠償の範囲

中間試案は，「(1)契約による債務の不履行に対する損害賠償の請求は，当該不履行によって生じた損害のうち，次に掲げるものの賠償をさせることをその目的とするものとする。／ア　通常生ずべき損害／イ　その他，<u>当該不履行の時に，当該不履行から生ずべき結果として債務者が</u>予見し，又は契約の趣旨に照らして予見すべきであった<u>損害</u>／(2)上記(1)に掲げる損害が，債務者が契約を締結した後に初めて当該不履行から生ずべき結果として予見し，又は予見すべきものとなったものである場合において，債務者がその損害を回避するために当該契約の趣旨に照らして相当と認められる措置を講じたときは，債務者は，その損害を賠償する責任を負わないものとする」という提案をした（中試10.6。図表Ⅲ-1）。

これは，委員会方針——通常損害・特別損害の区別を廃し，①契約締結時に両当事者が債務不履行の結果として予見可能であった損害，および②契約締結後・債務不履行が生じるまでに債務者が予見可能であった損害（債務者が合理的

---

24) 中試 10.3 概要・補足説明参照。

25) **改正民法** 415条2項柱書冒頭の「前項〔415条1項〕の規定により損害賠償の請求をすることができる場合において」は，そのことを含意する。なお，中試 10.3 概要・補足説明，中試 11.1 も参照。

26) 中試 11.1(1)・(2)，**改正民法** 541条，542条参照。

な回避措置を講じた場合を除く）を賠償範囲とする[27]――から離反した提案である。それは，改正前民法416条に近い立場に回帰し，かつ予見の対象・主体・時期を明示し（前記引用下線部），判例に照らして規定の具体化と明確化を図ったものといえる[28]。

そして，**改正民法**は，さらに改正前民法416条に回帰し，1項は変更せず，2項のみ「**特別の事情によって生じた損害であっても，当事者がその事情を予見すべきであったときは，債権者は，その賠償を請求することができる**」と微修正（「予見し，又は予見することができた」を下線部に修正）するにとどまった。

しかし，契約締結時における両当事者の予見可能性を第1次的基準とすることを明示した委員会方針は，法理的に首尾一貫し，評価に値するものであったと考えられるだけに，さらに検討が求められる改正点である。

(4) 損害賠償額の算定における中間利息の控除

改正民法は，損害賠償額の算定に関わる問題として，中間利息の控除に関する新条文を設けた。**将来取得すべき利益**（得べかりし収入に対する逸失利益等）について損害賠償額を定める場合において，「**その利益を取得すべき時までの利息相当額を控除するとき**」は，「**その損害賠償の請求権が生じた時点における法定利率**」によって定めることを明示した（民法417の2①*）。したがって，不法行為を理由とする損害賠償請求の場合は不法行為時，雇用契約における安全配慮義務違反を理由とする損害賠償請求の場合は請求時の法定利率によって算定される。このことは，**将来負担すべき費用**（後遺症がある場合の介護費用等）について損害賠償額を定める場合に，その費用を負担すべき時までの利息相当額を控除するときも同様である（民法417の2②*）。

(5) 過失相殺および損害軽減義務

中間試案は，過失相殺（改正前418）に関連して，債権者の過失というにとどまらず，債権者が債務不履行またはこれによる損害の発生もしくは拡大を防止するために，状況に応じて求められるのが相当と認められる措置を講じなかったときは，裁判所はこれを考慮して損害賠償額を定めることができる旨を提案した（図表Ⅲ-1）。

改正民法は，この提案を採用し，「**債務の不履行又はこれによる損害の発生若しくは拡大に関して債権者に過失があったときは，裁判所は，これを考慮して，損害賠償の責任及びその額を定める**」ものとした。これは，改正前民法よ

---

27) 委員会方針【3.1.1.67】。松尾2012a: 53頁参照。
28) ★大判大正7年8月27日民録24輯1658頁は，債務者が不履行時に予見可能であった損害を基準とする。

りも債務者・債権者間の損害の公平な分担を増進するものといえる。しかし，債権者にとっては債務不履行が生じた場合に損害軽減行動への一層の注意と緊張が求められ，損害賠償額をめぐる債務者・債権者間の紛争の多発も予想される。今後，本条の解釈に際しては，この点も考慮に入れる必要がある。

(6) 損益相殺

債権者が債務不履行による損害賠償を請求する際に，債務不履行と同一の原因によって利益を得たときは，裁判所はこれを考慮して損害賠償額を定めるべきことも提案された（中試10.8。図表Ⅲ−1）。債務者・債権者間の公平を増進するものとして，支持できる。

しかし，**改正民法**は，この提案を採用しなかった。引き続き，解釈によって対応することになる。

(7) 損害賠償額の予定

損害賠償額の予定（民法420）について，中間試案は，裁判所に予定賠償額の調整権限を付与し，より積極的な介入の余地を認めようとした。そのために，①裁判所が予定賠償額を増減することを禁じた民法420条1項後段を削除し，かつ②「予定した賠償額が，債権者に現に生じた損害の額，当事者が賠償額の予定をした目的その他の事情に照らして著しく過大であるときは，債権者は，相当な部分を超える部分につき，債務者にその履行を請求することができないものとする」ことを提案した（中試10.10。図表Ⅲ−1）。

改正民法は，この提案を実質的に取り込み，改正前民法420条の「当事者は，債務の不履行について損害賠償の額を予定することができる。<u>この場合において，裁判所は，その額を増減することができない</u>」から，下線部を削除した。

これは，当事者間の公平の実現に向けた国家の介入を積極的に進めるものである。しかし，そのことが改正前民法よりも契約当事者間の合意を重視しようとする基本思想と相容れるか，疑問も残る。**改正民法**420条の解釈に際しては，裁判所の負担の増大も考慮に入れる必要がある。

5 債権の効力(4)──代償請求権とその位置づけ

中間試案は，履行請求権の限界事由（履行不能）が生じたのと同一の原因により，債務者が債務の目的物の代償と認められる権利または利益を取得した場合において，債務不履行による損害賠償につき免責事由（前記4(1)中試10.1(1)・(2)下線部）があるときは，債権者は自己の受けた損害の限度で，その権利の移

転または利益（代償）の償還を請求できるものとすることを提案した（中試 10.5）。この代償請求権の法理は，すでに判例・学説も認めている[29]。例えば，債権者 A に対して債務者 B が負う債務の目的物を第三者 C が故意・過失によって損傷し，B が C に対して不法行為を理由とする損害賠償請求権を取得した場合である。これは，債務者に免責事由がある（または帰責事由がない）ゆえに債務者が損害賠償責任を免れる場合でも，債務者が履行請求権の限界事由（履行不能）が生じたのと同一の原因によって権利または利益を得たときは，債務者と債権者との衡平を確保するために，債権者の損害を限度として，その権利または利益を債権者に償還することを認める法定責任として位置づけることができる（図表Ⅲ-1）。したがって，債務不履行による損害賠償の免責事由がある場合に限定すべきであり，その要件を外して拡大する考え方[30]には，賛成し難い。

　　しかし，**改正民法**は，債務者に免責事由がある場合（帰責事由がない場合）に限定する中間試案の文言を外し，つぎのような規定を設けた。「債務者が，その債務の履行が不能となったのと同一の原因により債務の目的物の代償である権利又は利益を取得したときは，債権者は，その受けた損害の額の限度において，債務者に対し，その権利の移転又はその利益の償還を請求することができる」（民法 422 の 2＊）。これは，債務不履行について債務者に免責事由がある（帰責事由がない）場合に限定すべきか否かを解釈に委ねたとの理解もある[31]。中間試案の限定文言をあえて外したことは，債務者の免責事由の存在（帰責事由の不存在）を不要とする解釈の余地を残すものとみられる[32]。

---

29) ★最判昭和 41 年 12 月 23 日民集 20 巻 10 号 2211 頁。我妻 1946: 148 頁。
30) 中試 10.5（注）参照。
31) 潮見 2015: 66-67 頁。
32) 判例は，傍論ながら，A 所有地を B が買い受けて代金の一部を支払って所有権移転登記を得たが，残代金不払のために A から契約を解除されたにもかかわらず，B が同土地を C に売却して移転登記し，C は D に売却して移転登記した事案で，A に対する同土地の返還債務を履行不能とした B（履行不能について B に帰責事由あり）に対し，A の「代償請求権」を認めている（★最判昭和 62 年 7 月 10 日金法 1180 号 36 頁）。

Ⅲ 債権総論部分の改正

B　債権の第三者に
　　　対する効力

6 債権の第三者に対する効力⑴──債権者代位権

⑴ 改正の趣旨

債権は債務者に対する請求権であるから，債権者が第三者に対してその同意なしに何らかの行為を請求することはできない。ところが，例外的に，債権者Aが債務者Bに対する債権を実現する手段として，第三者Cに対して行使できる権利として，債権者代位権と詐害行為取消権がある（改正前423，424〜426）。民法改正作業では，これら例外的手段の意義を限定し，その機能を絞ろうとする傾向がみられる。その目的や背景を確認し，その当否を考えることが重要である。

債権者Aは，債務者Bに対する債権を保全する必要があるときは，Bが第三者Cに対してもつ権利をBに代わって行使することができる（民法423）。AのBに対する債権を**被保全債権**，BのCに対する権利を**被代位権利**という（図表Ⅲ-2参照）。

例えば，【**例1**】AがBに融資した200万円をBが返済せず，かつBにはCに対する売掛代金債権100万円しか財産がない場合，Aは当該代金100万円の債権の弁済期が到来しているにもかかわらずBが行使しないときは，Bに代わってそれを行使し，Cに100万円の支払いを請求することができる。

また，【**例2**】AがBから土地を購入したが，所有名義がBの前主Cのままになっており，BがCに所有権移転登記を求めようとしないために，A名義の登記の実現が妨げられている場合，AがBに代わって所有権移転登記手続を請求することができる。同様に，【**例3**】AがBから土地を賃借したが，Cがその一部を無権原で使用していることから，それを止めさせるようBに求めてもBが応じない場合，BがCに対してもつ所有権に基づく妨害排除請求権をAが代わって行使し，Cの妨害を排除することができる。

債権者代位権に対しては，債権者が債務名義（民執22）を得ることなしに，債権の強制執行をしたのと同様の効果をもたらすことから，民事執行法秩序を迂回する結果となる点に批判があった。このような観点の下，委員会方針は，フランス法を母法とする債権者代位権制度とドイツ法が主な母法である民事執行法秩序との連続性を図る方向性を示した[1]。

この問題意識を承継しつつ，中間試案は，債権者代位権の制度趣旨を，【例

---

1) 松尾2012: 60頁。債権者Aが第三債務者Cから回収した金銭の債務者Bへの返還債務と，債権者Aの債務者Bに対する債権との相殺禁止等である。

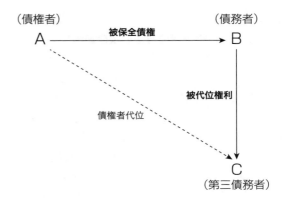

図表 III-2　債権者代位権

【1】のように**金銭債務**を弁済できないおそれのある債務者の財産を保全し、来るべき強制執行の準備をするための責任財産保全制度と解し、これを本来型の債権者代位権と呼ぶ。これに対し、これを【例2】・【例3】のように**非金銭債権**（特定債権ともいう）を実現する手段として用いることも認めつつ、それは本来型と区別して転用型の債権者代位権と呼び、別個に規定する方針を示した[2]。また、被保全債権の期限到来前は、保存行為を除き、裁判上代位権を行使しなければならないとする改正前民法423条2項および非訟事件手続法85条～91条を廃止し、被保全債権の弁済期到来前は、保存行為を除き、そもそも代位権行使ができないとする提案した（中試14.1(2)）。その理由は、利用例が乏しく、民事保全の制度（民事保全法20②参照）によって代替可能であることによる[3]。なお、転用型の場合は、被保全債権の条件・期限到来前にも行使できる余地を解釈上認めるためにも、本来型と別個に規定すべきであるとした[4]。

　改正民法は、この方針を採用し、①転用型の債権者代位権の1つとして、**登記・登録請求権を保全するための債権者代位権**の規定を設けた（民法423の7＊）。また、②被保全債権の期限到来前は、保存行為を除き、そもそも代位権を行使できないとし、**裁判上の代位を廃止**した（民法423②＊。非訟事件手続法85条～91条は削除）。加えて、③「**債権者は、その債権が強制執行により実現することのできないものであるときは、被代位権利を行使することができない**」（民法423③＊）とし、また、**差押えを禁止された権利**も、被代位権利として行使できないことを明確にすることにより（民法423①但＊）、強制執行秩序との整合性を

---
2)　中試14.1補足説明1、中試14.9。
3)　平成14年度～18年度までに各地の裁判所に継続し、平成19年2月21日までに終結した裁判上の代位の申立事件数は、2件（いずれも認容されず）と報告されている（中試14.1補足説明2参照）。
4)　中試14.1補足説明3。

図っている。

(2) 代位権行使の方法および範囲

判例は，被保全債権の額が被代位権利の額を下回る場合，例えば，【例1】でAの被保全債権の額が100万円，Bの被代位権利の額が200万円の場合，Aは被保全債権100万円の範囲内でBのCに対する権利を行使することができるとした[5]。これは，AがCから直接に100万円の支払を受け，かつこれをBに返還すべき債務とAのBに対する債権とを相殺することを認める判例と合体して[6]，債権者代位権に**債権回収機能**を認めたものである。

これに対し，中間試案は，債権者代位権の責任財産保全機能に照らし，債権回収機能までは認めるべきでないという立場への転換を提案した。すなわち，①被代位権利が金銭，その他の物の引渡しを求めるものであるときは，債権者Aは債務者Bの債務者（第三債務者）Cにその物を直接Aに引き渡すように請求することができ，これによってBの権利は消滅するが，②AはCから受け取った物をBに返還しなければならず，Aはその返還債務を受働債権とし，自己のBに対する債権を自働債権とする相殺はできないとした（中試14.3）。その一方で，③被代位権利の額が被保全債権の額を超える場合でも，債権者は被代位権利の全部（先の例では200万円）を行使できる（当該被代位権利以外のBの権利を行使することはできない）とした（中試14.2）。このような**債権回収機能否定・強制執行準備説**の論拠は，債権回収は本来強制執行（債権差押え）手続によるべきであり，その場合は被保全債権の存在が債務名義によって確認され，債務者や第三債務者の利益を保全する手続がとられるが，代位権行使はその手続をバイパスし，民事手続法との制度間不整合を生じさせており，それは責任財産保全という債権者代位権の制度趣旨を超えることである[7]。

これに対し，**債権回収機能肯定説**は，債権者代位権の制度趣旨を責任財産保全機能に限定することは所与とはいえず，簡易な債権実現手段の余地を残すことは，取引費用の節約の観点から肯定でき[8]，債権者代位権の行使に対して疑義があるときは，裁判上被保全債権の有無が確認されることを理由とする[9]。

改正民法は，債権回収機能を限定的に肯定する立場をとった。すなわち，①

---

5) ★最判昭和44年6月24日民集23巻7号1079頁。
6) ★大判昭和10年3月12日民集14巻482頁。
7) 中試14.3概要・補足説明。第三債務者Cに対する債権者Aによる直接の引渡請求自体を認めるべきでないという，**徹底した債権回収機能否定説**もある（中試14.3（注1））。
8) 例えば，労働者Aらが，使用者Bが取引先Cに対してもつ権利を代位行使して，労働債権を回収する必要性が指摘されている。中試14.3補足説明3参照。
9) 実際，相殺を否定すべきでないとの主張もある（中試14.3（注2））。

債権者は，「**被代位権利が金銭の支払又は動産の引渡しを目的とするものであるときは，相手方に対し，その支払又は引渡しを自己に対してすることを求めることができる**」（民法 423 の 3 ＊。それによって被代位権利は消滅する）ことを明規し [10]，その際，債権者が被保全債権を自働債権とし，受領した金銭等の債務者への支払債務を受働債権とする相殺を禁止しなかった。これにより，債権回収機能を肯定した。しかし，他方で，②債権者は「**被代位権利の目的が可分であるときは，自己の債権の額の限度においてのみ，被代位権利を行使することができる**」とし，被代位権利の行使可能範囲を被保全債権の範囲に限定する前記判例法理を明文化した（民法 423 の 2 ＊）。また，③債務者は，債権者が代位権行使をした場合でも，「**被代位権利について，自ら取立てその他の処分をすること**」を妨げられず，「**相手方も，被代位権利について，債務者に対して履行をすることを妨げられない**」とした（民法 423 の 5 ＊）。それは，債権者が代位訴訟で勝訴の確定判決を得た場合でもなお妥当する。その限りで，債権者による債権回収機能は制約を受けることになる。さらに，④債権者が「**被代位権利の行使に係る訴えを提起したときは，遅滞なく，債務者に対し，訴訟告知をしなければならない**」とした（民法 423 の 6 ＊）。これにより，債務者は代位訴訟における手続保障も認められる（後述(3)）。なお，⑤債権者による被代位権利の行使に対し，相手方（第三債務者）は「**債務者に対して主張することができる抗弁をもって，債権者に対抗することができる**」（民法 423 の 4 ＊）ことは，代位権の行使である以上，当然である。一方，相手方が偶々債権者に対して主張できる抗弁があっても，それをもって対抗することはできない。

(3)　債権者と債務者の関係

　代位権を行使する債権者 A と債務者 B の間には，(a)法定委任または(b)事務管理の法律関係が成立すると解され，A は B の権利を代位行使するに当たり，善良な管理者の注意義務（善管注意義務）を負う [11]。その明文化が提案された（中試 14.4）。それにかかった費用は，A が B に償還請求でき，その費用償還請求権について A は共益費用に関する一般の先取特権（民法 306[1]）をもつ。債権者代位訴訟は，債権者 A による法定訴訟担当（民訴 115 ①[2]参照）と解するのが通説である [12]。判例は，債権者 A が代位権行使に着手し，債務者 B がそ

10）判例法理（★最判昭和 29 年 9 月 24 日民集 8 巻 9 号 1658 頁）の明文化である。

11）事務管理への委任の規定の準用（民法 701）は，民法 645 条〜 647 条にとどまり，受任者の善管注意義務に関する民法 644 条を準用していない。しかし，事務管理者は，事務の性質に従い，本人の利益と意思に合致するように管理すべき義務を負う（民法 697）。また，緊急事務管理の場合のみ，管理者の注意義務は悪意または重過失に対する責任に軽減される（民法 698）。その結果，事務管理者も実質的に善管注意義務を負うと解される。★大判昭和 15 年 3 月 15 日民集 19 巻 586 頁。

の通知を受け，またはそのことを了知したときは，Bは被代位権利の処分権を失い，訴えを提起することもできなくなると解した[13]。もっとも，債権者が代位の目的となった権利について訴訟追行権を有しないことが判明したときは，債務者はその訴訟追行権を失っていないものとして，その訴は適法ということができると解した[14]。

　そこで，中間試案は，Aが被代位権利を行使した場合でも，Bもその権利を行使して取立て等の処分や訴え提起することを妨げられないとし，あえて判例と異なる規律を提案した（中試14.7）。そして，Aが代位権行使として訴えを提起したときは，遅滞なくBに訴訟告知しなければならないとした（中試14.8）[15]。もっとも，債権者代位訴訟の係属中に被代位権利を訴訟物とする別訴をBが提起することは重複起訴の禁止（民訴法142）に抵触すると解されていることから，Bは債権者代位訴訟に参加する方法をとることになる[16]。この規律は，債権者代位権の債権回収機能を制限する立場に立つものと解される。

　改正民法が，この提案を採用したことは，既述のとおりである（前述(2)改正民法③・④）。その結果，(i)債務者が被代位権利をすでに行使しているときは，債権者は代位権の行使が認められない。(ii)債権者が代位権を行使していても，債務者が被代位権利を行使し，履行を受けることは可能である。(iii)債権者が代位権を行使し，訴えを提起したときは，遅滞なく債務者に訴訟告知する義務を負い，債務者はその訴訟に，その目的に応じて，①独立当事者参加（民訴47。債権者に対して被保全債権の不存在の確認請求をし，被代位権利の相手方に対しては履行を請求する等），②共同訴訟参加（民訴52）または③補助参加（民訴42）することになるものと解される。(iv)債権者が代位訴訟提起し，係属中に，他の債権者が別訴を提起しても，二重起訴禁止に抵触して不適法とはならず，裁判所は両訴訟を併合審理し，両請求を認容できる[17]。

12）これに対し，固有適格説の立場もある。**改正民法**は，債権者の相手方に対する直接引渡請求を認める（民法423の3＊）一方で，債権者による代位権行使後も債務者の処分・取立権限を認める（民法423の5＊）等の点で，固有適格説に親しむか，債権者に債務者への訴訟告知義務を課すこと（民法423の6＊）等に鑑みて，法定訴訟担当説を維持すべきか，議論がある。潮見 2017a: 699 頁参照。

13）★大判昭和 14 年 5 月 16 日民集 18 巻 557 頁。また，Bは取立等の処分も制限され，それゆえに，CがBに弁済することも制限されると解した裁判例もある（★東京高判昭和 60 年 1 月 31 日判タ 554 号 174 頁）。しかし，弁済供託（民法 494 参照）は認めるべきであるとの提案もあった。これに対し，中間試案は，債権者Aが Bの権利を代位行使しても，第三債務者CはBに弁済することを妨げられないとの立場をとり，弁済供託には否定的であった（中試 14.7 補足説明 3）。

14）★最判昭和 48 年 4 月 24 日民集 27 巻 3 号 596 頁。

15）この告知は，代位訴訟の効力を債務者に及ぼすためにも必要である（会社 849 ③，民訴 115 ①[2]参照）。

16）Bの訴訟参加の形態としては，共同訴訟参加の可能性が示された（中試 14.7 概要・補足説明 4）。

(4) 転用型

　中間試案は，転用型の債権者代位権として，①不動産譲受人 A が，譲渡人 B の第三者 C に対する登記手続請求権の不行使により，権利の実現を妨げられているときは，B の C に対する当該権利を代位行使できる旨の規定（【例 2】参照）を提案した。そのうえで，②そのほか B が C に対する権利を行使しないことにより，A の B に対する権利の実現が妨げられている場合において，「その権利を実現するために他に適当な方法がないときは，その権利の性質に応じて相当と認められる限りにおいて」，B の C に対する権利を行使することができるとし，その性質に反しない限り，本来型の規定を準用するものとした（中試 14.9）。

　改正民法は，この立場を採用しつつ，①を具体的に条文化し，「**登記又は登録をしなければ権利の得喪及び変更を第三者に対抗することができない財産を譲り受けた者は，その譲渡人が第三者に対して有する登記手続又は登録手続をすべきことを請求する権利を行使しないときは，その権利を行使することができる。この場合においては，前 3 条の規定を準用する**」とした（民法 423 の 7 ＊）。

(5) 評価

　転用型の債権者代位権について，様々な類型を含む一般的規定を設ける必要があるということ（前述 4 ②）は，そもそもそれを「転用型」として特殊扱いすることの当否を疑わせる。むしろ，このように代位権行使の一般的要件（とくに被保全債権と被代位権利との関連性）を明確にした一般規定を設け，あとは解釈論に委ねることも考えられた。しかし，**改正民法**は，債権者代位権を基本的に金銭債権の執行に備えた責任財産保全制度として狭く限定する一方で，特定債権保全機能も認めるという二元的構成を刻印することになった。

7　債権の第三者に対する効力(2)——詐害行為取消権

(1) 改正の趣旨と方向性

　詐害行為取消権（改正前 424 ～ 426）についても，**改正民法**は，改正前民法および判例のルールを変更し，債務者の責任財産保全制度に特化させ，かつ破産法上の否認権の規律との整合性を高める方向へと進んでいる。

17）★最判昭和 45 年 6 月 2 日民集 24 巻 6 号 447 頁（債権者が第三債務者に金銭債権の支払いを求める代位訴訟を提起した後に，国が債務者に対する国税滞納処分として取立てのための訴えを第三債務者に対して提起した場合，裁判所は両請求を併合審理し，ともに認容できるとした）。

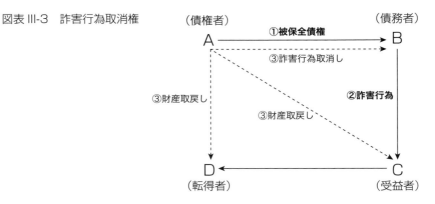

図表Ⅲ-3 詐害行為取消権

(2) 要件

(i) 詐害行為取消訴訟の性質と被告　中間試案は，詐害行為取消権を，債権者Aを害することを債務者Bが知ってした行為を取り消し，当該行為によって逸失した財産の返還を受益者Cまたは転得者Dに請求できる制度と規定した（図表Ⅲ-3）。その要件として，①被保全債権が詐害行為の前に発生したこと，②債務者が債権者を害することを知って行為をしたこと，③債務者および受益者または転得者を被告として裁判所に請求すること，④詐害行為の当時，受益者が「債権者を害すべき事実を知らなかった場合」でないこと，⑤詐害行為が財産権を目的としないものでないこと，⑥被保全債権が強制執行によって実現できないものでないことである（中試 15.1）。

このうち③は，詐害行為取消訴訟を詐害行為の取消し（形成訴訟的性質）および逸失した財産の返還（給付訴訟的性質）を併せもつものとし（折衷説），受益者またはその者からの転得者のみを被告とすればよいとする判例[18]とは異なる規律を意味し，実務を大きく変更する提案である。その理由は，判例が詐害行為取消しの効果は被告たる受益者Cまたはその者からの転得者Dのみに及び，債務者Bには及ばないとする**相対的取消し**（による相対無効）を認めることへの批判にあった。というのも，[1]逸出財産が不動産であれば登記名義が債務者に戻り，その責任財産として強制執行の対象となる，[2]逸出財産が金銭・その他の動産で，取消債権者が返還を受けた場合は，これを債務者に返還する義務を負う，[3]詐害行為取消権を保全するために供託する仮処分解放金の還付請求権は債務者に帰属する（民保 65 参照），[4]詐害行為取消しの結果，債権者が受益者または転得者から返還を受けた財産によって債権の満足を得て，その

---

18) ★大連判明治 44 年 3 月 24 日民録 17 輯 117 頁。

分だけ債務者の債務が消滅すると，受益者または転得者は債務者に対して不当利得返還請求する等，詐害行為取消しの効果は債務者に及ぶ。それゆえに，判例の相対的取消し（無効）は維持されておらず，債務者に効果が及ぶ以上，債務者も詐害行為取消訴訟の被告とすべきであるとした。加えて，詐害行為取消しの要件に関し，債権者を害するか否かを判断するための債務者の経済状況（無資力等），債権者を害することを知っていたか否かの主観的事情等を明らかにするためにも，債務者を被告とする意味があるとした[19]。このように中間試案は，詐害行為取消しを絶対的取消しに規律し直そうとするものであった。

　しかし，**改正民法**は，前記①〜⑥の提案のうち，実務への影響が大きいと考えられる③は採用しなかった。一方，その他の提案を採用した（民法424＊，424の6＊，424の7＊）。

　詐害行為取消権とは「**債務者が債権者を害することを知ってした行為の取消し**」を裁判所に請求できる権利（民法424①＊）である。その被告は，「**受益者**」（その行為によって利益を受けた者）または「**転得者**」である（民法424の7①＊）。なお，債権者が詐害行為取消訴訟を提起したときは，遅滞なく「**債務者**」に訴訟告知をしなければならない（民法424の7②＊）。そして，詐害行為取消権は，受益者を被告とする場合は，「**債務者がした行為の取消しとともに，その行為によって受益者に移転した財産の返還を請求すること**」（受益者がその財産の返還をすることが困難であるときは，その価額の償還を請求すること。民法424の6①＊），であり，転得者を被告とする場合は，「**債務者がした行為の取消しとともに，転得者が転得した財産の返還を請求すること**」（転得者がその財産の返還をすることが困難であるときは，その価額の償還を請求すること）である（民法424の6②＊）。

　詐害行為取消権の要件は，①債務者が**債権者を害することを知って**「**行為**」をしたこと，②取消しを裁判所に請求したこと，③受益者が行為の時に「**債権者を害することを知らなかった**」場合でないこと（以上，民法424①＊），④「**財産権を目的としない行為**」でないこと（民法424②＊），⑤債権者の債権（被保全債権）が「**詐害行為の前の原因に基づいて生じたもの**」であること（民法424③＊），⑥被保全債権が「**強制執行によって実現することのできないもの**」でないこと（民法424④＊）である。このうち，①・⑤については債権者に主張・立証責任があるものと解される[20]。最も重要なのは，何が債権者を害する「行

---

19) 中試15.1概要・補足説明1。

20) これに対し，③受益者が行為当時「債権者を害することを知らなかった」こと，④「財産権を目的としない行為」でないこと，⑥被保全債権が「強制執行によって実現することのできないもの」であることは，被告である受益者または転得者の抗弁事由になるものと解される。

為」(詐害行為)に当たるかである[21]。まず，責任財産を減少させる行為(**責任財産減少行為**)がそれに当たるが，それ以外の行為も詐害行為となりうる。

(ii)　**破産法上の否認権との整合性の確保**　中間試案は，詐害行為に当たるか否かの判断基準として，従来は判例の解釈に委ねていた事項につき，破産法上の否認権との整合性を確保すべく，個別の明文規定を置くことを提案した。

①　**相当の対価を得てした行為**に関し，判例は，不動産等の財産を相当価格で処分する行為(**相当価格処分行為**)は，財産を費消・隠匿しやすい金銭に換える点で，**原則として詐害性があるが**，例外的に当該処分行為の目的・動機が正当なものと認められるときは(その主張・立証責任は被告たる受益者または転得者が負う)詐害性が阻却されると解している[22]。また，債務者が所有する財産に担保を設定して新たな借入れをする行為(**同時交換的行為**)も，**原則として詐害性があるが**，債務者の生計費，子女の教育等有用の資に充てる目的で行われたことを被告が主張・立証すれば，例外的に詐害性が阻却されると解している[23]。

これに対し，中間試案は，**相当価格処分行為**も**同時交換的行為**も**原則として詐害性はないが**，原告たる債権者が，債務者には隠匿等の処分のおそれがあり，債務者がその意思をもち，受益者がそれについて悪意であったことを主張・立証した場合に，例外的に詐害行為取消しが可能になる旨の規定を提案した(中試15.2)。これは，民法上の詐害行為取消権を**破産法上の否認権の規律**(**破産161**)に合わせようとしたものである。その理由は，破産法で否認権の行使要件を絞り，債務者の経済的再生を図ろうとしても，民法上の詐害行為取消しの余地が残ると，経済的危機に直面する債務者と取り引きしようとする相手方が委縮し，再建可能性のある債務者が破綻に追い込まれるおそれがあるため，それを回避することにある。すなわち，否認の対象とならない行為が詐害行為取消しの対象となることを「逆転現象」とみて，それを是正すべきとしたものである[24]。

改正民法は，中間試案の提案を採用し，債務者が，その有する財産を処分する行為をした場合において，**受益者から相当の対価を取得しているとき**(相当

---

21) 詐害行為につき，改正前民法は「法律行為」(改正前424①本)としていたが，弁済等の準法律行為も詐害行為となりうることから，改正民法は「行為」(民法424①＊)の語を用いた(すでに破産法160条は否認権の対象として「行為」の語を用いている)。したがって，この用語の変更は，対抗要件具備行為が詐害行為になりうるか(判例は否定。★最判昭和55年1月24日民集34巻1号110頁，★最判平成10年6月12日民集52巻4号1121頁)の問題に肯定的回答を与えることを意味しない。

22) ★大判明治39年2月5日民録12輯133頁，★大判明治44年10月3日民録17輯538頁，★最判昭和41年5月27日民集20巻5号1004頁，★最判昭和42年11月9日民集21巻9号2323頁参照。

23) ★最判昭和42年11月9日民集21巻9号2323頁参照。

24) 中試15.2概要・補足説明。

価格処分行為）は，次の［1］〜［3］の何れの要件にも該当する場合に限り，債権者は詐害行為取消請求することができる（民法424の2＊）とした。すなわち，［1］「その行為が，不動産の金銭への換価その他の当該処分による財産の種類の変更により，債務者において隠匿，無償の供与その他の債権者を害することとなる処分（以下この条において「隠匿等の処分」という。）をするおそれを現に生じさせるものであること」，［2］「債務者が，その行為の当時，対価として取得した金銭その他の財産について，隠匿等の処分をする意思を有していたこと」，［3］「受益者が，その行為の当時，債務者が隠匿等の処分をする意思を有していたことを知っていたこと」である。つまり，相当価格処分行為は**原則として詐害性はない**が，［1］〜［3］の要件をすべて満たした場合に限り，例外的に詐害行為となるとしたものである。したがって，［1］〜［3］については**債権者に主張・立証責任がある**²⁵⁾。**同時交換的行為の詐害性**も，この枠組に従って判断される。

②　**特定の債権者を利する行為**（偏頗行為）の詐害性の判断基準についても，**中間試案は破産法上の否認権の場合**（破産法162）と同様の規律を提案した（中試15.3）。これは，［1］**弁済は原則として詐害行為にならない**が，債務者が特定の債権者と通謀し，他の債権者を害する意思をもって弁済した場合は詐害行為に当たるとの判例²⁶⁾，［2］**既存の債務についての担保供与は原則として詐害性がある**が，事業継続のために止むを得ず，かつ合理的限度を超えない場合（例えば，継続的な仕入先に対する相当の担保供与等）は詐害性を欠くとの判例²⁷⁾の要件を，さらに厳格に絞ろうとするものである。これは，相当価格処分行為（前述①）に関する改正提案と同様の趣旨に基づく²⁸⁾。

改正民法は，こうした問題提起を受け，つぎの規定を置いた。［1］債務者による偏頗行為たる特定の債権者のための既存債務についての担保供与または債務の本旨に従った弁済（**本旨弁済**）等の債務消滅に関する行為は，原則として詐害行為にならず，以下⟨1⟩・⟨2⟩の何れの要件も満たす場合に限り，例外的に詐害行為として，債権者は取消請求ができる。すなわち，⟨1⟩その行為が，債務者が**支払不能**（債務者が支払能力を欠くために，弁済期にある債務を一般的かつ継続的に弁済できない状態）の時に行われたこと²⁹⁾，⟨2⟩その行為が，債務者と受益者とが**通**

25）ちなみに，受益者が行為当時「債権者を害することを知らなかった」こと（民法424①＊）は，受益者または転得者が主張・立証すべき抗弁事由である（前述(i)改正民法③参照）。

26）★最判昭和33年9月26日民集12巻13号3022頁。

27）★最判昭和32年11月1日民集11巻12号1832頁，★最判昭和44年12月19日民集23巻12号2518頁参照。

28）中試15.3概要・補足説明。

謀して他の債権者を害する意図をもって行われたことである（民法424の3①＊）。
〈1〉・〈2〉については**債権者に主張・立証責任**がある。他方，[2] 同じく偏頗行為
たる既存債務についての担保供与または債務消滅行為が，「債務者の義務に属
せず」（例えば，代物弁済等），または「その時期が債務者の義務に属しない」（例
えば，期限前弁済等）**非義務行為**である場合は，以下〈1〉・〈2〉の何れの要件も満た
す場合に限り，債権者は詐害行為取消請求ができる。すなわち，〈1〉その行為が，
債務者が支払不能になる前30日以内に行われたこと[30]，〈2〉その行為が，債務
者と受益者とが通謀して他の債権者を害する意図をもって行われたことである
（民法424の3②＊）。

　③　**過大な代物弁済等**についても，中間試案は破産法の否認権の場合（破産
法160②）と同様の規律を提案した（中試15.4）。**改正民法**は，これを踏まえ，債
務者がした債務消滅に関する行為であって，「受益者の受けた給付の価額がそ
の行為によって消滅した債務の額より過大であるもの」につき[31]，民法424
条に規定する要件（前述(i)）に該当するときは，「その消滅した債務の額に相当
する部分以外の部分」について，債権者は詐害行為取消請求をすることができ
ると規定した（民法424の4＊）。

　(iii)　**転得者に対して詐害行為取消権を行使する場合**　　判例は，転得者（転
輾得者を含む）に対して詐害行為取消権を行使する場合，**被告は転得者のみ**で足
り，かつ債権者を害すべき行為を債務者がしたことについて**当該転得者が悪意**
であれば，その前主たる受益者または転得者が善意でも，取消権行使を認め
た[32]。これは，判例が詐害行為取消しの効果を**相対的無効**としていることか
ら可能であった。

　これに対し，中間試案は，債務者および転得者を被告とし，かつ受益者およ
び「当該転得者の前に転得した全ての転得者が，それぞれの転得の当時，債務
者がした受益者との間の行為について債権者を害すべき事実を知っていた場
合」に限り，詐害行為取消しができる旨を提案した（中試15.5）。これも破産法
上の否認権の場合（破産170①）と同様の規律である。

　改正民法は，この提案を採用し，債権者は，受益者に対して詐害行為取消請
求をすることができる場合において，受益者に移転した財産を転得した者があ

29）破産法162条1項1号参照。
30）破産法162条1項2号参照。
31）なお，非義務行為を詐害行為として取り消すための**改正民法**424条の3・2項の要件を満たせば，「過大」な
　債務消滅行為でなくとも，しかも行為全体を取り消すことができる。
32）★最判昭和49年12月12日裁判集民事113号523頁。

るときは，転得者がつぎの要件を満たせば，当該転得者に対して詐害行為取消請求をすることができると規定した。すなわち，①転得者が受益者から転得した者である場合は，その転得者が，転得の当時，債務者がした行為が債権者を害することを知っていたとき，または②転得者が他の転得者から転得した者である場合，**その転得者およびその前に転得した全ての転得者**が，それぞれの転得の当時，債務者がした行為が債権者を害することを知っていたときである（民法 424 条の 5＊）。①・②の場合ともに，転得者の悪意は債権者が主張・立証責任を負う。これは，前記の判例による解釈とはあえて異なる内容を規定したものであり，詐害行為取消しの相対効から絶対効への移行（後述(3)(ii)参照）の布石となるものである。

(3)　効果

（i）　**債権回収機能の肯定から否定へ，そして肯定へ**　　中間試案は，①詐害行為取消請求を認容する確定判決の効果が，債務者のすべての債権者に及ぶことを明確にするとともに（中試 15.6），②詐害行為によって逸失した財産または消滅した権利の価額が被保全債権の額を超える場合でも，当該詐害行為の全部（過大な代物弁済の取消しの場合を除く）の取消しを請求できるとした（中試 15.7）。これは，詐害行為の目的である財産が可分であるときは，被保全債権の額の範囲内でのみ取り消しうるとする判例[33)]とあえて異なる立場をとるものである。こうして詐害行為取消権の制度趣旨を債務者の責任財産の回復とみる一方，債権回収機能を否定する立場をとった[34)]。したがって，③逸失財産の返還に関しては，登記名義を債務者名義に戻し，金銭・その他の動産または現物返還が困難な場合の価額償還金は債権者への直接引渡しを求めることを認める一方で[35)]，④債権者は金銭・その他の動産または償還金を債務者に返還しなければならず，その返還債務を受働債権とする相殺もできない旨の規定も提案した（中試 15.8）。

　このうち，④は債権回収機能を肯定する判例[36)]とあえて異なる立場をとるものである。その理由は，差押えまたは仮差押え等の強制執行に関して民事手続法が定める規律を潜脱することの回避にある[37)]。しかし，詐害行為取消権の機能を債務者の責任財産保全に限定すべきことは必ずしも所与ではなく，債

---

33)　★大判大正 9 年 12 月 24 日民録 26 輯 2024 頁。
34)　債権者代位権の債権回収機能に関し，前述 6 (2)参照。
35)　さらには，債権者への直接引渡し自体を否定すべきとの考え方もある（中試 15.8 注 1）。
36)　★大判昭和 7 年 9 月 15 日民集 11 巻 1841 頁。
37)　中試 15.8 補足説明 1・2。

権者にとって簡易で，かつ債権制度全体としても取引費用の節約に資するものとして，民法上の詐害行為取消権の理念を再確認する余地もある。例えば，使用者が倒産状態となり，管財人が選任されない任意整理等において，労働者が労働債権の回収を図るために，詐害行為取消権の債権回収機能が重要であることも認識されている（中試 15.8（注 2））[38]。

　改正民法は，中間試案の前記①〜④のうち，①・③を認める一方で，②・④とは異なる立場を取り，結果的に債権回収機能を肯定していることが注目される。

　①　詐害行為取消請求を認容する確定判決は，**債務者およびその全ての債権者に対して効力をもつ**（民法 425＊）。そのために，債権者は，受益者または転得者を被告として詐害行為取消訴訟を提起したときは，**遅滞なく債務者に対して訴訟告知**をしなければならない（民法 424 の 7＊）。債権者は，受益者または転得者に対する詐害行為取消請求において，債務者がした行為の取消しとともに，その行為によって受益者または転得者に移転した**財産の返還**，またはその財産の返還が困難であるときはその**価額の償還**を請求することができる（民法 424 の 6＊）。

　②　以上のことを前提にして，債権者は，債務者がした「行為」の目的が可分であるとき，および財産の返還が困難である場合にその価額の償還を請求するときは，**自己の債権額の限度においてのみ**，行為の取消しを請求できる（民法 424 の 8＊）。

　③　以上のことを前提にして，債権者は，受益者または転得者に対して財産の返還を請求する場合において，その返還請求が**金銭の支払または動産の引渡し**を求めるものであるとき，または財産の返還が困難である場合にその価額の償還を請求するときは，自己（債権者自身）への支払または引渡しを求めることができる（債権者の直接取立・受領権限。民法 424 の 9 ①前段，②＊）。

　④　③の場合において，受益者または転得者は，債権者に支払または引渡しをしたときは，債務者に対して支払または引渡しをすることを要しない（民法 424 の 9 ①後段，②＊）。その結果，債権者は受け取った金銭または動産に対する債務者の返還請求権を受働債権とし，債務者に対する債権を自働債権として相殺することができる。

　(ⅱ)　**詐害行為取消しの相対効から絶対効へ**　　詐害行為取消しの効果に関し，判例の相対的無効説を否定する中間試案は，①受益者 C が債務者 B から受け

38）中試 15.8 補足説明 3。

た給付（例えば，土地 a の所有権またはその価額償還金）を返還したときは，C の B に対する債権もまた原状に復し，C は B に反対給付（先の土地 a の代金 2,000 万円）の返還を請求できるとする（中試 15.10，15.11，15.12）[39]。もっとも，②転得者 D（または E）については，その前主 C（または D）に取消しの効果が及ばないことを前提としつつ，D（または E）の C（または D）に対する反対給付等の価額（先の土地 a の転売代金 2,500 万円）が，C の B に対する反対給付等の価額（先の 2,000 万円）より大きいために，D（または E）が B に対して不当利得返還請求をしても回復できないことがありうるとみる。そこで，D（または E）は C（または D）に対する反対給付等の価額（先の 2,500 万円）の限度で，C が B から受けた給付を返還すれば取得したであろう反対給付の返還請求権等を B に行使できるものとする旨が提案された（中試 15.13）。このように，改正前民法下の判例の相対的無効説を否定し，絶対的効力を認めようとする中間試案も，転得者の前主についてはそれを貫徹していない。

改正民法は，この提案を採用した。①債務者がした財産処分に関する行為（債務消滅に関する行為を除く）が取り消されたときは，**受益者 C は，債務者 B に対し**，その財産を取得するためにした反対給付の返還を請求することができ，債務者がその反対給付の返還をすることが困難であるときは，受益者はその価額の償還を請求することができる（民法 425 の 2 ＊）。また，債務者 B がした債務消滅に関する行為が取り消された場合（民法 424 の 4 ＊による過大な代物弁済等の取消しの場合を除く）において，受益者 C が債務者 B から受けた給付を返還し，またはその価額を償還したときは，受益者 C の債務者 B に対する債権は原状に復する（民法 425 の 3 ＊）。そして，②債務者 B がした行為が転得者 D に対する詐害行為取消請求によって取り消されたときは，その転得者 D は，つぎのような権利を行使することができる（ただし，その転得者 D がその前者 C から財産を取得するためにした反対給付またはその前者 C から財産を取得することによって消滅した債権の価額を限度とする）。[1] 財産処分に関する行為（債務消滅に関する行為を除く）が取り消された場合，その行為が受益者 C に対する詐害行為取消請求によって取り消されたとすれば改正民法 425 条の 2 の規定によって生ずべき受益者 C の債務者 B に対する反対給付の返還請求権またはその価額の償還請求権（民法 425 の 4[1] ＊）。[2] 債務消滅に関する行為が取り消された場合（民法 424 の 4 ＊

39）そうでなければ，債権者は，①受益者が債務者に返還した財産と，②それを取得するために受益者が債務者に引き渡した反対給付の双方を債務者の責任財産として把握できてしまうことを理由とする（中試 15.11 補足説明）。

による過大な代物弁済等の取消しの場合を除く），その行為が受益者 C に対する詐害行為取消請求によって取り消されたとすれば**改正民法** 425 条の 3 によって回復すべき受益者 C の債務者 B に対する債権（民法 425 の 4[2]＊）。このように，**転得者 D に対する詐害行為取消しの効果は，その前主 C には及ばない**。その結果，D は C に対する反対給付の返還請求や C に対してもっていた債権の原状回復は認められないが，債務者 B と受益者 C との行為が詐害行為として取り消された場合において，受益者 C が債務者 B に対してもったであろう反対給付返還請求権または価額償還請求権を転得者 D が行使できる。

　このように，改正前民法の下での詐害行為取消権の相対効を絶対効化しようとする**改正民法**も，完全に絶対効を貫くことはしていない。

8　債権の第三者に対する効力(3)──債権に基づく妨害排除請求等

　債権の第三者に対する効力に関する規定として，債権に基づく妨害排除請求権等の可否が問題になる。この問題につき，**改正民法**は，債権に基づく妨害排除請求権一般について規定することをせず，不動産賃借権に基づく妨害排除請求に関して規定を設けた。そこで，この点に関しては，第Ⅴ章・債権各論(2)の賃貸借契約の箇所で述べることにする（第Ⅴ章 4(2)）。

III 債権総論部分の改正

C 多数当事者の
債権・債務関係

9 多数当事者の債権・債務関係(1)──債権者が複数の場合

(1) 分割債権の原則

債権の効力は，債権者または債務者が複数ある場合に，相互にどのような影響を受けるかが問題になる。①債権者が複数の場合としては，分割債権・連帯債権・不可分債権が，②債務者が複数の場合としては，分割債務・連帯債務・不可分債務がある。また，③債務者が複数の場合の特殊形態として，主たる債務者の債務を担保するために保証人が保証債務を負う場合がある。

複数の債権者がある場合，債権の目的（内容）がその性質上不可分でない限り，別段の意思表示がないときは，各債権者はそれぞれ等しい割合で権利をもつ（分割債権の原則，分割主義）。例えば，債権者 A_1・A_2・A_3 が債務者 B に対して 300 万円の債権をもつ（持分は各 3 分の 1 とする）場合（図表Ⅲ-4），A_1・A_2・A_3 は B に対してそれぞれ 100 万円の債権をもつ（民法 427）。中間試案は，債権の目的（内容）が「性質上可分」であるときは，各債権は分割債権になるとの原則（分割主義）を示した（中試 16.6(1)本文）。しかし，**改正民法**は，あえて「性質上可分」という文言を設けることなく，改正前民法 427 条を維持した。

民法 427 条は，分割債権の部分に関しては，債権の準共有に関する民法 264 条の「別段の定め」として，複数債権者への分割帰属の原則を規定したものであると解されている。しかし，民法 427 条は，債権者が複数あるときに，各債権者の債権の行使方法について定めたものであるが，それがさらに個々の債権者への債権の最終的帰属まで定めたものと解しうるかは，議論が残る。両者は別問題であり，最終的帰属の決定は，共有物分割手続（民法 256 ～ 261）による（したがって，第 1 次的には，共有者間の合意による。民法 258 ①）と解する余地がないか，なお検討を要する。

(2) 連帯債権の創設

中間試案は，たとえ性質上可分の債権であっても，①法令または法律行為の定めによって連帯債権とすることができ（中試 16.6(1)但），②後述する不可分債権の内容がその性質上可分となったときも，当事者の合意によって連帯債権とすることができる旨を提案した（中試 16.9(2)）。②は，「不可分債権が可分債権となったとき」は，自己の権利部分についてのみ履行請求できる旨の規定（民法 431）[1] を改める提案である。連帯債権は改正前民法にないが，当事者の意

---

1) これは，不可分債権が可分債権になったときは，債権は複数債権者に当然分割帰属する（民法 427 参照）との解釈を前提にしているものと思われる。

思を重視した新たな規定の提案である。**改正民法**は，このうち，①の提案を採用し，「**債権の目的がその性質上可分である場合において，法令の規定又は当事者の意思表示によって数人が連帯して債権を有するとき**」を連帯債権と定義し，新たな規定（民法第3編第1章第3節第3款「連帯債権」の規定（民法432＊〜435の2＊））を設けた。連帯債権の効果は，以下のとおりである。

（i）**請求と履行**　各債権者は「**全ての債権者のために全部又は一部の履行を請求**」することができ，他方，債務者は「**全ての債権者のために各債権者に対して履行**」することができる。図表Ⅲ-4の例で，A₁がBに請求すれば，その効果は他の債権者にも及び，A₂・A₃もBに請求したのと同じ効果を生じる。また，BはA₁に300万円を弁済すれば，A₂・A₃との関係でも債務を消滅させることができる（中試16.8(1)）。**改正民法**は，この提案を採用した（民法432＊）[2]。

（ii）**更改・免除・混同**　連帯債権者の1人A₁と債務者との間に更改・免除・混同という債権消滅事由があった場合については，中間試案は，他の連帯債権者A₂・A₃は債務の全部の履行を請求することができるが，当該事由が生じた連帯債権者A₁は，当該事由によって権利を失わなければ自分に分与されるべき利益を債務者Bに償還しなければならないものとすること（絶対的効力事由）を提案した[3]。これに対し，**改正民法**は，**更改・免除**については，連帯債権者が更改・免除によって「**権利を失わなければ分与されるべき利益に係る部分**」については，他の連帯債権者はそもそも「**履行を請求することができない**」という形で，絶対的効力をより強化した（民法433＊）。図表Ⅲ-4の例で，A₁がBと更改し，またはA₁がBの債務を免除した場合，債権が消滅しなければA₁に分与されるべき100万円（A₁の持分3分の1による）につき，A₂・A₃はBに履行請求できず，200万円の履行請求ができる。

また，**混同**についても，債務者との間で債権の混同があった連帯債権者の1人は，それによって「**弁済をしたものとみなす**」とした（民法435＊）。例えば，BがA₁を単独相続した場合，Bは弁済したものとみなされ，A₂・A₃はBに請求することはできず，A₁に各100万円（A₂・A₃の持分に相当する額）の分与を請求することができる。ここでも絶対的効力が強化されている。

以上のような形で，連帯債権について絶対的効力事由を認める更改・免除・混同の規定は，不可分債権には準用されない（民法428＊）。連帯債権と不可分債権の違いである。

2）　この点は，不可分債権の場合も同じである（中試16.9(1)，民法428＊）。
3）　中試16.8(2)。不可分債権の効果（民法429①〔混同を除く〕，中試16.9(1)）も同様である。

図表Ⅲ-4 債権者多数の場合

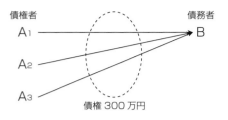

(iii) 相殺　　改正民法は,「**債務者が連帯債権者の1人に対して債権を有する場合において,その債務者が相殺を援用したときは,その相殺は,他の連帯債権者に対しても,その効力を生ずる**」(民法434＊)とした。図表Ⅲ-4の例で,BがA₁に対して300万円の反対債権をもち,相殺を援用した場合,A₂・A₃の連帯債権も消滅する。A₂・A₃はA₁に対し,各100万円の分与を請求することができる。ちなみに,A₁の側から連帯債権300万円を自働債権としてBのA₁に対する反対債権と相殺した場合も,A₂・A₃の反対債権は消滅し,A₂・A₃はA₁に対し,各100万円の分与を請求することができる。**改正民法434条**はこれについて規定していないが,この帰結はA₁がBから300万円の弁済を受領した場合と同様であり,規定を設けるまでもない。また,BのA₁に対する反対債権が100万円であった場合,100万円の相殺はA₂・A₃に対しても効力を生じ,A₂・A₃はBに対して200万円の連帯債権を行使することができる。このように,他の連帯債権者は,相殺によって債権が消滅した連帯債権者が債権を失わなければ分与されるべき利益部分については,債権行使ができない(絶対的効力事由)。中間試案は,相殺を相対的効力事由としていたが,**改正民法**は相殺を絶対的効力事由としたものである。

(iv) それ以外の事由に関する相対的効力の原則　　以上みた請求・履行,更改・免除,混同,相殺以外は,「**連帯債権者の1人の行為又は1人について生じた事由は,他の連帯債権者に対してその効力を生じない。ただし,他の連帯債権者の1人及び債務者が別段の意思を表示したときは,当該他の連帯債権者に対する効力は,その意思に従う**」(中試16.8(3),民法435の2＊)[4]。例えば,A₁のBに対する連帯債権についてBが消滅時効を援用しても,A₂・A₃はBに対して連帯債権の全額の履行を請求できる。また,A₁に対してBが代物弁済をしても,A₂・A₃はBに対して連帯債権の全額の履行を請求できる。ただ

---

[4] 中間試案は相殺も想定的効力事由としたが,**改正民法**は相殺を絶対的効力事由とした(前述(iii))。本条は不可分債権にも準用される(民法428＊)。

図表 III-5 多数当事者の債権関係

当事者多数の債権形態	改正前民法	中間試案	改正民法
分割債権	427	16.6(1)本文，16.7	427
連帯債権	——	16.6(1)ただし書，16.8	432 〜 435 の 2
不可分債権	428，429，431	16.6(1)，16.9	428，429，431

し，A_2 が B との間で，B の A_1 または A_3 に対する消滅時効の援用は，A_2 自身にも効力を及ぼす旨を合意したときは，その意思に従う。

連帯債権に関する以上の提案は，委員会方針，研究会案および中間試案を承継している（図表 III-5 参照）[5]。連帯債権の例としては，①複数の債権者と債務者の間で連帯債権とする旨の明示的合意がある場合，②組合財産に損害を与えた加害者に対する組合員の損害賠償債権，③適法な転貸借における賃貸人の転借人に対する賃料債権（民法 613 ①＊）と転貸人の転借人に対する賃料債権，④相互に優先劣後関係が決まらない債権の二重譲受人の債務者に対する債権などが挙げられる[6]。

(3) 不可分債権

改正前民法は，債権の目的（内容）がその性質上または当事者の意思表示によって不可分で，かつ数人の債権者がある場合を不可分債権とした（改正前428）。これに対し，中間試案は，当事者の意思表示による場合は連帯債権とする一方（前述(2)），債権の内容が「性質上不可分」である場合において，その債権者が複数あるときに，各債権者は不可分債権をもつとした（中試 16.6(2)）。例えば，A_1・A_2・A_3 が B から共同購入した自動車の B に対する引渡請求権などである。その効果は，その性質に反しない限り，連帯債権と同様であり，連帯債権に関する規定の準用を提案した（中試 16.9）。これも委員会方針を承継するものである（図表 III-5）[7]。**改正民法**もこの提案を採用し，「**次款（連帯債権）の規定（第 433 条及び第 435 条の規定を除く。）は，債権の目的がその性質上不可分である場合において，数人の債権者があるときについて準用する**」とした（民法 428 ＊）。準用されない連帯債権の規定は，更改・免除を絶対的効力事由とする

---

5) 松尾 2012a: 68-69 頁。ただし，代物弁済の合意は，上記(iv)のように絶対的効力事由から外された。

6) 松尾 2012a: 69 頁注 205 参照。

7) 松尾 2012a: 69 頁。

改正民法 433 条, 混同を絶対的効力事由とする**改正民法** 435 条である (前述(2)(ii))。

10　多数当事者の債権・債務関係(2)──債務者が複数の場合

(1)　分割債務の原則

　中間試案は, 改正前民法 (改正前 427) と同様, 同一債務について数人の債務者がある場合において, 当該債務の内容がその「性質上可分」であるときは, 各債務者は分割債務を負担する旨の分割債務の原則とその定義を提案した (中試 16.1(1)本文)。その結果, 可分債務を負担する数人の債務者は, 当事者間に別段の合意がない限り, 各自等しい割合で義務を負う (中試 16.2)。例えば, 債権者 A が債務者 B₁・B₂・B₃ に対して 300 万円の支払請求権をもつ場合, A は B₁・B₂・B₃ の各自に対して 100 万円の支払請求権をもち, B₁・B₂・B₃ は A に対して各自 100 万円の支払債務を負う (図表Ⅲ-6)。しかし, **改正民法**は, この分割債務の定義を採用せず, 改正前民法 427 条を維持した。

(2)　連帯債務

(i)　履行請求等　　中間試案は, 分割債務の原則に対し, ①法令または法律行為による定めがある場合, 各債務者は連帯債務を負担し (中試 16.1(1)但), また, ②不可分債務 (後述(3)) の内容がその性質上可分となった場合, 当事者は合意により, これを連帯債務とすることもできることを提案した (中試 16.5(2))。②は改正前民法 432 条を変更する提案である。この場合に分割債務の原則に戻ることは, 不可分債務の担保的効力を重視する債権者の通常の意思に反するからである。しかし, **改正民法**は, 「債務の目的がその性質上可分である場合において, 法令の規定又は当事者の意思表示によって数人が連帯して債務を負担するときは, 債権者は, その連帯債務者の 1 人に対し, 又は同時に若しくは順次に全ての連帯務権者に対し, 全部又は一部の履行を請求することができる」(民法 436 ＊) とするにとどめ, 改正前民法 432 条を維持した。また, 連帯債務者の 1 人 B₁ について法律行為の無効または取消しの原因があっても, 他の連帯債務者 B₂・B₃ の債務はその効力を妨げられない (改正前 433) との規定は, 中間試案, **改正民法**を通じて, 維持された (民法 437 ＊)。連帯債務者の 1 人について生じた事由は他の連帯債務者に影響を及ぼさないとする相対的効力の原則を維持する立場である。

(ii)　連帯債務者の 1 人について生じた事由の効果等

図表III-6　債務者複数の場合

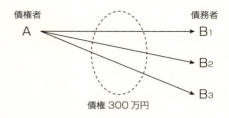

① 履行請求の効果　　中間試案は、連帯債務者の1人について生じた事由の**相対的効力の原則**をさらに徹底する提案をした。まず、連帯債務者の1人 B_1 に対する債権者 A の履行請求は、他の連帯債務者 B_1・B_2 に対しても効力を生じるとする規定（改正前434）を改め、当事者間に別段の合意がある場合を除き、B_1 に対する履行請求は他の連帯債務者 B_2・B_3 に対して効力を生じないとした（中試16.3(1)）。その結果、A が B_1 に履行請求しても、B_2・B_3 が履行遅滞に陥ったり（民法412③*）、消滅時効が完成猶予となる（民法147①[I]*、150*）ことはないことになる。**改正民法**も、連帯債務者の1人による請求を絶対的効力事由とした**改正前民法434条の削除**を認め、請求を相対的効力事由とした（民法441*参照）。

　もっとも、中間試案は、債権者 A と債務者 B_1～B_3 の間の別段の合意により、履行請求を絶対的効力事由とする余地を残し、この例外を「各債務者間に協働関係がある場合」（債務者の1人が履行請求を受けたことを他の債務者に相互に連絡し合うことが期待できるような協働関係がある場合）に限って絶対的効力事由とする代替案も提示した（中試16.3(1)（注））[8]。**改正民法**は、この提案を採用しなかった。これは解釈論によって対応可能である。

② 更改・相殺・混同・免除・消滅時効の効果　　改正前民法は、連帯債務者の1人 B_1 と債権者 A の間で、更改・相殺・混同・免除・消滅時効の援用があった場合、その効果は他の連帯債務者 B_2・B_3 にも及び、債務の消滅（更改・相殺・混同の場合。改正前435・436・438）または B_1 の負担部分について B_2・B_3 も債務を免れる（免除・消滅時効の場合。改正前437・439）としていた。また、その他の事由は、他の連帯債務者に影響を与えないものとしていた（改正前440）。

　これに対し、中間試案は、連帯債務者の1人 B_1 について生じた更改・相殺・混同・免除・消滅時効完成・その他の事由は、当事者間に別段の合意がある場合を除き、他の連帯債務者 B_1・B_2 に対してその効力を生じないとする相

---

[8]　これは、委員会方針の提案に由来する。松尾 2012a: 71頁注214参照。

104　Ⅲ　債権総論部分の改正　C　多数当事者の債権・債務関係

図表Ⅲ-7　多数当事者の債務関係

当事者多数の債務形態	改正前民法	中間試案	改正民法
分割債務	427	16.1(1)本文，16.2	427
不可分債務	430，431	16.5	430，431
連帯債務	432 ～ 445	16.3，16.4	436 ～ 445
不真正連帯債務	——	——	——
保証	446 ～ 465 の 5	17.1 ～ 17.3，17.6	446 ～ 465 の 10
連帯保証	454	17.4	454
共同保証	465	——	465
根保証	465 の 2 ～ 465 の 5	17.5	465 の 2 ～ 465 の 10

対的効力の原則への転換を提案した（中試 16.3(2)ア）。理由は，連帯債務は債務者の 1 人について履行を妨げるリスクが生じてもその影響を分散する人的担保の機能を果たすことが当事者の「通常の意思」であると解されるからである[9]。これは，改正前民法の連帯債務に対し，不真正連帯債務といわれるものに該当する[10]。したがって，この立場は「不真正連帯債務」の概念を不要とする（図表Ⅲ-7）[11]。

　改正民法は，[1] 更改（民法 438 ＊），[2] 相殺（民法 439 ① ＊），[3] 混同（民法 440 ＊）を除き，「**連帯債務者の 1 人について生じた事由は，他の連帯債務者に対してその効力を生じない**」とする**相対的効力の原則**を採用し，例外として，「**ただし，債権者及び他の連帯債務者の一人が別段の意思を表示したときは，当該他の連帯債務者に対する効力は，その意思に従う**」とした（民法 441 ＊）。したがって，例えば，**債務免除**を受けた連帯債務者 B_1 は，債務を履行した他の連帯債務者 B_2 からの求償に応じなければならず，かつそれに応じたとしても，債権者 A に対してその償還を請求することはできない。償還請求を受けることは，債務免除をした債権者 A の通常の意思に反することになるからである[12]。同様に，債権者 A に対して連帯債務者 B_1 が**消滅時効**を援用しても，A は他の連帯債務者 B_2・B_3 に対して履行請求することができる。そして，B_1 が A から債務免除を受け，または B_1 のために消滅時効が完成して援用した場

---

9)　中試 16.3(2)概要・補足説明。
10)　不真正連帯債務の典型例は，法律による連帯債務とされる共同不法行為者の損害賠償債務（民法 719）である。★最判昭和 57 年 3 月 4 日判時 1042 号 87 頁。
11)　すでに解釈論上，不真正連帯債務に対する廃止論があった。
12)　中試 16.3(2)イ，16.3(2)概要参照。

合でも，A から履行請求を受けて債務を履行した B₂ は，B₁ に対しても，その負担部分の割合に応じて，求償権（民法 442 ①＊。後述）を行使することができる（民法 445＊）。

これに対し，[1] 更改（民法 438＊），[2] 相殺（民法 439 ①＊），[3] 混同（民法 440＊）は，**例外的に，絶対的効力事由**である。

[1]　更改　**「連帯債務者の 1 人と債権者との間に更改があったときは，債権は，全ての連帯債務者の利益のために消滅する」**（民法 438＊）。これは，改正前民法 435 条の規律を維持するものである。

[2]　相殺　**「連帯債務者の 1 人が債権者に対して債権を有する場合において，その連帯債務者が相殺を援用したときは，債権は，全ての連帯債務者の利益のために消滅する」**（民法 439 ①＊）。これは，改正前民法 436 条 1 項の規律を維持するものである。相殺を弁済と同様の債務消滅原因と捉えている。また，債権者に対して反対債権をもつ**「連帯債務者が相殺を援用しない間は，その連帯債務者の負担部分の限度において，他の連帯債務者は，債権者に対して債務の履行を拒むことができる」**（民法 439 ②＊）。これは，改正前民法 436 条 2 項の債務消滅構成——反対債権をもつ連帯債務者の負担部分の限度で，他の連帯債務者が相殺を援用し，その部分の連帯債務を消滅させることができる——および判例 [13] を，履行拒絶権構成に改めたものである [14]。

[3]　混同　連帯債務者の 1 人と債権者との間に混同があったときは，その連帯債務者は**「弁済をしたものとみなす」**との改正前民法 438 条は，**改正民法**でも維持された（民法 440＊）。これは，混同を絶対的効力事由とするものである。議論のプロセスでは，連帯債務者の 1 人 B₁ について生じた混同は，B₁ の負担部分の限度で他の連帯債務者もその債務を免れるものとする部分的な絶対的効力事由とする見解も提示されたが（中試 16.3 (2)（注）），改正前法が維持された。

③　改正民法の特色　**改正民法**は，連帯債務者の 1 人について生じた事由の効力に関し，改正前民法における絶対的効力事由を大幅に絞り，相対的効力の原則に転換した。すでに，(a) 委員会方針は，[1] 請求は連帯債務者間に「協働関係」がない限り，相対的効力事由とする，[2] 相殺は絶対的効力事由とするが，反対債権をもつ者以外の連帯債務者による相殺の援用（改正前 436 ②）を廃止する，[3] 更改は相対的効力事由とするが，更改債務を履行した連帯債務

---

13)　★大判昭和 12 年 12 月 11 日民集 16 巻 1945 頁。
14)　これは，中間試案の提案に基づく（中試 16.3 (2)ウ，16.3 (2)概要）。

者は，その出捐額を限度に他の連帯債務者に負担部分の割合に応じて求償請求
できる，［4］免除は相対的効力事由とする，［5］混同は絶対的効力事由とする，
［6］連帯債務者の1人に対して債権の消滅時効が完成した場合，当該債務者は
債権者に対して履行拒絶できるが，債権者に弁済した他の連帯債務者からの求
償請求は，その連帯債務者の存在を知らなかった場合でない限り，免れないと
していた[15]。これに対し，(b) 中間試案は，相対的効力事由をより徹底した[16]。
改正民法は，ややそれを緩和し，更改・相殺・混同を除き，相対的効力の原則
を規定したことが分かる。

(iii) **連帯債務者間の求償関係**

① **連帯債務者間の求償権**　連帯債務者の1人が，弁済等により，自己の
財産をもって共同の免責を得た場合，他の連帯債務者に求償できるかにつき，
(a)委員会方針は，弁済等をした連帯債務者は，自己の負担部分を超えないとき
でも，他の連帯債務者に対し，各自の負担割合に従って求償できるとする規定
の明文化を提案した[17]。これに対し，(b)中間試案は，弁済等をして共同の免
責を得た連帯債務者の出捐が，自己の負担部分を超える部分に限り，他の連帯
債務者に対し，各自の負担割合に従って求償請求できるとした（中試 16.4(1)）。
改正前民法の規定（改正前 442 ①）がそのいずれであるかは明確でないが，判例
は(a)説に立つ[18]。(b)説は，連帯債務者各自の債務の固有性ないし独立性をよ
り強調するものである[19]。これは，連帯債務の法律関係を従来の不真正連帯
債務に相当する法律関係に接近させる企図を背景にもつと考えられる。

改正民法は，連帯債務者の1人が弁済等，自己の財産をもって共同の免責を
得たときは，「**その免責を得た額が自己の負担部分を超えるかどうかにかかわ
らず**」，「**免責を得るために支出した財産の額**」（支出額が共同の免責を得た額を超え
る場合は，免責を得た額）につき，他の連帯債務者に対し，「**各自の負担部分に応
じた額**」の求償権をもつ（民法 442 ①＊）とし，(a)説に立つことを明示した。

② **連帯債務者間の通知義務**　改正前民法は，連帯債務者の1人が債権者
から請求を受けたことを他の連帯債務者に通知（事前通知）せずに弁済，その
他の出捐をして共同の免責を得た場合において，他の連帯債務者が債権者に対
抗できる事由をもっていたときは，その負担部分について求償を制限していた

---

15) 研究会案 427 条もそれに近い立場である。松尾 2012a: 72 頁。
16) なお，連帯債務者について破産手続が開始した場合に，債権者が各破産財団の配当に加入できるとする規定
（改正前 441）は，破産法 104 条によって存在意義を失っていることから，削除が提案された（中試 16.3(3)）。
17) 松尾 2012a・73 頁。なお，中試 16.4(1)（注）は，委員会方針と同様の考え方も注記する。
18) ★大判大正 6 年 5 月 3 日民録 23 輯 863 頁。
19) 中試 16.4(1)概要・補定説明。

（民法443①）。

中間試案は，これを廃止するとともに，連帯債務者の1人が弁済・その他の出捐をして共同の免責を得たことを他の連帯債務者に通知（事後通知）しなかったために，他の連帯債務者が弁済・その他の有償行為をして免責を得た場合に，その免責を有効とする規定（改正前443②）の改正を提案した。すなわち，弁済・その他自己の財産をもって共同の免責を得た連帯債務者が，他に連帯債務者のあることを知りながら，その通知を怠っている間に，他の連帯債務者が善意で弁済・その他共同の免責のための有償行為をし，かつこれを先に共同の免責を得た連帯債務者に通知したときは，当該他の連帯債務者は，自己の弁済・その他共同の免責のためにした行為を有効であったとみなし，求償権を行使することができるとした。この場合にも通知を求償の要件にしないと，後に弁済等の出捐をした連帯債務者の弁済等は事後通知なしに有効とみなされて不公平と解されるからである（中試16.4(2)）。これは，委員会方針を承継するものとみられる[20]。

改正民法は，「他の連帯債務者があることを知りながら，連帯債務者の1人が共同の免責を得ることを他の連帯債務者に通知しないで弁済をし，その他自己の財産をもって共同の免責を得た場合において，他の連帯債務者は，債権者に対抗することができる事由を有していたときは，その負担部分について，その事由をもってその免責を得た連帯債務者に対抗することができる。この場合において，相殺をもってその免責を得た連帯債務者に対抗したときは，その連帯債務者は，債権者に対し，相殺によって消滅すべきであった債務の履行を請求することができる」（民法443①＊）とした。

また，「他の連帯債務者が善意で弁済その他自己の財産をもって免責を得るための行為をしたときは，当該他の連帯債務者は，その免責を得るための行為を有効であったものとみなすことができる」（民法443②＊）とした。

③　**負担部分をもつ連帯債務者が無資力者である場合**　改正前民法は，連帯債務者の1人が弁済等をして免責を受け，他の連帯債務者に求償請求をしたが，その中に償還資力のない者がある場合，その者の負担部分は他の連帯債務者が各自の負担部分に応じて分割負担することを規定していた（改正前444）。

中間試案は，これに加え，負担部分をもつ全ての連帯債務者が償還資力をもたない場合において，負担部分をもたない連帯債務者の1人が弁済をし，その他自己の財産をもって共同の免責を得たときは，その連帯債務者は，負担部分

20）松尾 2012a: 73 頁注 221 および該当本文参照。

をもたない他の連帯債務者のうちの資力がある者に対し，平等の割合で分割して，その償還請求ができるとの規定を設けることを提案した（中試 16.4(3)）。これは委員会方針を承継し，判例法理を明文化したものである[21]。

改正民法は，この提案を採用し，[1]「**連帯債務者の中に償還をする資力のない者があるときは，その償還をすることができない部分は，求償者及び他の資力のある者の間で，各自の負担部分に応じて分割して負担する**」（民法 444 ①＊）としたうえで，[2][1] の場合において「**求償者及び他の資力のある者がいずれも負担部分を有しない者であるときは，その償還をすることができない部分は，求償者及び他の資力のある者の間で，等しい割合で分割して負担する**」（民法 444 ②＊）との明文を設けた。もっとも，[3][1]・[2]にかかわらず，「**償還を受けることができないことについて求償者に過失があるときは，他の連帯債務者に対して分担を請求することができない**」（民法 444 ③＊）とした。

なお，連帯債務者の 1 人が連帯の免除（債権者が当該債務者に請求できる額をその者の負担部分に相当する額に限定するが，債権総額には影響を及ぼさない趣旨の免除）を得た場合において，他の連帯債務者の中に無資力者があるときは，その無資力者が弁済できない部分について連帯の免除を受けた債務者が負担すべき部分は，債権者が負担する旨の改正前民法の規定（改正前 445）は，削除が提案された。それは連帯の免除をした債権者の通常の意思に反すると考えられるからである（中試 16.4(4)）。

改正民法は，この提案を採用しつつ，「**連帯債務者の 1 人に対して債務の免除がされ，又は連帯債務者の 1 人のために時効が完成した場合においても，他の連帯債務者は，その 1 人の連帯債務者に対し，第 442 条第 1 項の求償権を行使することができる**」とした（民法 445 ＊）。これは，免除および消滅時効を相対的効力事由としたことの帰結でもある。

(3) 不可分債務

中間試案は，同一の債務について数人の債務者がある場合において，当該債務の内容が「その性質上不可分であるとき」は，各債務者は不可分債務を負担する（中試 16.1(2), 16.5）との規定を提案した。これは，債権の内容がその性質上不可分である場合のみならず，当事者の意思表示によって不可分であるときも不可分債務とする改正前民法（改正前 428）の概念規定を改める提案である。これも委員会方針を承継するものである[22]。その効果につき，中間試案は，

---

21) ★大判大正 3 年 10 月 13 日民録 20 輯 751 頁。
22) 松尾 2012a: 70 頁。

不可分債務の性質に反しない限り，連帯債務に関する規定の準用を提案した。その限りで，改正前法（改正前430）を変更する提案である。

改正民法は，この提案を採用し，連帯債務の規定（民法436＊〜445＊）は，混同を絶対的効力事由とする**改正民法**440条を除き，「**債務の目的がその性質上不可分である場合において，数人の債務者があるときについて準用する**」（民法430＊）とした。不可分債務は，債務の目的（内容）が性質上不可分の場合であるから，混同が生じたとしても，これを相対的効力事由とし，債権者はなおも他の不可分債務者に履行請求することが考えられるからである。例えば，賃借人 A に対して共同賃貸人 B₁・B₂・B₃ が使用・収益させる債務を負っている場合において，B₁ が A を相続した場合（または A が B₁）を相続したときでも，B₁（または A）は B₂・B₃ に対し，使用・収益させる債務の履行を請求することができる。

(4) 債権者・債務者複数の場合に関する改正民法の方向性

債権者複数の場合における連帯債権，債務者複数の場合における連帯債務の規律の提案をみると，中間試案を経て，**改正民法**は，当事者の意思というものをより重視する方向へと改正を進めてきたことが窺われる。

11　多数当事者の債権・債務関係(3)──保証債務

(1) 保証債務の成立・内容──個人保証人の保護

個人が保証人になる場合に過大な責任を負わないよう，①個人保証の原則廃止および②比例原則（保証契約時における保証人の財産・収入に対して著しく過大な保証債務の履行請求を制限する）が，すでに委員会方針によって提示された[23]。中間試案は，これらを受けつつ，個人保証を存続させつつ，保証債務の成立と内容の両面で，個人保証人の保護要件を具体化した（中試17.6）。その後，関係団体の意見も踏まえ，**改正民法**は個人保証人の保護を図る方策を具体化した（図表Ⅲ-8）。

(2) 保証債務の付従性

保証債務の付従性は，その成立・消滅・内容の各場面で問題になる。このうち，内容の付従性は，最も厳格には，①保証契約の成立時において，**保証債務の目的または態様が主たる債務（以下，主債務という）よりも重いときは，主たる債務の限度に縮減する**（改正前448），保証契約の成立後に，②主債務の目的

---
23) 松尾 2012a: 74 頁。

110 Ⅲ 債権総論部分の改正 C 多数当事者の債権・債務関係

図表Ⅲ-8 個人保証人の保護の方策

保護方法	保証人	債権者	中間試案	改正民法
(1) 保証契約の無効 ① 主たる債務に貸金等債務 *1 が含まれる根保証契約 ② 主たる債務が事業者を債務者とする貸金等債務	個人 *2	全般	17.6(1)ア 17.6(1)イ	
(2) 保証契約の取消し ① 保証契約の意味，連帯保証の意味，主たる債務の内容に関する債権者の説明懈怠 ② 主たる債務者の信用状況に関する債権者の情報提供懈怠	個人	事業者	17.6(2)ア〜ウ 17.6(2)エ	465の10
(3) 遅延損害金に係る保証債務の履行請求拒絶権 ① 保証人の照会に対し，主たる債務の残額，その他の履行状況に関する債権者の情報提供懈怠 ② 主たる債務の履行遅延に関する債権者の情報提供懈怠	個人	事業者	17.6(3)ア 17.6(3)イ	458の2 458の3
(4) 裁判所による保証債務額の減免	個人	全般	17.6(4)ア	
(5) 保証債務の過大な部分の履行請求拒絶権	個人	全般	17.6(4)イ	
(6) 根保証の極度額，元本確定事由・確定日の規律の一般化	個人	全般	17.5(1)・(2)	465の2〜465の4

*1 金銭の貸渡しまたは手形の割引を受けることによって負担する債務。
*2 主たる債務者の経営者を除く。

または態様が，保証契約の締結後に減縮されたときは，保証人の負担は主債務の限度に減縮される，③同じく保証契約の成立後に，**主債務の目的または態様が加重されたときでも，保証人の負担は加重されない**というルールがからなる。中間試案は①の維持に加え，②・③の明文化を提案した（中試17.1(1), (2)）[24]。しかし，**改正民法は①を維持し，③のみを明文化した**（民法448②＊）。①〜③は法律行為解釈の一基準としての任意規定であり，それらに反する特約（付従性を排除する特約）は可能と解される。

(3) 主たる債務者について生じた事由の効力

改正前民法は，**①主債務者に対する履行請求等の時効中断効は保証人にも及ぶ**（改正前457①）一方，**②保証人は主債務者が債権者に対してもつ相殺権を債権者に対抗できる**（民法457②）としていた。中間試案は，①を維持し（もっとも，時効の中断を「**時効の完成猶予および更新**」に置換），②の範囲を拡大し，**保証人は主債務者が主張できる抗弁をもって債権者に対抗できる**との一般法理を提示し，主債務者が債権者に対して**相殺権・取消権・解除権**をもつときは，その行使によって主債務者が履行を免れる限度で，保証人は債権者に**債務の履行を拒絶できる**ものとした（中試17.2）[25]。**改正民法は，これらの提案を何れも採用した**

24) ①は判例法理（★大連判明治37年12月13日民録10輯1591頁）を具体化したものである。

（民法 457 ＊）。

⑷　保証人の求償権の内容と要件

（ⅰ）　**委託を受けた保証人（受託保証人）の求償権の内容**　　これについては，①改正前民法 459 条 1 項に加え，②保証人が主債務の期限到来前に弁済等の出捐によって債務を消滅させる行為をしたときは，主債務者は主債務の期限到来後に，債務消滅当時に利益を受けた限度で求償に応じれば足りる旨の規定の新設，および③事前求償のうち，主債務の弁済期が不確定で，その最長期も確定できないまま，保証契約後 10 年経過した場合も [26]，事前求償できるとする改正前民法 460 条 3 号は，債務額の確定すら困難であるゆえに，削除が提案された（中試 17.3 ⑴）。

改正民法は，これら①〜③の提案を，以下のような形で採用した。

①　受託保証人の求償権の内容は，受託保証人が主債務者に代わって「**弁済その他自己の財産をもって債務を消滅させる行為**」（債務消滅行為）をするために支出した財産額（その額が債務消滅行為によって消滅した主債務の額を超える場合は，主債務の消滅額）であるとし（民法 459 ①＊），求償権の内容を明確にした。

②　弁済期前の保証債務の履行については，**改正民法** 459 条の 2 を新設し，受託保証人が主債務の期限前に債務消滅行為をすることはできるが，保証人が主債務者の期限の利益を奪うことはできないという観点から，保証人が主債務の期限到来後に債務消滅行為をしたとすれば求償できなかったものを除いた。つまり，保証人は弁済等の債務消滅行為の当時主債務者が利益を受けた限度において求償権をもつ（民法 459 の 2 ①前＊）。もっとも，債務消滅行為の日以前に主債務者が債権者に対して相殺の原因をもっていたと主張するときは，保証人は債権者に相殺によって消滅すべきであった債務の履行を請求できる（民法 459 の 2 ①後＊）[27]。また，利息等は，主債務の「弁済期」以後（弁済等による債務消滅の日以後ではない）の法定利息および「弁済期」以後に弁済等をしたとしても不可避的に生じたであろう費用，その他の損害の賠償に限られる（民法 459 の 2 ②＊）。そして，求償権を行使できるのは，主債務の弁済期到来後である（民法 459 の 2 ③＊）。

③　受託保証人の**事前求償権**については，委員会方針の事前求償廃止案は復

25）持分会社の債務に対する社員の抗弁に関する規定（持分会社が債権者に主張できる抗弁を，その社員が債権者に対抗できる。会社法 581）に倣うものである（中試 17.2 概要・補足説明。主債務者が債権者に対して相殺権・取消権・解除権をもつときに，保証人が相殺・取消し・解除の意思表示を当然にすることはできない。

26）終身定期金債務を保証した場合等が想定される。

27）この規定は，委託を受けない保証人が主債務者の意思に反して保証をした場合における改正前民法 462 条 2 項（**改正民法** 462 ②も同じ）の規律内容と同じである。

活せず[28]，事前求償自体は存置したうえで，中間試案どおり，事前求償に馴染まない**改正前民法 460 条 3 号を削除**した。その結果，受託保証人の事前求償権は，[1] 主債務者が破産手続開始決定を受け，かつ債権者が破産財団の配当に加入しないとき，[2] 債務が弁済期にあるとき（ただし，保証契約後に債権者が主債務者に許与した期限を，主債務者は保証人に対抗できない），[3] 保証人が過失なく債権者に弁済すべき旨の裁判の言渡しを受けたときに，認められる（民法 460 [1]～[3]＊）。このうち，[1]・[2] は改正前民法 460 条 1 号・2 号を維持した。[3] は受託保証人の求償権として改正前民法 459 条に規定されていたが，事前求償権に関して規定場所を移動したものである。

(ii) **委託を受けない保証人（無委託保証人）の求償権**　無委託保証人には，事後求償権のみが認められる。①求償権の内容は，改正前民法 462 条 1 項と変わらないが，受託保証人が期限前弁済をした場合の求償権の内容と同じになるため，**改正民法 459 条の 2・1 項の準用**という形をとった（民法 462 ①＊）。②主債務者の意思に反して保証をした無委託保証人の求償権の内容は，改正前民法 462 条 2 項がそのまま維持される（民法 462 ②＊）。すなわち，無委託保証人は主債務者が現に利益を受けている限度で求償権をもち，主債務者が「求償の日以前」に債権者に対して相殺の原因をもっていたと主張するときは，保証人は債権者に対し，相殺によって消滅すべきであった債務の履行を請求できる。③無委託保証人が主債務の期限到来前に弁済等の債務消滅行為をしたときは，弁済期後でなければ求償権を行使できない（民法 462 ③＊）。

(iii) **保証人の通知義務**　これに関しては，①保証人が弁済等によって主債務を消滅させた場合の事前の通知義務（改正前 463 ①による改正前 443 ①前の準用）を廃止する一方，②事後の通知義務は主債務者と受託保証人・無委託保証人の双方に課す方向で，改正提案がされた[29]。これに対し，**改正民法**は，①**事前の通知義務**を受託保証人に限って維持した（民法 463 ①＊）[30]。もっとも，通知内容は自らが弁済等の債務消滅行為をすることであり，「債権者から履行の請求を受けたこと」（改正前 463 ①・443）は削除された。一方，②**事後の通知義務**は，主債務者と保証人の双方に課されている（民法 463 ②・③＊）。その結果，[1] **主債務者が債務消滅行為をしたこと**を受託保証人に通知することを怠った

28）ちなみに，委員会方針は事前求償権（改正前 460）の全面廃止を提案していた（松尾 2012a: 75-76 頁）。

29）中試 17.3 ⑵。なお，主債務者の意思に反して保証した者は，求償権の制限（改正前民法 462 ②＝民法 462 ②＊）ゆえに，事後通知を義務づける意義が乏しいことを理由に，事後通知義務を負う者から外されている（中試 17.3 ⑵概要・補足説明）。

30）無委託保証人の場合は，求償額が制限されている（主債務者の現受利益。民法 462 ＊）ゆえに，事前通知義務を課すまでもないと考えられる。

ために，その保証人が善意で債務消滅行為をしたときは，その保証人はその債務消滅行為を有効であったものとみなすことができる（民法463②＊）。反対に，[2] **保証人が債務消滅行為をしたこと**を主債務者に通知することを怠ったため，主債務者が善意で債務消滅行為をしたときは，主債務者はその債務消滅行為を有効であったものとみなすことができる（民法463③＊）。このことは，改正前民法463条1項でも，同443条2項を準用する形で受託保証人について認められていた。しかし，**改正民法**は，この事後の通知義務が受託保証人のみならず，主債務者の意思に反する無委託保証人[31]，その他の無委託保証人にも当てはまることを明確にした。もっとも，⟨1⟩主債務者が受託保証人への**事後の通知**（民法463②＊。前記②［1］）を怠り，⟨2⟩受託保証人も主債務者への**事前の通知**（民法463①＊。前記①）を怠った場合，何れの債務消滅行為が有効になるかについては，規定しなかった。この点は，依然として解釈論に委ねられているものと解される[32]。

(5) **連帯保証人について生じた事由の主債務者に対する効果**

改正前民法は，連帯保証人について生じた事由の主債務者に対する効果につき，連帯債務の規定（改正前434～440）を準用する（改正前458）[33]。その結果，例えば，連帯保証人に対する履行請求は主債務者にもその効果を生じた。しかし，連帯保証人に対する履行請求は，当事者間に別段の合意がある場合を除き，主債務者に対してその効力を生じないもの（相対的効力事由）とすることが提案された（中試17.4）[34]。連帯保証人が主債務者の委託や同意なしに出現することがあるからである。**改正民法**は，この提案を採用し，かつ連帯債務者の1人について生じた事由が他の連帯債務者にも効果を生じる絶対効を更改・相殺・混同に限定したことに伴い，同じく連帯保証人について生じた**更改**（民法438＊）・**相殺**（民法439①＊）・**混同**（民法440＊）のみが主債務者にも効果を及ぼし

---

31) 主債務者の意思に反する無委託保証人は，債務消滅行為をしたとしても，事後通知を怠ったか否かにかかわらず，求償時までに主債務者が債務消滅行為をしたときは，主債務者に求償することができない（主債務者は現受利益の範囲で求償債務を負担する。民法462②＊）。当該保証人は，債権者に対して不当利得の返還等を請求するほかなく，主債務者の債務消滅行為が有効とみなされた場合と同じ帰結となる。

32) 連帯債務者AB間の求償に関し，判例は，①連帯債務者の1人Aが債権者Cに全額弁済したが，他の連帯債務者Bに**事後の通知**をしなかった場合において，②その後CがBに履行請求し，BがAに**事前の通知**をせずに全額弁済した場合，BにはAへの事前の通知（改正前443①）の懈怠があり，それをしていれば二重弁済を回避できたことに鑑み，Aによる事後の通知の懈怠を理由とするBの保護（改正前443②）を主張できないと解している（★最判昭和57年12月17日民集36巻12号2399頁）。

33) これらは，連帯債務者の1人について生じた事由が他の連帯債務者にも効果を生じる絶対効事由としての履行請求・更改・相殺・免除・混同・消滅時効完成であった。

34) 他方，連帯保証人に対する履行請求が相対的効力事由であることを原則としつつ，主債務者と連帯保証人との間に「協働関係」がある場合に限って絶対的効力事由とするという考え方も注記された（中試17.4（注））。

（絶対効事由），請求・免除等のその他の事由が連帯保証人に生じても主債務者には効果を及ぼさないもの（相対効事由）であるとした（民法458＊）。

(6)　主たる債務の履行状況に関する債権者の情報提供義務

（i）　**債権者の情報提供義務のあり方**　　債権者が保証人に対し，主債務者の信用状況に関して，どのような情報提供義務を負うかは，①保証契約締結時と②保証契約締結後でそれぞれ問題になる。①保証契約締結時に関しては，事業者である債権者が個人を保証人とする保証契約を締結しようとする場合において，保証人が受託保証人であるときは，主債務者の信用状況を説明しなければならず，これを怠ったときは保証契約の取消しができるとすることが検討事項に挙げられた（中試17.6(2)）。また，②保証契約締結後に関しては，事業者である債権者が個人を保証人とする保証契約を締結した場合，債権者は保証人に対し，保証人から照会があったときは遅滞なく主債務の残額，その他の履行状況を通知しなければならず，主債務の履行が遅延したときも遅滞なくその事実を通知しなければならず，これらを怠ったときは，その義務懈怠の間に発生した遅延損害金に係る保証債務の履行を請求できないとすることが検討事項に挙げられた（中試17.6(3)）。これに対し，**改正民法は，②保証契約締結後に関し，以下のような債権者の情報提供義務を定めた。**

（ii）　**受託保証人に対する情報提供義務**　　債権者は，**受託保証人**からの請求があったときは，遅滞なく，主債務の元本・利息，違約金，損害賠償等，主債務に従たる全てのものの不履行の有無，残額および弁済期が到来しているものの額に関する情報を提供しなければならない（民法458の2＊）。債権者は事業者に限定されず，受託保証人も個人には限定されていない。債権者は，この情報提供義務を履行する限りで，主債務者に対する守秘義務から解放される。これにより，受託保証人が主債務者の不履行の有無や遅延損害金等を含めた多額の保証債務の履行を不意に求められる事態を回避することが期待されている。債権者の情報提供義務の不履行の効果は，債務不履行による損害賠償（民法415＊・416＊），保証契約の解除（民法541＊・542＊）等，債務不履行の一般法理が適用されうる。

（iii）　**個人保証人に対する債権者の情報提供義務**　　主債務者が期限の利益を喪失した場合，債権者は，**個人保証人**に対し，利益喪失を知った時から2か月以内にその旨を通知しなければならず，その期間内に通知しなかったときは，債権者は主債務者が期限の利益を喪失した時からその通知を現にするまでに生じた遅延損害金（期限の利益を喪失しなかったとしても生ずべきものを除く）に係る保

証債務の履行を請求することができない（民法458の3＊）。

(7) 根保証の規律

(i) **個人保証人の保護の拡充**　保証人が個人である場合の保護方策の1つとして，①**（個人）貸金等根保証契約**[35]の場合の極度額（改正前465の2），**元本確定事由**（改正前465の4）の規律を，保証人が個人である根保証一般に適用することが提案された。また，②同じく**元本確定期日**（改正前465の3）の規律を保証人が個人である根保証一般に適用すべきかが検討事項とされた（中試17.5(1)・(2)）。さらに，③一定の特別な事情がある場合，例えば，主債務者の資産状態に著しい事情の変更があった場合等において，主債務者と保証人の関係，債権者と主債務者の取引態様等も考慮して，根保証契約の保証人が主債務の元本確定を請求する権利（**特別解約権**）をもつ旨の規定の要否も検討事項とされた（中試17.5(3)）。**改正民法は，これらの提案を受け，以下のような規定を設けた。**

(ii) **個人根保証契約の規律**　個人「貸金等」根保証契約の成立要件（極度額の定めが効力要件，要式契約）を定めた改正前465条の2は，「個人根保証契約」[36]一般へと適用範囲が拡張された（民法465の2＊）。個人保証人の保護方策の一環である。その一方で，個人貸金等根保証契約の元本確定期日に関する規制（元本確定期日の定めは契約締結日から5年を限度とし，それを超える定めは効力をもたず，元本確定期日の定めがない場合（5年超の期間を定めたことによって効力をもたない場合を含む）は契約締結日から3年とする。改正前465の3）は，依然として個人貸金等根保証契約に限って適用される（民法465の3＊）。その内容には変更がない。これにより，**改正民法**465条の3は，依然として，賃貸借契約における賃借人の債務の個人根保証，継続的売買における代金債務の個人根保証等には，適用されない。

(iii) **個人根保証における元本確定事由の規律**　元本確定事由（改正前465条の4）についても，個人貸金等根保証に限定せず，個人根保証一般へと規律範囲を拡大することの検討が提言されてきた[37]。これに対し，**改正民法**は，個人貸金等根保証における元本確定事由（改正前465の4）のうち，①改正前民法

---

35)「貸金等保証契約」とは，一定の範囲に属する不特定の債務を主たる債務とする保証契約（根保証契約）であって，その債務の範囲に「金銭の貸渡し又は手形の割引を受けることによって負担する債務」（貸金等債務）が含まれるもののうち，保証人が法人であるものを除く保証契約である（改正前465の2①）。したがって，これはすでに「個人貸金等根保証契約」というべきものである。

36)「個人根保証契約」とは，一定の範囲に属する不特定の債務を主たる債務とする保証契約（根保証契約）であって，保証人が法人でないものをいう（民法465の2①＊）。

37) (個人) 貸金等根保証の規定（改正前465の2～465の5）を導入した平成16年民法改正に際しての参議院法務委員会・衆議院法務委員会附帯決議，中試17.5(1)・補足説明参照。

と同様に，個人貸金等根保証に限定される元本確定事由（[1] 主債務者の財産に対する強制執行・担保権の実行，[2] 主債務者の破産開始手続決定。民法465の4②＊）と，②新たに個人根保証一般へと適用範囲が拡大される元本確定事由（[1] 保証人の財産に対する強制執行・担保権の実行，[2] 保証人の破産手続開始決定，[3] 主債務者または保証人の死亡。民法465の4①＊）とに区分した。主債務者に関する前記①［1］・［2］の元本確定事由が，個人根保証一般へと拡張されなかった理由は，個人根保証の中には，個人貸金等根保証の場合と異なり，賃貸借契約における賃借人の債務の保証，継続的商品売買契約における買主の代金債務の保証等の場合には，主債務者（賃借人，買主等）の財産に対する強制執行や担保権の実行，さらには主債務者の破産手続開始決定があっても，賃貸借契約や継続的商品売買契約の解除原因や当然終了原因にはならず，それに伴って保証契約も存続することが期待されている場合もありうるからである。一方，主債務者の死亡が，保証人の死亡とともに，個人根保証一般の元本確定事由へと拡張された理由は，個人根保証の保証人は，あくまでも主債務者に着目して保証しているのであり，主債務者が死亡した場合に相続人が承継する債務まで保証することは予定していないと解されるからである[38]。

(iv) **個人求償保証契約における個人保証人の保護**　　根保証契約の保証人が法人である場合において，その主債務者に対する求償権に係る債務を主債務とする個人保証契約がされた場合（**個人求償保証契約**。民法465の5③＊参照）に関し，この保証契約は根保証ではないから，個人根保証契約には極度額の定めがなければ効力を生じないとする**改正民法**465条の2・2項の規律による個人保証人の保護が及ばないことになる。しかし，その場合には，個人保証人がなおも思わぬ多額の保証債務を負担することがありうる。そこで，個人求償保証契約（根保証ではない）がされた場合，その前提となる法人根保証契約の方に**極度額の定め**がなければ，個人求償保証契約も効力を生じないとすることにより，個人保証人の保護の徹底が図られた（民法465の5①＊）。

　また，根保証契約の保証人が法人である場合において，その主債務の範囲に貸金等債務が含まれるもの（法人貸金等根保証契約）について，その法人保証人の主債務者に対する求償権に係る債務を主債務とする個人保証契約または主債務の範囲に当該求償権に係る債務が含まれる個人根保証契約がされた場合は，前述した個人貸金等根保証契約の元本確定期日についての規律（民法465の3＊）は及ばないことになる。しかし，この場合も個人保証人の保護の要請は変わら

---

38) 要仮 18.5(2)ア(ウ)・補足説明 1(3)。

ないと考えられる。そこで，この場合は法人等根保証契約の方に，**元本確定期日**に関して 465 条の 3・1 項および 3 項と同様の規律を課している（民法 465 の 5＊）。すなわち，①元本確定期日の定めがないとき，②法人貸金等根保証契約の締結日から 5 年を経過するより後の日と定めた元本確定期日があるとき（民法 465 の 5②＊），または③元本確定期日の変更が，変更後の期日が変更日から 5 年を経過するより後の日となるとき（ただし，元本確定期日の前 2 か月以内に元本確定期日の変更をする場合において，変更後の期日が変更前の期日から 5 年以内の日となるときを除く。民法 465 の 5②＊）は，個人求償保証契約は効力を生じない。

(8) 「事業に係る債務」についての個人保証契約の特則

(i) **個人保証契約の制限**　「事業」のために主債務者が負担した貸金等債務に関しては，**個人保証契約を原則禁止**としたうえで，①公正証書の作成という厳格な要式を履んだ場合（以下(ii)），および②経営者保証として認められる場合（以下(iii)）に限り，個人保証契約を有効と認め，個人保証人の保護を図っている。また，③この場合において，主債務者は保証の委託を受ける者に対し，所定の情報提供義務を負う（以下(iv)）。

(ii) **公正証書の作成義務と方式・内容**　「事業」のために負担した貸金等債務を主債務とする個人保証契約または主債務の範囲に事業のために負担する貸金等債務が含まれる個人根保証契約は，契約締結に先立ち，**契約締結日の前 1 か月以内に作成された公正証書**により，保証人になろうとする者が保証債務を履行する意思を表示していなければ，その効力を生じない（民法 465 の 6①・③＊）[39]。その際，当該保証契約の個人保証人が，口がきけない者である場合（民法 465 の 7①・③＊），および耳が聞こえない者である場合（民法 465 の 7②・③＊）の特則がある[40]。

　また，「事業」のために負担した貸金等債務を主債務とする保証契約または主債務の範囲に事業のために負担する貸金等債務が含まれる根保証契約の保証人の主債務者に対する**求償権に係る債務**を主債務とする個人保証契約および主債務の範囲に当該求償権に係る債務が含まれる個人根保証契約（個人求償保証契約）についても，公正証書の作成義務と方式・内容に関する**改正民法** 465 条の 6・1 項および 2 項，465 条の 7 の規定が適用される。

(iii) **経営者保証の例外**　ただし，(ii)で述べた公正証書の作成義務と方式・

---

39) 公正証書の方式につき，**改正民法** 465 条の 6・2 項 1 号〜4 号，その内容につき，同項 1 号イ（個人保証契約）・ロ（個人根保証契約）参照。

40) 公正証書遺言に関する民法 969 の 2 と同様の規律である。

内容に関する規定（民法 465 条の 6 ＊〜 465 条の 8 ＊）は，保証人になろうとする者が，いわゆる**経営者**に当たる場合は，適用されない（民法 465 条の 9 ＊）。すなわち，①主債務者が法人である場合において，その保証人が理事・取締役・執行役またはこれらに準じる者（民法 465 条の 9[1]＊），②主債務者が法人である場合において，[1] 主債務者の総株主の議決権の過半数をもつ者，[2] 主債務者の総株主の議決権の過半数を他の株式会社がもつ場合における当該他の株式会社の総株主の議決権の過半数をもつ者，[3] 主債務者の総株主の議決権の過半数を他の株式会社および当該他の株式会社の総株主の議決権の過半数をもつ者がもつ場合における当該他の株式会社の総株主の議決権の過半数をもつ者，および [4] 株式会社以外の法人が主債務者である場合において，[1]・[2]・[3] に準じる者（民法 465 条の 9[2]＊），③主債務者（法人を除く）と [1]「共同して事業を行う者」または [2] 主債務者（法人を除く）が行う事業に「現に従事している」主債務者の配偶者（民法 465 条の 9[3]＊）である。もっとも，③ [2] 主債務者の配偶者に関しては，どのような場合にまで主債務者の事業に「現に従事している」と認められるかは，解釈の余地がある。個人保証契約について公正証書の作成を要件とした趣旨が，情誼による近親者保証を抑制することにあると解し，「現に従事している」とは**改正民法** 465 条の 9・1 号〜 3 号前段に当たる者と実質的に同視すべき者（特に「共同して事業を行う者」に当たる場合）に限られるとの解釈も示されている[41]。経営者保証の例外を設ける趣旨に鑑みて，主債務者の事業に「現に従事している」ものの「共同して」とまでいえない補助的関与の場合は，公正証書作成要件（民法 465 の 6 ＊〜 465 の 8 ＊）を満たす必要ありと解する余地がある。

(iv)　**保証の委託を受ける個人に対する主債務者の情報提供義務と違反の効果**　　主債務者が「事業」のために負担する債務を主債務とする保証または主債務の範囲に「事業」のために負担する債務が含まれる根保証の委託をするときは，委託を受ける者（法人を除く）に対し，①財産および収支の状況，②主債務以外に負担している債務の有無・その額・履行状況，③主債務の担保として他に提供し，または提供しようとするものがあるときは，その旨とその内容に関する情報を提供しなければならない（民法 465 条の 10・①＊）。

　主債務者が前記①〜③の事項に関して情報を提供せず，または事実と異なる情報を提供したために**委託を受けた者（法人を除く）が誤認**をし，それによって保証契約の申込みまたは承諾の意思表示をした場合において，主債務者がその

41）潮見 2015: 129 頁。

事項に関して情報を提供せずまたは事実と異なる情報を提供したことを**債権者が知りまたは知ることができたとき**は，個人保証人は保証契約を取り消すことができる（民法465条の10・②＊）。

　第三者（主債務者）の情報不提供または不実情報の提供による表意者の誤認に基づく意思表示を，相手方の悪意または有過失を要件として取り消す法理は，第三者による詐欺に基づく意思表示の取消し（民法96②＊）と共通である。本条は，第三者の情報提供義務違反が詐欺（民法96②＊）に当たらない場合であっても，保証契約の申込みまたは承諾の意思表示の取消しを認め，表意者を保護するための特別規定とみることができる。ちなみに，中間試案では，事業者である債権者が個人を保証人とする保証契約を締結しようとする場合に，保証契約の内容に関して所定の説明義務を負い，それを怠ったときは，保証人が保証契約を取り消すことができるとする制度の検討にとどまっていた（中試17.6(2)）。これに対し，主債務者の情報提供義務違反につき，債権者が悪意または有過失であったことを理由とする保証契約の取消しの制度は，「民法（債権関係）の改正に関する要綱案のたたき台(5)」1.2(2)イにおいて提案された。

(9)　その他

　共同保証（同一の主債務に対する保証人が複数ある場合）につき，分別の利益に関する改正前民法456条（数人の保証人がある場合の分別の利益），465条（共同保証人間の求償権）を維持すべきか（研究会案），廃止して連帯債務とすべきか（委員会方針）は[42]，中間試案以降取り上げられなかった。**改正民法**も，これらの規定は変更していない。

42）松尾2012a: 75頁。

Ⅲ 債権総論部分の改正

D 債権・債務の移転

122　Ⅲ　債権総論部分の改正　D　債権・債務の移転

12　債権・債務の移転(1)——債権譲渡

(1)　債権の譲渡性の原則と債権譲渡制限特約の効果

(i)　指名債権譲渡から債権譲渡へ　　AがBに対して債権 a ——例えば，6か月後に弁済期が到来する 100 万円の売掛代金債権——をもつ場合，これを現時点でCに譲渡する——例えば，90 万円で売却する，90 万円の融資に対する担保として譲渡担保を設定する——ことができる。これを迅速・安全・安価に行うことは，金融を円滑にし，流動資産の価値を高め，経済活動を活発にする。もっとも，不動産や動産の譲渡と異なり，債権の譲渡の場合は，債権に対応する債務を弁済する債務者が存在するから，債権の譲渡によって債務者が不利益を受けないように配慮する必要もある。こうして債権譲渡では，債権者Aの便宜促進・債務者Bの利益確保・譲受人Cの信頼保護の調整がポイントになる。さらに，債権を証券と結合させ，迅速・円滑に取り引きする要請の高い有価証券の場合は，それに相応しい調整方法が必要になる。

他方，債権譲渡——新たな債権者Cが現れる——と異なり，新たな債務者Dが現れる債務引受——例えば，BのAに対する債務をDが引き受ける場合——についても，債務の「移転」を観念することができるか，あるいは別の考え方をすべきかについても検討する。

改正前民法は，債権が譲渡できることを原則としつつ（民法 466 ①本），2つの例外を認めた。それは，(i)債権の性質がそれを許さない場合（民法 466 ①但）と，(ii)当事者（債権者A，債務者B）が反対の意思表示（債権譲渡を禁止または制限する特約。以下，**債権譲渡制限特約**という）をした場合である（民法 466 ②本）。この特約は善意の第三者（例えば，債権の譲受人C）に対抗できない（民法 466 ②但）[1]。

委員会方針は，(i)を維持しつつ，(ii)について，債務者Bは譲受人Cに対抗できるが，その例外として，①債務者Bが譲渡人Aまたは譲受人Cに対して当該債権譲渡を承認したとき，②譲受人Cが債権譲渡制限特約について善意かつ無重過失のとき，③債権譲渡の第三者対抗要件（後述(2)）が備えられている場合で，譲渡人について破産手続開始決定があったときは，債務者Bが制限特約の効力を譲受人Cに主張できないとして譲受人を保護する提案をした。理由は，①～③の場合には，特約によって保護すべき債務者Bの利益が失われたと解されるからである。さらに，④債権譲渡制限特約のある債権が差し押

---

1)　判例は，譲受人が悪意の場合のほか，善意でも重過失が認められるときは，悪意と同視されるものとして，債権の取得を否定する（★最判昭和 48 年 7 月 19 日民集 27 巻 7 号 823 頁）。

さえられたときも，債務者は差押債権者に対して同特約をもって対抗すること
ができないとする[2]。

中間試案も，この路線に沿いつつ，**(i)債権の譲渡性の原則**（ただし，債権の性
質上譲渡性がない場合を除く）を明確にし，**それに反する特約＝債権譲渡制限特約
をした場合でも，債権の譲渡は「その効力を妨げられないものとする」**とした
（中試 18.1(1)・(2)）[3]。もっとも，**(ii)譲渡制限特約について**譲受人に**「悪意又は重
大な過失」がある場合**は，債務者は当該特約を譲受人に対抗できる。その意味
は，債務者は譲受人が権利行使要件[4]を備えた後でも，譲受人に債務の履行
を拒み，譲渡人に弁済等の債権消滅行為をし，かつその事由をもって譲受人に
対抗できることである（中試 18.1(3)）。これは債権の譲渡性の原則の例外である。

ただし，**(iii)譲受人が悪意または重過失の場合**でも，①債務者が譲渡人または
譲受人に債権譲渡を「承諾」したとき[5]，②債務者が履行遅滞の責任を負う場
合において，譲受人が債務者に相当期間を定めて「譲渡人に」履行すべき旨を
催告し，その期間内に履行がないとき，③譲受人が債権譲渡の第三者対抗要件
を備え，かつ［1］譲渡人に破産手続開始・再生手続開始・更生手続開始の決
定があったとき，または［2］譲渡人の債権者が当該債権を差し押さえたとき
は，債務者は債権譲渡制限特約を譲受人に対抗することができない（中試 18.1
(4)柱前）が，債務者は債権譲渡制限特約を譲受人に対抗できなくなった時まで
（前記［1］については，譲渡人の破産手続開始・再生手続開始・更生手続開始について債務
者が知った時まで）に譲渡人に対して生じた事由（弁済による債権消滅等）があれば，
譲受人に対抗できる（中試 18.1(4)柱後）[6]。これは債権の譲渡性原則の例外の例
外であり，債権の譲渡性の原則に復帰する。また，④譲渡制限特約付きの債権
が譲渡人の債権者によって差し押さえられたときも，債務者は当該特約を差押
債権者に対抗できない（中試 18.1(5)）。これも債権譲渡制限特約の限界を示すも
のである。もっとも，以上の提案は，①原則，②その例外，③さらにその例外
が入り組んだ形で表現されており，より分かりやすく規定する必要があった[7]。

改正民法は，この提案を採用し，原則・例外関係にある規定の配置を整理し

---

2)　委員会方針【3.1.4.03】。

3)　これは，債権譲渡制限特約の法的性質についての債権的効果説に接近する提案であったと解される（中試
18.1 補足説明 1，2 参照）。

4)　後述(2)(i)【甲案】ウ，または【乙案】イの「通知」を指す。

5)　この「承諾」は債権譲渡の第三者に対する対抗要件・債務者に対する権利行使要件としての承諾（民法 467。
後述(2)(i)参照）と異なり，債権譲渡制限特約の合意解除への同意を意味するものと解される。もっとも，債権
譲渡の対抗要件としての承諾がこの同意を兼ねることは可能である。

6)　もっとも，［3］については規定を設けるべきでないとの考え方もある（中試 18.1（注 1））。

7)　それゆえ，民法 466 条の規律を維持すべきとの考え方もある（中試 18.1（注 2））。

124　Ⅲ　債権総論部分の改正　D　債権・債務の移転

図表Ⅲ-9　債権譲渡制限特約の効果

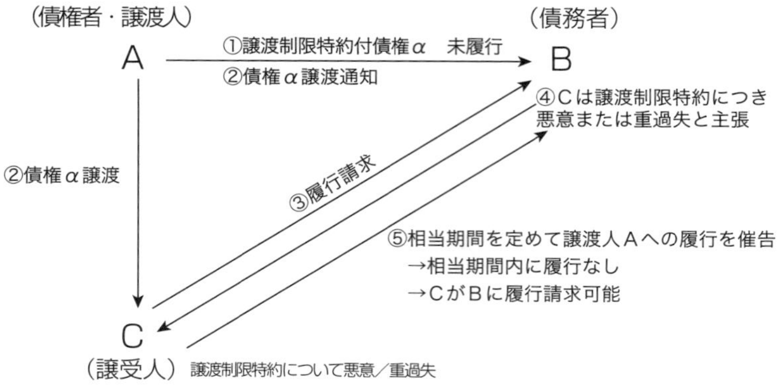

（債権者・譲渡人）　　　　　　　　　　　　　　　　（債務者）

A　　①譲渡制限特約付債権α　未履行　　　B
　　　②債権α譲渡通知
　　　　　　　　　　　　　　　　④Cは譲渡制限特約につき
　　　　　　　　　　　　　　　　　悪意または重過失と主張

②債権α譲渡　　　　③履行請求

　　　　　　　　⑤相当期間を定めて譲渡人Aへの履行を催告
　　　　　　　　　→相当期間内に履行なし
　　　　　　　　　→CがBに履行請求可能

C
（譲受人）譲渡制限特約について悪意／重過失

た（民法 466 ＊〜 466 の 5 ＊）。①債権の譲渡性の原則とその性質による例外を定
めたうえで（民法 466 ①＊＝改正前 466 ①と同じ），「当事者が債権の譲渡を禁止し，
又は制限する旨の意思表示（以下「譲渡制限の意思表示」という。）をしたときで
あっても，債権の譲渡は，その効力を妨げられない」ことを明示した（民法 466
②＊）。これは，債権譲渡自由の原則を前提に，譲渡制限特約の法的性質とし
て**債権的効果**（債権者・債務者間の内部的効果）をもつにすぎないことを確認した
ものである[8]。それによれば，**譲渡制限特約付債権が譲渡された場合でも，債
権者は原則として譲受人になる**ことを意味する。したがって，債権の譲受人は
債務者に対して債務の履行を請求できる（図表Ⅲ-9，③CのBに対する履行請求）。
譲渡制限特約は，AB 間での債権の効果をもつにすぎない。

　これに対し，②その例外則として，債務者は「**譲渡制限の意思表示がされた
ことを知り，又は重大な過失によって知らなかった譲受人その他の第三者**」に
対しては，「債務の履行を拒むことができ，かつ，譲渡人に対する弁済その他
の債務を消滅させる事由をもってその第三者に対抗することができる」（民法
466 ③＊。図表Ⅲ-9，④BのCに対する抗弁）。これは，譲渡制限特約があっても譲
受人が債権者であるから，債務者が譲渡人に弁済等をしても弁済の効果は生じ
ないはずであるが，悪意または重過失の譲受人に対しては，債務消滅の効果を
対抗できることを意味する。これは法律が特に設けた例外とみることができる。
なお，債務者は，**悪意または重過失の譲受人Cの差押債権者Dにも対抗でき
る**（民法 466 の 4 ②＊）。

---

8)　潮見 2015: 133 頁。

12 債権・債務の移転(1)——債権譲渡 125

　しかし，③その例外則の例外として，債務者が債務を履行しない場合におい
て，譲受人等の第三者が相当の期間を定めて**「譲渡人への履行」の催告**をし，
その期間内に履行がないときは，譲受人等は債務者に履行請求することができ，
債務者はこれを拒むことができない（民法 466 ④＊。図表Ⅲ-9，⑤ C の B に対する
履行請求）[9]。また，④譲渡人 A の債権者 E が譲渡制限特約付債権に対して強
制執行をした場合も，債務者 B は差押債権者 E に対して債務の履行を拒絶す
ることができない（民法 466 の 4 ①＊）[10]。

　加えて，⑤譲渡制限特約付債権の譲受人から履行請求を受けた債務者は，そ
の債権が金銭給付を目的とするものである場合は，債務の履行地の供託所に供
託することができる（民法 466 の 2 ①＊）。この場合も，債権者は譲受人である
から（前述①参照），**譲受人のみが供託金の還付請求をすることができる**（民法
466 の 2 ③＊）[11]。また，⑥債権が金銭給付を目的とする場合は，譲受人（債権全
額を譲り受けた者であって，その債権の譲渡を債務者・その他の第三者に対抗できる者に限
る）の側からも，譲渡人について破産手続開始決定があったときは，たとえ譲
渡制限特約について悪意または重過失であったとしても，債務者に対して債権
全額に相当する金銭を債務の履行地の供託所に供託させるよう請求できる（民
法 466 の 3 前＊）[12]。この場合も，譲受人のみが供託金の還付請求権をもつ（民
法 466 の 3 後＊）。

　このように**改正民法**は，たとえ譲渡制限特約があり，かつ譲受人等の第三者
が悪意または重過失の場合でも，債権譲渡が有効になる範囲が，改正前民法よ
りも拡大し，債権の譲渡性を強化した。その結果，元来流通を予定しておらず，

---

9) 債務者 B が，譲受人 C に対しては譲渡制限特約についての悪意または重過失を理由に履行を拒む一方で，譲
　渡人 A に対しては C への債権譲渡を理由に履行を拒むというデッドロック状態を回避するためとされる。その
　際，債務者 B は譲受人等の第三者 C が定めた**「相当の期間を経過した時」**までに譲渡人 A に対して生じた事由
　（弁済，その他の債務消滅原因等）をもって C に対抗することができ（民法 468 ②＊），また，その時より前に
　取得した A に対する債権およびその時より後に取得した譲渡人に対する債権であっても，その時より前の原因
　に基づいて生じた債権または C が取得した債権の発生原因と同じ契約に基づいて生じた債権を自動債権とし，
　C の譲受債権を受働債権とする相殺を主張することができる（民法 469 ③＊）。
10) 債権者 A・債務者 B の間の譲渡制限特約により，差押禁止財産を創出することは認めるべきでないからであ
　る（★最判昭和 45 年 4 月 10 日民集 24 巻 4 号 240 頁）。差押債権者のほか，法定担保物権（先取特権）の実
　行として差し押さえた者も，一般債権者による差押えに準じて履行請求できると解される。潮見 2015: 137 頁
　参照。
11) この規定も，民法 466 条 2 項と並び，**改正民法**が債権譲渡制限特約の債権的効果（相対効）説に親和的であ
　ることを示している。
12) なお，譲受人 C の供託請求に対し，債務者 B は，C からの**「供託請求を受けた時」**までに譲渡人 A に対し
　て生じた事由（弁済，その他の債務消滅原因等）をもって C に対抗することができ（民法 468 ②＊），その時
　より前に取得した A に対する債権による相殺をもって C に対抗することができ，また，その時より後に取得し
　た A に対する債権であっても，その時より前の原因に基づいて生じた債権または C が譲り受けた債権の発生原
　因と同一の契約に基づいて生じた債権による相殺をもって C に対抗することができる（民法 469 ③＊）。

特定の債権者に対して履行されることを予定していた「指名債権」（改正前民法467等）の語も，端的に「**債権**」と改正された。元来，債権・債務は債権者と債務者を縛る法鎖と観念され，債権の目的である給付を他人に移すためには債権者の交替による更改を要した。その後，権利概念の普及，債権の強制執行制度の充実，債権の財産価値の増加に伴う譲渡性承認への経済的・社会的期待の増大に伴い，指名債権であっても，法律の要件に従い，譲渡することが可能になった。もっとも，債権はそもそも契約当事者の合意によって自由にその内容を形成することができるものであることから（契約自由の一環としての内容決定の自由），譲渡制限特約を付した場合には，その効果は債権の譲受人にも及ぶのが原則であるという考え方（譲渡制限特約の法的性質に関する物権的効果説ないし絶対効説）が形成された。しかし，債権の譲渡性を高めるためには，譲渡制限特約が譲受人等の第三者を害する可能性をできるだけ低くすることへの経済的・社会的要請が高まり，譲渡制限特約は債権者と債務者の当事者間での債権的効果（相対効）をもつにすぎないという見解が拡大した。**改正民法**は，このような経済的・社会的背景の下で形成された法理の影響を受けているとみることができる。

　(ii)　**預金債権・貯金債権に係る譲渡制限特約の例外**　　ところが，**改正民法**は，預金口座または貯金口座に係る預金または貯金に係る債権（預貯金債権）について債権者・債務者が合意した譲渡制限特約は，**民法 466 条 2 項の規定にかかわらず**，悪意または重過失の第三者に対抗することができると規定し（民法 466 の 5 ①＊）[13]，**改正民法** 466 条 3 項とは異なる規定の仕方をしている。したがって，**改正民法** 466 条 3 項を前提として[14]，債務者が債務を履行しない場合において，譲渡人への履行の催告をし，その期間内に履行がないときは，譲受人等の第三者が履行請求でき，債務者はこれを拒絶できないとする**改正民法** 466 条 4 項も，預貯金債権には適用されない。

　これは，預貯金債権の場合，譲渡制限特約が一般的に付されていることが周知のことであること等に鑑み，譲渡制限特約の物権的効果を認めた規定と解される。すなわち，預貯金債権の場合，譲渡制限特約付債権が譲渡されても，債権者は譲渡人のままである。

　しかし，このこともまた，そうした預貯金債権の譲渡制限の取扱いに関する経済的・社会的要請に沿うものであるとすれば，究極的には，債権の譲渡性も

13）ただし，預貯金債権に強制執行をした差押債権者には対抗できない（民法 466 の 5 ②＊）。
14）**改正民法** 466 条 4 項は「前項〔民法 466 条 3 項＊〕の規定は，……適用しない」と定めている。

その制限の効果も共通の基盤の上に立っていると考えるべきであろう。

(ⅲ)　**民法改正の余波**　**改正民法** 466 条（特に 2 項）が，譲渡制限特約の法的性質を債権者・債務者間の債権的効果とみる理解に基づいているとすると，それと異なる解釈に基づいて下されたと考えられる判例について，再検討が必要になる可能性がある。

例えば，譲渡制限特約が付された債権者 A の債権が C（譲渡制限特約について悪意または重過失）に譲渡され，第三者対抗要件を具備した後に，債務者 B が債権譲渡を承諾した（譲渡制限の解除に合意した）場合，債権譲渡は譲渡時に遡って有効になると解されている。この帰結を説明するために，1 つの考え方として，無権代理行為の追認の遡及効を定めた民法 116 本文が援用される。ただし，当該譲渡承諾が，債権譲渡制限特約の効力が及ばない第三者 D，例えば，①譲渡制限特約の存在について善意・無重過失の譲受人が出現し，第三者対抗要件を具備した場合，または②譲渡人 A の債権者が当該債権を差し押さえ，債務者 B への差押通知がされた場合（譲渡制限特約付債権の差押債権者は，善意・悪意にかかわらず，当該債権を差し押さえることができる）であるときは，第三者 D に対して譲渡承諾（譲渡制限特約の合意解除）の効果を主張できるかどうかが争われる。判例は，②のケースで，民法「116 条〔ただし書〕の法意に照らし」，譲渡時に遡って有効になるとされる債権譲渡の効力を譲受人 C は第三者 D に対して主張することができないと解している[15]。この判例は，譲渡制限特約の効力について物権的効果説に立つとすれば，理論的には首肯されると解されている[16]。しかし，そもそも譲渡制限特約が付されても，債権の譲渡はその効力を妨げられないとすれば（民法 466②＊），最初に債権譲渡を受けて第三者対抗要件も具備した C は，たとえ悪意または重過失であっても，第三者に対して対抗力をもつ債権譲受人であり，債権譲渡の承認が，第三者 D の差押通知の B への到達後であったとしても，それに先立って第三者対抗要件を具備しているのであるから，譲渡制限さえ解消されれば，第三者 D に優先すると解釈する余地も出てくると考えられる。

(2)　**将来債権譲渡に関する規定の新設**

将来発生しうる債権（将来債権）の譲渡については，改正前民法は判例法理

---

15)　★最判平成 9 年 6 月 5 日民集 51 巻 5 号 2053 頁。

16)　野澤正充「判批」民法判例百選Ⅱ債権（第 6 版）55 頁は，「譲渡禁止特約につき，物権的効力説を前提とすれば，債務者の承諾前には，悪意または重過失の譲受人は債権を取得できず，差押債権者のみが権利者であることになる。そして，後にこのような第三者の権利を覆すことはできないとの考慮から，遡及効が制限されることもやむをえず，本判決の結論は，理論的には首肯されうるものとなる」とする。

に委ねるにとどめているのに対し[17]，委員会方針は将来債権の譲渡が可能であり，その場合は「譲渡人の契約上の地位を承継した者に対しても，その譲渡の効力を対抗することができる」とする旨の規定の新設を提案した[18]。

中間試案は，①将来発生する債権（将来債権）は譲渡でき，譲受人は発生した債権を当然に取得する[19]，②将来債権の譲渡は第三者対抗要件（後述(3)(i)）を具備しなければ第三者に対抗できない，③将来債権が譲渡され，権利行使要件が具備された場合は，その後に譲渡制限特約がされても，債務者はこれを譲受人に対抗できない[20]，④将来債権の譲受人は，譲渡人以外の第三者が当事者となった契約上の地位に基づき発生した債権を取得することはできないが，第三者が譲渡人から契約上の地位を承継した場合は，譲受人はその地位に基づいて発生した債権を取得できるものとした。このうち④は，例えば，Aが所有不動産 a をBに賃貸し，そこから将来一定期間の間に発生する賃料債権をCに譲渡し，その後，不動産 a をDに譲渡した場合，DがAの賃貸人の地位を当然承継する限り，Cは譲渡の範囲内で発生したBに対する債権を当然に取得するが，DがBとの賃貸借を解消し（Bの債務不履行等による），不動産 a を新たにEに賃貸したときは，CはEに対する賃料債権を取得することはない。しかし，この点は議論があり，DがAから譲り受けた契約上の地位（賃貸人の地位）によって発生した債権でも，譲受人Cは取得できない旨の規定を設けるべきであるとの見解もある（中試18.4）。

改正民法は， この提案の①〜③を採用した。すなわち，①債権譲渡はその意思表示の時に債権が現に発生していることを要せず（民法466の6①＊），譲受人は譲渡の対象となった債権が発生した時点で，「発生した債権を当然に取得する」（民法466の6②＊）。②将来債権譲渡がされた場合，譲受人は債権の発生を待たずに譲渡人が債権譲渡の通知をし，または債務者が債権譲渡の承諾によって対抗要件を具備することができる（民法466の6③＊，467①括＊）[21]。こうした将来債権の譲受人による対抗要件具備時までに債権者・債務者間の合意によって譲渡制限特約が付されたときは，譲受人・その他の第三者がそのことを知っていたものとみなして，債務者は履行を拒むことができ，かつ譲渡人に対する弁済等の債務消滅事由を譲受人等の第三者に対抗できる（民法466の6③

---

17) ★最判昭和53年12月15日判時916号25頁，★最判平成11年1月29日民集53巻1号151頁等。
18) 委員会方針【3.1.4.02】。この点の重要性に関し，小林2008: 244頁参照。
19) 将来債権譲渡を認める以上，その法理の理論的帰結であり，それを承認した判例法理（★最判平成13年11月22日民集55巻6号1056頁，★最判平成19年2月15日民集61巻1号243頁）の明文化でもある。
20) ③については規定を設けず，解釈論に委ねるべきとの見解もあった（中試18.4（注1））。
21) 後述(3)(i)も参照。

＊）。こうして，将来債権譲渡についても民法に直接規定が設けられた。

(3) 債権譲渡の債務者への対抗要件と債務者の抗弁

（i）　**債務者対抗要件**　　**改正民法**は「債務者は，対抗要件具備時までに譲渡人に対して生じた事由をもって譲受人に対抗することができる」（民法468①＊）との規定を置いた。債務者に対する対抗要件は，改正前民法と同様，譲渡人から債務者への通知または債務者の承諾である（民法467①＊）。また，通知または承諾を「確定日付のある証書」によってすることにより，債務者以外の第三者に対抗することができる（民法467②＊＝改正前民法467②と同じ。後述(4)参照）。なお，改正前民法と異なり，「現に発生していない債権」（将来債権）の譲渡についても，譲渡時点で譲渡人が債務者に通知するか，債務者が承諾すれば，譲渡時点で債務者に対する対抗要件を具備することが可能であり，それを確定日付ある証書で行っておけば，第三者対抗要件を具備することができる（民法467①括＊）。この規定により，債権が発生した時点で改めて対抗要件を具備する必要はないことが，条文上も明確にされた[22]。

（ii）　**異議をとどめない承諾による債務者の抗弁切断の廃止**　　改正前民法は，債権譲渡がされた場合，債務者は，譲渡人から債権譲渡の通知を受けるまでに譲渡人に対して生じた事由（弁済による債権の消滅等）をもって譲受人に対抗できる（改正前468②）が，債務者が債権譲渡を承諾し，その際に**異議をとどめないで承諾**したときは，譲渡人に対抗できる事由（弁済による債権の消滅等）があっても，譲受人に対抗できないとしていた（改正前468①）。

委員会方針は，この異議をとどめない承諾を念頭に置き，債務者は譲渡人に対する抗弁を放棄できるが，それには①書面または②譲受人への弁済のいずれかによらなければならないとし，異議をとどめない承諾を抑制しようとした[23]。この抗弁の放棄は異議を留めない承諾（改正前468①）に相当するが，抗弁放棄の効果意思を伴った意思表示としての性質が明確にされた[24]。

中間試案は，この立場を承継し，債務者は譲受人が権利行使要件（譲渡人から債務者への通知。改正前467①）を備える時までに譲渡人に対して生じた事由をもって譲受人に対抗できるが，この抗弁を放棄する旨の債務者の意思表示は，

22）この点は，判例法理（★最判平成19年2月15日民集61巻1号243頁）の明文化である。

23）委員会方針【3.1.4.08】(2)・(3)。

24）したがって，債務者が譲受人に弁済した場合でも，抗弁事由（弁済による債権の消滅等）があることを知らずに弁済したときは，譲受人に対して不当利得返還請求権（民法705）をもつ。しかし，これは譲受人に不測の損害を生じさせ，債権取引の安全に支障をきたすことも予想されるから，異議をとどめない承諾（改正前468①）のように，第三者保護の手段を新たに規定する必要性を生じさせることも考えられる。松尾2012a：81頁注248参照。

書面でしなければその効力を生じないものとすることを提案した（中試 18.3 (1)）。

　改正民法は，抗弁を放棄する意思表示をさらに抑制し，**異議をとどめない承諾による抗弁の放棄（ないし対抗不能）の制度を廃止した**（改正前 468 ① の削除）。

　(iii)　**相殺の抗弁の適用範囲の拡大**　　異議をとどめない承諾による抗弁の放棄（ないし対抗不能）の制度を廃した**改正民法**は，「**債務者は，対抗要件具備時までに譲渡人に対して生じた事由**をもって譲受人に対抗することができる」（民法 468 ①＊）との規定を置いた。債務者に対する対抗要件は，改正前民法と同様，譲渡人から債務者への通知または債務者の承諾である（民法 467 ①＊。前述(i)）。これは，改正前民法 468 条 2 項を承継するものである。もっとも，債権譲渡通知等の対抗要件具備後に，債務者が譲渡人に対して主張可能な事由が生じた場合につき，法解釈上議論があった。

　中間試案は，債務者は，譲渡人に対して有する反対債権が，①権利行使要件（譲渡人から債務者への債権譲渡の通知または債務者の承諾。改正前 467 ①）の具備前に生じた原因に基づいて債務者が取得した債権，または②将来発生する債権が譲渡された場合において，**権利行使要件の具備後に生じた原因に基づいて債務者が取得した債権**であっても，その原因が譲受人の取得する債権を発生させる契約と同一の契約であるときは，債務者は当該債権による相殺をもって譲受人に対抗することができるとの提案をした。他方，債務者は，権利行使要件の具備後に他人から取得した債権による相殺をもって譲受人に対抗できないことを明確に規定した（中試 18.3 (2)）。

　改正民法は，これらの提案も採用しつつ，対抗要件具備後に債務者が取得した債権による相殺の可能性を，つぎのように整理して規定した。①債務者は対抗要件具備時より前に取得した譲渡人に対する債権による相殺をもって譲受人に対抗することができる（民法 469 ①＊）。②**債務者が対抗要件具備時より後に取得した譲渡人に対する債権**であっても，その債権が，[1] **対抗要件具備時より前の原因**に基づいて（対抗要件具備後に）生じた債権，[2] **譲受人の取得した債権の発生原因である契約に基づいて生じた債権**であるときは，その債権による相殺をもって譲受人に対抗することができる（民法 469 ②柱本＊）。ただし，債務者が対抗要件具備時より後に**他人の債権を取得したとき**は，その債権による相殺をもって譲受人に対抗することはできない（民法 469 ②柱但＊）。

　この**民法改正**により，つぎのような事案に適用して問題解決を図りうる。例えば，A が所有する中古車 α を B が 100 万円で購入し，代金を支払って引渡しを受けた後，A が B に対する 100 万円の債権を C に譲渡し，A から B に譲

渡通知がされたとする。その後，Bが*a*を使い始めてから，そのエンジンに欠陥があることが分かり，その修理に50万円を要し，BはAに対して売買目的物の隠れた瑕疵（改正前570。**民法改正**後は品質に関する契約不適合。民法562＊）を理由に，Aに対して損害賠償を請求したいと考えている。CのBに対する100万円の支払請求に対し，Bは，Aに対する50万円の損害賠償請求権は，AからCへの債権譲渡通知＝対抗要件具備の後に生じた債権であるが，[1] エンジンの欠陥自体は債権譲渡通知＝対抗要件具備より前に存在したこと（民法469②[1]＊），または [2] BのAに対する50万円の損害賠償請求権は，AがCに譲渡したBに対する100万円の代金支払請求権を発生させたのと同一の中古車*a*売買契約に基づいて生じたものであること（民法469②[2]＊），を理由に，相殺の主張が可能になるであろう。

(4) 債権譲渡の第三者対抗要件と権利行使要件

委員会方針は，債権譲渡を第三者に対抗するための要件として，(i)金銭債権の場合は債権譲渡の登記，(ii)非金銭債権の場合は確定日付ある譲渡契約書という二元システムの採用を提案した[25]。その理由は，①譲渡人から債務者への「通知」または債務者の「承諾」を対抗要件とすることにより，債務者を「債権譲渡のインフォメーション・センター」にしようとする改正前民法467条の理念が，実現手段の不備ゆえに非現実的とみられたこと，②登記を対抗要件とする動産および債権譲渡の対抗要件に関する民法の特例等に関る法律（以下，特例法という）の規律を，譲渡人が法人の場合という現在の限定を外して一般化することにより，画一化によるメリットを大きくすること，③債務者に知らせずに債権譲渡を行うこと（サイレント方式の譲渡）を可能にすること等である[26]。

他方，譲受人が債務者に権利行使するための要件は，「対抗要件」ではなく「**権利行使要件**」[27] と呼ばれ，(i)金銭債権の場合は譲渡人または譲受人が債権譲渡登記の登記事項証明書を債務者に交付して通知をすること，(ii)非金銭債権の場合は確定日付ある譲渡契約書の写しを債務者に交付して通知することが提案された[28]。これらの厳重な方法に対し，譲渡の真実性を担保しつつ簡便さを保つため，譲渡人から債務者に対する無方式の通知（簡便な方法）も債務者に

---

25) 委員会方針【3.1.4.04】。これに対し，研究会案361条・362条は，改正前民法の規定を維持するものである。
26) 検討委員会2009: 221頁，内田2009: 155-156頁。登記のコスト面の難点等に関し，三林2010: 238頁参照。
27) このように「第三者に対する対抗要件」と「債務者に対する権利行使要件」とを概念的に区別する理由は，前者は競合する債権譲渡についての譲受人間の典型的な対抗関係の優劣決定基準であるのに対し，後者は債務者が譲受人に弁済すべきかを決定する基準であり，実体関係が異なることによる（検討委員会2009: 222頁）。
28) 委員会方針【3.1.4.05】⟨1⟩。

図表III-10 債権譲渡の競合

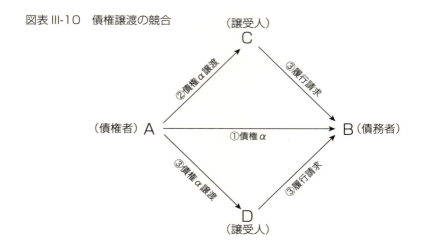

対する権利行使要件として認められた[29]。しかし，債務者の「承諾」は，第三者対抗要件からも債務者対抗要件からも外されている。

中間試案は，以上の委員会方針の構想を反映しつつ，【甲案】と【乙案】を併記した（中試 18.2(1)）。

【甲案】は，第三者対抗要件として，金銭債権の譲渡は登記，それ以外の債権は確定日付を付した譲渡契約書等の「譲渡の事実を証する書面」を求める。他方，債務者対抗要件として，譲渡人または譲受人が登記の内容を証する書面若しくは譲渡の事実を証する書面を債務者に交付して通知することのほか，譲渡人が債務者に通知することでも足りるとする。

【乙案】は，動産及び債権の譲渡の対抗要件に関する民法の特例等に関する法律（特例法）と民法との関係について現状を維持し，債権の譲渡は譲渡人が確定日付ある証書によって債務者に通知しなければ，債務者以外の第三者に対抗することができないとする一方，譲渡人が債務者に通知しなければ，譲受人は債務者に対して譲受を主張できないとし，債務者の承諾を対抗要件及び権利行使要件から外している[30]。しかし，これに対し，対抗要件および権利行使要件ともに現状（改正前467）を維持すべきとの見解もあった[31]。

改正民法は，これらの提案を採用せず，改正前民法の規定を維持した（民法

---
29) 委員会方針【3.1.4.05】(2)。内田 2009: 158-159 頁。
30) この点も，前記の委員会方針の立場と同じであることが確認できる。
31) 中試 18.2(1)（注）参照。

467 ＊) [32]。

⑸　**債権譲渡が競合した場合の規律**

　委員会方針は，債権譲渡および対債務者権利行使要件が競合した場合における優劣決定基準を具体化し，債務者が誰に履行すべきかを迷うことによる不安や損害を回避し，弁済コストの軽減を図ろうとした（図表Ⅲ−10参照）[33]。すなわち，①登記事項証明書または確定日付ある譲渡証明書の交付による通知（厳重な方法）が競合したときは，登記の日付または確定日付の先の者に弁済すべき，②それによって先後が確定できないときは，債務者はいずれかの譲受人に弁済するか，供託によって債務を免れる[34]，③厳重な方法と無方式の通知（簡易な方法）が競合したときは，前者に弁済すべき，④簡易な方法が競合したときは，債務者はいずれかの譲受人に弁済するか，供託によって債務を免れるとした。④が無方式の通知が到達した時期の先後に言及していない点が改正前法との相違として注目される[35]。

　中間試案は，委員会方針で示された提案を取り込んでいる（中試18.2⑵）。すなわち，債権譲渡が競合した場合の規律として，前記【甲案】によるときは，①債務者は登記した譲受人または確定日付ある書面の日付が先の譲受人に履行しなければならない。②譲渡人が債務者に無方式の通知をしたにとどまる場合は，債務者はいずれの譲受人にも履行でき，かつ通知の競合を理由に履行を拒絶できない。③登記内容を証する書面または確定日付ある証書を交付して行われた通知（厳格な方式の通知）と無方式の通知（簡易な方式の通知）が競合した場合は，債務者は厳格な方式の通知をした譲受人に履行しなければならない。④同時に登記した複数の譲受人があるとき，または確定日付ある証書の日付が同日の複数の譲受人があるときも，債務者はいずれの譲受人にも履行でき，複数の譲受人があることを理由に履行を拒絶できない。⑤④の場合において，債務者が譲受人の1人に履行したときは，他の譲受人は，履行を受けた譲受人に対し，その受けた額を各譲受人の債権額で按分した額の償還を請求できる。このうち，⑤は委員会方針および判例法理よりも一歩踏み込んで，厳格な方式による通知

32）ただし，将来債権譲渡についても対抗要件の具備が可能であることの明文化を加えた。

33）委員会方針【3.1.4.06】。なお，研究会案363条は，①通知は債務者への到達時の先後，②承諾は確定日付ある証書に表示された日時の先後，③登記は登記がされた時の先後によるものとする。

34）ちなみに，研究会案363条3項は，全額弁済を受けた譲受人は「他の同順位の譲受人又は差押債権者からの按分額の請求を拒むことができない」と提案する。

35）これは，債権譲渡の有無に関する債務者の認識をインフォメーション・センターとする機能を期待しないこと，誰に弁済すべきかの判断において債務者にとって明快な判断基準を提供し，債務者の不安や損害を軽減する趣旨の具体化であると解される。

を伴う競合譲受人間の権利の実体法上の相互関係を規定するものといえる。

他方，前記【乙案】によるときは，①確定日付ある証書による通知が先に到達した譲受人に履行しなければならない。②確定日付ある証書による通知が同時に到達した場合は，債務者はいずれの譲受人にも履行することができ，また，同時に通知が到達した複数の譲受人があることを理由に履行を拒絶できない。

なお，【甲案】・【乙案】それぞれにつき，権利行使要件を具備した譲受人がいない場合は，債務者は譲渡人と譲受人のいずれにも履行できるが，通知がないことを理由に譲受人への履行を拒絶できる旨の規定を設けるべきであるとの考え方もある（中試 18.2(2)（注））。

改正民法は，この問題についての立法化を見送り，明文規定を設けなかった[36]。今後，さらに議論を煮詰める必要がある問題である。

(6) 有価証券

一般の債権よりも債権の譲渡性を容易にし，かつ流通力を高めることを当初から予定して，債権を証券に結合するものがある。その中にも，債権の譲渡・行使のために証券が必要とされている（譲渡に際しては証券の交付を対抗要件とする）**証券的債権**と，債権の発生・移転・行使のすべての場面で債権が証券と結合されていなければならない**有価証券**（譲渡に際しては証券の交付を効力要件とする）がある。

従来，日本民法の物権変動の基本原則である意思主義・対抗要件主義（民法 176・177）を踏まえ，証書の交付を債権譲渡の**対抗要件**とする民法上の**証券的債権**（指図債権・記名式所持人払債権・無記名債権。改正前 469，471，86③・178）は[37]，証書の交付を債権譲渡の**効力要件**とする**有価証券**と区別され，債権譲渡の意思主義原則に従い，譲渡人 A・譲受人 C 間の合意による譲渡の存在を，形式の有無によらずに証明する余地を理論上は残していた。

これに対し，委員会方針は，従来の証券的債権における証書の交付を対抗要件とする規制から効力要件と解釈する見解の高まりに応じ，証券的債権と有価証券とを概念的に区別せず，証券と結合した債権をすべて「有価証券」と捉えた。そして，その通則的規定として[38]，①**指図証券**（証券に権利者として指定された者またはその者が指示する者に給付すべき旨の記載がある証券）の譲渡と権利行使の

---

36) 依然として，判例法理を含む法解釈論に委ねられる。

37) なお，研究会案は，指図債権・記名式所持人払債権の現実の利用例が乏しいことを理由に，改正前民法 469 条〜472 条の削除を提案した。

38) 委員会方針【3.1.5.A】〜【3.1.5.E】。無記名債権も「有価証券」として扱い，これに関する民法 86 条 3 項を削除する提案もされた（存置すべきとの反対意見あり）。委員会方針【3.1.5.01】。内田 2009: 168-170 頁。

図表 III-11　債務引受

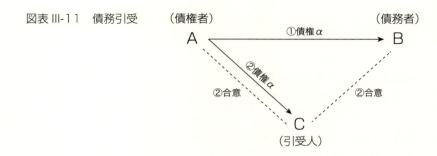

方法[39]，②**持参人払証券**（証券の所持人に弁済すべき記載されている証券）の譲渡と権利行使の方法を定め[40]，かつこれらの有価証券を喪失した場合の除権判決と権利行使方法[41]について規定することを提案した。

中間試案は，この基本方針を踏襲しつつ，①**指図証券**（前記①。その譲渡は証券に譲渡裏書をして譲受人に交付しなければ効力を生じない）[42]，②**記名式所持人払証券**（債権者を指名する記載がされているが，その所持人に弁済すべき旨が付記されている証券。その譲渡は譲受人に証券を交付しなければ効力を生じない）[43]，③**債権者を指名する記載がされている証券**で，指図証券および記名式所持人払証券以外のもの（債権の譲渡または債権を目的とする質権の設定に関する方式に従い，かつその効力をもってのみ譲渡し，または質権の目的とすることができる）[44]，④**無記名証券**（証券面に債権者名が記載されておらず，証券の正当な所持人に対して弁済されるべき証券。その譲渡は譲受人に証券を交付しなければ効力を生じない）[45]の4類型に区分し，その譲渡・質権設定等の処分，権利推定，善意取得，譲受人に対する抗弁の制限，弁済の場所，履行遅滞の時期，証券を喪失した場合とその証券を無効とする手続（公示催告手続）等について規定することを提案した（中試19）。このように，中間試案は，

---

[39] 委員会方針【3.1.5.02】〜【3.1.5.10】。
[40] 委員会方針【3.1.5.11】〜【3.1.5.17】。
[41] 委員会方針【3.1.5.18】〜【3.1.5.19】。
[42] 裏書の方式，裏書の連続による権利推定，善意取得および善意の譲受人に対する抗弁の制限については商法519条，民法472条と同旨の規律を整備する。証券を質権の目的とする場合も譲渡に準じた規律を整備する。証券の弁済の場所，履行遅滞の時期および債務者の免責については商法516条2項，517条，民法470条と同旨の規律を整備する。証券の公示催告手続は民法施行法57条，商法518条と同旨の規律を整備する（中試19.1）。
[43] 証券の占有による権利推定，善意取得および善意の譲受人に対する抗弁の制限については商法519条等と同旨の規律を整備する。証券を質権の目的とする場合も譲渡に準じた規律を整備する。証券の弁済および公示催告手続は，指図証券のそれに準じた規律を整備する（中試19.2）。
[44] 公示催告手続については，記名証券に準じた規律を整備する（中試19.3）。もっとも，この③類型は，有価証券に当たらないとの見解もあり，この規律は設けるべきでないとの考え方もあった（中試19（注），概要4・補定説明4(2)）。
[45] 譲渡，弁済等は，記名式所持人払証券の規律を準用する形で規定を整備する（中試19.4）。

前記①・②・④については，証券の交付を譲渡や質権設定の効力要件とすることによって形式化を進めて文字どおり有価証券化した[46]。「証券的債権」の消滅はその帰結といえる。

改正民法は，中間試案の提案を取り入れ，民法第3編「債権」・第1章「総則」の末尾に**第7節「有価証券」**を新設し，①指図証券（民法520の2＊〜520の12＊），②記名式所持人払証券（民法520の13＊〜520の18＊），③その他の記名証券（民法520の19＊），④無記名証券（民法520の20＊）について規定を設けた。これは，有価証券に関する一般規定としての意味をもち，手形法・小切手法等はその特別法の位置をもつことになった[47]。

これにより，改正前民法86条3項・363条・365条・469条〜473条，商法516条2項・517条〜519条の規律対象は，**改正民法**第3編第1章第7節に取り込まれたため，削除された。例えば，改正前民法で無記名債権とされた商品券，美術館やスポーツ施設の入場券等は，証書の引渡しが譲渡の対抗要件であり（改正前86③・178），無権利者からの取得者は善意取得（民法192〜194）によって保護されたのに対し，**民法改正**後は，無記名証券として，記名式所持人払証券の規律に従い，証券の交付が譲渡の効力要件となり（民法520の20＊・520の13＊），証券の占有を失った者は，証券の所持人が「**悪意又は重大な過失**」によりその証券を取得したことを主張・立証しない限り，証券の返還を請求することができないこととなる（民法520の20＊・520の15＊）。

13 債権・債務の移転(2)──債務引受

(1) 債務引受とは何か

改正前民法には，債務引受に関する規定はない。しかし，判例・通説はそれが可能であると解している[48]。もっとも，債務引受を法理上どのように理解し，法的構成すべきかについては，(a)「**債務の移転**」を法的にも観念する見解と，(b)債務者とは別の第三者たる引受人が，債務者と「**同一内容の債務**」を負担するものと法的構成する見解があった。

---

46) もっとも，前記③には「証券的債権」としての性質が残存しているとも解しうる。この類型を「有価証券」に含めることに反対する意見（前掲注38参照）がある所以である。

47) なお，株式，社債，電子記録債権，温暖化ガス排出算定量等，権利の発生・移転・行使が証券ではなく，電子記録と結合している権利は，有価証券法からは独立した，民法の特別法として位置づけられることになる。

48) ★大判大正6年11月1日民録23輯1715頁，★最判昭和41年12月20日民集20巻10号2139頁等。ただし，免責的債務引受には，債権者Aの同意または承諾を要する（★大判大正14年12月15日民集4巻710頁）。

委員会方針は，(b)説を採用し，債務引受の本質を債務の「移転」として捉えるのではなく，債務者に関する「当事者の変動」と捉え[49]，債務引受の原則形態を，債権者Ａに対して債務者Ｂが負う債務と「同一内容の債務」を引受人Ｃが負う**併存的債務引受**であると解した（図表Ⅲ-11参照）。そのうえで，元の債務者Ｂの債務が免除された特殊形態が**免責的債務引受**に当たるものと考えた[50]。

中間試案はこの考え方を取り入れた（中試20）[51]。そして，**改正民法**もそれを採用した。

(2) 併存的債務引受

(i) **引受人の債務と債務者の債務の関係**　併存的債務引受とは，引受人が「債務者と**連帯して**，債務者が債権者に対して負担する債務と**同一の内容の債務を負担する**」ものである（民法470①＊）。ここでは，①引受人Ｃが債務者Ｂと「同一内容の債務」を負担すること，②その「同一内容の債務」は債務者Ｂが引き続き負う債務と「連帯債務」の関係に立つことが，法律上も明確にされた。したがって，ＢおよびＣの債務について生じた事由が相互にどのような影響を及ぼすか，ＢまたはＣが弁済した場合の求償関係がどうなるか等は，ＢＣ間に特約がなければ，連帯債務に関する規定によることになる[52]。

(ii) **併存的債務引受の成立**　併存的債務引受は，①債権者Ａ・債務者Ｂ・引受人となる者Ｃの三者間契約によって成立するほか，②債権者Ａと引受人となる者Ｃとの契約によってすることができる（民法470②＊）。最も重大な利害関係をもつＣがＡと合意している以上，問題ない。また，③併存的債務引受は，債権者Ａにはもっぱら利益となるものであるから，債務者Ｂと引受人となる者Ｃとの契約によってもすることができると考えられるが，この場合は債権者Ａが引受人となる者Ｃに対して「**承諾**」をした時に，その「効力を生ずる」ものとされた（民法470③＊）。これは，要約者Ｂ・諾約者Ｃによる第三者Ａのためにする契約（民法537＊）になると解されるからである（民法470④＊）。したがって，第三者たる債権者Ａの「承諾」は受益の意思表示（民法

---

49) 第3編「債権」・第1部「契約および債権一般」・第4章「当事者の変動」。

50) 委員会方針【3.1.4.10】〈1〉。この捉え方は，国際商事契約原則（UNIDROIT, 2004）9.2.5に見出される。検討委員会2009: 225頁。なお，研究会案366条〜370条参照。

51) 併存的債務引受（中試20.1）および免責的債務引受（中試20.2〜20.4）。なお，併存的債務引受のうち，①引受人が債務者の債務を保証することを主目的とする場合，②債務者が引受人の債務を保証することを主目的とする場合につき，保証人の保護に関わる規定（保証契約の書面性に関する民法446②等）の準用も検討された（中試20.1（注））。

52) 前述10(2)参照。

537③＊）に当たる。それは，併存的債務引受の効力要件であることが明示されている。

(ⅲ) **併存的債務引受の効果**　　引受人Ｃは，併存的債務引受によって負担した自己の債務について，その効力が生じた時（前述(ⅱ)①〜③参照）に**債務者Ｂが債権者Ａに対して主張することができた抗弁**をもってＡに対抗することができる（民法471①＊）。加えて，併存的債務引受が債務者Ｂと引受人となる者Ｃとの合意によって成立した場合（前述(ⅱ)③。第三者たる債権者Ａのための契約）は，引受人Ｃは，**債務者ＢとＣとの契約（債務引受合意）に基づく抗弁**をもって第三者たる債権者Ｃに対抗することもできる（民法539）。

債務者Ｂが債権者Ａに対して取消権または解除権をもつ場合，引受人Ｃは，契約当事者ではないから，これらの権利自体を行使することはできないが，これらの権利の行使によって債務者Ｂがその債務を免れるべき限度において，債権者Ａに対して債務の履行を拒絶することができる（民法471②＊）。

債務者Ｂが債権者Ａに対して相殺権をもつ場合（ＢがＡに対して反対債権をもち，これを自働債権とし，ＡがＢに対してもつ債権を受働債権とする相殺が可能な状態にある場合）も，引受人Ｃは，債務者Ｂとは連帯債務者間の関係にあるゆえに（民法470①＊），債務者Ｂの負担部分の限度で，債務の履行を拒絶することができる（民法439②＊）。

(3) 免責的債務引受

(ⅰ) **免責的債務引受の意義と成立**　　免責的債務引受とは，債務者が債権者に対して負担する債務と「**同一の内容の債務**」を引受人が負担し，かつ**債務者は自己の債務を免れる**ものである（民法472①＊）。

免責的債務引受は，①債権者Ａ・債務者Ｂ・引受人となる者Ｃの三者間契約によって成立するほか，②債権者Ａと引受人となる者Ｃとの契約によってすることができる。この場合，免責的債務引受は債権者ＡがＢに対してその契約をした旨を「**通知**」した時に効力を生ずる（民法472②＊）。ＡがＢの債務を免除する意思表示は，ＡがＢに対して直接にできるほか，ＡＣ間の合意においてＢの債務を免除する意思表示をすることもできるが，この場合にはＢへの通知を免責的債務引受の効力要件とした。さらに，③免責的債務引受は，債務者Ｂと引受人となる者Ｃが契約をし，債権者ＡがＣに対して「**承諾**」をすることによっても成立する（民法472③＊）。債務引受の原則形態である併存的債務引受は，ＢＣ間の契約およびＡのＣに対する「承諾」によって併存的債務引受が成立することは前述したが[53]，この承諾は第三者のためにす

13　債権・債務の移転(2)──債務引受　　139

る契約の受益の意思表示に当たるものであった。これに対し，ここでの「承諾」の意思表示はＣがＢと「同一の内容の債務」を負担し（併存的債務引受の成立），かつＡがＢの債務を免除すること（免責的債務引受の成立）をＣに対する意思表示の中で行うことを認めるものと解される。したがって，免責的債務引受は，ＡのＣに対する「承諾」の意思表示の時に成立するのであり，ＣＢ間の契約時に遡るものではない。

(ⅱ)　**免責的債務引受の効果**

①　免責的債務引受が，債務者Ｂと引受人Ｃが免責的債務引受契約をし，債権者ＡがＣに「承諾」することによって成立した場合，免責的債務引受の効果が生じるのは，ＡのＣに対する承諾時である[54]。この時にＢのＡに対する債務（ＡのＢに対する債権）も消滅する。したがって，ＡのＣに対する承諾の意思表示より前に，ＡのＢに対する債権をＡの債権者Ｄが差し押さえた場合は，たとえそれがＢＣ間の免責的債務引受契約の後であり，Ｄの差押後にＡのＣに対する承諾がされても，Ｄの差押えは影響を受けない。

②　引受人Ｃは，免責的債務引受の効力が生じた時に債務者Ｂが債権者Ａに主張できた抗弁をもってＡに対抗することができる（民法472の2①＊）。

③　債務者Ｂが債権者Ａに対して債権発生原因たる契約に関する**取消権または解除権**をもつ間は，引受人Ｃは，免責的債務引受がなければＢがこれらの権利の行使によって**債務を免れることができた限度**において，Ａに対して債務の履行を拒絶できる（民法472の2②＊）。

しかし，ＢがＡに対して反対債権をもち，ＡのＢに対する債権と相殺することができた場合であっても，Ｃはそれを理由に債務の履行を拒絶することはできないと解される。免責的債務引受により，ＢはＡに対する債務を免れているのであり，ＡのＢに対する債権（受働債権）の存在を前提とするＣの抗弁は，免責的債務引受の趣旨に適合しないからである。

④　免責的債務引受の引受人Ｃは債務者Ｂに対して**求償権**を取得しない（民法472の3＊）。これは，免責的債務引受そのものは，Ｂの債務をＣが引き受け，そのコストを最終的に負担する制度であるとの理解による[55]。もっとも，免責的債務引受が効力を生じるに至る過程で，ＢがＣに対して免責的債務引受に関する何らかの対価を支払う旨の合意があれば有効であるし，そうした特約

53）前述⑵(ⅱ)③（民法470③・④＊）参照。
54）前述(ⅰ)③（民法472③＊）参照。
55）もっとも，求償権の不存在に関する規定を設けるべきではないとの考え方もあった（中試20.3（注）参照）。

がない場合でも，BがCに免責的債務引受の委託をし，Cが引き受けた場合は，委任事務処理費用の前払請求（民法649）または償還請求（民法650）をする余地もある。これは免責的債務引受の効果が発生するに至る過程でのBC間内部の法律関係の解釈による。

⑤　債権者Aは，債務者Bが免れる債務の担保として設定されていた担保権または保証を，引受人Cが負担する債務に移すことができる（民法472の4①本，③＊）[56]。ただし，C以外の者がこれを設定した場合，例えば，Bの債務をDが物上保証していたり，担保目的物を取得していたり，DがBの債務の保証人となっていた場合は，その者Dの「承諾」を得なければならない（民法472の4①但，③＊）。この担保権または保証の移転は，その被担保債権または主たる債務への付従性を確保するために，Bの債務が消滅する前に，したがって，免責的債務引受が効力を生じる前にまたはそれと同時に，債権者Aの引受人Cに対する意思表示によってしなければならない（民法472の4②，③＊）。また，DがBの保証人であったときは，Dの「承諾」（民法472の4①但＊）は，保証契約の実質をもつから，書面または電磁的記録でしなければ効力を生じない（民法472の4④・⑤＊。446②・③参照）。

56）なお，引受人となる者CがすでにびBの債務の保証人であった場合，Cが免責的債務引受の引受人となれば，Bが債務を免れることにより，Cの保証債務は付従性によって当然消滅することになる。それに先立ちまたは免責的債務引受と同時に，AがCに対して保証の移転の意思表示をあえてすることはしないとも考えられる。ちなみに，主たる債務者Bを保証人Cが相続したり，保証人Cを主たる債務者Bが相続したときは主たる債務者と保証人の地位が重なることになる。

Ⅲ 債権総論部分の改正

E 債権の消滅

14　債権の消滅(1)──弁済

(1)　弁済の定義

改正前民法は債権の消滅として，弁済・相殺・更改・免除・混同について定めている（第3編・第1章・第5節）。これらのうち，弁済・相殺・更改・免除について改正が提案されていた。債権は，その目的を達成して消滅することがその本来の姿である。したがって，債権の消滅に関するルールを合理的で明確なものにすることは，債権の機能を高めることに通じる。まず，最も一般的な債権の消滅原因である弁済について検討する。

改正前民法は「弁済」を定義しておらず，弁済の規定（民法第3編・第1章・第1款・第1目）は，やや唐突に第三者の弁済（改正前民法474）から始まる。そこで，弁済の定義規定を置くことが検討された。中間試案は「債務が**履行**されたときは，その債権は，**弁済**によって消滅するものとする」（中試22.1）とし，弁済の定義として，債務の履行（という原因）による債権の消滅という結果の発生を強調した[1]。もっとも，「弁済」の語は債務の「履行」それ自体を指す意味でも用いられており，債権の消滅という権利変動を生じさせる点に着目し，準法律行為の1つともいわれる。

一方，**改正民法**は「**債務者が債権者に対して債務の弁済**をしたときは，その**債権は，消滅する**」（民法473＊）とし，むしろ債権を消滅させる行為の面を強調しているようにもみえる。このように，弁済は債権消滅の行為から債権消滅という結果に至るプロセスを包含することから，コンテクストに応じて意味を明確にしながら用いる必要がある。

(2)　弁済の方法

（i）　**弁済の提供**　　弁済は，債権の内容に応じ，現金の交付，金銭の振込み，物の引渡し，仕事や労務への従事等，様々な履行行為によって生じる。その中には，労務への従事のように債務者のみの行為で完了できるものもあれば，引渡しのように相手方の受取等の協力行為を要するものもある。そこで民法は，債務者が安心して履行できるように，まずは弁済の提供行為をすれば，「債務の不履行によって生ずべき一切の責任」を免れるとした（改正前492）。これに対しては，その意味をより明確にすべく，弁済提供時から，債務者は「履行遅滞を理由とする損害賠償の責任その他の債務の不履行によって生ずべき一切の責任」を免れるという具体的規定が提案された（中試22.8）。これにより，受領

---

1)　中試22.1概要・補足説明参照。

遅滞の効果（改正前 413）——特定物の引渡しにおける注意義務の軽減，増加費用の債権者負担，危険の移転——との差別化をも図る趣旨である。なお，同時履行の抗弁権の消滅も弁済の提供の効果に属するが，すでに規定があることから（改正前 533），重複規定は回避された[2]。加えて，債務者が弁済の提供をしたときは，債権者は契約解除をすることができなくなるとの解釈を，新たに明文で規定することも提案された（中試 22.8(2)）。

改正民法は，以上の提案を実質的に採用しつつ，簡潔な一般的表現を用い，「債務者は，弁済の提供の時から，**債務を履行しないことによって生ずべき責任を免れる**」とした（民法 492 *）。「責任を免れる」とは，債務者が損害賠償責任を負わないことのほか，債権者から契約解除を受けないことも含意する[3]。

(ii) 弁済の方法

① **特定物の現状引渡義務**　改正前民法 483 条は，債権の目的が特定物の引渡しであるときは，「弁済をする者は，引渡しをすべき時の現状でその物を引き渡さなければならない」とした。しかし，この規定は，履行期における現状のまま引き渡せば，瑕疵があっても責任を免れるという誤解を生じかねないことから，削除が提案された（中試 22.6(1)）。これに対し，**改正民法**は，本条を削除することはしなかったものの，前記「　」内の文章の直前に「**契約その他の債権の発生原因及び取引上の社会通念に照らしてその引渡しをすべき時の品質を定めることができないときは**」という限定句を付した（民法 483 *）。これにより，本条が適用される場面は格段に限定される。特定物の引渡しを目的とする契約では目的物の品質も契約で定められるのが通常であるし，売買・賃貸借・請負等の有償契約では引き渡された目的物の品質に契約不適合があった場合に適用される規定が存在する（民法 562 *〜564 *・559）。事務管理では，委任の規定が準用され，管理者に受領物引渡義務が課される（民法 701・646 ①）。不当利得返還義務の目的物が特定物である場合は，受領時への原状回復（不能の場合は価額償還）が基準となる（民法 545 ①本・③*）。不法行為による損害賠償では特定物の引渡は問題とならない（民法 722 ①*，民法 723）。いずれにせよ，契約・その他の債権発生原因および取引上の社会通念に照らして引き渡すべき特定物の品質を定めることができない事態は，さほど多くないと考えられる。その結果，「引渡しをすべき時の現状」での引渡義務は，贈与者の引渡義務の内

---

2)　中試 22.8(1)および概要・補足説明参照。

3)　もっとも，このような解釈は，契約解除を債務者の帰責事由から切り離し（改正前 543 但，民法 541 *・542 *参照），債務者の責任を追及する一手段から，債権者を契約の拘束から解放する制度へと変更する改正民法の解除制度の趣旨と合致しないとの批判もある。潮見 2015: 166 頁。

容を推定させるが（民法551条①＊），目的物引渡義務における契約不適合，その他の債務不履行，不法行為による損害賠償等の責任とは別問題である。

② **弁済の場所・時間**　**改正民法**は，弁済の場所と時間を定めた改正前民法484条に2項を追加し，「**法令又は慣習により取引時間の定めがあるときは，その取引時間内に限り，弁済をし，又は弁済の請求をすることができる**」（民法484②＊）とした。これは商法520条の規律を一般法化して民法に取り込んだものである。これにより，商法520条は削除される。

③ **受取証書の交付請求**　債権者には受取証書の交付義務があるが，改正前民法は債務者の弁済を先履行としていた（改正前486）。これを改めて同時履行とし，債務者は受取証書の交付を受けるまで自己の債務の履行を拒むことができるとすることが提案された（中試22.6(3)）。**改正民法**は，これを採用し，「**弁済をする者は，弁済と引換えに**，弁済を受領する者に対して受取証書の交付を**請求することができる**」（民法486＊）とした。

④ **預貯金口座への払込みによる弁済**　債権者の預金口座または貯金口座への払込みによる弁済は，**入金記録時**に弁済の効力が生じるとすることが提案された（中試22.6(4)）[4]。こうした客観的基準に対し，**改正民法**は「債権者が……払込みに係る金額の**払戻しを請求する権利を取得した時に**」弁済の効力が生じると規定した。債権者の視点から，より一般的・抽象的な定め方となっている。それが具体的に入金記録時か否かは，預貯金契約の解釈による。

(3) **弁済として引き渡した物の取戻し**

改正前民法は，①弁済として他人の物を引き渡した者（改正前475）および②弁済として所有物を引き渡した後に弁済を取り消した制限行為能力者（改正前476）は，さらに有効な弁済を先に履行しなければ，いったん引き渡した物の取戻しができないと規定していた。このうち，②の削除が提案された。理由は，制限行為能力者である売主が売買（双務契約）を取り消した場合は，引き渡した物と受領した対価の返還は同時履行の関係になると解されるが[5]，弁済を取り消した場合には新たに有効な弁済をしなければその物を取り戻すことができないとするとバランスを失すること，および制限行為能力者の保護の観点から問題があることである（中試22.3）。もっとも，双務契約が無効・取消し・解除となった場合の相互の給付不当利得の返還の場面と，弁済の原因の無効・取消

---

4)　これについては，規定を設けず，解釈に委ねる案も併記された（中試22.6（注））。
5)　直接の規定はないが，双務契約を解除した後の原状回復義務相互間の同時履行の規定（民法546・533）を準用すべきであると解される。

しによる給付物の取戻しと再度の履行の場面とは同一とはいえない。後者では，［1］弁済者による給付不当利得の返還請求に対し，［2］債権者の利益をどのように保護すべきという政策的考慮を容れる余地がある。これに加え，［1'］弁済者が制限行為能力者の保護をどのように図るべきかも考慮する必要がある。これら［1］・［1'］と［2］を総合的に判断し，債権者の利益と制限行為能力者の利益を衡量したうえで，ルール化する必要がある[6]。しかし，**改正民法は，改正前民法 476 条を削除した。**その結果，［1］弁済者による給付不当利得の返還請求（履行期到来）に対し，［2］債権者が債務の履行請求（履行期が到来している場合）との同時履行の抗弁を主張しうるか否かが，解釈論上改めて問題になる。

(4) 弁済の充当

債務者が弁済として提供した給付が債権の全部を消滅させるに足りないときは，どの債権のどの部分に充てるか，弁済の充当（改正前 488 ～ 491）が問題になる。弁済の充当に関しても，当事者間に明確で具体的な合意があればそれによるべきことはいうまでもなく，民法の規定は任意規定である。しかし，充当の複雑な順序関係のすべてにわたって明確で具体的な合意が存在するとは限らない。そこで，当事者間の合意をできるだけ活かしながら，不明な部分を法律の規定で補う必要がある。そのために，改正前民法 488 条～ 491 条を実質的に維持したうえで，中間試案は以下の提案をした（中試 22.7）。

（ⅰ）弁済をする者と弁済を受領する者の間で**弁済の充当の順序に関する合意**があるときは，その順序に従って弁済を充当する。

（ⅱ）債務者が同一の債権者に対して同種の給付を内容とする数個の債務を負担する場合において，弁済として提供した給付がすべての債務を消滅させるのに足りないとき（債務者が同一の債権者に対して同種の給付を内容とする数個の債務を負担する場合において，そのうち 1 個または数個の債務について元本のほか利息および費用を支払うべき場合を除く。この場合については後述(ⅲ)参照）は，前述(ⅰ)の合意がなければ，①**弁済をする者**が，給付の時に，弁済を充当すべき債務を指定する（相手方に対する意思表示による）ことができる。②弁済をする者がその指定をしないときは，**弁済を受領する者**が，その受領の時に，弁済を充当すべき債務を指定する（相手方に対する意思表示による）ことができる（ただし，弁済をする者が直ちに異議を述べたときは，弁済をする者の指定が優先する）。③弁済をする者も弁済を受領する者も指定をしないときは，［1］弁済期にある債務と弁済期にない債務では，**弁済期**

6）（a)制限行為能力者による不当利得返還請求を優先すべきか，(b)制限行為能力者による不当利得返還請求と債権者による履行請求（弁済期が到来している場合）が同時履行関係にあるとすべきかが問題になる。

にある債務に先に充当する，[2] 全債務が弁済期にあるときまたは全債務が弁済期にないときは，**債務者のために弁済の利益が多いもの**に先に充当する，[3] 債務者の利益が相等しいときは，**弁済期が先**に到来したものまたは到来すべきものに先に充当する，[4] 債務者のための利益も弁済期の先後も相等しい債務は，**各債務の額**に応じて充当する。

(iii) 債務者が1個の債務について元本のほか利息および費用を支払うべき場合，または債務者が同一の債権者に対して同種の給付を内容とする数個の債務を負担する場合において，そのうち1個または数個の債務について元本のほか利息および費用を支払うべき場合において，弁済をする者がその債務の全部を消滅させるのに足りない給付をしたときは，(i)の合意がなければ，これを順次**①費用**，**②利息**および**③元本**に充当しなければならない。また，弁済をする者が費用，利息または元本のいずれかのすべてを消滅させるのに足りない給付をしたときは，前述(ii)による。

(iv) 改正前民法 490 条を削除する。理由は，「一個の債務の弁済として数個の給付をすべき場合」とは，1個の定期金債務に基づく複数の支分権債務のように，数個の債務が成立している場合と同様に捉えれば，特別の規定は不要と考えられるからである。

(v) 民事執行手続における配当についても，前述(i)〜(iii)までの規律（前述(ii)①・②による指定充当の規律を除く）が適用される。民事執行手続における配当について，当事者間に充当の合意（前述(i)参照）があっても法定充当によるべきとした判例[7]をあえて改め，合意による充当を認める趣旨である。例えば，法定充当によれば，すべて弁済期にある（またはない）複数の債権のうち，担保付きのものとそうでないものがあれば，債務者の利益が多いものとして，担保付きのものに先に充当されるが（改正前 489[2]），**債権者にとって「実務的な不都合」**が生じているとの批判を考慮したものである。

改正民法は，中間試案の提案のうち，前述(i)（民法 490 *），**(ii)**（民法 488 *），**(iii)**（民法 489 *）**を採用した。一方，前述(iv)については，改正前民法 490 条の規定内容を維持した**（民法 491 *）。中間試案における削除提案の理由が，1個の債務の弁済として数個の給付をすべき場合と，同一の債権者に対して数個の債務が成立している場合とは同様に捉えられるので，特別に規定がなくともよいという理由であったから，規定があっても実質は変わらない。また，**前述(v)については，改正提案を採用しなかった。**民事執行手続の配当における充当に

---

7) ★最判昭和 62 年 12 月 18 日民集 41 巻 8 号 1592 頁。

ついては，判例を含め，従来の解釈に委ねることとしたものである。中間試案
は，当事者間の合意および私的自治に重きを置いた提案であるが，民事執行手
続で合意充当を認めた場合の手続の混乱や，執行妨害等の弊害も懸念されると
すれば[8]，執行手続の円滑・安定・コスト削減との調整について，なお検討が
必要である。

(5) 代物弁済

代物弁済については，(i)代物弁済契約は**諾成契約**である（要物契約でない）こ
とを明確にしたうえで，(ii)代物の給付によって債権が消滅すること，(iii)代物弁
済契約だけの段階では，債務者は「当初の給付」をすることができ，債権者は
「当初の給付」を請求することができる旨を定めることが提案された（中試
22.5）。改正前民法 482 条の曖昧な部分を明確化しようとしたものである。**改正
民法は，このうち，(i)・(ii)を規定し，(iii)を解釈に委ねた**。すなわち，(i)弁済を
することができる者が債権者との間で「債務者の負担した給付に代えて他の給
付をすることにより債務を消滅させる旨の契約」をした場合において，(ii)その
者が「当該他の給付をしたとき」は，その給付は弁済と同一の効力をもつ（民
法 482＊）。(iii)については，代物弁済契約の後，「他の給付」をする前においては，

① 債権者は債務者に「当初の給付」を請求できる。これに対し，債務者が
「代物の給付」をすることができるかは，当該代物弁済契約の解釈による。

② 債権者は債務者に「他の給付」を請求できる。これに対し，債務者が
「当初の給付」をすることができるかは，当該代物弁済契約の解釈による。

(6) 弁済の目的物の供託

(i) **供託が可能な場合**　　弁済供託に関し，**改正民法**は，① [1] 弁済をす
ることができる者が，弁済の提供をしたが，債権者がその受領を拒んだとき
（民法 494 ①[1]＊），[2] 債権者が弁済を受領することができないとき（民法 494
①[2]＊），[3] 弁済をすることができる者が債権者を確知することができない
とき（ただし，この者に過失があるときはこの限りでない）に，弁済のための供託を
することができるとした（民法 494 ②＊）。そして，②弁済をすることができる
者による供託時に債権が消滅することも明規した（民法 494 ①柱＊）。これらは
いずれも中間試案の提案（中試 22.9(1)）を実質的に採用したものである。それ
らは，① [1] 受領拒絶に先立つ弁済の提供を規定する点[9]，① [3] 弁済をす

---

8) 中試 22.7（注）は(v)の規定を設けないという考え方があるとした。

9) これは，★大判大正 10 年 4 月 30 日民録 27 輯 832 頁の明文化である。なお，口頭の提供をしても債権者が
受け取らないことが明らかな場合，弁済の提供をせずに供託できるとする判例（★大判大正 11 年 10 月 25 日
民集 1 巻 616 頁）は維持する趣旨である（中試 22.9(1)概要・補定説明参照）。

ることができる者の過失の立証責任を債権者に負わせる点で[10]，改正前民法494条を改めるものである。①［1］は債権者の利益に，①［2］・［3］は債務者の利益に配慮しつつ，よりフェアなルール化を図ったものと考えられる。

(ii) **供託に適しない物等**　　金銭または有価証券以外の物品の供託につき，裁判所の許可を得て弁済の目的物を競売に付すこと（自助売却）による代金供託が認められる事由として，**改正民法**497条は，改正前民法497条を拡張した。すなわち，同条前段が定める①弁済の目的物が「**供託に適しないとき**」と並ぶ②「**滅失若しくは損傷のおそれ**」を「**滅失，損傷その他の事由による価格の低落のおそれがあるとき**」[11]と敷衍し，加えて，③同条後段が認める「**その物の保存について過分の費用を要するとき**」の後に，①〜③と並んで，④そのほか弁済の目的物を「**供託することが困難な事情があるとき**」というバスケット・クローズを設けた（民法497＊）。これは，自助売却事由を拡張して柔軟な解釈を可能にし，かつ自助売却による供託の迅速化を図った提案（中試22.9(2)）を全面的に採用したものである[12]。

(iii) **供託物の還付請求等**　　**改正民法**は，供託物の還付請求の要件として，債務者が債権者の給付に対して弁済すべき場合，債権者はその給付をしなければ供託物を受け取ることができないとする改正前民法498条（改正後は民法498②＊）の前に，1項を加え，「**弁済の目的物又は前条の代金が供託された場合には，債権者は，供託物の還付を請求することができる**」（民法498①＊）とした。当然の前提を明文化したものである。

(7) **第三者による弁済**

弁済は債務者以外の第三者もすることができるが，改正前民法474条は3つの例外を定めていた。それは，①債務の性質がこれを許さないとき（例えば，本を書いたり，絵を描く債務），②当事者が反対の意思を表示したとき（以上，改正前474①），および③「利害関係を有しない第三者」が「債務者の意思に反して」弁済しようとするときである（改正前472②）。

このうち，③の場合，第三者Cが弁済しようとして弁済の提供をしたときに，債権者AにはCが債務者Bと「利害関係」を有するか否か判然としないことがある。その場合，AはBの意思をすぐに確認できないときは，Bの意思に反することが判明すれば受取物の返還義務を負うリスクを覚悟しつつ，事実上

---

10) 中試22.9(1)概要・補足説明参照。
11) 商法524条2項参照。
12) 中試22.9(2)概要・補足説明参照。

14 債権の消滅(1)──弁済　149

履行を受け取ってしまうこともある。そこで，③を改め，債権者が履行を受け取るべきかを客観的に判断できるようにする趣旨で，第三者が債務の履行について「**正当な利益を有する者**」[13] でないときは，債権者の意思に反して弁済することはできず，債権者は履行の受取を拒絶できるとする。ただし，その第三者が「債務者の承諾」を取得し（例えば，第三者が債務者から債務の履行引受けをした場合），そのことを「債権者が知ったとき」は受取拒絶できないとする（中試22.2(1)) [14]。ここには，債権者の意思決定を容易にし，かつ債務者の意思を尊重するという配慮が見出される。当事者の私的自治を促進するという観点から評価できる。

　他方，(a)第三者Ｃが債務の履行について「**正当な利益を有する者**」ではなく，それゆえに債権者Ａが受取拒絶できるにもかかわらず履行を受け，かつそれが「**債務者の意思**」に反したときは，弁済は無効となる旨の規定が提案された（中試22.2）。これはとくに債務者の意思を尊重するものである。これに対し，(b)もしも債務者の利益を尊重するのであれば，「正当な利益を有する者」ではない第三者Ｃの弁済も有効と認めつつ，Ｃは債務者Ｂに求償できないとすれば十分であるとの考え方も示された（中試22.2（注）。図表Ⅲ-12）。これは，債務者の意思が不明の場合でも債権者が弁済を受けることができる点で，債権者の利益も考慮した提案といえる。最終的には，弁済という債務消滅原因において，債権者の利益も考慮に入れつつ，債務者の意思をどこまで尊重すべきかに帰着する。弁済における債務者の意思を重視する観点からは，(a)案が支持できる。

　改正民法は，以上の議論を踏まえ，第三者の弁済について，つぎのようにルールを整理した。①債務の弁済は第三者もできる（民法474①＊）。②弁済をするについて「**正当な利益を有する者**」である第三者 [15] は，「**債務者の意思**」および「**債権者の意思**」に反しても弁済できる（民法474②・③＊）。③弁済をするについて「**正当な利益を有する者**」でない第三者は「**債務者の意思**」に反して弁済できない。ただし，債務者の意思に反することを「**債権者が知らなかったとき**」はこの限りでない（民法474②＊）。④弁済をするについて「**正当な利益を有する者**」でない第三者は「**債権者の意思**」に反して弁済できない。ただし，その第三者が「**債務者の委託を受けて弁済する場合において，そのことを**

13) 例えば，保証人，物上保証人，担保物の第三取得者，借地上建物の賃借人（敷地の地代の弁済に関して）等である。
14) 第三者が「正当な利益を有する者」（前注参照）かどうかという要件は，弁済者の法定代位が認められる要件（改正前500，民法500括＊。後述(8)）と共通する（中試22.2概要・補足説明参照）。もっとも，法定代位が認められる者は「第三者」に限らない（連帯債務者，不可分債務者，連帯保証人等）。
15) 前掲注13参照。

図表 III-12　正当な利益のない第三者による債務者の意思に反する弁済

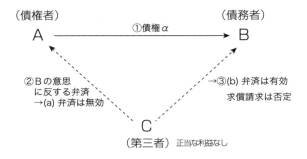

債権者が知っていたとき」は弁済できる（民法474③＊）。⑤①〜④は，「**債務の性質**」が第三者の弁済を許さないとき，または「**当事者が第三者の弁済を禁止し，若しくは制限する旨の意思表示**」をしたときは適用しない（民法474④＊）。これらは，中間試案の検討を踏まえ，債務の性質と債権者・債務者の合意の範囲内で，第三者として弁済をしようとする者の「正当な利益」，債権者の利益，債務者の意思，債権者の意思，債務者の利益の優劣関係を整序したものと評価できる。

(8)　**弁済による代位**

(i)　**任意代位**　　第三者（または債務者とともに自ら債務を負う者）が弁済をした場合，債務者に対する求償権が発生する[16]。その求償債権を確保するために，債権者が債務者に対してもつ権利を当該第三者が行使できるかが問題になる。これが「弁済による代位」の問題である。

　弁済をするについて「**正当な利益を有する者**」[17]でない第三者Ｃが行った弁済でも，債務者Ｂの意思に反しないときは，Ｃは弁済と同時に債権者Ａの「承諾」を得ることにより，Ａに属した権利を行使できる（**任意代位**。指名債権譲渡の対抗要件に関する改正前467が準用される。改正前499）。この任意代位につき，(a)**債権者Ａの承諾を任意代位の要件から削除すること**が提案された（中試22.10）。これは弁済をした第三者の利益を擁護し，第三者による弁済を促す方向への改正提案である。これに対し，(b)弁済をするについて「**正当な利益を有**

---

[16] 理論的には，不当利得（求償利得）を理由とする返還請求権（民法703〜709）である。物上保証人たる質権設定者の求償権（民法351），保証人の求償権（改正前459〜464）については特別規定がある。

[17] 例えば，保証人，物上保証人，担保物の第三取得者・同賃借人，借地上建物の賃借人〔敷地の地代の支払債務に関して〕，後順位担保権者，一般債権者，併存的債務引受人，連帯債務者，不可分債務者，連帯保証人等である。

する者」は，債権者の同意の有無にかかわらず，法律上当然に債権者に代位するが（改正前500。法定代位），それを超えて，正当な利益をもたない第三者による弁済は抑制されるべきであるとの見方もある。この見解は，民法499条の削除を提案する（中試22.10（注））。(a)案と(b)案は，第三者による弁済に対する対照的な見方を背景にしている。しかし，債務者の意思に反しない以上，債権者の利益に対する間接的影響も考慮に入れ，第三者による弁済を擁護する方向の(a)案が妥当であろう。

改正民法は，(a)案を採用し，「債権者の承諾」要件を外して**「債務者のために弁済をした者は，債権者に代位する」**（民法499＊）とし，**「第467条の規定は，前条の場合（弁済をするについて正当な利益を有する者が債権者に代位する場合を除く。）について準用する」**とした（民法500＊）。つまり，債権者から債務者への通知または債務者の承諾（民法467＊）の要件のみを残した。

（ii）　**法定代位**　　**改正民法**500条括弧書が示すように，**弁済をするについて「正当な利益を有する者」**は，弁済によって当然に（債権者から債務者への通知または債務者の承諾〔民法467＊〕を要することなく）債権者がもつ権利を行使できる（**法定代位**。改正前500，民法500括＊）。

もっとも，法定代位者が複数ある場合，相互間の関係を規律する改正前民法501条について，以下の改正が提案された（中試22.10⑵）。

①　**保証人および物上保証人**は，**債務者から担保目的物を譲り受けた第三取得者**に対し，債権者に代位することを明規する。その際，保証人が不動産の第三取得者に対して代位するには予め付記登記を要する旨の規定（改正前500［1］）は削除する[18]。

②　**第三取得者**は保証人に対して代位しない（改正前500［2］）のみならず，物上保証人に対しても代位しないことを明規する。

③　複数の担保財産の**第三取得者相互間**の代位に関する改正前501条3号「各不動産の価格」を「各財産の価格」に改める（第三取得者は不動産の第三取得者に限られない）。

④　複数の保証人がいる場合，**共同保証人相互間**では，保証人の数に応じて，他の保証人に対して債権者に代位するものとする[19]。

18）理由は，①保証人・物上保証人が債権者に弁済した場合において，付記登記がないときに，被担保債権が消滅したことへの第三取得者の信頼が生じるとはいえないこと，②抵当権付債権が譲渡された場合，抵当権移転の付記登記が抵当権取得の第三者対抗要件とはされていないこととバランスを失することである（中試22.⑵概要・補定説明2）。

19）これは，共同保証人間における代位の上限を，債務者に対する求償権ではなく，共同保証人間での求償権（民法465＊）の範囲に制限することを意味する。

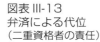
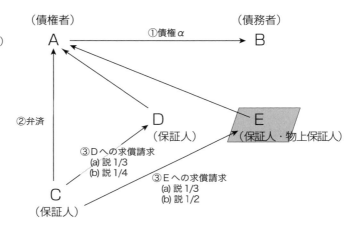

図表Ⅲ-13
弁済による代位
（二重資格者の責任）

⑤　改正前501条5号において、保証人と物上保証人とを兼ねる者がある場合は、その者を1人の保証人として計算する（頭数説。図表Ⅲ-13・③(a)説）[20]。

⑥　**物上保証人から担保目的物を譲り受けた第三取得者**は、物上保証人とみなす。

改正民法は、このうち、①（民法501①*）、②（民法501③[1]*）、③（民法501③[2]*）、④（民法501②括*）、⑥（民法501③[5]*）**を採用した**[21]。これに対し、従来から議論がある⑤については、**改正前民法501条5号をそのまま承継**し（民法501③[4]*）、従来の解釈論に委ねた。その結果、法定代位者相互の関係は、以下のようになる。

[1]　保証人・物上保証人が弁済　➡債務者からの第三取得者に代位する（不動産の担保物権の登記への付記登記不要。民法501①*）

[2]　第三取得者が弁済　➡保証人・物上保証人に代位しない（民法501③[1]*）

[3]　第三取得者が弁済　➡他の第三取得者に対し、各財産の価額に応じて代位する（民法501③[2]*）

[4]　保証人が弁済　➡他の保証人に対し、その数に応じて代位する（民法501②括*）

20）判例（★最判昭和61年11月27日民集40巻7号1205頁。二重資格者を1人として扱い、頭数で按分した割合を代位割合とする）による。これに対し、規定を設けず、解釈に委ねるという考え方もある（中試22.10(2)(注)）。

21）もっとも、①に関しては、保証人および物上保証人は債務者からの第三取得者に代位するとの直接的規定は設けず、「債権者に代位した者は、債権の効力及び**担保としてその債権者が**有していた**一切の権利**を行使することができる」（民法500①*）の解釈として当然に導かれるものとした。

[5]　物上保証人が弁済　➡他の物上保証人に対し，各財産の価額に応じて代位する（民法501③[3]＊）

[6]　保証人が弁済　➡物上保証人に対し，その数に応じて代位する（物上保証人が複数あるときは，保証人の負担額を除いた残額につき，各財産の価額に応じて代位する。保証人と物上保証人を兼ねる者があるときは，解釈論による。民法501③[4]＊）

[7]　物上保証人が弁済　➡保証人に対し，その数に応じて代位する（民法501③[4]＊）

[8]　第三取得者からの担保財産の譲受人は第三取得者とみなす　➡[1]〜[3]（民法501③[5]＊）

[9]　物上保証人からの担保財産の譲受人は物上保証人とみなす　➡[1]，[5]〜[7]（民法501③[5]＊）

(ⅲ)　**一部弁済による代位**　　改正前民法は，債権の一部についてのみ第三者（または債務者とともに自ら債務を負う者）が弁済し，債権者に代位するときは，①代位者は弁済した価額に応じ，債権者とともに権利を行使するものとする（債務不履行による契約解除権は債権者のみが行使し，代位者に弁済額とその利息を償還する。改正前502）。これに対し，中間試案は，①債務の一部弁済をした第三者は，「**債権者の同意を得て**」，弁済額に応じ，債権者とともに権利行使できるとすること [22)]，②その場合でも，**債権者は単独で権利行使ができる**こと [23)]，③当該権利行使によって得られる担保目的物の売却代金，その他の金銭については，**債権者が代位者に優先する**ことを新たに追加提案した [24)]。

改正民法は，この提案を全面的に採用した（民法502①〜③＊） [25)]。

(ⅳ)　**担保保存義務**　　弁済をするについて「正当な利益を有する者」（改正前500。保証人，物上保証人等，法定代位することができる者の意味で，代位権者という）がある場合において，債権者が故意または過失でその担保を喪失・減少させたときは，代位権者は，当該担保の喪失・減少によって償還を受けられなくなった限度で，責任を免れる（改正前504）。これについては，以下の改正が提案された（中試22.10(4)）。

22）その結果，一部弁済をした代位者が単独で債権者の抵当権を実行できるとした判例（★大決昭和6年4月7日民集10巻535頁）とは異なる規律を設けることになる。本来の担保権者たる債権者が換価時期を選択する利益を奪われることは，求償権確保という目的を超えるからである（中試22.10(3)概要・補足説明）。

23）債権者による権利行使が，一部弁済したにすぎない代位者によって制約されるべきでないことによる（中試22.10(3)概要・補足説明）。

24）抵当権の実行による配当で，債権者が一部弁済者に優先するとの判例（★最判昭和60年5月23日民集39巻4号940頁，★最判昭和62年4月23日金法1169号29頁）を一般化するものである（中試22.10(3)概要・補足説明）。

25）**改正民法**502条4項は変更なし（改正前502②）。

① 債権者は，代位権者のために担保を喪失または減少させない義務（担保保存義務）を負うことを明規する。ただし，担保保存義務免除特約の有効性を否定する趣旨ではない[26]。

② 債権者が故意・過失によって担保を喪失・減少させ，それによって償還を受けることができなくなった範囲で物上保証人，物上保証人から担保目的物を譲り受けた者，または債務者からの第三取得者が免責された場合，その後にそれらの者から担保目的物を譲り受けた者も，免責の効果を主張できる[27]。

③ 債権者が故意・過失によって担保を喪失・減少させた場合でも，それが代位権者の「**正当な代位の期待**」に反しないときは，代位権者の免責の効果は生じない。

　改正民法は，このうち，②・③を採用し，文言を整理した。②については，「代位権者が物上保証人である場合において，**その代位権者から担保の目的となっている財産を譲り受けた第三者及びその特定承継人**についても，同様とする〔代位をするに当たって担保の喪失又は減少によって償還を受けることができなくなる限度において，その責任を免れる〕」（民法 504 ①後＊）とした。また，③については，代位権者の免責（民法 504 ①＊）は「債権者が担保を喪失し，又は減少させたことについて取引上の社会通念に照らして合理的な理由があると認められるときは，適用しない」（民法 504 ②＊）とした。

(9) 弁済の相手方

　改正前民法は，弁済の相手方として，債権者のほか，債権の準占有者（改正前 478），受領権限をもたない者（改正前 479），受取証書の持参人（改正前 480）について定めていた。

　これに対し，中間試案は，「債務の履行の相手方」につき，一方で，(i)受取権者として，①債権者，②債権者が受取権限を与えた第三者，③法令の規定によって**受取権限をもつ第三者**を定めた。他方で，(ii)**受取権者以外の者**への債務の履行につき，「債権の準占有者」に対する善意かつ無過失の弁済（改正前 478）に代え，受取権者以外の者で，「**受取権者としての外観を有するもの**」に対する債務の履行は，「当該者が受取権者であると信じたことにつき**正当な理由がある場合**」に限り，弁済としての効力をもつという包括的な一般規定を設けることを提案した（中試 22.4(1)）。これは，弁済時における相手方の受取権限に関

---

26) 担保保存義務免除特約の有効性を前提とする判例（★最判平成 7 年 6 月 23 日民集 49 巻 6 号 1737 頁）も維持する趣旨である（中試 22.10 ⑷概要・補足説明）。

27) 抵当不動産に関する判例（★最判平成 3 年 9 月 3 日民集 45 巻 7 号 1121 頁）を一般化し，明文化する提案である。

する善意・無過失にとどまらず，弁済時の事情を総合的に考慮できるようにするためである[28]。その結果，真正の受取証書の正当な持参人への履行による弁済（改正前480）は前記(i)③によることになる一方，偽造の受取証書や詐取・横領された受取証書の持参人への履行による弁済は(ii)でカバーされることから，改正前民法480条は削除が提案された（中試22.4(2)）。もっとも，このような包括的な一般規定を設ける改正提案によれば，「受取権者としての概観」および受取権者であると信じたことの「正当な理由」の判断をめぐり，紛争が多くなることも予想される。

　改正民法は，このうち，(ii)の趣旨を採用し，改正前民法478条をつぎのように改正した。「**受領権者（債権者及び法令の規定又は当事者の意思表示によって弁済を受領する権限を付与された第三者をいう。以下同じ。）以外の者**であって**取引上の社会通念に照らして受領権者としての外観を有するもの**に対してした弁済は，その弁済をした者が善意であり，かつ，過失がなかったときに限り，その効力を有する」（民法478＊）。これにより，受取証書の持参人に弁済を受領する権限がなかった場合に関する**改正前民法480条は**，その適用対象が**改正民法478条**によってカバーされると解されることから，**削除された。**

15　債権の消滅(2)──相殺・更改・免除

(1)　相殺

（ⅰ）　**相殺の要件と相殺禁止の意思表示の効果**　　弁済と並ぶ債権の消滅原因である相殺・更改・免除については，改正提案を特徴づける当事者の合意を重視する基本姿勢が顕著に見出されることが注目される。

　AがBに対して貸金の返還，売掛金の支払等を請求する債権をもつのに対し，BもAに対して同種の債権（この場合は金銭債権）をもつことがある。この場合，お互いにそれを履行し合うよりも，対当部分をあたかも相互に弁済したものとして消滅させることが便利である。そのための簡易決済手段が相殺の制度である（民法505①本）。それゆえに，①双方の債務が弁済期にないとき，②債務の性質がそれを許さないとき（民法505①但），③当事者が反対の意思を表示した場合（改正前505②本）は，相殺による債権消滅は認められない。ただし，その意思表示は「善意の第三者に対抗することができない」（改正前505②但）。このうち，③につき，相殺禁止の意思表示の効果を対抗できない第三者を「善意無

28）中試22.4概要・補足説明。

重過失の第三者」に改めることが提案された（中試 23.1）[29]。

　例えば，AがBに対して 300 万円の売掛代金債権 α をもっていたが，Bが Aに対してもつ債権が債権 α と相殺されてしまうことを望まず，債権 α を自働 債権とする相殺をしない旨を合意したが，Aがこの合意の存在を告げずに，債 権 α をCに譲渡し，Bに通知（民法 467 ①＊）したとする。他方，BはCに対し て 300 万円の貸金債権 β をもっており，Bに対して履行を請求したところ，C が債権 α を自働債権，債権 β を受働債権として相殺を主張し，Bの支払請求を 拒んだ。この場合，Bは，CがAB間の相殺禁止の合意を知っていたこと（悪 意）を立証できなくとも，知らないことに重過失があったことを主張・立証す れば，Cに債権 β 300 万円の支払いを請求することができることになる（図表 Ⅲ-14）。

　また，AがBに対して 300 万円の売掛代金債権 α をもっていたが，BがA に対してもつ債権と相殺されて現実に弁済されないことになるのを望まず，債 権 α を受働債権とする相殺をしない旨を合意したが，Bがこの合意の存在を告 げないまま，Dが債権 α について債務引受をし，債務引受自体にはAも同意 したとする。他方，DはAに対する 300 万円の債権 γ をもっており，AがD に対して債権 α の履行を請求したところ，Dが債権 γ を自働債権，債権 α を受 働債権とする相殺を主張し，支払いを拒んだ。この場合，Aは，DがAB間の 相殺禁止の合意について知っていたこと（悪意）を立証できなくとも，知らな いことに重過失があったことを主張・立証すれば，Dに 300 万円の支払いを請 求することができることになる（図表Ⅲ-15）。

　このような帰結をもたらす改正提案の趣旨は，特約の効力を第三者に対抗す るための要件について，債権譲渡制限特約に関する改正前民法 466 条 2 項の 「善意の第三者」を「善意無重過失の第三者」に見直すべきであるとの提案（中 試 18.1。民法 466 ③＊）との整合性を図るものである[30]。この理由は，直接には 前記・図表Ⅲ-11 の事例に相当するものである[31]。しかし，この改正提案の 影響はより広く，当事者間の合意の効果を拡張する方向に作用する。それは， 債権の流動化に関する規律の合理化・明確化といった政策目的とはレベルの異

29）これは，当事者間の特約が第三者に対しても効果をもつ要件を定めたものとして，債権者・債務者間におけ る債権譲渡制限特約の効果に関する改正前民法 466 条 2 項の改正（民法 466 ③＊。前述 12 ⑴⑴）との整合性 を図るものである（中試 23.1 概要）。

30）中試 23.1 概要。

31）債権 α の譲渡の場合，債務者Bは対抗要件たる通知（民法 467 ①）の到達前にAに対してもっていた様々 な抗弁を対抗できる（民法 468 ②）。これに加え，Bは相殺禁止の合意の存在に関する抗弁（民法 505 ②但 およびその改正提案）を主張できることになる。

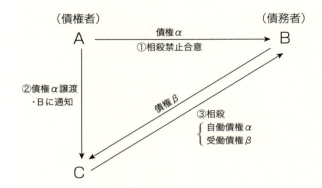

図表Ⅲ-14 相殺禁止の意思表示の効果（その1）

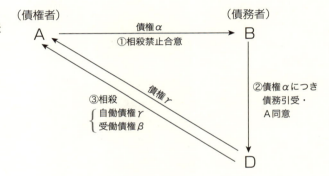

図表Ⅲ-15 相殺禁止の意思表示の効果（その2）

なる，合意重視の姿勢（合意主義）の強化に通じていると考えられる。それが私的自治の充実の観点から評価できるかが問題である。相殺禁止の意思表示の現実的機能（誰が，どのような目的で用いているか）に照らして検討すべきであり，およそ当事者間の合意は善意・無重過失の第三者に対抗できないと一般化することは妥当でない。

改正民法は，この改正提案を採用し，民法505条1項の規定（債務の性質が許さない場合を除き，要件を満たせば相殺できる）にかかわらず，「当事者が相殺を禁止し，又は制限する旨の意思表示をした場合には，その意思表示は，第三者が**これを知り，又は重大な過失によって知らなかったときに限り，その第三者に対抗することができる**」（民法505②＊）とした。

(ⅱ) **消滅時効にかかった債権を自働債権とする相殺** 例えば，AのBに対する債権αが消滅時効にかかっていても，それ以前にBのAに対する債権δと相殺に適する状態になっていた場合は，AはBに対し，債権αを自働債権，

債権δを受働債権とする相殺を主張し，Bの債権δに基づく支払請求を拒むことができる（民法508）。これに対し，中間試案は，時効期間が満了した債権αでも，債務者Bが消滅時効を援用するまでの間は，債権αを自働債権として相殺することができることを原則とし，例外として，時効期間が満了した債権αをCがAから取得した場合は，これを自働債権とする相殺（BのCに対する債権βを受働債権とする）はできないものとすることを提案した（中試23.2）。

その趣旨は，①現行法（民法508）は，債権αについてBが消滅時効を援用した後でも，それ以前に債権δと相殺適状にあれば，Aの相殺を認めるが，これは消滅時効を援用した債務者Bを「不当に不安定な地位に置く」こと，②消滅時効期間の満了前に相殺適状にあった場合に限って相殺できるとする改正前民法は，消滅時効の援用を停止条件として時効の効果が確定的に生じると解する判例[32]と整合的でなく，自働債権の消滅時効完成後でも，受働債権と相殺適状に達し，かつ前者の消滅時効の援用前であれば，相殺を認めるのが合理的であること，③消滅時効期間が満了した債権を他人から取得し，これを自働債権として相殺することを否定する判例[33]を明文化することにある[34]。

これは，債権の消滅時効に関し，(a)時間の経過のみによる債権消滅という効果を制限しようとする不確定効果説または訴訟法説に親和的な提案といえる。これに対し，(b)時間の経過の意味をより重くみる立場は，中間試案には消極的であると考えられる。実際，現行法を維持すべきとの見解もある（中試23.2（注））。時効の効果との整合性に配慮して検討する必要がある[35]。

改正民法は，この点については，現行法（民法508）を改正しなかった。

(iii)　**不法行為等を理由とする債権を受働債権とする相殺の禁止**　　例えば，仮にAのBに対する債権αがBの不法行為によって生じたときは，BはAに対する債権δとの相殺をもってAの支払請求を拒むことができない（改正前509）。これに対し，中間試案は，AのBに対する債権αが，①債務者Bが債権者Aに対して**損害を与える意図**で加えた不法行為に基づく損害賠償債権，②BがAに対して**損害を与える意図**で債務を履行しなかったことに基づく損害賠償債権，③Aの**生命または身体の侵害を理由とする**損害賠償債権であるときは，Bは相殺をもってAに対抗できないとする旨を提案する。これは，改正前民法509条が，[1] 不法行為の誘発防止，および [2] 不法行為の被害者

---

32)　★最判昭和61年3月17日民集40巻2号420頁。
33)　★最判昭和36年4月14日民集15巻4号765頁。
34)　中試23.2概要・補足説明。
35)　前述第Ⅱ章8(4)(ii)参照。

に現実の給付を得させることによる保護という趣旨に鑑みても，相殺禁止の範囲が広すぎるという批判に応え，相殺禁止を合理的な範囲に制限しようとするものである。一方，それは，不法行為のみならず，債務不履行によって生じた債権にも適用することを企図する（前記②）（中試 23.3）。改正前民法の趣旨を維持しつつ，簡易決済手段としての相殺の機能を活かすためのルールの合理化という観点から，この改正提案は妥当である。

　改正民法は，このうち①・③を採用し，①債権者 A に対して債務者 B が反対債権をもつ場合でも，B の債務が［1］**悪意による不法行為に基づく損害賠償の債務**」および［2］「**人の生命又は身体の侵害による損害賠償の債務**」（［1］を除く）であるときは，B はこれらの債務に係る債権を受働債権とする相殺はできないとするにとどめた（民法 509 本・［1］・［2］＊）。さらに，中間試案の提案に加えて，②A が①［1］・［2］の債務に係る債権を**他人から譲り受けたとき**は，B の相殺は禁止されないものとした（民法 509 但＊）。

　①［1］の「悪意」は，中間試案のいうように，「損害を加える意図」，つまり，損害を加える積極的意欲が必要であると解されている（特に不法行為の誘発防止）[36]。また，A の債権が悪意による債務不履行を理由とする損害賠償債権である場合に，B が A に対する反対債権と相殺しうるかは，個々債務不履行の原因や具体的な態様に従い，［1］の趣旨に照らした解釈問題となるであろう。

　①［2］では，債務不履行（安全配慮義務違反，保護義務違反）によって生じた生命または身体の侵害による損害賠償債務も含む（特に生命・身体侵害の被害者の救済）。

　②は，この場合に B による相殺を認めても，A 自身は悪意の不法行為の被害者や生命・身体の侵害を受けた者ではないので，［1］不法行為の誘発防止および［2］被害者に現実の給付を得させることによる保護という本条の趣旨に鑑みても，問題ないと解される。

　改正民法 509 条が**交叉的不法行為**にも適用されるかは，解釈の余地がある。当事者双方の過失による同一交通事故によって生じた物的損害に対する損害賠償債権をもつ者相互間でも相殺を認めなかった従来の判例[37]は，見直される可能性がある。

　(iv)　**支払差止めを受けた債権を受働債権とする相殺**　　例えば，A の債権 a について A の債権者 E から支払いの差止めを受けた債務者 B（E からみれば B は，

36）非免責債権に関する破産法 253 条 1 項 2 号の「悪意」に準じる（潮見 2015: 176 頁）。

37）★最判昭和 49 年 6 月 28 日民集 28 巻 5 号 666 頁，★最判昭和 54 年 9 月 7 日判時 954 号 29 頁。

Eの債務者Aの債務者であるから第三債務者）は，差止め（債権差押通知等）の後にA
に対して取得した債権δによる相殺をもって差押債権者Eに対抗できない（改
正前511）。

　これに対し，中間試案は，①債権の差押えがあった場合でも，第三債務者B
は，「**差押えの前に生じた原因に基づいて取得した債権**」による相殺をもって
差押債権者Eに対抗できるが，②Bが取得した①の債権が**差押え後に他人か
ら取得したもの**〔例えば差押え後にFから取得した債権〕である場合は，これによ
る相殺を差押債権者Eに対抗できないとすることを提案した（中試23.4）。

　すでに改正前民法511条の解釈として，Aの債権者Eによる債権αの差押
え前にBが取得した債権δを自働債権とし，債権αを受働債権とする相殺が，
差押時に相殺適状になくとも，また，自働債権δと受働債権αの弁済期の先後
を問わず，認められるとの見解（無制限説）がとられていた[38]。中間試案はさ
らに進んで，破産手続開始決定前に発生原因が存在する債権であれば，これを
自働債権とする相殺ができるとの判例を一般化し，破産手続開始に限らず，差
押え時にはまだ具体的に発生していなくとも，発生原因が存在する債権δを自
働債権とする相殺を認めようとしたものである。

　これは，債権δの**原因発生時にはすでに相殺期待が存在**し，かつそれは保護
に値するとの価値判断に依拠する。なぜなら，債権者平等がより強く要請され
る破産手続開始決定後ですら，第三債務者Bのかかる相殺期待を優先的に保
護する判例法理が妥当するとすれば[39]，いわんや一般の差押前のBの相殺期
待はそれと同等以上に保護されて然るべきである，という論理である[40]。他方，
差押え後にBが他人Fの債権δを取得した場合は，その原因発生が差押え前
でも，Bの相殺期待は存在しないから，その場合は相殺できないことになる。
このように，中間試案は**債務者の相殺期待**を最大限に保護しようとする思想に
立脚していると考えられる。

　改正民法は，これらの提案を採用した。①差押えと相殺の優劣に関する無制
限説を条文に反映し，「差押えを受けた債権の第三債務者は，差押え後に取得
した債権による相殺をもって差押債権者に対抗することはできないが，**差押え
前に取得した債権による相殺をもって対抗することができる**」（民法511①＊）
とした。また，②差押え後に取得した債権であっても，「**差押え前の原因に基**

38）★最大判昭和45年6月24日民集24巻6号587頁。
39）★最判平成24年5月28日判時2156号46頁。
40）中試23.4概要・補足説明。

づいて生じたものであるときは」，その「第三債務者は，その債権による相殺をもって差押債権者に対抗することができる」（民法511②本＊）とした。③ただし，第三債務者が差押え後に「**他人の債権**」を取得したときは，この限りでない（民法511②但＊）。

　(ⅴ)　**相殺の充当**　　改正前民法512条は，弁済の充当に関する改正前民法488条〜491条を相殺に準用した。これに対し，中間試案は，①相殺をするBのAに対する債権が，Aに対してBが負担する債務の全部を消滅させるのに足りない場合，当事者間に充当の順序に関する**合意**があるときはその順序に従って充当し，②①の合意がないときは**相殺適状に至った時期**の順序に従って充当し41)，③②において相殺適状到来時を同じくする債務が複数あるときは，指定充当を排し，**法定充当の規律**（中試22.7(2)〜(6)。前述14(4)(ⅱ)〜(ⅳ)）を準用するものとすることを提案した42)。

　改正民法は，この提案の方針を採用した。①債権者Bが債務者Aに対してもつ1個または数個の債権と，債権者Bが債務者Aに対して負担する1個または数個の債務について，債権者Bが相殺の意思表示をした場合において，当事者が**別段の合意**をしなかったときは，債権者Bの有する債権とその負担する債務は，**相殺に適するようになった時期の順序**に従って，その対当額について相殺によって消滅する（民法512①＊）。②この場合において，相殺をする債権者Bの有する債権がその負担する債務の全部を消滅させるのに足りないときであって，当事者が別段の合意をしなかったときは，[1] 債権者Bが数個の債務を負担するとき（後記 [2] の場合を除く）は，**改正民法**488条4項2号〜4号の規定43)を準用する（民法512②[1]＊）。[2] 債権者が負担する1個または数個の債務について元本・利息・費用を支払うべきときは，**改正民法**489条の規定44)を準用する。この場合，同条第2項中「前条」とあるのは「前条4項第4項第2号から第4号まで」と読み替える（民法512②[2]＊）。③①の場

---

41) 判例（★最判昭和56年7月2日民集35巻5号881頁）による。

42) 判例法理（前掲注41参照）をこの点で修正する（中試23.5概要・補足説明）。

43) 前述14(4)(ⅱ)③ [1]〜[4]。[1] 弁済期にある債務と弁済期にない債務では，弁済期にある債務に先に充当，[2] 全債務が弁済期にあるときまたは全債務が弁済期にないときは，債務者のために弁済の利益が多いものに先に充当，[3] 債務者の利益が相等しいときは，弁済期が先に到来したものまたは到来すべきものに先に充当，[4] 債務者のための利益も弁済期の先後も相等しい債務は，各債務の額に応じて充当するというものである。

44) 前述14(4)(ⅲ)。債務者が1個の債務について元本・利息・費用を支払うべき場合，または債務者が同一の債権者に対して同種の給付を内容とする数個の債務を負担する場合において，そのうち1個または数個の債務について元本・利息・費用を支払うべき場合において，弁済をする者がその債務の全部を消滅させるのに足りない給付をしたときは，合意がなければ，これを順次①費用，②利息および③元本に充当しなければならない。また，弁済をする者が費用，利息または元本のいずれかのすべてを消滅させるのに足りない給付をしたときは，前述14(4)(ⅱ)による。

合において，相殺をする債権者Bの負担する債務がその有する債権の全部を消滅させるのに足りないときは，②のルールを準用する（民法512③＊）。また，④債権者Bが債務者Aに対して有する債権に，1個の債権の弁済として数個の給付をすべきものがある場合における相殺については，**改正民法**512条の規定を準用する。債権者Bが債務者Aに対して負担する債務に，1個の債務の弁済として数個の給付をすべきものがある場合における相殺についても同様とされる（民法512の2＊）。

(2) 更改

(i) 更改の定義・要件・効果と給付内容の変更による更改　　当事者が「債務の要素」を変更する契約をしたときは，その債務は更改によって消滅する（改正前513①）。これに対し，中間試案は更改の抽象的定義を廃し，具体的形態を個別的に規定する方法を提案した。すなわち，「当事者が**債務を消滅させ**，その債務とは給付の内容が異なる**新たな債務を成立させる**契約をしたときは，従前の債務は，更改によって消滅する」とした（中試24.1）。これは，①債務の「要素」という抽象的用語に代え，「給付の内容」という具体的表現を用いるとともに，②更改による旧債務の消滅と新債務の発生があくまでも当事者の「更改の意思」の効果であること[45]を明確にした。その結果，改正前民法512条2項が定める債務の条件の変更は更改の定義に適合しないこととなり，削除が提案された[46]。ここには中間試案の特徴である合意主義を明確化する姿勢が見出される[47]。

　改正民法は，この方針を採用し，3つの形態の更改を定義した。「当事者が**従前の債務に代えて，新たな債務**であって次に掲げるものを**発生させる**契約をしたときは，**従前の債務は，更改によって消滅する。**／[1] 従前の**給付の内容**について重要な変更をするもの／[2] 従前の**債務者**が第三者と交替するもの／[3] 従前の**債権者**が第三者と交替するもの」（民法513＊）。と同時に，**改正前民法513条2項は削除された。**

(ii) 債務者の交替による更改　　改正前民法によれば，債務者の交替による更改は，更改前の債務者の意思に反しない限り，債権者と更改後に債務者となる者との契約によってすることができる（改正前514）。

　これに対し，中間試案は「債権者，債務者及び第三者の間で，従前の債務を

---

45) ★大判昭和7年10月29日法律新聞3483号18頁。

46) 中試24.1概要・補足説明。更改の定義に債務の「要素」の変更を用いない以上，債務の「条件」の変更を「要素」の変更とみなす（改正前513②）必要もない。

47) 中間試案にみられる「合意主義」の意義，具体例および特色に関しては，松尾2013b：529-564頁参照。

消滅させ，第三者が債権者に対して新たな債務を負担する契約をしたときも，従前の債務は，更改によって消滅する」（中試24.2）とし，債務者の交替による更改が債権者Ａ・債務者Ｂ・第三者Ｃの**三者間合意を成立要件とする**旨を明確にした。かかる要件の厳格化は，債務者の交替による旧債務の消滅と新債務の発生という「重大な効果」を生じさせるには3当事者全員の更改意思を要するとの理解に基づく[48]。これもまた，合意主義の徹底とみることができる。

　しかしながら，**改正民法**は，この提案の厳格な要件を緩和し，債務者の交替による更改は，**債権者Ａと更改後に債務者となる者Ｃ**との契約によってすることができるが，この場合は債権者Ａが**更改前の債務者Ｂ**に対してその契約をした旨を「**通知**」した時にその効力を生ずる（民法514①＊）とした。それは，無論，ABC間の三面契約で更改契約を成立させることを否定するものではなく，債権者Ａと引受人Ｃの間で免責的債務引受を成立させる要件である債権者Ａから旧債務者Ｂへの通知（民法472②＊）と平仄を合わせたものである[49]。また，債務者の交替による更改後の債務者Ｃは，更改前の債務者Ｂに対して**求償権**を取得しない。これも，債権者Ａと引受人Ｃによる免責的債務引受の効果としての，引受人Ｃから債務者Ｂへの求償権の不存在（民法472の3＊）と平仄を合わせたものである[50]。このように，**改正民法**は，債務者の交替による更改と免責的債務引受とを機能的に類似のものと捉えている。

　(iii)　**債権者の交替による更改**　　改正前民法では，債権者の交替による更改は確定日付ある証書によってしなければ第三者に対抗することができず（改正前515），その場合は民法468条1項（異議をとどめない承諾の効果）を準用した（改正前516）。

　これに対し，中間試案は，①債権者・債務者・第三者の間で従前の債務を消滅させ，第三者が債務者に対する新たな債権を取得する契約をしたときは，従前の債務は更改によって消滅する，②債権者の交替による更改の第三者対抗要件を，債権譲渡の第三者対抗要件に関する改正提案と整合させる，③改正前民法516条を削除するというものであった（中試24.3）。このうち，①は，債権者の交替による更改も更改意思に基づく債権の消滅原因であり，(旧)債権者・債務者・第三者（新債権者）の**三者間合意**を成立要件とする旨の明文化を提案した。ここにも合意主義の徹底が見出される。②は，債権者の交替による更改

48）中試**24.2**概要・補足説明。
49）前述13(3)(i)参照。
50）前述13(3)(ii)④参照。

の第三者対抗要件を債権譲渡の第三者対抗要件と整合させる点では改正前民法515条を維持するが，債権譲渡の第三者対抗要件が登記または確定日付ある譲渡書面となる場合（中試18.2）は，その具体的内容が変わることになる。③は，中間試案における改正前民法468条1項（異議をとどめない承諾の効果）の削除（中試18.3(1)）に伴い，これを準用する改正前民法516条も削除する趣旨である。ちなみに，債権譲渡の抗弁放棄の意思表示は書面によらなければならないことが提案されているが，債権者の交替による更改は債務者が契約当事者となることから，その点はあえて準用していない[51]。

改正民法は，以上の提案を採用し，①「債権者の交替による更改は，**更改前の債権者，更改後に債権者となる者及び債務者の契約によってすることができる**」（民法515①*）とし，②「債権者の交替による更改は，**確定日付のある証書によってしなければ，第三者に対抗することができない**」（民法515②*）とした。また，③**改正前民法468条1項（異議をとどめない承諾の効果）の削除**に伴い，これを準用する**改正前民法516条も削除**された。このように，**改正民法は**，債権者の交替による更改と債権譲渡とを機能的に類似のものと捉えている。

(ⅳ) **更改の効果と旧債務の帰趨**　改正前民法によれば，更改によって生じた債務が不法な原因のためまたは当事者の知らない事由によって成立せずまたは取り消されたときは，更改前の債務は消滅しない（改正前517）。その反対解釈として，更改後の債務に不成立や無効・取消原因があることを当事者が知っていたときは，旧債務が消滅する。

これに対し，中間試案は，新債務に不成立や無効・取消原因があった場合の旧債務の帰趨は，債権者の免除の意思表示の有無によるとみて，個別事案の意思解釈に委ね，改正前民法517条を削除する方針を示した[52]。

改正民法は，この方針を採用し，**改正前民法517条を削除**した。これは，新債務の不成立や無効・取消原因を知っていた債権者について一律に免除意思を規範的に擬制する改正前民法の立場（いわば規範的意思主義）[53]を否定し，より具体的な合意主義に徹したものとみることができる。

(ⅴ) **更改後の債務への担保の移転**　改正前民法によれば，更改の当事者は更改前の債務（旧債務）の内容の限度で，その債務の担保として設定された質権または抵当権を更改後の債務（新債務）に移すことができる。ただし，第三

---

51) 中試24.3概要・補足説明。
52) 中試24.4概要・補足説明。
53)「規範的意思主義」については，松尾2013b: 529-564頁参照。

者が質権または抵当権を設定していた場合（物上保証人）は，その承諾を得なければならない（改正前518）。

これに対し，中間試案は，①債権者は旧債務の担保として設定された**担保権および保証**を新債務に移すことができる，②①の担保（担保権・保証）の移転は更改契約と同時の意思表示でしなければならない，③①の担保権を第三者が設定した場合はその承諾を得なければならない，④旧債務の保証人が①によって新債務を履行する責任を負うためには，保証人が書面でその責任を負う旨の承諾をしなければならないとする（中試24.5）。このうち，①は担保（担保権・保証）の移転について設定者でない債務者の合意を要する理由はないことから，債権者の単独の意思表示によることを原則としつつ，第三者が担保を提供した場合は設定者の承諾を得るべきであるから，③で改正前民法518条ただし書を維持する。その際，④は保証契約の成立要件（民法446②）との整合性を図るものである。②は，更改契約の成立により，その効果として旧債務に付されたままの担保権は付従性によって消滅してしまうがゆえに，①の担保移転の債権者の意思表示は更改契約と同時にされる必要があるからである。

改正民法は，この提案のうち，①**質権および抵当権**の移転のみを規定し，その他の担保権および保証の移転は外して，より精緻化した規定を設けた。②**債権者（債権者の交替による更改にあっては，更改前の債権者）**は，更改前の債務の目的の限度において，その債務の担保として設定された質権または抵当権を更改後の債務に移すことができる。③ただし，第三者がこれを設定した場合には，その「**承諾**」を得なければならない（民法518①＊）とした。そして，④①における質権または抵当権の移転は，「**あらかじめ又は同時に**」「**更改の相手方（債権者の交替による更改にあっては，債務者）に対してする意思表示**」によってしなければならない（民法518②＊）。

このうち，②・③・④において，債権者（債権者の交替による更改では更改前の債権者）が，「あらかじめ又は同時に」，つまり，更改契約をする以前に，相手方（債務者）に対する意思表示により（第三者が設定した質権・抵当権の場合はその承諾を得て），質権・抵当権を移転しなければならない理由は，更改契約が成立して債務が消滅してしまうと，担保物権の付従性により，質権・抵当権も当然消滅してしまうからである。この点では，免責的債務引受における担保の移転（民法472の4①・②＊）の規律と共通である[54]。

これに対し，①では，免責的債務引受における担保の移転が質権・抵当権以

54）前述13⑶⑾⑤参照。

外の担保権および保証を含むのに対し，更改における担保の移転を，改正前民法 518 条におけると同様，**質権および抵当権に限定**した。その理由は，**免責的債務引受の場合**は，債務者が負担する債務と「**同一の内容の債務**」を引受人が負担するものであり（民法 472 ①＊），それゆえに担保権も保証も承継されるのが原則であるのに対し，**更改の場合**は，「従前の債務」が「消滅」し，それとは同一性のない「新たな債務」が「発生」するのであるから，担保権も保証も消滅するのが原則であることに起因する。ただし，機能的には免責的債務引受と類似の制度として利用されることもあり（債務者の交替による更改），従前の担保権の移転が期待されている質権・抵当権についてのみ，移転の対象とされたものである[55]。なお，給付の内容を変更する更改では，被担保債権の内容も変わりうるが，債務者が提供した担保については，債権者・債務者間で更改の交渉をする際に，担保の帰趨についても考慮して合意することができる。

(vi) **三面更改**　改正前民法にはないが，中間試案は，①債権者 A・債務者 B・第三者 C の三者間で A の B に対する旧債権 α を消滅させ，A の C に対する新債権 β と，C の B に対する新債権 γ を成立させる契約をしたときも，B の A に対する旧債務は更改によって消滅するものとする。その際，②①契約によって成立する新債権 β・γ はいずれも消滅する旧債権 α と同一の給付内容とする。③将来債権 α について①契約をした場合は，債権 α 発生時に債権 α に係る債務は更改によって当然消滅する。④①契約による更改は債権譲渡ないし債権者の交替による更改と共通の性質をもつことから，その第三者対抗要件として，債権者の交替による更改の第三者対抗要件の規律（前述(iii)参照）を準用する（中試 24.6）。この制度は，A の B に対する債権 α を，給付内容を変更しないまま A の C に対する債権 β と C の B に対する債権 γ に置き換えるもので，実務上は集中決済機関 C を介在させた一括決済取引を更改の概念を用いて再構成し，安定性を高めることを企図するものであり，三面更改と呼ばれる（図表Ⅲ-16）[56]。

かかる改正提案に対しては，三面更改自体の必要性がないとの見解，三面更改は認めるが第三者（差押債権者等）に対する対抗要件は，債務引受けや債務者の交替による更改と同様に解釈に委ねるべきであるとの考え方もあった[57]。**改正民法**は，改正提案を採用しなかった。

55）部会資料集 3-2: 608-609（部会資料 69A: 39-40 頁）。
56）中間試案 24.6 概要・補足説明。
57）中間試案 24.6（注）参照。

図表Ⅲ-16　三面更改

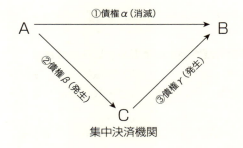

(3) 免除

債権者Aが債務者Bに対して債務を免除する意思を表示したときは，その債権は消滅する（民法519）。中間試案は，これに加え，免除によって債務者Bに損害が生じたときは，債権者Aはその損害を賠償しなければならないものとすることを提案した（中試25）。これは，免除が債権者の債務者に対する（相手方のある）単独行為であることを前提とする民法519条を維持しつつ，免除によって債務者に損害が生じたときは債権者が損害賠償責任を負うとすることにより，単独行為の弊害を回避しようとするものである。

例えば，給付の受領義務を課されている債権者Aが，当該債権の債務者Bに対して債務を免除しても，Bになおも損害が残ることある。その場合は，AB間の債権・債務は消滅することから，Aは信義則上の義務違反の責任を追及される可能性を除けば，何ら責任を負わないと解されるおそれもある。そこで，Aは受領義務違反によって負うべき損害賠償責任を免れない旨の規定を明文化することが，中間試案の趣旨である[58]。

これに対し，免除を単独行為ではなくて合意によって成立するものとしたうえで，それによって免除の成立が必要以上に困難とならないよう，債務者が債務を履行することについて利益を有しない場合は債務者の承諾があったものとみなすとする等，債務者の意思的関与を必要としない場面を法定して債務者の承諾を擬制する方法も考えられる[59]。

免除を合意として再構成する提案は，検討委員会によるものであるが，旧民法（財産編504，505，507）に遡る[60]。これに対し，中間試案は，免除に関しては合意主義を「注」に落として残しつつも，一歩後退させ，単独行為構成を法

---

58) 中間試案25概要・補足説明。
59) 中間試案25（注）。
60) その経緯に関し，松尾2012a: 95頁参照。

定の損害賠償責任を通じて制限しようとしている。**改正民法**は，この提案は採用しなかった。

⑷　債権の消滅原因と当事者の意思ないし合意

　以上に概観したように，債権の消滅に関する中間試案は，弁済のみならず，相殺および更改においても，合意主義を徹底しようとする基本姿勢を示している（前述⑴，⑵）。

　もっとも，免除に関しては，合意主義を後退させている（前述⑶）。このことは，合意主義を一貫させることの難しさを示唆しているようにも思われる。

Ⅳ 債権各論(1)

契約総論部分の改正

170　Ⅳ　債権各論⑴　契約総論部分の改正

1　契約の基本原則，契約の交渉から契約の成立へ

(1)　契約に関する基本原則等

(i)　契約自由の原則　　民法改正の議論では，改正前民法にはないが，契約の基本原則や契約成立前の交渉段階における当事者間の権利・義務についても規定を置くことが提案された。その際には，**契約の尊重**（favor contractus）という観点から，いったん契約が成立した以上，できるだけ有効なものとして取り扱う方針が強化され，原始的不能の契約も給付が不能というだけの理由では無効としないことも提案された。他方で，契約の成立は承諾の到達によるという原則を徹底し，その結果，到達以前に生じた事態に対する両当事者間の利益バランスに配慮した改正前民法の《気配りルール》（後述(3)(i)）を廃止する方向へと議論が進んだ。

　民法は，契約自由の原則（契約締結の自由，相手方選択の自由，内容決定の自由，方式の自由等）を直接には規定していないが，当然の前提としており（例えば，民法91），私法の基本原理である私的自治の原則の一環をなすものと解している[1]。

　これに対し，中間試案は「契約の当事者は，法令の制限内において，自由に契約の内容を決定することができる」という規定の設置を提案した（中試26.1）。契約の内容決定の自由は，原則・理念であるにとどまらず，私法上の効果に結びつくことから，「比較的条文化になじみやすい」というのが理由である[2]。もっとも，原則の規定の仕方としてはやや中途半端の感もあった[3]。

　改正民法は，この提案をさらに拡張し，①**契約締結の自由**（「何人も，法令に特別の定めがある場合を除き，契約をするかどうかを自由に決定することができる」民法521Ⅰ①＊），②**契約の内容決定の自由**（「契約の当事者は，法令の制限内において，契約の内容を自由に決定することができる」民法521Ⅰ②＊），③**諾成主義の原則と方式の自由**（「契約は，契約の内容を示してその締結を申し入れる意思表示（以下「申込み」という。）に対して相手方が承諾をしたときに成立する」〔民法522①＊〕，「契約の成立には，法令に特別の定めがある場合を除き，書面の作成その他の方式を具備することを要しない」〔民法522②＊〕）を規定した。

(ii)　原始的不能の契約の有効性　　売買契約の目的物とされた中古車や建物が契約締結前に滅失していた等，契約成立時に給付が客観的に実現不能であっ

---

1)　松尾 2016: 1.30，4.39，4.40。
2)　中試 26.1 概要・補足説明。
3)　なお，契約締結の自由（の一部）に関連するものとして，契約交渉の破棄について，規定することが提案された（中試 27.1，後述(2)参照）。

た場合，契約（法律行為）は無効であり，当該給付を請求する債権は成立しないと解されてきた[4]。

これに対し，中間試案は「契約は，それに基づく債権の履行請求権の限界事由が契約の成立の時点で既に生じていたことによっては，その効力を妨げられ・・・・・・・・・ない」という規定の創設を提案した（中試26.2）。「履行請求権の限界事由」とは，①履行が物理的に不可能であること，②履行に要する費用が，債権者が履行により得る利益と比べて著しく過大なものであること，③その他，当該契約の趣旨に照らして，債務者に債務の履行を請求することが相当でないと認められる事由であり，従来の履行不能に当たる（中試 9.2）[5]。これらの事由があっても契約を有効とする本提案は，民法（債権法）改正の最大のポイントであった（図表IV-1）。

なぜなら，この場合に契約が有効に成立することが，契約成立後に履行請求権の限界事由ないし履行不能が生じても契約の効力は妨げられず，給付請求権も消滅しないから，危険負担の問題は生じず，契約解除による既履行給付の原状回復請求権と未履行給付の履行拒絶権が問題になるにすぎないという，委員会方針以来の改正論議の中軸に通じているからである。それは「不能なことを行うべき債務はない」というローマ法原則に従い，当事者に帰責事由がない限り，不能の場合は給付請求権がないとする伝統的な立場から，近年の国際取引法等の動向を反映し[6]，給付が不能でも合意したら契約は有効で，債権が存在するとみる純粋合意主義への転換を意味する[7]。それが日本の社会に相応しいルールといえるか，それに合わせなければ日本民法がグローバル標準に遅れ，「ガラパゴス化」するのか，慎重に検討する必要がある[8]。

これに対し，要綱仮案は「契約に基づく債務の履行がその契約の成立の時に不能であったことは，……**その債務の履行が不能であることによって生じた損害の賠償を請求することを妨げない**」（要仮26.2）とするにとどめ，中間試案のように原始的不能の契約も有効であることをストレートに定めることはしなかった。債務不履行を理由とする損害賠償請求の一般規定（改正前415）に従っ

---

4)　我妻 1965: 260 頁，我妻 1964: 20-21 頁。もっとも，所有者が「絶対に他人に売らない」と明言している目的物を売買契約の対象とすることは，客観的不能とはいえないから，原始的不能で無効とはいえないと解されている（★最判昭和 25 年 10 月 26 日民集 4 巻 10 号 497 頁）。また，原始的不能の場合でも，契約締結上の過失のある当事者には，損害賠償責任が生じる。

5)　それは，債権者の履行請求権が存在することを大前提にしている（中試 9.1）。

6)　CISG 68.3，PICC 3.1.3，PECL 4:102，DCFR II-7: 102。

7)　松尾 2012a: 9-11 頁，101-102 頁。

8)　筆者はそのようには考えない。松尾 2012d: 18-21 頁参照。

172　Ⅳ　債権各論(1)　契約総論部分の改正

図表Ⅳ-1　履行不能の規律に関する改正前民法・中間試案・改正民法の比較

改正前民法			中間試案	改正民法
債務者の帰責事由	あり	なし	不問	必要（契約等に照らして判断）
原始的不能	契約無効債務不発生契約締結上の過失	契約無効債務不発生	契約有効（26.2）債務発生契約解除（11）	契約有効（412の2②）債務発生契約解除（542）
後発的不能	債務存続契約解除（543）損害賠償請求（415）	債務消滅危険負担（534～536）	債務存続契約解除（11）	債務の存続（412の2①）履行拒絶権発生（536①）契約解除（542）

て損害賠償請求できるとすることが，原始的不能の契約も有効であることを当然の前提とするのか，あるいは契約が無効であっても損害賠償請求は可能であることを意味するのか，解釈の余地がある。実質的な重要問題は，損害賠償の範囲であり，契約が有効であるとすれば，損害賠償の範囲は履行利益に及ぶことになる。

　改正民法は，この提案を実質的に採用した。「**契約に基づく債務の履行がその契約の成立の時に不能であったことは，第415条の規定によりその履行の不能によって生じた損害の賠償を請求することを妨げない**」（民法412の2②＊）。ここでは改正前民法と同じく「不能」の用語が用いられているが，原始的不能の契約も有効であることを前提にして，債務不履行の一般原則（民法415＊）に従った損害賠償請求が可能であることが明規された[9]。しかも，**改正民法**415条1項は，損害賠償請求の免責要件につき，「**債務の不履行が契約その他の債務の発生原因及び取引上の社会通念に照らして債務者の責めに帰することができない事由によるものであるとき**」としている。これは，改正前民法415条の，いわば裸の「債務者の責めに帰することができない事由」（一般的客観的規範としての帰責事由）とは異なり，「契約その他の債務の発生原因及び取引上の社会通念」に照らして判断されることから，契約によって成立した債務については，当該契約で明示または黙示に免責事由を定めていない限り賠償責任を負うという解釈にも通じうる[10]。問題は損害賠償請求の範囲であるが，従来の契約無効を前提とする契約締結上の過失による信頼利益の賠償にとどまらず，**改正民**

---

9)　ちなみに，債務の成立後に履行が不可能になった場合（後発的不能）も，「債務の履行が契約その他の債務の発生原因及び取引上の社会通念に照らして不能であるときは，債権者は，その債務の履行を請求することができない」（民法412の2①＊）とされ，改正前民法の解釈（履行不能により，債務者に帰責事由がない限り，債務は当然消滅する）と異なり，債務は存続することを前提に，債権者は「履行を請求することができない」と構成していることに注目すべきである。こうして，履行不能は原始的であれ，後発的であれ，債務の成立や有効性に影響を与えないものと捉えられるに至っている。

法416条に従い，履行利益の賠償にも及びうる[11]。これは，契約（約束）をした以上，その内容どおりの（不能の場合にはそれに見合う賠償の）の履行を求める**契約絶対主義**（**約束責任**）に通じるものであり，債務者に一般的に求められる行動規準に反したことを意味する責めに帰すべき事由（いわば**落ち度**）がある場合にのみ責任を負うべきであるとする一般ルールに基づく**帰責事由主義**（**法定責任**）からの大きな転換である可能性がある[12]。無論，それは改正民法施行後の415条の解釈次第ではあるが，立法過程からみる限り，その可能性を排除することは難しい。

(ⅲ) **付随義務および保護義務に関する規定の創設**　中間試案は，契約当事者は契約で明示または黙示に合意されていなくとも，①相手方が当該契約によって得ようとした利益を得られるよう「当該契約の趣旨に照らして必要と認められる行為をしなければならない」と定めることを提案した。また，②契約の締結，契約に基づく債権の行使・債務の履行に当たり，「相手方の生命，身体，財産その他の利益を害しないために当該契約の趣旨に照らして必要と認められる行為」をしなければならないとする（中試26.3）。①は契約の主眼である給付義務に対する**付随義務**，②は契約に際して相手方の生命・身体・財産等を積極的に害することのないようにすべき**保護義務**を定めたものである。いずれも解釈上展開されてきた法理の明文化とみられる。

改正民法は，これらの提案は採用しなかった。引き続き解釈論で対応することになる。

(ⅳ) **信義則適用に際しての消費者・事業者の格差の考慮**　中間試案は，消費者・事業者間で締結される消費者契約の場合のほか，情報の質・量および交渉力の格差がある当事者間で締結される契約に関して，民法1条2項・3項，その他の規定の適用に当たり，「格差の存在を考慮しなければならない」と提案した（中試26.4）。**民法と消費者契約法の垣根を取り払う方向の提案**であり，民法の理念および民法が対象とする市民像に関わる[13]。

改正民法は，この提案を採用しなかった。これが改正民法の事業者法的性質，**事業者法と消費者法の私法の二元化**に通じることを意味するかは，慎重な検討を要する問題である。

---

10) 潮見2015: 60頁は，①「契約その他の債務の発生原因」と②「取引上の社会通念」が並列されているが，それは①を抜きにして②のみから免責事由が判断されることを意味しないと解する。

11) 潮見2015: 54頁は「いわゆる履行利益の賠償を条文上に表記した」と明言する。

12) 松尾2012: 9-10頁。

13) 松尾2012a: 12-14頁参照。

174　Ⅳ　債権各論(1)　契約総論部分の改正

(2)　契約交渉段階における当事者間の権利・義務

　中間試案は，(ⅰ)契約締結の自由を明規しつつ，契約締結交渉の当事者は「相手方が契約の成立が確実であると信じ，かつ，契約の性質，当事者の知識及び経験，交渉の進捗状況その他交渉に関する一切の事情に照らして」そう信じることが相当と認められる場合，当該当事者が「正当な理由なく契約の成立を妨げたとき」は，これによって相手方に生じた損害を賠償する責任を負うとする（中試27.1）。契約の不当破棄に関する責任のルール化である。また，(ⅱ)契約当事者の一方がある情報を契約締結前に知らずに契約したために損害を受けた場合，①相手方が当該情報を契約締結前に知り，または知りえた，②その当事者の一方が当該情報を契約締結前に知っていれば契約を締結せず，またはその内容では契約を締結しなかったと認められ，かつそれを相手方が知りえた，③契約の性質，当事者の知識・経験，契約締結の目的，契約交渉の経緯，その他当該契約に関する一切の事情に照らし，その当事者の一方が自ら当該情報を入手することを期待できない，かつ④その内容で契約を締結したことによって生ずる不利益をその当事者の一方に負担させることが，③の事情に照らして相当でないときに限り，相手方はその損害を賠償すべきである，とする規定の創設を提案した（中試27.2）。もっとも，これらは，信義則（民法1②）の法解釈と判例法理によって対応可能であると思われる[14]。

　改正民法は，これらの提案を採用しなかった。

(3)　契約の成立

(ⅰ)　**改正前民法の規律——相互の気配りルール**　　契約の成立に関する改正前の日本民法の規律は，当事者相互の利益に配慮した，いわば《気配りルール》である点に特色がある。すなわち，——

①　**承諾期間の定めのある申込み**は，[1] 承諾期間内は撤回できない一方で，[2] 承諾期間内に「承諾通知を受けなかった」ときは申込みは失効するが（改正前521），[3] 通常の場合には承諾期間内に到達すべき時に発送されたことを申込者が知りえたときは，「遅滞なく」**承諾通知の延着の通知**を発しなければ，承諾は期間内に到達したものとみなされる（もっとも，承諾期間経過後，遅れた承諾が到達する前に，延着通知を発していれば，その限りでない。改正前522）。さらに，[4] 申込みの発信後，申込者が死亡し，または行為能力を喪失した場合，申込者が予めそのような場合は申込みが失効する旨の意思表示をしていた場合，または相手方が申込者の死亡もしくは行為能力喪失の事実を知っていたときは，

14）これらの規定を設けるべきでないとの見解につき，中試27.1（注）・補足説明4，27.2（注）・補足説明5。

図表IV-2　契約の成立に関する規律

契約成立に関するルール	改正前民法	中間試案	改正民法
申込みと承諾による契約の成立	——	28.1	522
承諾期間の定めある申込みの撤回	521 ①	28.2	523
承諾期間の定めある申込みの失効	521 ②	維持	525
承諾の通知の延着	522	——（削除）	——（削除）
遅延した承諾	523	維持	524
承諾期間の定めない申込みの撤回	524	28.3(1)	525 ①・②
承諾期間の定めない申込みの失効	——	28.3(2)，28.4(2)	525 ③
申込者の死亡，能力喪失等	525	28.5(1)	526
承諾者の死亡，能力喪失等	——	28.5(2)	——
契約成立時期	526 ①	——（削除）	——（削除）
意思実現による契約の成立	526 ②	維持	527
申込みの撤回通知の延着	527	——（削除）	——（削除）
申込みに変更を加えた承諾	528	維持	528
対話者間における申込み	——	28.4	525 ②・③

たとえ承諾期間内に承諾が発信され，到達しても，契約は成立しない（改正前525）（図表IV-2）。

　②　**承諾期間の定めのない申込み**は，［1］「承諾の通知を受けるのに相当な期間」が経過するまでは撤回できない（改正前524）[15]。また，［2］相当期間経過後，申込みの撤回の通知を発した場合でも，その到達前に相手方が承諾通知を発信していれば，契約は成立する（**発信主義**。改正前526①）。ただし，［3］通常の場合には承諾通知の発信前に申込みの撤回通知が到達すべき時に発送されたことを承諾者が知り得たときは，「遅滞なく」**申込みの撤回通知の延着の通知**を発しなければ，契約は成立しなかったとみなされる（改正前527）。さらに，［4］申込みの発信後，申込者が死亡し，または行為能力を喪失した場合，申込者が予めそのような場合は申込みが失効する旨の意思表示をしていた場合，または相手方が申込者の死亡もしくは行為能力喪失の事実を知っていたときは，たとえ承諾を受けるのに相当な期間内に承諾通知を発信し，到達しても，契約は成立しない（改正前525）（図表IV-2参照）。

　以上のうち，とくに①［3］，②［2］・［3］は，両当事者が相互の不利益をで

15）なお，改正前民法524条は承諾期間を定めずに「隔地者に対してした」申込みに限定して規定する。対話者の場合は，対話継続中は撤回を認めるものと解される（後述(v)参照）。中間試案は，改正前民法524条に対し，隔地者への限定を外し，対話者を含めて規律することを提案している（後述(iii)）。加えて，対話者間の場合の特則も設ける（後述(v)）。

きるだけ回避するように配慮する《気配りルール》である。ところが、**民法改正**の議論は、これらを悉く削除する方向で進んだ。

改正民法は、これらの規定、すなわち、改正前民法522条（承諾通知の延着。前記①［3］）、同526条1項（契約成立の発信主義。前記②［2］）・同527条（申込みの撤回通知の延着。前記②［3］）をすべて削除した。

(ⅱ) 承諾期間の定めのある申込みがされた場合　中間試案は、契約成立一般に関し、①契約は申込みに対する承諾によって成立すること、②申込みは「それに対する承諾があった場合に契約を成立させるのに足りる程度に、契約の内容を示したものであることを要する」こと（申込みの定義）を明らかにすることを提案した（中試28.1(1)・(2)）。そして、まず、承諾期間を定めた申込みについて、民法の規律（前述(1)(ⅰ)）を以下の3点で修正することを提案した。

①　第1に、前述(ⅰ)①［1］のルール（改正前521①）を若干緩和し、承諾の期間を定めてした契約の申込みは、「申込者が反対の意思を表示した場合を除き」、撤回することができないものとすることを提案した（中試28.2(1)）。これは、改正前民法521条1項も任意規定と解される以上、改正前民法でもすでに解釈上導かれる帰結を明文化するにすぎない（図表Ⅳ-2参照）[16]。

②　第2に、前述(ⅰ)①［3］のルールを廃棄し、改正前民法522条を削除することを提案した（中試28.2(2)）。理由は、［1］契約の成立について到達主義をとる（後述(ⅳ)）以上、意思表示の効力発生の到達主義（民法97①＊）一般の場合と同様、通知の延着リスクは発信者が負うべきで、承諾通知の場合だけ延着リスクについて特別扱いする必要はないこと[17]、［2］改正前民法522条をめぐっては、申込者が延着通知を発信したが承諾者に到達しなかった場合の処理が不明であるし、「通常の場合には承諾期間内に到達した」といえるか否かの判断が当事者には容易でないことが挙げられている[18]。

③　第3に、［1］申込者が申込みの発信後に、死亡し、意思能力喪失の常況となり、または行為能力の制限を受ける事態となった事実を、「相手方が承諾の通知を発するまでに」知ったときは、申込みは失効する（ただし、申込者が反対の意思を表示したときはこの限りでない。中試28.5(1)）。他方、［2］承諾者が、承諾通知の発信後に死亡し、意思能力喪失の常況となり、または行為能力の制限を

16）中試28.2(1)概要参照。
17）しかし、この理由づけに対しては、若干疑問もある。というのも、一方的な意思表示の場合（民法97①＊）に比べ、相手方と契約関係に立とうとし、両当事者間での意思表示のやり取りをする関係が形成されている場合の方が、相手方に対して配慮すること（気配り）への期待が相対的に高くなるとも考えられる。
18）中試28.2(2)概要・補足説明。

受ける事態となった事実を，相手方（申込者）が「その承諾の通知が到達するまでに」知ったときは，承諾は失効する（したがって，契約は成立しない。ただし，承諾者が反対の意思を表示したときはこの限りでない。中試28.5(2)）。

　以上のうち，①承諾期間を定めてした契約の申込みの原則的撤回不能は，改正前民法でも解釈上認められていた。また，③についても，改正前民法は，承諾期間内に承諾通知が到達することによって契約が成立するとみている（改正前521②。したがって，承諾期間を定めた申込みの場合は，実質的に到達主義）から，変更とはいえない。

　しかし，②改正前民法522条削除論には疑問がある。なぜなら，[1] 取消し，解除等の単独行為と異なり，契約は当事者相互間の利益や信頼を配慮する必要が高く，そのことは契約交渉上の両当事者の権利・義務をキメ細かに定める中間試案の基本思想と合致するはずで，それと改正前民法522条削除論は首尾一貫しない。また，[2] 通知の不到達の場合は意思表示は効力を生じないのが原則であるし，「通常の場合には承諾期間内に到達した」かどうかが立証上特別に困難とはいえないからである。さらに，[3] 到達不能リスクをもっぱら発信者の側に課す改正前民法522条削除論（徹底した到達主義）は，商人間の商取引ルールとしてならば合理的であるが，一般民事のルールとしてはクールにすぎると考えられる。

　しかし，**改正民法**は，中間試案の提案を全面的に採用し，①「承諾の期間を定めてした申込みは，撤回することができない。ただし，**申込者が撤回をする権利を留保したときは，この限りでない**」（民法523①＊）として，改正前民法521条1項の文言にただし書を加え，合意の効果を確認する改正をした[19]。申込者が承諾期間内に承諾通知を受けなかったときは，申込みは効力を失うとする規定（民法523②＊）は改正前民法521条2項と同じである。しかし，**承諾通知が延着した場合の延着通知に関する改正前民法522条は削除**された。なお，申込者は延着した承諾を新たな申込みとみなすことができるとする規定（民法524＊）は，**改正前民法523条をそのまま維持**している。

　(ⅲ)　**承諾期間の定めのない申込みがされた場合**　中間試案は，改正前民法の規律（前述(ⅰ)②）に対し，以下のような改正提案をした。

　①　承諾期間の定めのない申込み（隔地者に対する場合に限定しない）は，〈1〉承諾を受けるのに相当な期間内は撤回できないこと（前述(ⅰ)②[1]。改正前524）を原則としつつ，〈2〉「申込者が反対の意思を表示したときは，その期間内であっ

19）この改正も，合意主義の徹底という**改正民法**のコンセプトに沿って捉えることができる。

ても撤回することができる」ものとするほか，⟨3⟩「申込みの相手方が承諾することはないと合理的に考えられる期間が経過したとき」も，申込みが失効する旨の規律を加えることが提案された（中試 28.3⟨1⟩・⟨2⟩。図表Ⅳ-2 参照）[20]。

　②　⟨1⟩改正前民法 526 条 1 項（契約成立の発信主義。前述(i)②[2]）を削除し，承諾通知の発信後・到達前に，申込みの撤回通知が到達したときは，申込みは効力を失い，契約は成立しないとし，発信主義から到達主義への変更を提案した（中試 28.6⟨1⟩）。その結果，⟨2⟩承諾通知の発信後・到達前に申込みの撤回通知が到達したが，通常であれば承諾通知の発信前に到達すべき時に発送されたものであることを知ることができた場合の延着通知の必要性に関する改正前 527 条についても，削除が提案された（中試 28.6⟨2⟩）[21]。

　③　⟨1⟩申込者が申込みの発信後に，死亡し，意思能力喪失の常況となり，または行為能力の制限を受ける事態となった事実を，「相手方が承諾の通知を発するまでに」知ったときは，申込みは失効する。ただし，申込者が反対の意思を表示したときはこの限りでない（中試 28.5⟨1⟩）。ということは，承諾通知の発信後，その事実を知っても，承諾通知の到達によって契約は成立する。したがって，この限りで，改正前民法 526 条の**発信主義**（前述(i)②[2]）が実質的に維持されている。しかし，⟨2⟩承諾者が，承諾通知の発信後に死亡し，意思能力喪失の常況となり，または行為能力の制限を受ける事態となった事実を，相手方（申込者）が「その承諾の通知が到達するまでに」知ったときは，承諾は失効する。したがって，契約は成立しない。ただし，承諾者が反対の意思を表示したときはこの限りでない（中試 28.5⟨2⟩）。この点では，再び到達主義を徹底している。

　改正民法は，これらの提案のうち，①⟨1⟩・⟨2⟩，②⟨1⟩・⟨2⟩，③⟨1⟩を採用した。すなわち，①⟨1⟩「承諾の期間を定めないでした申込みは，申込者が承諾の通知を受けるのに相当な期間を経過するまでは，撤回することができない」（民法 525 ①本＊。前記①⟨1⟩）。⟨2⟩「ただし，申込者が撤回をする権利を留保したときは，この限りでない」（民法 525 ①但＊。前記①⟨2⟩）。

　②⟨1⟩契約成立の発信主義を定めた**改正前民法 526 条 1 項を削除**し，契約の成立に関する**到達主義の原則**を採用した（前記②⟨1⟩）。それゆえに，⟨2⟩申込み撤回通知の延着通知が必要な場合を定めた**改正前民法 527 条も削除**された（前記

20）なお，労働者側からの労働契約の合意解約の申込みの撤回に関しては，どのようにルール化すべきかが議論されている。これまでのところ，公務員の辞職願は，使用者の辞職辞令が本人に到達するまでは，撤回可能とする判例がある（★最判昭和 34 年 6 月 26 日民集 13 巻 6 号 843 頁）。中試 28.3 補足説明 2 参照。

21）中試 28.6⟨2⟩補足説明参照。

②(2)）。この点でも到達主義が徹底され，改正前民法527条の《気配りルール》（前述(i)）は排斥された。しかし，申込者が承諾期間を敢えて定めなかった場合，承諾者にとっては申込みが何時まで有効か，撤回通知が何時到来するかが明確でないことから，申込みの撤回通知の発信後でもその到達前に承諾通知を発したときは契約を有効にする（改正前526①）一方で，撤回通知の延着の場合には申込者にも配慮する（改正前527）ルールは，両当事者間の利益バランスをキメ細かに図ったものだったといえる。

③ただし，**到達主義に対する例外**も存在する。すなわち，「申込者が申込みの通知を発した後に死亡し，意思能力を有しない常況にある者となり，又は行為能力の制限を受けた場合において，申込者がその事実が生じたとすればその申込みは効力を有しない旨の意思を表示していたとき，又はその**相手方が承諾の通知を発するまでにその事実が生じたことを知ったときは，その申込みは，その効力を有しない**」（民法526＊）。反対に，相手方が承諾通知を発するまでに申込者の死亡等の事実を知らなかったときは，たとえ承諾通知の発信後，到達前に承諾者が申込者の死亡等の事実を知ったとしても，承諾通知が到達すれば，契約は成立する。この限りで，**改正民法**526条は，改正前民法525条＋526条1項の**発信主義**を実質的に維持している。この意味では，**改正民法**も，契約の成立時期について発信主義から到達主義へと完全に転換したわけではない。

(iv) **契約の成立時期**　改正前民法526条1項が削除された結果，契約の成立時期に関しては，意思表示の効果発生に関する原則規定である**改正民法97条1項**の到達主義に変更された。これは，承諾期間の定めのある申込みに対する承諾の場合と，承諾期間の定めのない申込みに対する承諾の場合の双方に妥当する[22]。また，到達主義の採用に伴って改正前民法527条も削除された結果，申込者が申込みの撤回通知を発信した場合は，①申込みの撤回通知が相手方に到達した時期と，②相手方の承諾通知が申込者に到達した時期の先後により，契約の成否が決まることになる。

(v) **対話者間に関する規律**　改正前民法には，①隔地者間の規律である旨を明示した規定（改正前524，526①）またはそれが前提となっている規定（改正前522，523，525，527，528）と，②対話者間か隔地者間を区別していない規定（改正前521，526②）がある。そこで，中間試案は対話者間に関する明確な規律を設けることを提案した（図表Ⅳ-2）。

---

22) ただし，到達主義の例外として，**改正民法526条**があることにつき，前述(iii)③参照。

①　まず,「対話者間における申込みは, 対話が終了するまでの間は, いつでも撤回することができる」との提案がされた（中試28.4(1)）。理由は,［1］対話者間では相手の反応を察知して新たな内容の提案をすることも許されるべきこと,［2］対話継続中に相手方が何らかの準備をすることも考えにくいから, 申込みの撤回によっても相手方の利益は害されないと考えられることによる。

改正民法は, この提案を採用した（民法525②＊）[23]。

②　つぎに, 承諾期間の定めのない申込みに関して, 改正前法は隔地者間について,「申込者が承諾を受けるのに相当な期間を経過するまで」撤回できない（民法524）とする。そこで, 対話者間については反対解釈することになるが, それにも幅がある。そこで, 中間試案は,「対話者間における承諾期間の定めのない申込みは, 対話が終了するまでの間に承諾しなかったときは, 効力を失うものとする。ただし, 申込者がこれと異なる意思を表示したときは, その意思に従うものとする」と提案した（中試28.4(2)）。

改正民法は, この提案を採用しつつ, 本文の「対話が終了するまでの間」は「対話が継続している間」（民法525③本＊）に, ただし書の「これと異なる意思を表示したとき」を「申込者が対話の終了後もその申込みが効力を失わない旨を表示したとき」（民法＊525③但）と具体的に書き下した[24]。これらは, 対話者間における契約成立に関するルールとして, 合理的なものであろう。

(4)　懸賞広告

(i)　**懸賞広告を知らずに指定行為をした者の権利**　ある行為をした者に一定の報酬を与える旨を広告した場合（懸賞広告。改正前529～532）に関し, 中間試案は, 懸賞広告に指定した行為をした者が,「懸賞広告について知らなかった場合であっても」, 報酬請求権を取得するものとし, 懸賞広告者は報酬支払義務を負うことを法定する提案をした（中試28.7(1)）。懸賞広告の法的性質については(a)単独行為説と(b)契約説があり, この提案は(a)説に親和的である[25]。

---

23) もっとも,［1］に関しては,［1'］対話継続中は, たとえ申込みがされても, 対話終了までは相互に撤回可能性をなおも残すという暗黙のメタ・ルールを相互に黙示的に承認しているから, と説明することもできそうである。そうであるとすれば, 同様のことは承諾にも当てはまり, 対話継続中に申込みに対する承諾がされた場合でも, 対話継続中は承諾を撤回できる（したがって, 契約は成立しない）ということになりそうである。この点は, 理由［1］によれば, 対話継続中, 申込者は承諾者の反応を見て申込みを撤回できるが, 承諾がされればそれで交渉は終わるから, 撤回できないという帰結に通じるからにもみえる。これに対し, 理由［1'］によれば, 対話継続中は申込みであれ承諾であれ, 意思決定はなお最終的なものとはいえないものと解され, 対話継続中は承諾の撤回も可能となろう。もっとも, 申込みであれ承諾であれ, 表意者自らがあえて撤回しない旨の意思を表示したときは, それを否定する理由はないであろう。この意味で中試28.4(1)は任意規定と解される。

24) ちなみに, 改正前商法507条は「商人である対話者の間において契約の申込みを受けた者が直ちに承諾をしなかったときは」申込みは効力を失うとしたが, その趣旨が**改正民法525条3項**で一般法化されたことに伴い, 削除された。

しかし，これは，懸賞広告という行為をした者の黙示的意思の効果，またはそのような行為をした者に対する法定責任と解すべきであろう。

改正民法は，この提案を採用し，懸賞広告者は行為者が「その広告を知っていたかどうかにかかわらず」報酬支払義務を負うとした（民法529＊）。

(ii) **懸賞広告の有効期間**　改正前民法は，懸賞広告自体の効果の存続期間について特別に規定を置いておらず，懸賞広告の撤回について規定を置くにとどまった。そこで，懸賞広告の有効期間の一般原則として，①懸賞広告者が指定行為をする期間を定めた場合は，「当該期間内に指定した行為が行われなかったとき」は懸賞広告が効力を失い（中試28.7(2)ア），②懸賞広告者が指定行為をする期間を定めなかった場合は，「指定した行為が行われることはないと合理的に考えられる期間が経過したとき」に懸賞広告は効力を失うという（中試28.7(2)イ）ルールが提案された。

改正民法は，このうち，①のみを規定し（民法529の2②＊），②については規定せず，**撤回可能性のみを規定した**（民法529の3＊。後述(iii)）。

(iii) **懸賞広告の撤回**　懸賞広告の撤回に関する改正前民法530条の規律をつぎのように整理することが提案された。まず，①懸賞広告者が指定行為をする期間を定めた場合，広告の撤回権を放棄したものと推定する改正前民法530条3項に対し，懸賞広告者は原則として撤回できないが，「反対の意思を表示したとき」は撤回できるとの規定である（中試28.7(3)ア）。

改正民法は，この提案を採用しつつ，例外則の「反対の意思を表示したとき」を「**その広告において撤回をする権利を留保したとき**」と具体的に書き下した（民法529の2①＊）。この点は改正前民法の解釈としても可能と解されるが，懸賞広告者の意思解釈の問題であることを明確にするものとして妥当であろう。これも合意主義の徹底と解され，承諾期間を定めた契約の申込みに関する規律[26]と平仄を合わせる提案である。

他方，②指定行為をする期間を定めなかった場合につき，改正前民法は，指定行為を完了する者がない間は「広告と同一の方法によって」撤回できるとし，ただし，広告中に撤回しない旨の表示をしたときは撤回できない（改正前530①）とした。そして，その方法で撤回できないときは他の方法でも撤回できるが，その場合はそれを知らない者には撤回の効力を生じない（改正前530）とするものであった。

25）もっとも，「懸賞広告を特殊な契約と見れば同様の帰結を導き得る」との指摘もある（中試28.7補正説明1）。
26）前述(3)(ii)参照。

182　Ⅳ　債権各論⑴　契約総論部分の改正

　これに対し，中間試案は，改正前民法のルールを若干緩和し，広告と同一の方法による撤回を第 1 次的ルールとはせずに，①指定行為を完了する者がない間は，どのような方法によっても撤回できるが，②広告の方法と異なる方法で撤回したときは，撤回を知った者に対してのみ，撤回が効力をもつものとした。

　改正民法は，前記①を採用しつつ，その広告中に「**撤回しない旨を表示したとき**」は撤回できないものとした（民法 529 の 3 但＊）。また，前記②も採用しつつ，前の広告と同一の方法による撤回は，「**これを知らない者に対しても，その効力を有する**」（民法 530 ①＊）との法定効果を定めた。懸賞広告の制度趣旨に照らして，妥当であろう。

2　契約の解釈

　契約がひとまず成立要件を満たして成立したものの，契約条項の内容の解釈をめぐって当事者間に争いが生じた場合について，改正前民法には，紛争解決のための直接の規定は存在しない。しかし，実際の契約では，契約書で用いられた文言や口頭の合意の内容が曖昧であったり，明確に定めていなかったりしたために，契約の内容をめぐって争いになることも多い。また，現代の契約では，当事者の一方があらかじめ用意した定型的なフォーマットないし画一的な条項を用いて契約をすることも少なくない。そのような場合に，個別的に交渉・合意がされていない条項に相手方がはたして拘束されるのか，拘束されるとすればその根拠や要件は何か，条項の事後的な一方的変更が有効か否か等が問題になる。この問題は，法理上は，契約の有効要件とされる契約内容の①確定性，②実現可能性 [27]，③適法性，④社会的妥当性のうち，**①確定性の問題**として位置づけられる。

　契約が有効であるためには，その内容が確定していなければならない。そこで，契約が成立し，その中心的ないし本質的な内容については合意が成り立っているものの，契約の内容に不明瞭な部分や未確定な要素が残る場合は，それを明確にして確定するための契約の解釈が必要になる。しかし，改正前民法には契約の解釈方法に関する規定はない [28]。この問題について，中間試案は，

---

27)　我妻 1954: 80 頁。なお，②契約内容の実現可能性は，**改正民法**により，契約の有効要件ではないと解される
　　可能性もある（民法 412 の 2 ②＊）。もっとも，「不能の停止条件を付した法律行為は，無効とする」（民法
　　133 ①）は維持されていることにも注意する必要がある。第Ⅲ章 2 (3)，本章 1 (1)(ii)参照。
28)　改正前民法は，意思表示の内容が不明瞭または不確定である場合に，法令の規定（民法 91）および慣習（民
　　法 92）が妥当し，それらが意思表示の内容を補充するための要件を規定するにとどまる。

以下のように提案した（中試29）。

　　［1］　契約の内容について<u>当事者が共通の理解をしていたとき</u>は，契約は，その理解に従って解釈しなければならないものとする。

　　［2］　契約の内容についての当事者の共通の理解が明らかでないときは，契約は，<u>当事者が用いた文言その他の表現の通常の意味のほか，当該契約に関する一切の事情を考慮して</u>，当該契約の当事者が合理的に考えれば理解したと認められる意味に従って解釈しなければならないものとする。

　　［3］　上記［1］および［2］によって確定することができない事項が残る場合において，当事者がそのことを知っていれば合意したと認められる内容を確定することができるときは，契約は，その内容に従って解釈しなければならないものとする。

　　以上の提案は，委員会方針の提案を承継しつつ，その文言を修正および補足したものとみることができる[29]。［1］は**本来的解釈**，［2］は**規範的解釈**，［3］は**補充的解釈**と呼ばれるものであるが，<u>下線部は委員会方針に対する修正部分または補充部分である</u>（図表Ⅳ-3参照）。［1］は，委員会方針が用いた「当事者の共通の意思」という表現に代えて，「当事者が共通の理解をしていたときは，……その理解」と修正している。［2］は，規範的解釈の具体的手がかりについての例示を付加している。

　　［1］は，契約書の記載や口頭会話の文言が，社会一般でどのように理解され，用いられているかにかかわらず，当事者がそれについて共通の理解をしているときは，当事者の理解する意味に従って解釈すべきであるとするものであり（「誤った表示は害しない」），契約解釈の基本原則として，異論のないものである。例えば，A所有の中古車αをBに50万円で売却する合意が成立した際に，契約書に代金を「50万ドル」と記載した場合である。当事者に共通の理解があれば，通常は争いになることはないと考えられるが，仮にAがBに50万ドルの支払いを求めた場合は，Bは，その誤記の理由が，①ABの虚偽表示によるときは，「50万ドル」の表示が虚偽表示を理由に無効である旨を，②Bの錯誤（書き間違い，円＝ドルと誤解していたなど）によるときは，「50万ドル」の表示が錯誤を理由に無効である旨をひとまず主張したうえで，「50万円」での合意の成立を前提に，Aの代金支払請求やBの引渡請求が行われることになる。

　　［2］は，当事者が契約の内容について共通の理解をしていたか否かが不明の場合に加え，異なる理解をしていた場合であっても，当事者が契約の締結に当

29）松尾 2012a: 109-111 頁。

184　Ⅳ　債権各論(1)　契約総論部分の改正

図表Ⅳ-3　契約の解釈方法

解釈準則	民法	委員会方針	研究会案	中間試案
①当事者に共通する意思（理解）	——	【3.1.1.40】	——	29.1
②当事者の合理的理解	——	【3.1.1.41】	——	29.2
③当事者の推定的合意	——	【3.1.1.42】	——	29.3
④条項使用者不利の原則	——	【3.1.1.43】	469	——
⑤表示の客観的意味	——	——	——	——
⑥慣習	92	【1.5.48】		
⑦任意規定	91	【1.5.48】		
⑧条理・信義則	1②	【1.5.48】	526	

たって用いた契約書の記載や口頭会話の表現につき，通常どのように理解され
ているか，という解釈にそのまま従うのではなく，当該契約の個別事情を踏ま
えて当事者がその表示をどのように理解するのが合理的か，を基準とするもの
である[30]。例えば，A 電気店が所有する複数のパソコンの「αシリーズ 1～
10」のカタログを見ながら，買主の B が「βシリーズ 5」を注文した場合で
あっても，当該契約の締結がαシリーズのカタログを見ながら，「αシリーズ
5」を指し示しながら締結された事情があるときは，「αシリーズ 5」について
AB 間に契約が成立したと解釈する余地がある[31]。

　[3] は，[1]・[2] によっても契約内容を確定できない事項が残るが，契約
の成立自体は認められる場合（契約にとって本質的に重要な事項の内容を確定できない
ゆえに，契約の成立が認められない場合でないとき），例えば，付随的事項について紛
争が生じた場合は，慣習（民法 92），任意規定（民法 91），条理ないし信義則（民
法 1②）などの一般的基準による前に，なおも当該契約に即した法律関係を形
成する余地を探ることが，契約制度の趣旨に合致するという考え方によるもの
である[32]。例として，AB 間の建物の賃貸借契約において，賃料が相場よりも
相当に安い場合には，目的物の修繕義務（民法 608）は貸主 A の負担とする旨
の合意があったという解釈をする可能性が示唆されている[33]。

　契約を市民による法律関係の形成の基礎に置く契約主義の思想によれば，契
約の内容が確定できない場合は，慣習（民法 92）や法令の規定（民法 91）による
前に，契約当事者の意思をできるだけ明らかにし，それに従うことが望ましい。

---

30) 中試 29 概要・補足説明 3。
31) なお，「βシリーズ 5」の売買については，B の錯誤による取消し（民法 95 ＊）が主張されると考えられる。
32) 中試 29 概要・補足説明 4 (1)・(2)。
33) 中試 29 補足説明 4 (2)。

もっとも，［2］規範的解釈，さらに［3］補充的解釈は，当事者の純粋に主観的な意思を超えて，当該社会において当事者の意思表示はこのように解釈されるべきであるという客観的・社会的な規範に依拠しており，それらの規範の妥当性を示唆しているように思われる[34]。

　ちなみに，中間試案では，契約解釈に関する規定を置くことが解釈の硬直化を招くおそれがあるとみて，事案ごとの個別解釈に委ねるべきことなどを理由に，契約の解釈に関する規定は設けるべきでないとの考え方，および［3］補充的解釈はいまだ確立された基準ではないと解し，［2］本来的解釈・［3］規範的解釈にとどめるべきであるとの見解もあることを注記している[35]。**改正民法**は，契約の解釈に関する前記提案を採用しなかった。

3　約款の規制

⑴　約款および定型約款の定義

　契約実務においては，約款を用いて契約を締結することが少なくない。約款とは「多数の相手方との契約の締結を予定してあらかじめ準備される契約条項の総体であって，それらの契約の内容を画一的に定めることを目的として使用するものをいう」と定義された（中試 30.1）。約款について，委員会方針は，①約款が契約内容となるための要件，②不当条項の規制，③契約の解釈に際しての約款使用者不利の原則について規定を設けることを提案した[36]。中間試案は，①・②について規定を置くことを提案する一方，③については規定の提案を見送った（中試 30.2，30.5）[37]。

　約款の存在意義は，大量の定型的取引を迅速かつ効率的に行うために，契約当事者の一方が予め一定の契約条項を定めておき，個別の契約交渉を省くことにあると考えられる。それによって取引費用の削減が図られることは，契約当事者の他方にとっても利益になるからである。一方，民法理論の観点からは，当事者の具体的な合意がない契約条項がなぜ拘束力をもつのか，その理由と要件を明確にする必要がある。そこで，まずはその前提となる約款の定義が問題になる。

　中間試案は，前記のように，契約内容を画一的に定める目的の有無に着目し

34）松尾 2012a: 111 頁参照。
35）中試 29（注），概要・補定説明 4 ⑶，5。
36）松尾 2012a: 106-107 頁，111-114 頁参照。
37）もっとも，約款に関する規定を設けないとの考え方もある（中試 30.1（注））。

186　Ⅳ　債権各論(1)　契約総論部分の改正

て定義している。したがって，例えば，雛形を用いた契約でも，それが多数の
相手方と画一的内容の契約を締結する目的で用いられていれば約款に当たるが，
それが相手方との個別的交渉の手段として用いられ，相手方に応じて契約内容
が異なりうることを前提にしているときは，約款には当たらないことになる。
約款の存在意義が取引費用の削減にあるとすれば，この定義は約款に当たるか
否かをできるだけ客観的に判断する基準であるとみられる。

　改正民法は，約款のうち，「**定型約款**」に規律対象を絞り，その契約内容へ
の組入要件，開示義務，変更要件についてのみ，契約総則の末尾に [38]，3か条
の規定（民法 548 の 2 ＊～ 548 の 4 ＊）を設けた。ここにいう定型約款とは，「**定
型取引**」において，「**契約の内容とすることを目的**」として，「**不特定多数の
者**」を相手方とする「**ある特定の者**」によって準備された条項の総体である
（民法 548 の 2 ①＊）。このように，定型約款といえるためには，(ⅰ)定型取引に用
いられること，(ⅱ)契約内容に組み入れることを目的としたものであること，(ⅲ)
不特定多数の者を相手方とする取引当事者の一方によって準備されたものであ
ることが必要である。このうち，(ⅰ)「**定型取引**」とは，「**ある特定の者が不特
定多数の者を相手方として行う取引であって，その内容の全部又は一部が画一
的であることがその双方にとって合理的なもの**」である（民法 548 の 2 ①＊）。①
前半の「不特定多数の者」を相手方とする取引とは，相手方の個性に着目せず
に行われる取引である。②後半の取引内容の画一性が取引当事者双方にとって
「合理的」とは，相手方が不特定多数で，給付が均一であり，交渉による修正
の機会なしに同一内容の取引を行うことが両当事者に利益をもたらすことであ
る [39]。

　定型約款の具体例としては，電気供給約款，ガスの供給等に関する約款，運
送約款，旅行業約款，宿泊約款，預金規定・貯金規定，携帯電話・インターネ
ットのサービス利用契約約款等，多様なものがある。

(2)　約款の契約内容への組入要件

　約款による取引について最初に問題となるのは，約款が契約内容となるため
の要件である。中間試案は「契約の当事者がその契約に**約款を用いることを合
意**し，かつ，その約款を準備した者（以下「約款使用者」という。）によって，**契
約締結時までに，相手方が合理的な行動を取れば約款の内容を知ることができ**

38）民法第 3 編債権・第 2 章契約・第 1 節総則・第 5 款定型約款である。
39）法制審議会民法（債権関係）部会資料 83-2「民法（債権関係）の改正に関する要綱仮案（案）補充説明」37
　　頁参照。

る機会が確保されている場合には，約款は，その契約の内容となるものとする」と提案した（中試30.2）。ここでは，(i)約款を用いて契約を成立させることについての合意，および(ii)約款内容の開示が，契約内容への組入要件とされている。(i)は，約款を使用した契約でも，その拘束力の根拠は当事者の意思に求められるから，約款使用者と相手方との間には「約款を用いる合意」という，一種のメタ合意があることを要件とするものである。この合意は明示的合意であることも，黙示的合意であることもありうる[40]。(ii)は，(i)を前提にして，相手方が約款を用いた契約の締結に合意するか否かを判断するために，契約締結時までに約款の内容を認識する機会を確保するものである。問題は，どの程度約款の内容を認識する機会を保障すべきかである。これを余りに厳格に要求すれば，約款による契約の制度趣旨である取引費用の削減のメリットを削いでしまう一方，これを余りに緩やかにすれば，約款を用いて契約する合意の有無の判断に困難を来すことになるゆえに，調整が必要になる。中間試案は，約款使用者の相手方が「**合理的な行動**」を取れば約款内容を**知ることができる機会で足りる**として，比較的緩やかな基準を設定した[41]。ちなみに，委員会方針も(i)・(ii)の両要素を提示するが，(ii)については，約款使用者が**契約締結時までに相手方に約款を提示するもの**としており[42]，それに比べると，中間試案は開示要件を緩和している。これに対し，(ii)については，約款使用者が相手方に対し，契約締結時までに約款を明示的に提示することを原則とし，開示が困難な場合に例外を設けるという考え方も示されている。これは，契約の拘束力の根拠を当事者の意思に求める原則をより重視するものといえる[43]。

　改正民法は，以上の提案を踏まえつつ，定型約款によって契約内容が補充されるための要件につき，定型約款の「**個別の条項についても合意をしたものとみなす**」要件として，つぎの2要件を求めている。①定型取引を行う合意（**定型取引合意**）をした者が**定型約款を「契約の内容とする旨の合意」**（契約内容への組入合意）をしたこと，②定型約款を準備した者（定型約款準備者）が「**あらかじめその定型約款を契約の内容とする旨を相手方に表示していた**」ことである（民法548の2①＊）。②は「あらかじめ」の「表示」の対象が何かやや分かりに

40）中試30.2 概要・補足説明1。
41）中試30.2 本文，概要・補足説明2(1)。「合理的行動」は「合理的に期待することができる行動」を意味し，それは契約内容，取引態様，相手方の属性，約款開示の容易性，約款内容の合理性に関する公法的規制の有無等の事情を考慮して定まるものとされる。
42）委員会方針【3.1.1.25】，【3.1.1.26】。松尾 2012a: 106-107 頁参照。
43）中試30.2（注），概要，補足説明2(2)，(3)。なお，就業規則が労働契約の内容となるための要件に関する特別規定として，労働契約法7条がある。中試30.2 補足説明3参照。

くい表現をしているが，このような表現になった背景に，前述した委員会方針と中間試案の見解のズレがあることを考慮に入れることは重要である。ここでは，定型約款のあらかじめの表示ではなく，定型約款を契約内容とすることのあらかじめの表示が求められている。と同時に，**改正民法**は，定型約款準備者に「定型取引合意の前又は定型取引合意の後相当の期間内」に，「**相手方から請求があった場合**」には遅滞なく相当な方法で定型約款の内容を示さなければならない（すでに定型約款を記載した書面の交付や電磁的記録の提供が相手方にされているときは，それでもよい）ことを求めている（民法548の3①＊）。この定型約款準備者に課された開示義務の内容も考慮して，定型約款の契約内容組入要件の「表示」の意味も解釈すべきである。なお，定型約款準備者が，定型取引合意の前にこの開示請求を拒んだときは，定型約款は契約内容に組み込まれない（ただし，一時的な通信障害が発生した場合，その他の「正当な事由」がある場合は，この限りでない）（民法548の3②＊）。

(3) 約款の内容規制

(ⅰ) **不意打ち条項の禁止**　中間試案は「約款に含まれている契約条項であって，他の契約条項の内容，約款使用者の説明，相手方の知識及び経験その他の当該契約に関する一切の事情に照らし，相手方が約款に含まれていることを合理的に予測することができないものは，上記2〔中試30.2〕によっては契約の内容とはならないものとする」との提案も設けた（中試30.2）。いわゆる**不意打ち条項の禁止（無効化）**である。これは，委員会方針では設けられていなかったが，改めてその導入を図ったものである[44]。これは，約款が組入要件（前述(2)）を満たす場合でも，相手方が約款中に含まれているとは合理的に予測できない条項＝不意打ち条項があるときは，約款の拘束力を当事者の合意に求める基本原則に鑑みて，その条項には組入の合意が及んでいないと解釈するものである[45]。問題は，**ある契約条項が不意打ち条項に当たるか否かの判断基準**であるが，個別の相手方ごとに具体的に判断するか，想定される相手方の類型ごとに抽象的に判断するかは，解釈に委ねられた[46]。**改正民法**は，不意打ち条項については，規定を設けなかった。

(ⅱ) **不当条項規制**　委員会方針は，特定の契約条項につき，無効とみなされるいわゆるブラックリスト，および無効と推定されるいわゆるグレーリスト

---

44) これに対し，委員会方針【3.1.1.A】参照。一方，研究会案468条4項は，不意打ち条項を無効とする提案をしていた。なお，中整27も参照。松尾2012a: 107頁注331参照。

45) 中試30.3概要・補足説明。

46) 中試30.2概要・補足説明。

を民法典に規定することを提案した[47]。

これに対し，中間試案は，約款の効力に関連して，「前記2〔中試30.2〕によって契約の内容となった契約条項は，当該条項が存在しない場合に比し，約款使用者の相手方の権利を制限し，又は相手方の義務を加重するものであって，その制限又は加重の内容，契約内容の全体，契約締結時の状況その他一切の事情を考慮して相手方に過大な不利益を与える場合には，無効とする」という規定を設ける提案にとどめた。この規定の機能は，改正前民法では民法90条によって担われている。もっとも，約款の条項は当事者の個別交渉を経たものではなく，一般の契約条項とは異なる面があること，公序良俗違反という抽象的な規定だけでは契約条項の有効性に関する予測可能性が低いと判断されることから，民法90条とは別の規定を設けることが，この提案の趣旨である[48]。他方，当事者が個別的に合意した条項は，その過程で一定の合理性を確保されているものと解し，本文の規律の対象とされていない（「前記2によって契約の内容となった契約条項は」という文言が，このことを意味する）。

問題は，不当条項に当たるか否かの判断基準である。中間試案は，比較対象とすべき標準的内容を明らかにするために，その条項がなかったとすれば適用され得たあらゆる規律（明文の個別法規定，信義則等の一般条項，基本法理，判例法理等）を適用した場合と比較し，当該条項が「相手方の権利を制限し又は義務を加重し」，その結果「相手方に過大な不利益」を与えているかどうかという観点から判断するものとした[49]。また，約款の条項の不当性は，暴利行為の規定（中試1.2(2)）のように，「著しく過大な不利益を与える」ものであることまでは，求められていない[50]。

約款の条項が不当条項に当たると評価された場合の効果は，無効とされた。理論的には，無効のほか，相手方からのみ主張できる無効，取消可能とすること等も考えられる。しかし，不当条項の効力否定の根拠が社会的妥当性の欠如にあるとすれば，民法90条，消費者契約法8条～10条との整合性やバランス上も，無効とすべきであろう[51]。

以上の提案に対し，契約条項の内容を制限する規律を設けることにより，**自由な経済活動を阻害するおそれ**があることを危惧する立場からは，前記のよう

---

47) 委員会方針【3.1.1.33】～【3.1.1.36】。なお，中整31.1，31.5も参照。松尾2012a: 112-114頁。
48) 中試30.5概要・補足説明。
49) 中試30.5概要・補足説明3，4。
50) 中試30.5概要・補足説明3(2)。
51) 中試30.5概要・補足説明5。

な規定を設けるべきはでないという考え方も示された[52]。

改正民法は，以上の諸提案を踏まえ，定型約款の内容をなす条項につき，①「相手方の権利を制限し，又は相手方の義務を加重する条項」であって，②「その定型取引の態様及びその実情並びに取引上の社会通念に照らして第１条第２項に規定する基本原則に反して相手方の利益を一方的に害すると認められるもの」であるときは，「合意しなかったものとみなす」（民法548の2②*）と定めた。これは，消費者契約法10条と類似の判断枠組に従い，定型約款を契約内容に組み入れるための実質要件であるといえる。

(4) 約款の変更に伴う契約内容の変更

約款を用いていったん成立した契約関係は，一定期間継続する場合もある。その場合，法令の改正，経済・社会状況の変化等により，約款内容を画一的に変更すべき必要性が生じることもある。電気料金の値上げ等である。約款使用者にとっては，多数の相手方との間で契約内容を変更するために個別の同意を得ることは困難であるが，相手方にとっては，契約の一方的な変更は不利益を生じる。また，民法理論の観点からも，約款使用者による一方的変更が可能な要件とその根拠を明らかにする必要がある[53]。約款を用いた契約の趣旨である取引費用の削減が制度的に確保されているかという観点から，評価すべきである。

中間試案は，約款の変更に関しては引き続き検討するとしつつ，以下の趣旨の提案をした（中試30.4。下線は引用者による）。

（i）約款が前記2〔中試30.2〕によって契約内容となっている場合において，次のいずれにも該当するときは，約款使用者は，当該約款を変更することにより，<u>相手方の同意を得ることなく</u>契約内容の変更をすることができるものとする。

① 当該約款の内容を画一的に変更すべき合理的な必要性があること。

② 当該約款を使用した契約が現に多数あり，その全ての相手方から契約内容の変更についての同意を得ることが著しく困難であること。

③ 上記①の必要性に照らして，当該約款の変更の内容が合理的であり，かつ，変更の範囲及び程度が相当なものであること。

④ 当該約款の変更の内容が相手方に不利益なものである場合にあっては，その不利益の程度に応じて適切な措置が講じられていること。

---

52) 中試30.5（注），概要・補足説明5。
53) 中試30.5概要，補足説明。

（ⅱ）　上記(ⅰ)の約款の変更は，約款使用者が，当該約款を使用した契約の相手方に，約款を変更する旨及び変更後の約款の内容を合理的な方法により周知することにより，効力を生ずるものとする。

　このうち，(ⅰ)は約款の変更に伴う契約の内容の変更のための実質要件，(ⅱ)はその手続要件としての周知義務を定めたものである。

　改正民法は，この(ⅰ)・(ⅱ)の検討を踏まえ，以下の要件を満たせば，定型約款準備者は，定型約款の変更により，変更後の定型約款の条項について合意があったものとみなし，個別に相手方と合意をすることなく契約の内容を変更することができるとした。

　（ⅰ）　実質要件として，①定型約款の変更が「**相手方の一般の利益に適合する**」とき，または②定型約款の変更が**契約目的**に反せず，かつ「**変更の必要性，変更後の内容の相当性，この条の規定により定型約款の変更をすることがある旨の定めの有無及びその内容その他の変更に係る事情に照らして合理的なもの**」であることが必要である（民法 548 の 4 ①＊）[54]。

　（ⅱ）　手続要件として，定型約款準備者は，定型約款の変更の効力発生時期を定め，かつ定型約款を変更する旨および変更後の定型約款の内容ならびにその効力発生時期をインターネットの利用その他の適切な方法により「**周知**」しなければならない（民法 548 の 4 ②＊）。定型約款の変更の効力発生時期までにこの周知をしなければ，(ⅰ)**②の変更は効力を生じない**。周知義務と変更の効力発生の連動は，相手がの利益に適う変更には及ばない[55]。この点は，中間試案の提案をよりキメ細かに修正している。

(5)　**約款の解釈における条項使用者不利の原則**

　契約の解釈と約款の規制の接点に位置する問題として，約款で用いられた条項に関する条項使用者不利の原則を民法に規定すべきか否かが議論された。これは，約款に含まれる条項について，(ⅰ)当事者に共通する意思ないし理解を探求しても（本来的解釈），それが見出されず，(ⅱ)当該契約に関する諸事情の下で当事者がどのように理解するのが合理的であるかを探求しても（規範的解釈），なお複数の理解が残る場合において，(ⅲ)当事者がそのことを知っていれば理解したと認められる内容を確定することができるときは，その内容に従って解釈すべきとする補充的解釈をする代わりに[56]，約款の使用者に不利な解釈を採

54）なお，この実質要件を満たしているときは，**改正民法** 548 条の 2・2 項による不当条項規制は適用されない（民法 548 の 4 ④＊）。前者の方が厳格な内容規制と解されるからである。
55）これに対し，相手方の利益に適合する(ⅰ)①の変更は，周知前でも効力を生じる。
56）前述 2 参照。

用すべきであるという原則である。その根拠は，約款の条項が約款使用者によって一方的に作成されたこと，その場合において複数の可能性が残ることによるリスクは当該契約条項を一方的に作成した者が負担するのが公平に適うという見解にある[57]。

委員会方針は，契約解釈に関する原則の1つとして，条項使用者に不利な解釈，および事業者が提示した消費者契約の条項について複数の解釈が可能な場合の事業者に不利な解釈の原則を規定することを提案した[58]。そこでは，条項使用者不利の原則を契約解釈のどのレベルに位置付けるかという問題が残されていたが[59]，前記の考え方は，これを契約一般の解釈における補充的解釈に並ぶものとして位置づけているものと解される。

しかしながら，中間試案は，約款使用者といえども将来のあらゆる事態を想定して契約条項を作成することは不可能であり，予測不可能なリスクを一方的に負担させるのは適切でない，条項使用者不利の原則は個別事情を汲む余地を制限し，契約解釈を硬直化させる，契約一般の解釈の諸原則との関係がなお不明確であるなどの理由から，解釈基準を条文化することを提案しなかった[60]。**改正民法**も，これに関する規定は設けなかった。

4 双務契約の効果——同時履行の抗弁権，不安の抗弁権

(1) 同時履行の抗弁権

改正民法 533 条は，「双務契約の当事者の一方は，相手方が**その債務の履行（債務の履行に代わる損害賠償の債務の履行を含む。）**を提供するまでは，自己の債務の履行を拒むことができる。ただし，相手方の債務が弁済期にないときは，この限りでない」とし，（　）内の規定を追加した。これにより，例えば，売主に対する買主の履行に代わる損害賠償請求権（民法 415 ②*）と売主の代金支払請求権，売主に対する買主の契約不適合を理由とする追完に代わる損害賠償請求権と売主の代金支払請求権，請負人に対する注文者の契約不適合を理由とする追完に代わる損害賠償請求権と請負人の報酬支払請求権等が，同時履行関係に立つことが，明文化された。その結果，**改正前民法における売主の担保責任**

57）中試 29 補足説明 6 参照。
58）委員会方針【3.1.1.25】，【3.1.1.43】〈2〉但書。研究会案 469 条も約款作成者不利の原則を提案する。なお，中整 59.3 も参照。
59）松尾 2012a: 111 頁参照。
60）中試 29 補足説明 6。

としての買主の損害賠償請求権と売主の代金支払請求権との同時履行を定めた規定（改正前571），請負人の担保責任としての注文者の損害賠償請求権と請負人の報酬支払請求権との同時履行関係を定めた規定（改正前634②）は削除された。

(2) 不安の抗弁権

（ⅰ）　意義　　不安の抗弁権とは，双務契約の当事者の一方が，契約に基づいて先履行義務を負う場合において，相手方から反対給付を受けられないおそれ（信用不安等による）が契約当初からまたは契約締結後に発生したときに，自己の債務の先履行を拒絶する権利である。Aが先履行を約束したにもかかわらず，そうした抗弁権を認めることは，《契約は守れらなければならない》という原則の例外を意味するようにも思われる。にもかかわらず，この抗弁権を認めるべきとするその理由は，双務契約においては両当事者の衡平を確保する必要があることに求められている[61]。

【例4】　A会社（売主）がB会社（買主）に製品 α を毎月10日までに1,000個納入する一方，Bが毎月末日までにその代金を支払う旨の製作物供給契約を締結した。2017年5月10日，Aの履行期が到来したものの，その直前にBの信用不安が判明したことから，Aが製品 α 1,000個の引渡しを拒んだ。

不安の抗弁権は，民法1条2項の信義則等を根拠にして，解釈上も認められており，これを肯定した裁判例も存在する[62]。さらに，取引ルールの透明性を高めるために，双務契約一般に妥当する通則としてこれを立法化すべきかどうかが議論されている。中間試案は以下のように提案した（中試33）[63]。

「双務契約の当事者のうち自己の債務を先に履行すべき義務を負う者は，相手方につき破産手続開始，再生手続開始又は更生手続開始の申立てがあったことその他の事由により，その反対給付である債権につき履行を得られないおそれがある場合において，その事由が次に掲げる要件のいずれかに該当するときは，その債務の履行を拒むことができるものとする。ただし，相手方が弁済の提供をし，又は相当の担保を供したときは，この限りでないものとする。

ア　契約締結後に生じたものであるときは，それが契約締結の時に予見する

61）中試33補足説明1。

62）例えば，★東京地判平成2年12月20日判時1389号79頁，★東京高判昭和62年3月30日判時1236号75頁，★東京地判昭和58年3月3日判時1087号10頁，★知財高判平成19年4月5日裁判所ウェブサイト（先履行義務者によるミニマム・ロイヤリティの支払義務不履行が違法性を欠き，この債務不履行を理由とする相手方の解除には理由がないとされた）等がある。

63）これに対し，このような規定を設けない，または民事再生手続や会社更生手続の開始後は不安の抗弁権を行使できないものとする旨の考え方もある（中試33（注））。なお，委員会方針【3.1.1.55】，松尾2012a: 51頁参照。

ことができなかったものであること

　イ　契約締結時に既に生じていたものであるときは，契約締結の時に正当な理由により知ることができなかったものであること」。

　以下，その要件と効果について検討する。

（ii）**要件**

①　不安の抗弁権は【例4】のAのように，双務契約当事者の一方が先履行義務を負う場合に問題になる。【例4】のAがBより後に履行する義務を負う約定をした場合は，期限の利益を援用することができる。また，ABが履行期を定めなかった場合はBが代金支払債務等の反対給付義務の履行の提供をするまでは履行をしないとの同時履行の抗弁権（民法533＊）をAは主張することができる。

②　「履行を得られないおそれ」（以下，**履行危殆化事由**）とは，先履行義務者Aがもしかすると相手方Bから履行を得られないかも知れないという主観的・一方的な不安感をもつだけでは足りず，客観的・合理的な根拠に基づく履行危殆化の蓋然性が抗弁権の行使時点で現に存在する必要がある。そこで，中間試案は「破産手続開始，再生手続開始又は更生手続開始の申立てがあったことその他の事由」を具体的に例示している。

　そこには，【例4】のようなBの信用不安のほか，Bが履行の意思を全く有しないことが契約締結後に判明した場合のほか，【例9】（後述9）でBが代金先払義務を負っていた場合において，Aの工場が自然災害によって操業不能状態に陥った場合等も含まれる[64]。

③　後履行義務者の履行危殆化事由は，それが契約締結後に発生したときは先履行義務者が契約締結時に予見できなかったこと（前記(i)中試33ア），契約締結時に発生していたときは先履行義務者が「正当な理由」で知り得なかったこと（前記(i)中試33イ）が要件とされている。これは，契約締結時に先履行義務者が織り込んで契約したリスクは自ら負担すべきであると考えられるからである。それゆえに，先履行義務者は自ら予見可能性・認識可能性がなかったこと（予見不可能性・認識不可能性）について主張・立証責任を負う[65]。

④　不安の抗弁権は，相手方Bが弁済の提供または相当の担保の提供をしたときは行使することができない（前記(i)中試本文第2文）。この場合，先履行義

64）中試33概要・補定説明2(2)。例えば，【例9】（後述9）においてBが毎月10日までに代金100万円を先払いする義務を負っていた場合，2017年5月10日が経過してもBは不安の抗弁権を行使して，Aに代金支払を拒絶できるかが問題になる。

65）中試33概要・補定説明2(3)。

務者には後履行義務者から反対給付の履行を受けられないリスクがなくなったと解されるからである。これは履行危殆化阻却事由であり，後履行義務者が主張・立証責任を負うべき抗弁事由である[66]。

(iii) **効果**　先履行義務者（【例4】のA）は，不安の抗弁権を行使することにより，①自己の債務の履行を拒絶することができる。そして，その場合でも，②先履行義務者は債務不履行による損害賠償責任を負わず，③相手方は先履行義務者の債務不履行を理由に契約を解除することはできない。例えば，【例4】のAは製品 α 1,000 個の引渡しを拒むことができ，その場合にBがAに遅延賠償を請求したり，契約解除を主張することはできない。しかし，不安の抗弁権の効果はそこまでで，Aは製品 α 1,000 個の履行の提供（民法493）をしなければ，2014 年 5 月末のBの代金支払債務の履行期到来後にBに代金支払請求しても，Bは同時履行の抗弁権を行使して，代金支払を拒むことができる。Aの引渡債務の履行期も到来しているからである（民法533＊）。

(iv) **双務契約以外の契約への適用可能性**　双務契約以外の契約についても，不安の抗弁権の必要性が議論されている。例えば，書面による消費貸借契約を諾成契約とした場合（その場合でも貸す債務と返す債務とは相互に他方の債務の存在・履行を前提とする対価関係に立たず，双務契約に当たらないと解されている）[67]，必然的に先履行義務者となる貸主Aが貸す債務を履行する前に借主Bの信用状態が悪化したが，契約締結時にはそれが予見不可能であったと認められるときは，貸主に貸す債務の履行拒絶権を認める必要性があるのではないかという問題提起がされている。そのために不安の抗弁権の適用範囲を双務契約より広く画するか，必要に応じて消費貸借等の契約類型ごとに不安の抗弁権に関するルールを設けることを考慮する余地がある[68]。

(v) **明文化の当否**　不安の抗弁権について民法に規定を設けることには反対論もある。理由は，不安の抗弁権の規定を設けると，自己の帰責事由によって履行が困難になった先履行義務者Aが，たとえ要件が具備されていなくともそれを不当に行使したり，要件が備わっているか定かでなくともダメ元で行使したりするインセンティブを与える等，濫用のおそれがあるからである[69]。

---

66) 中試 33 概要・補足説明 3。

67) 中試 37.1 (2)～(5)は諾成的な消費貸借契約の成立も可能とする趣旨の提案をした。改正民法は，書面または電磁的記録による消費貸借を諾成契約とした（民法587の2＊。後述第Ⅴ章3 (2)参照）。

68) 中試 33 補足説明 5。なお，中試 37.1 (5)も参照。

69) 中試 33 補足説明 5 参照。なお，諸外国には，ドイツ民法 321 条等，立法例や立法提案がある。法制審議会民法（債権関係）部会第 81 回会議（平成 25 年 12 月 10 日）配布・部会資料 72B「民法（債権関係）の改正に関する要綱案の取りまとめに向けた検討(8)」22-25 頁参照。

また，規定するとしても，後履行義務者について民事再生手続や会社更生手続が開始された後に，先履行義務者によって不安の抗弁権が主張されると，事業再建の支障になりかねないとして，再建型倒産手続の開始後は不安の抗弁権を行使できない旨を明らかにすべきとの意見もある。

その場合，それらの倒産手続開始後は反対給付である債権が共益債権として処遇されるから（民事再生法49④，会社更生法61④），不安の抗弁権を認める必要はないとする。しかし，債務者の財産状態が共益債権すら満足できないほど悪化している事態も考えられ，そのような場合も事業再建の必要性を理由に不安の抗弁権を否定することには，疑問も提起されている[70]。

改正民法は，不安の抗弁権について規定を設けず，引き続き解釈論に委ねている。

5 第三者のためにする契約

(1) 第三者のためにする契約とは何か

契約は，当事者間に権利・義務を発生させるだけでなく，第三者に権利を発生させることも可能である。そのための制度が「第三者のためにする契約」である。例えば，契約の一方当事者 A が他方当事者 B に対し，第三者 C のために金銭，その他の物の引渡し，サービスの提供等の給付をするよう申し入れ，B がこれを承諾した場合，C はどのような法的地位を取得し，どのようにして B に対する権利を取得するであろうか。また，それによって A や B の権利・義務はどのような影響を受けるであろうか。とくに B が A と約束したとおりの給付をしなかった場合に，C や A が B に対して法的にどのような手段をとることができるかが問題になる。

第三者のためにする契約は，様々な場面で用いられる[71]。例えば，**【例 5】**A が C から 500 万円を借り入れて債務を負う一方で，A が B に対して毎月納入する商品 a の売掛代金債権 100 万円をもつ場合において，今後 5 か月分の代金合計 500 万円を B が C の銀行口座に振り込むものとし，C は B に対して支払期限が到来した代金債務の履行を請求することができることを AB 間で合意したときは，AB 間に第三者 C のためにする契約が成立する。この場合，B が

---

70) 中試 33（注），同概要・補足説明 4。なお，中間試案も，再建型倒産手続については，その申立てがあれば常に直ちに履行危殆化に当たると形式的に認定して不安の抗弁権を認めるものとすべきか否かは，検討の余地を残しているものと解される。

71) その多様な類型に関しては，松尾 2012a: 134-135 頁参照。

5 第三者のためにする契約　　197

図表 IV-4　第三者のためにする契約

要約者（受約者）　　　　　　　　　　　　　　　　　　諾約者（約束者）

A ──────第三者のためにする契約──────→ B
　　　　　　　　（補償関係）
　　　　　　履行請求／契約解除？
　　　　　　　　　　　　　　　　　　　　　　　債務履行
　　　　承諾　　履行請求
　　　　　　　　（C→B）
　（対価関係）　　　　　　　　　　　　　（出捐関係）

C
第三者（受益者）

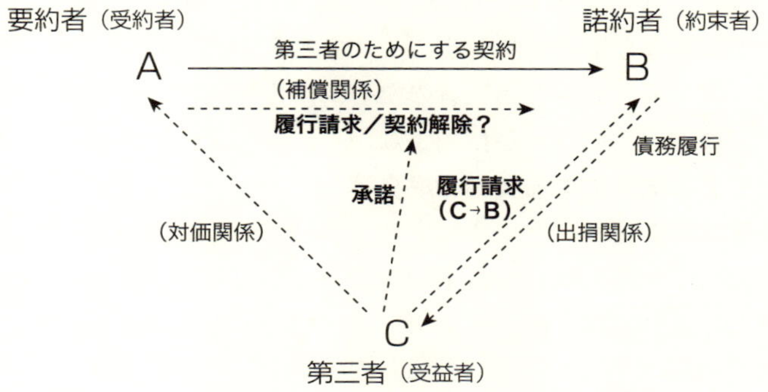

代金支払債務を履行しないまま期限が経過したときは，C は B に支払請求することができる（民法 537 ①。図表 IV-4 参照）。

　これに対し，**【例 6】** A が得意先の C にお中元・お歳暮・その他の贈り物をするために，B デパートの商品 β を C に届けることを AB 間で合意した場合は，とくにこれを第三者 C のためにする契約として約定する旨の特約がない限り，AB 間の売買契約の引渡場所を C の住所にしたにすぎないものと解される。この場合，B が A と約束した期日までに商品 β を C に届けなかったとしても，C は B に引渡請求をすることはできない。

　このように，第三者のためにする契約に当たるか否かは，契約当事者 AB が第三者 C に契約上の「給付を請求する権利」（民法 537 ①。債務の履行請求権）までを付与する趣旨で契約したかどうかによる。それは AB 間の契約解釈の問題である。このように第三者のためにする契約の法理上の根拠は，AB 間の**契約自由の原則**に求めることができる[72]。

　【例 5】において，C が B に履行請求した後は，すでに C の給付請求権が発生していることから（改正前 537 ②），AB がこの契約を合意解除して C の権利を消滅させたり，契約内容を変更して B の支払債務を 50 万円に減額したりすることはできない（改正前 538）。もっとも，A が B との売買契約で B と約定したとおりに商品 α を引き渡さなかった場合，B は A との契約を解除して（改正

72）一般に，第三者のためにする契約は，**契約の相対効の原則**（契約は当事者の権利・義務を変動させるものであり，第三者の権利・義務を直接に変動させることはできない）**に対する例外**として，当事者間の契約により，第三者の権利を直接に変動させる制度として理論的に位置づけられている。松尾 2012a: 133 頁参照。しかし，第三者の権利取得をその受益の意思表示にかからせるとすれば（後述(iii)参照），契約の相対効の原則の例外という必要はないとも考えられる。

前541）Cの代金支払請求を拒んだり，商品 *a* に瑕疵（**民法改正**後は契約不適合）
があった場合にAの損害賠償債務との同時履行を主張して（改正前570・566①）
Cの代金支払請求を拒んだりすることはできる（民法539）。

　以上のような特色をもつ第三者のためにする契約に関する改正前法の規律に
対し，いくつか改正の余地が指摘された。

(2)　第三者のためにする契約の成立等

(i)　**中間試案の提案**　　中間試案は，第三者のためにする契約について定め
た改正前民法537条に関し，以下の趣旨の改正提案をした（中試31.1）。

　①　契約により当事者の一方が第三者に対してある給付をすることを約した
ときは，その第三者（以下，受益者という）は，その当事者の一方（以下，諾約者
という）に対して直接にその給付を請求する権利を有するものとする。

　②　上記①の契約は，その締結時に受益者が胎児その他の現に存しない者で
ある場合であっても，効力を生じるものとする。

　③　上記①の場合において，受益者の権利は，その受益者が諾約者に対して
上記①の契約の利益を享受する意思を表示した時に発生するものとする。

　④　上記①の場合において，上記①の契約の相手方（以下，要約者という）は，
諾約者に対し，受益者への債務の履行を請求することができるものとする。

　このうち，①・③は改正前民法537条1項・2項と同じ内容を維持するもの
である[73]。

(ii)　**受益者の現存および特定の不要性**　　これに対し，前記(i)②は，改正前
民法には規定がないが，解釈上認められている法理を明文化する提案である。
すなわち，胎児，設立中の法人等のように，契約締結時には**現存しない**が将来
出現する者を受益者とする第三者のためにする契約も有効に成立する[74]。もっ
とも，この場合，受益者は現存していないが特定されている。では，さらに進
んで，契約締結時に受益者が**特定されていない**場合も，第三者のためにする契
約は成立するであろうか。判例はこれも認めている[75]。契約成立後に受益者
が特定され，諾約者に履行請求することは可能であるし，そのような契約をす
る必要性も考えられる以上，要約者・諾約者間のそうした合意も契約自由の範
囲内とみてよいであろう。しかし，前記(i)②がこのことも認める趣旨かどうか

73）　もっとも，第三者のためにする契約の法律関係を明確にするために，受益者・諾約者・要約者（前記④も参照）という用語法を採用している。しかし，この用語法は，後述する「要綱案のたたき台(2)」5.1では採用されず，**改正民法**も採用しなかった。

74）　例えば，★最判昭和37年6月26日民集16巻7号1397頁（設立中の法人を受益者とする第三者のためにする契約）等参照。

75）　例えば，★大判大正7年11月5日民録24輯2131頁参照。

は不明確であった。そこで，「要綱案のたたき台(2)」は，この点を明確にすべく，第三者のためにする契約は「その締結時に第三者が現に存在しない場合又は第三者が特定されていない場合であっても，その効力を生ずるものとする」という修正提案をした[76]。

改正民法は，この提案を採用し，第三者のためにする契約は「その成立の時に第三者が現に存しない場合又は第三者が特定していない場合であっても，そのためにその効力を妨げられない」（民法537②＊）とした。

(iii) **第三者の権利取得のための受益の意思表示の必要性**　　前記(i)③は，第三者による受益の意思表示の時に第三者の給付請求権が発生するとする改正前民法537条2項の規律（受益の意思表示必要説）を維持するものである。この(a)**受益の意思表示必要説**に対しては，(b)**受益の意思表示不用説**も有力である。その理由として，次の点が挙げられる。①胎児，新生児，精神障害者等で事理弁識能力がないにもかかわらず法定代理人がいない者が受益者となる場合，受益の意思表示を不要とする方がこれらの者にとって便宜である。②法定代理人がいる場合，例えば，親と医療機関との出産契約を胎児の安全な分娩の確保等を内容とする第三者のためにする契約と解した場合でも，子が生まれた直後に親が子を代理して受益の意思表示を黙示に行ったとの技巧的認定をする必要がない[77]。③すでに特別法は，第三者のためにする傷害保険契約（保険法8），同生命保険契約（同法42），同傷害疾病定額保険契約（同法71）等において，保険給付請求権の発生要件として保険金受取人の受益の意思表示を必要としていない。同様に，第三者を受益者とする信託でも受益者は原則として受益の意思表示なしに当然に受益権を取得する（信託法88①）[78]。さらに，④受益の意思表示なしに第三者が権利を取得するとしても，第三者は権利を放棄することが可能であり，放棄によって受益者が最初から権利を取得しなかったものとする規定を設けることにより，受益者が望まない権利や利益を押し付けられることはない，とされる。

これに対し，(a)受益の意思表示必要説は，次の理由から反対する[79]。①受益の意思表示を不要とすると，とくに諾約者Bにとって第三者Cの権利取得時期が不明確となり，時効管理，会計処理等に支障を生じる。②受益者が権利

---

76)「民法（債権関係）の改正に関する要綱案のたたき台(2)」民法（債権関係）部会資料67A: 57-58頁。

77) 親の代理による黙示の受益の意思表示を認定した例として，★東京地判昭和54年4月24日判タ388号147頁，★名古屋地判平成元年2月17日判タ703号204頁等がある。

78) 中試31.1概要1(1), (2)。

79) 中試31.1概要1(1), (2)。

取得を望まないにもかかわらず，権利が当然に発生するのは行き過ぎであり，とくに反社会的勢力が関係する債権等は押し付けられるべきでない。③権利の当然取得後であっても権利放棄できるとしても，またそうした権利放棄の遡及効を法定するとしても，第三者Cの権利取得後・放棄前に，Cに対する債権者Dが当該権利を差し押さえた場合等，利害関係人Dが生じたときは，Cはその後に権利放棄してもDに対抗できないという趣旨のさらなる例外則を設ける必要が出てくることも想定される[80]。その場合は，第三者Cの意思に反する権利取得の強制を完全に排除することができない[81]。

改正民法は，(a)受益の意思表示必要説を維持した（民法537③＊）。第三者による給付請求権取得の要件として受益の意思表示の必要性は維持すべきであり，そのことが第三者のためにする契約の基礎にある契約自由の原則に合致するものと考える。

(iv)　**要約者の履行請求権**　　前記(i)④は，要約者Aが諾約者Bに対して受益者Cへの「債務の履行を請求することができる」とする規定の新設を提案するものである（図表IV-4参照）。その際，「給付の履行」ではなく「債務の履行」とする理由は，受益者Cの受益の意思表示により，給付請求権が発生し，諾約者Bにはそれに対応する給付を履行する「債務」が発生したことを要件とするからである[82]。この点は改正前民法に規定がなく，解釈論に委ねられている。要約者は，受益者による受益の意思表示の先後を問わず，諾約者に対し，――もちろん契約に従い――履行請求できるという考え方が一般的であるとされる[83]。この要約者の諾約者に対する履行請求につき，裁判例は，(a)**肯定説**[84]と(b)**否定説**[85]に分かれている。(b)否定説の論拠は，①要約者の諾約者に対する（受益者への）履行請求を肯定すると，受益者の諾約者に対する履行請求との二重訴訟となるおそれがある，②要約者の諾約者に対する履行請求訴訟の既判力・執行力の範囲等が不明確になる等である[86]。

これに対し，(a)肯定説＝前記(i)④は，①要約者の諾約者に対する履行請求訴

80）実際，委員会方針【3.2.16.02】〈5〉はその趣旨の提案であった。

81）松尾 2012a: 136-137 頁。

82）中試 31.1 概要 3(1)，要綱案のたたき台(2) 5.1 説明 2(2)部会資料 67A: 59-60 頁。

83）中試 5.1 概要 3(1)，要綱案のたたき台(2) 5.1 説明 2 部会資料 69A: 58-60 頁参照。

84）★大判大正 6 年 2 月 14 日民録 23 輯 152 頁，★広島高決昭和 30 年 1 月 17 日高民集 8 巻 1 号 23 頁，★東京地判昭和 31 年 9 月 24 日下民集 7 巻 9 号 2593 頁等。要綱案のたたき台(2) 5.1 説明 2(1)部会資料 69A: 58-59 頁参照。

85）★神戸地裁伊丹支判昭和 50 年 2 月 17 日判タ 332 号 314 頁等。要綱案のたたき台(2) 5.1 説明 2(1)部会資料 69A: 58-59 頁参照。

86）中試 31.1 概要 3(2)，要綱案のたたき台(2) 5.1 説明 2(2)部会資料 69A: 58-59 頁。

訟の訴訟物は要約者の諾約者に対する作為請求権であり，それは受益者の諾約者に対する履行請求権とは訴訟物を異にする，②要約者の諾約者に対する履行請求訴訟の既判力は当事者（要約者・諾約者）間にしか及ばず，その執行方法は代替執行（民執171）または間接強制（民執172）によるので，受益者の諾約者に対する履行請求訴訟とは抵触しないとみる[87]。

　第三者のためにする契約に基づき，第三者の権利が受益の意思表示によって発生した後でも，諾約者による履行によって債権が消滅していない以上，要約者は第三者のためにする契約の当事者であり，要約者から受益者への債権譲渡や契約上の地位の移転が生じているのではないから，要約者はなおも諾約者に対する履行請求権をもつと解され，ⓐ肯定説が妥当であると考える。

　改正民法は，この点については，規定を設けなかった。解釈論に委ねる趣旨と解される。

(3)　要約者による解除権の行使

　前述した【例5】において，諾約者Bが受益者Cに約定どおりに代金の振り込みをしない場合，要約者AはBに対し，Bの債務不履行を理由に，第三者のためにする契約を解除（改正前541，民法541＊）することができるであろうか（図表Ⅳ-4参照）。改正前法は，これについて明確に規定していない。中間試案は，「民法第538条の規律に付け加えて，諾約者が受益者に対する債務を履行しない場合には，要約者は，受益者の承諾を得て，契約を解除することができるものとする」と提案した（中試31.2）。この中間試案の立場は，諾約者Bが受益者Cへの債務を履行しない場合において，諾約者Bの要約者Aに対する債務不履行を理由に，要約者Aが第三者Cのためにする契約を解除するためには，「民法第538条の趣旨に照らし」，受益者Cの諾約者Bに対する履行請求権を受益者Cに無断で奪うことは妥当ではないと考えられることから，「**要約者は受益者の承諾なしには当該第三者のためにする契約を解除することができない**」としたものである[88]。

　この点については，(a)要約者は諾約者の債務不履行を理由とする場合であっても，**受益者の承諾なしには契約解除できない**との見解（＝中試31.2）と，(b)要約者は**受益者の承諾なしに契約解除できる**とする見解が対立している[89]。この問題は，第三者のためにする契約において，①第三者が受益の意思表示をし

87）中試31.1概要3(2)，要綱案のたたき台(2) 5.1説明2，（部会資料集3-2: 500-502頁，部会資料67A: 58-60頁）。
88）中試31.2概要。催告の要否等，その他の解除要件は，契約解除に関する一般規定による。
89）中試31.2補足説明，要綱案のたたき台(2) 5.2説明2部会資料69A: 60-61頁参照。

た後の要約者の契約上の地位をどのように理解すべきか，②受益の意思表示によって権利を取得した受益者の権利・利益の保護をどこまで考慮に入れるべきかによるものと考えられる[90]。

改正民法は，中間試案の提案を全面的に採用した（民法538②＊）。

ちなみに，改正前民法538条は「前条の規定により第三者の権利が発生した後は，当事者は，これを変更し，又は消滅させることができない」とする（＝民法538①＊）。例えば，前記【例5】で，Cが受益の意思表示をした後に，ABの合意で当該第三者のためにする契約を合意解除してCの履行請求権を消滅させたり，ABの合意で当該第三者のためにする契約の内容を変更し，Bは月50万円しかCに支払わなくてもよいとしたりすることはできない。

一般に，第三者Cが取得した権利を，ABの合意のみによって随意に奪ったり，変更したりすることができないことは，民法上確立した法理である[91]。例えば，**【例7】**AがBに賃貸中の建物γを，BがAの承諾を得てCに転貸した場合，その後にAが建物γの賃貸借をBと合意解除しても，AがCに明渡請求することができない（その結果，AはBの転貸人としての地位を承継し，BC間の転貸借はAC間の賃貸借となる）。

これに対し，この【例7】で，AがBの賃料不払（債務不履行）を理由に建物γの賃貸借契約を解除したときは（改正前541，民法541＊），Bが賃借権を失い，建物γをCに転貸する債務は履行不能となるから，BC間の転貸借契約も履行不能によって終了し，Bの賃借権に基づくCの転借権は効力を失い，Cは無権原となるから，AはCに建物γの明渡しを請求することができる[92]。この判例法理に従えば，前記【例5】のAも，Bの債務不履行を理由に，Cの承諾なしに，第三者のためにする契約を解除することもできる（それによってAは商品aの引渡債務から解放されるメリットをもつ）ように思われる。少なくともそれが理論的に背理ということはできない。

しかし，第三者Cが受益の意思表示をした後は，受益者Cの権利・利益に配慮すべきであり，その1つの場面について規定した改正前民法538条＝**改正民法538条1項**に照らして，要約者が諾約者の債務不履行を理由に法定解除権を行使するときも，受益者Cの承諾を得るものとすることが，第三者のためにする契約における当事者間の利害関係を調整する制度として，より妥当であ

90）なお，第三者Cが受益の意思表示をする前は，要約者Aが諾約者BのAに対する債務不履行を理由に，第三者Cの承諾を得ることなしに，契約を解除することは妨げられないであろう。

91）民法398条等参照。民法における権利拘束の原則とも呼ばれる。新田1965: 222頁参照。

92）★最判昭和36年12月21日民集15巻12号3243頁。

5　第三者のためにする契約　　203

るということはいえるであろう。ここには，**改正民法**における第三者のためにする契約が，要約者・諾約者の契約自由を基礎としつつも，契約自由のみに解消できない，法定規律の要素（改正前民法よりも第三者の利益を重視する法政策的配慮に基づくか）を含む側面を見出すことができるように思われる。

　ちなみに，①要約者が契約を解除することにより，諾約者に対する反対債務から解放される利益を確保することへの配慮の必要性に関しては，要約者が諾約者から代金の支払等の履行を受けてから，これを第三者に引き渡すことも可能であったにもかかわらず，あえて第三者のためにする契約という手段を用いたことの帰結として，要約者が忍ぶべきであるともいえる。

　また，②要約者・諾約者が第三者のためにする契約を締結するに際し，諾約者の債務不履行の場合には受益者の承諾なしに解除できるとする合意をした場合は，前述した第三者のためにする契約の基礎にある契約自由の一環として，かかる合意も有効であると解されるから，受益者の承諾を要するとすることによる要約者の不便ないし不利益は，そうした手段によっても回避できるであろう[93]。

(4)　要約者の意思表示の瑕疵を理由とする主張

　要約者による契約解除権の行使と異なり，第三者のためにする契約が，要約者の錯誤（改正前95，民法95＊），要約者に対する諾約者または第三者の詐欺・強迫（改正前96，民法96＊）等，意思表示の瑕疵を理由に，要約者が無効主張や取消権を行使するときは，たとえ第三者が受益の意思表示をした後であっても，受益者の承諾を要しないと解すべきであろう。その理由は，①第三者のためにする契約はあくまでも要約者・諾約者間の契約の有効性を前提にしていること，②受益者の権利・利益の擁護よりも，意思表示の瑕疵を理由とする要約者の権利・利益を保護することが優先されるべきであると考えられることに求められるであろう。

　以上のように，第三者のためにする契約について，要約者が諾約者の債務不履行を理由とする法定解除権を行使する場合と，要約者の意思表示の瑕疵を理由とする無効主張または取消権行使をする場合とで，受益者の権利・利益に対する取扱いが異なること自体が，要約者と諾約者の契約自由を基礎とする第三者のためにする契約の特色，そこにおける第三者の地位の特殊性がよく表れているといえる。すなわち，第三者のためにする契約によって受益者が取得する権利は，けっして要約者・諾約者関係から完全に独立した権利ではなく，つね

---

93)　要綱案のたたき台(2) 5.2 説明 3，部会資料集 3-2: 503 頁（部会資料 67A: 61 頁）参照。

に要約者の権利と関連づけられ，それとの利益調整に晒されているのである。

6 契約上の地位の移転

(1) 契約上の地位の移転の一般原則

債権・債務は，ある債権者Aとある債務者Bの関係である。しかし，時には債権者Aがその債権を第三者Cに譲渡したり，あるいは債務者Bがその債務を第三者Dに引き受けてもらう必要が出てくることもある。では，そうした個々の債権・債務を生じさせる原因であるAB間の関係，典型的には契約上の地位そのものを全体としてA（またはB）が第三者Eに移転することは可能であろうか。例えば，AがB所有の中古車aを100万円で購入する旨の売買契約を締結した後に，Aが売主の地位を全体として第三者Cに移転することができるであろうか。

まず，CがAを包括承継する場合，すなわち，Aが死亡してCが相続したり，AがCに包括遺贈をして死亡したり，A法人がC法人に合併したときは，AのBに対する契約上の地位は全体としてCに移転する。このことに違和感がないのは，Bはそうした事態を想定して契約している（いわばそのことに事前に同意している）と解されるからである。したがって，(i)AがBとの契約上の地位をCに譲渡する旨の契約をし，これをBが同意したときも，契約上の地位はCに移転すると解されている（図表Ⅳ-5）。

これに対し，Aが契約の相手方Bの同意なしに，AC間の合意のみでAB間の契約上の地位をCに移転することはできないのが原則である。なぜなら，AのBとの契約上の地位には，代金100万円の支払という債務が含まれており，Cがその債務を確実に履行できる保証がないからである。判例も，買主Aがその地位を第三者Cに譲渡する旨を合意しても，売主Bの同意がなければ効力を生じないと解している[94]。

ただし，例外も認められている。例えば，(ii)不動産の賃貸借契約における賃貸人の地位は，目的不動産の所有者Aが当該不動産の所有権をCに譲渡した場合には，特段の事情がない限り，賃借人Bの同意なしに，賃貸人の地位は譲受人Cに当然に移転すると解されている（**当然承継の原則**。図表Ⅳ-6）[95]。そ

94）★大判大正14年12月15日民集4巻710頁，★最判昭和30年9月29日民集9巻10号1472頁。

95）★大判大正10年5月30日民録27輯1013頁，★最判昭和33年9月18日民集12巻13号2040頁等。松尾2012c: 49-52頁参照。

図表 IV-5　契約上の地位の移転
　　　　　　（三者間合意の原則）

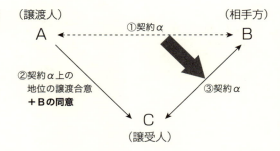

　の理由は，①不動産の賃貸人が賃借人に対して負う債務は，賃貸人が誰であるかによって大きく異ならないこと，②賃貸人の地位が譲受人（目的不動産の所有者）に移転した方が，賃借人にとっても有利である（目的不動産の所有権が賃貸人の債務履行の担保となりうる）からと説明されている[96]。

　しかしなお，この当然承継原則も，(iii)「**特段の事情**」が認められるときは，この限りでないと解されている（図表Ⅳ-7）[97]。この「特段の事情」の具体的内容，その立法化の要否や立法化する場合の方法が，実際上も理論上も最も重要である。

　以上のように，契約上の地位の移転に関しては，(i)三者間合意または譲渡当事者の合意に対する契約相手方の承諾がある場合を原則とすれば，(ii)賃貸物の所有権譲渡に伴う賃貸人の地位の当然承継が例外則，さらに，(iii)「特段の事情」がある場合が例外則の例外という一連のルールとして理解することができる[98]。

　委員会方針は，契約上の地位の移転について，(i)譲渡人Ａと譲受人Ｃが譲渡合意をし，これを相手方Ｂが承諾すれば，ＡＢ間の契約におけるＡの地位をＣが承継することを原則とする旨の規定を提案した[99]。ただし，(ii)「**契約の性質上，相手方〔Ｂ〕の承諾を要しないとき**」は，ＡＣ間の合意のみでＣはＡの契約上の地位を承継できるとした（下線は引用者による。以下同じ）[100]。その後，法制審議会民法（債権関係）部会の中間整理（平成23年4月12日）も，同様の方針を確認した[101]。

---

96) ★最判昭和46年4月23日民集25巻3号388頁。
97) ★最判昭和39年8月28日民集18巻7号1354頁，★最判昭和46年4月23日民集25巻3号388頁，★最判平成11年3月25日判時1674号61頁。
98) もっとも，賃貸人の地位の移転を賃借人が争わないときは，(i)三者間合意の原則が主張されず，(ii)当然承継の主張から始まり，それに対して(iii)「特段の事情」に基づく反論が提起されることになる。例えば，賃借人Ｂが賃貸借契約を解除して目的不動産を明け渡し，譲受人Ｃに対して敷金返還請求する場合は②から始まる。
99) 委員会方針【3.1.4.14】本文。研究会案371条も同旨。

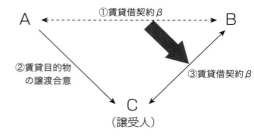

図表 IV-6
賃貸人の地位の移転
（当然承継の原則）

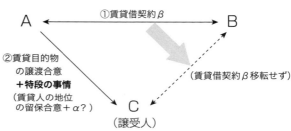

図表 IV-7
賃貸人の地位の移転
（当然承継の例外則）

　これに対し，法制審議会民法（債権関係）部会の中間試案（平成25年2月26日）21は，(i)「**契約の当事者の一方が第三者との間で契約上の地位を譲渡する旨の合意をし，その契約の相手方が当該合意を承諾したときは，譲受人は，譲渡人の契約上の地位を承継するものとする**」との明文化を提案する一方で[102]，(ii)その例外則については，「**相手方〔B〕がその承諾を拒絶することに利益を有しない場合**には，相手方の承諾を要しない旨の規定を設けるという考え方がある」ことを注記するにとどめた[103]。

　この例外則(ii)を明文化するか否かは，その具体例としての賃貸不動産の譲渡に伴う賃貸人の地位の移転等に関して，契約各則にどのような規定を設けるかにもよる[104]。契約各則に──いわば限定列挙的に──例外規定を設けるので

---

100) 委員会方針【3.1.4.14】但。その例として，動産賃貸借契約において目的物の譲渡に伴い，賃貸人の地位の譲渡合意がされた場合を挙げている。また，賃貸人の地位の譲渡は賃借人の承諾なしに可能とする旨を別途規定すること（委員会方針【3.2.4.06】〈2〉）を提案する。なお，研究会案372条は，賃貸借契約に関しては，相手方（賃借人）の同意を要件としつつ，賃借人が譲渡の事実を知りながら，相当期間内に異議を述べず，かつ目的物の使用・収益を継続するときは，譲渡を承諾したものと推定する旨の規定を提案する。
101) 中整 16.1，16.2，16.4。
102) これは，相手方の承諾を要件とすることにより，契約上の地位の移転の効果として，譲渡人AがBとの契約から離脱することも含意するものである。中試21・概要（末尾）。学説には，契約上の地位の移転に対するBの承諾とは別に，譲渡人Aを免責する旨の相手方Bの意思表示がない限り，譲渡人Aと譲受人Cが併存的に責任を負うとする見解もある。しかし，中間試案21は，契約上の地位の移転に伴い，譲渡人が免責されるのが原則であるとみる見解を採用している。中試21・補足説明4。
103) 中試21（注）。
104) 後述(2)，**改正民法605条の2，605条の3**参照。

あれば，契約総論において抽象的・一般的な例外則をあえて置く必要はないという考え方もあろう。しかし，そうした場面も想定した包括的な例外則を設けることも可能である。

改正民法は，(ⅰ)の原則のみを規定し，例外則は規定しなかった（民法539の2＊）。仮に契約総論に例外則を設けるのであれば，その例外が妥当する理由（委員会方針は「契約の性質上」相手方の承諾を要しない場合とし，中間試案は相手方が承諾を拒絶することに「利益を有しない」場合とする。前記下線部参照）を明らかにすべきである。例えば，「**ただし，契約の性質，譲渡人及び譲受人の合意内容，その他の事情を考慮して，相手方の承諾を要しないものと認められる事情がある場合は，この限りでない**」といった文言が考えられる[105]。

(2) 賃貸不動産の譲渡に伴う賃貸人の地位の移転等

(ⅰ) 改正前民法　改正前民法は「不動産の賃貸借は，これを登記したときは，その後その不動産について物権を取得した者に対しても，その効力を生ずる」（改正前605）とした。

この規定は，AがBに賃貸中の不動産の所有権をCに譲渡した場合，Bの賃借権が登記されていれば，賃貸人の地位は当然にCに移転し，AはBとの賃貸借契約関係から離脱することを意味するものと解されている（当然承継の原則）[106]。本条が「不動産の賃貸借は，……その不動産について物権を取得した者に対しても，その効力を生ずる」と規定し，「……対抗することができる」と規定していないのは，Bの同意の有無にかかわらず，賃貸人の地位の移転が当然に生じることを意味している。しかし，譲渡人Aと譲受人Cが賃貸人の地位をAに留保する旨を合意した場合，そうした合意がBに対する関係でも有効か否かは明らかでない。

判例は，前述のように「特段の事情」がある場合は当然承継の原則の例外を認める余地を示唆するが[107]，それが具体的に何を意味するかは，いまだ明らかにしていない。少なくとも，AB間における賃貸人の地位の留保合意は「特段の事情」には当たらないとした[108]。

これに対しては，賃貸人の地位の留保合意を有効とすべき実務上の要請（賃貸不動産が不動産小口化商品の対象である場合等）を考慮し，そうした合意の存在を

105）松尾 2014: 134 頁。
106）Bの賃借権が登記されている場合のほか，借地上の建物が借地人名義で登記されたり，建物や農地の引渡しがされる等，Bの賃借権が特別法（借地借家法 10，31，農地法 16 等）によって対抗要件を具備している場合も同様であると解されている。
107）前掲注 97 および該当本文参照。
108）★最判平成 11 年 3 月 25 日判時 1674 号 61 頁。

「特段の事情」と認めるべきであるとの反対意見（藤井正雄裁判官）が付された[109]。

(ii) **委員会方針の提案**　委員会方針は，賃貸人の地位の譲受人への当然承継原則を認める判例法理を踏襲し，①賃貸不動産の所有権が移転した場合において，不動産の賃借権が登記または特別法上の対抗要件の具備によって目的不動産の譲受人に「対抗できるとき」，または②目的不動産の譲渡人と譲受人との間で「賃貸人の地位を引き継ぐことが合意された」ときは，従前の賃貸借における賃貸人たる地位は，賃借人の承諾を要することなく，新所有者が承継するものとし，「不動産の旧所有者と新所有者との間での，賃貸人たる地位を譲渡人に留保する旨の合意は**無効である**」とする旨を提案した[110]。

(iii) **法制審議会での議論（その1）——中間整理まで**　これに対し，法制審議会民法（債権関係）部会第15回会議（平成22〔2010〕年9月28日）では，(a)委員会方針を支持する立場と，(b)賃借人が目的不動産の譲渡を認識しつつ，譲渡後も旧所有者を賃貸人とする法律関係を容認している場合で，かつ三者間合意までは認められない事例もあることに鑑み，譲渡当事者間の留保合意を一律に否定すべきではないとする立場の両論が提示された[111]。

中間整理も「実務上このような留保の特約の必要性があり，賃借人の保護は別途考慮することが可能であると指摘して，一律に無効とすべきでないとする意見があることに留意しつつ，更に検討してはどうか」（中整45.3(2)）とし，当然承継原則を緩和する方向への若干の軌道修正が行われた。

(iv) **法制審議会での議論（その2）——中間試案に至るまで**　その後，同部会第55回会議（平成24〔2012〕年8月28日）では，不動産の賃借人が対抗要件を具備している場合について，賃貸不動産の譲渡人と譲受人の間で賃貸借契約を新所有者に承継させない（賃貸人たる地位を旧所有者に留保する）旨の合意がある場合において，この合意と併せて，「新所有者と旧所有者との間の利用契約（賃借人の利用を可能にするための権利を旧所有者に与える利用契約）が事後的に解消された場合であっても新所有者は賃借人に当該利用契約の解消を主張しない旨の合意があるときは」，賃貸借契約は新所有者に承継されない（賃貸人の地位は旧所有者に留保される）旨の規定を設けることが提案された【甲案】。これに対し，

109）もっとも，賃貸人の地位の留保合意のみで「特段の事情」に当たるとする趣旨か，さらにプラス・アルファーの事情も要するとの趣旨かは，明確でない（図表Ⅳ-7参照）。

110）委員会方針【3.2.4.06】(1)・(6)，詳解Ⅳ: 253-261頁参照。

111）法制審議会民法（債権関係）部会第15回会議（2010年9月28日）議事録35-49頁，「民法（債権関係）の改正に関する検討事項（11）」部会資料16-2: 40-47頁，民事法研究会編集部編2011: 578頁参照。

6　契約上の地位の移転　209

このような規定を設けないものとする提案（【乙案】）が対置された[112]。

これについて議論を経たうえで[113]，同部会第3分科会第5回会議（2012年9月25日）では，賃借権が対抗要件を備えた賃貸不動産の譲渡当事者間で，賃貸借契約を新所有者に承継させない旨の合意があるときは，賃貸人たる地位は旧所有者に留保されるが，「賃貸人たる地位の留保に伴い新所有者が旧所有者に与えた権限（賃借人の正当な利用を引き続き可能にするために与えた権限）がその後消滅したときは，賃貸人たる地位は旧所有者から新所有者に当然に承継される旨の規定を設けるものとする」との提案（前記【甲案】の別案。以下，新【甲案】）が提示された（このような規定を設けない旨の【乙案】は変更なし）。第3分科会の議論では，新【甲案】への支持が示される一方で[114]，それに対する疑問，【乙案】への支持があったことが看過できない[115]。

(ⅴ)　中間試案　　こうした経緯を経た中間試案は，提案をつぎのように取りまとめた（下線は引用者による）。

①　「**不動産の賃貸借は，これを登記したときは，その不動産について物権を取得した者その他の第三者に対抗することができるものとする**」（中試38.4(1)）。

②　「**不動産の譲受人に対して上記〔中試38.4〕(1)により賃貸借を対抗することができる場合には，その賃貸人たる地位は，譲渡人から譲受人に移転するものとする**」（中試38.4(2)）とし，当然承継原則を明文化することを提案した。

これら①・②は，賃貸不動産の譲渡に伴う不動産賃借権の対抗の問題と，賃貸人の地位の移転の問題とを切り離し，別個に定めるものである[116]。これは，改正前民法605条が①・②の両者の問題を併せて，「不動産の賃貸借は，これを登記したときは，その後その不動産について物権を取得した者に対しても，その効力を生ずる」と規定する点を改めるものである。そのうえで，中間試案は，②の当然承継原則の例外を以下のように定めた。

③　「**上記〔中試38.4〕(2)の場合において，譲渡人及び譲受人が，賃貸人たる地位を譲渡人に留保し，かつ，当該不動産を譲受人が譲渡人に賃貸する旨の合**

---

112)「民法（債権関係）の改正に関する検討事項（17）」部会資料45: 11-13頁参照。

113) 法制審議会民法（債権関係）部会第55回会議（2012年8月28日）議事録3-20頁参照。

114) 法制審議会民法（債権関係）部会第3分科会第5回会議（2012年9月25日）議事録40-41頁（高須幹事，深山幹事）。

115) 例えば，山野目幹事は「このかなり特殊な局面について，これだけ細かな，……特例的規律も含めて民法に規律を置くということについて，不自然な気持ちは若干抱きます」とする。債権関係部会第3分科会第5回会議議事録（前掲注114）43頁（同47頁も参照）。

116) 賃借権の対抗という問題と，賃貸人の地位の承継という問題の関係については，(a)両者を一体的に規定できるとみる見解と，(b)別個に規定すべきとの見解がある。法制審議会民法（債権関係）部会第55回会議議事録（前掲注113）4-8頁，中試38.4・補足説明1参照。

意をしたときは，賃貸人たる地位は，譲受人に移転しないものとする。この場合において，その後に譲受人と譲渡人との間の賃貸借が終了したときは，譲渡人に留保された賃貸人たる地位は，譲受人又はその承継人に移転するものとする」（中試38.4(3)）[117]。

④　さらに，②と異なり，賃借人が対抗要件を備えていない場合でも，不動産の譲渡人と譲受人の合意で賃貸人の地位を移転させることもできる旨も提案した。「**不動産の譲受人に対して賃貸借を対抗することができない場合であっても，その賃貸人たる地位は，譲渡人及び譲受人の合意により，賃借人の承諾を要しないで，譲渡人から譲受人に移転させることができるものとする**」（中試38.5）[118]。

このような当然承継原則の例外則の明文化は，前記の債権関係部会および第3分科会での提案（新【甲案】）を反映している。もっとも，規定を設けないという【乙案】は注にとどめられている。前記③の下線部は，判例に付された藤井裁判官の反対意見の指摘に対応するようにみえる[119]。

(vi)　**中間試案への疑問**　　中間試案に対しては，以下の疑問がある。

①　前述(v)③は，同②当然承継原則に対する例外則に当たるが，「特段の事情」と異なり，それは評価的要件ではなく，事実的要件として構成されている点に，判例法理との相違が認められる。すなわち，当然承継を否定しようとする当事者は，[1] 譲渡人および譲受人が賃貸人たる地位を譲渡人に留保し，かつ [2] 当該不動産を譲受人が譲渡人に賃貸する旨の合意をしたことさえ主張・立証すればよく，賃借人の保護は，[1]・[2] の事実がある場合において，「その後に譲受人と譲渡人との間の賃貸借が終了したときは，譲渡人に留保された賃貸人たる地位は，譲受人又はその承継人に移転するものとする」との効果を法定することによって図られている。

その結果，前述(v)③は，当然承継原則の例外則として位置付けられてはいるが，賃貸人の地位の留保合意の有効性をもっぱら譲渡人・譲受人間の合意に委ねるものとして，合意承継原則に接近するものといえる。それは，評価的要件を排している点でルールが明確になるというメリットがある一方で，そうした画一的なルール化により，当然承継の原則と「特段の事情」の例外則による判例法理の趣旨である，関係当事者の利益の最大化が図られるかどうか，検討す

117）ただし，この③については，規定を設けない（解釈に委ねる）という考え方もあったことが注記されている点（中試38.4(3)（注））も注目される。
118）判例法理（★最判昭和46年4月23日民集25巻3号388頁）の明文化である。
119）前掲注109および該当本文参照。

る余地がある。

②　賃貸人の地位を留保した譲渡人の賃料不払い等の債務不履行により，譲受人との賃貸借契約が解除された場合も，賃貸人の地位が譲受人に移転すること（前述(v)③第2文）が，譲受人の不利益にすぎ，賃貸不動産の流動化という，賃貸人の地位の留保合意の有効性を認めることの趣旨に反しないか，懸念される。

③　前述(v)③が同②当然承継原則の例外をすべて包含する趣旨かどうかが不明確である。つまり，判例にいう「特段の事情」が，前述(v)③によって尽くされているかどうかである。この点については，前述(v)③以外にも，判例の「特段の事情」に当たる場合は想定されるように思われる。

このことは，たとえ立法で前述(v)③のルールを設けても，判例のいう「特段の事情」の余地はなお残ることを意味する。そうであるとすれば，前述(v)③についてのみ当然承継原則の例外を認めることは，立法としてバランスを失する[120]。したがって，新たに立法をするのであれば，判例のいう「特段の事情」を包含しうる，より一般的な例外要件を立法化すべきである。そうでなければ，むしろ規定を設けず，解釈論に委ねるということも考えられる[121]。

④　中間試案は，合意による賃貸人の地位の移転も認めた（中試38.5。前述(v)④）。しかし，この合意による賃貸人の地位の承継に対しては，前述(v)③に当たる例外ルールは設けられていない。賃借人が対抗要件を備えていない以上，譲渡人と譲受人が賃貸人たる地位を譲渡人に留保し，かつ当該不動産を譲受人が譲渡人に賃貸する旨の合意をしても，譲渡人と譲受人との賃貸借が終了したときに，譲渡人に留保された賃貸人の地位を譲受人またはその承継人に承継させてまで保護する必要はないと判断されたとも考えられる。いずれにせよ，この場合にも，譲渡人と譲受人との留保特約の有効性は，判例の「特段の事情」に照らして判断されることになる[122]。そうであるとすれば，賃借人が対抗要件を具備している場合とそうでない場合とで，賃貸不動産の譲渡に伴う賃貸人の地位の帰趨に関するルールを異にする結果となる。

(vii)　**私見**　　以上の疑問点を考慮に入れると，現在の判例法理である当然承継を原則としつつ，「特段の事情」による例外を判例よりも柔軟に認める余地

---

120) 前掲注 115 に引用した山野目発言参照。

121) 不動産賃借権が対抗要件を具備している場合に，譲渡人から譲受人への当然承継原則について規定する一方で，その例外としての賃貸借契約を承継させない旨の合意ないし賃貸人の地位を旧所有者に留保する旨の合意については，規定を設けず，解釈に委ねるという考え方も示されている（「民法（債権関係）の改正に関する論点の検討（17）」部会資料 45: 1.3 (1) イ（イ）乙案，中試 38.4（注））。

122) ★最判昭和 46 年 4 月 23 日民集 25 巻 3 号 388 頁参照。

を残した《緩和された当然承継原則》を立法化するか，デフォルト・ルールとしての当然承継原則のみを立法化し，その例外則については規定を設けず，解釈論に委ねることが望ましい[123]。そのことが，賃借人の保護と賃貸不動産の流動化との柔軟な調整可能にし，不動産賃貸借の制度趣旨に適合すると考えられるからである。

いずれにせよ，立法化に際しては，①賃借権の対抗の問題と②賃貸人の地位の移転の問題とを区別する観点から，**賃借人の対抗要件の有無にかかわらず，賃貸不動産の譲渡に伴って賃貸人の地位が譲受人に原則として当然に移転する**旨の規定をまず置くことが望ましい。そこで，賃借権の対抗に関する条文とは別個に，不動産の賃貸借に関して，契約上の地位の移転に関する特則として，賃貸不動産の譲渡に伴う賃貸人の地位の移転に関して，以下のような規定を設けることが考えられる。

①　不動産を他人に賃貸する所有者が，当該不動産を第三者に譲渡したときは，賃貸人たる地位は譲受人に移転するものとする。

②　前項の場合において，譲渡人および譲受人が，賃貸人たる地位が譲受人に移転しない旨の合意をし，かつそれによって賃借人の利益を著しく害しないものと認められるときは，賃貸人たる地位は，譲受人に移転しないものとする。

③　①の場合において，賃借人の利益を著しく害するものと認められるときは，譲渡人は賃借人の同意を得なければならない。

以上のうち，①は当然承継の原則を規定するのに対し，②・③はその例外として，判例のいう「特段の事情」に当たる場合を規定するものである。このうち，②は譲渡人または譲受人の側から賃借人に対して主張される「特段の事情」について，賃貸人たる地位が譲受人に移転しない旨の合意をした場合について規定するものである[124]。その際には，賃貸人の地位の留保合意の存在に加え，《賃貸人の地位の留保が賃借人の利益を著しく害しない》ものと認められることの主張・立証責任を譲渡人または譲受人が負うことを想定している。

これに対し，③は賃借人の側から譲渡人または譲受人に対して主張される「特段の事情」について，一般的に規定するものである。ここでは，《賃貸人の地位の移転が賃借人の利益を著しく害するもの》と認められることの主張・立

---

[123] これは，契約上の地位の移転に関する原則（前述(1)中試21(i)）に対する例外則（前述(1)同(ii)。契約の性質上相手方の承諾が不要，相手方が承諾を拒絶する利益を有しない等の場合）の解釈問題になると考えられる。

[124] それは賃貸人の地位の留保合意をした場合が典型であるが，それに限定されるものではない。例えば，譲渡人が賃借人との賃貸借契約を解除すること（および賃借人から明渡しを受けること）も合意して，賃貸不動産を譲受人に譲渡した場合も考えられる。

証責任を賃借人が負うことを想定している。その際に，賃借人の同意を得ることを要する旨の規定は，契約上の地位の移転の原則に従うこと（前述(1)(i)の大原則への復帰）を意味するものである[125]。

(viii) **改正民法の立場**　しかしながら，**改正民法は，中間試案 38.4・38.5**（前述(v), (vi)）**の提案を，若干の修正を加えて，全面的に採用した**（民法 605 の 2 ＊，605 の 3 ＊）[126]。

①　**改正民法** 605 条，借地借家法 10 条・31 条，その他の法令の規定によって賃貸借の対抗要件を備えた場合において，その不動産が譲渡されたときは，その不動産の賃貸人たる地位は，その譲受人に移転する（民法 605 の 2 ①＊）。

②　①にかかわらず，不動産の譲渡人および譲受人が，賃貸人たる地位を譲渡人に留保する旨およびその不動産を譲受人が譲渡人に賃貸する旨の合意をしたときは，賃貸人たる地位は，譲受人に移転しない。この場合において，譲渡人と譲受人またはその承継人との間の賃貸借が終了したときは，譲渡人に留保されていた賃貸人たる地位は，譲受人またはその承継人に移転する（民法 605 の 2 ②＊）。

③　①・②後段の規定による賃貸人たる地位の移転は，賃貸物である不動産について所有権の移転の登記をしなければ，賃借人に対抗することができない（民法 605 の 2 ③＊）[127]。

④　①・②後段の規定により賃貸人たる地位が譲受人またはその承継人に移転したときは，民法 608 条の規定による費用の償還に係る債務および**改正民法** 622 条の 2・1 項の規定による同項に規定する敷金の返還に係る債務は，譲受人またはその承継人が承継する（民法 605 の 2 ④＊）[128]。

⑤　「**不動産の譲渡人が賃貸人であるときは**」[129]，その賃貸人たる地位は，賃借人の承諾を要しないで，譲渡人と譲受人との合意により，譲受人に移転させることができる。この場合においては，③・④を準用する（民法 605 の 3 ＊）。

以上のうち，①の当然承継原則と⑤の合意承継原則の相違は，賃貸借が対抗要件を備えているか否かである。しかし，賃借人側の対抗要件の有無だけの相

125）なお，賃貸人 A が，目的不動産の所有権を保持しつつ，賃貸人の地位のみを C に移転する場合も，(i)三者間合意または譲渡当事者間の合意と契約相手方の承諾原則と，(ii)その例外則が問題になりうる。この問題については，松尾 2012c: 75-85 頁，中試 38.4 補足説明 2 末尾参照。

126）若干の修正点として，①**改正民法** 605 の 2・1 項は，中間試案 38.4 (1)を微修正し，不動産賃借権が対抗要件を備える場合として，**改正民法** 605 条のほか，借地借家法 10 条・31 条等の場合も加えたが，もとより異論のない点である。②**改正民法** 605 条の 3 の冒頭「不動産の譲渡人が賃貸人であるときは」の部分は，中試 38.5「不動産の譲受人に対して賃貸借を対抗できない場合であっても」を修正したものである。

127）これは，すでに中試 38.4 (4)で提案されていた。

128）これは，すでに中試 38.4 (5)で提案されていた。

129）この部分は，中試 38.5 では「不動産の譲受人に対して賃貸借を対抗できない場合であっても」とされていた。

違であれば，①の当然承継原則が⑤に妥当しない理由は明らかでない。賃借人が対抗要件を備えていない場合は，譲受人が明渡請求をしようと思えばできるというだけであり，その前に賃貸人の地位は譲受人に当然承継されていると解すべきではなかろうか[130]。

7　契約解除と危険負担

(1)　債務の履行が不可能な場合の契約関係

契約によって生じた債務の履行が債務者にとって社会通念上不可能になった場合（履行不能），当事者はどのように問題を解決すべきであろうか。改正前民法は，①履行不能が債務者の責めに帰すべき事由（帰責事由）によるときは債務の存続（損害賠償債務への転化）を定め，かつ債権者に契約解除を認める一方，②債務者の帰責事由によらないときは債務の当然消滅を前提に，債権者の反対債務の存否を法定する危険負担の制度により，問題解決を図っている（**契約解除と危険負担の二元論**）。

これに対し，民法改正論議においては，委員会方針以来，履行不能が債務者の帰責事由によるか否かにかかわらず，債権者が反対債務の履行を免れるために契約解除の制度を用いることによって問題解決をすべきであるとの提案がされている（**契約解除への一元化**）。この提案の背景には，契約によって生じた債務の履行が不可能な場合に，当該債務や契約の帰趨をどのように捉えるかについて，基本的な考え方の相違が存在している。

契約によって生じた債務の履行が，契約成立前から社会通念上不可能であった場合（原始的不能），契約は無効で，当該債務も成立しないと解するのが，通説的見解である[131]。例えば，Aが所有する中古車 a をBに50万円で売却する旨の契約を締結したが，a がすでに契約成立前に，Aの失火による車庫の焼失に伴うなどAの帰責事由による場合であれ，地震による車庫の倒壊に伴うなどAの帰責事由によらない場合であれ，滅失していたときは，売買契約は

130）賃貸不動産の所有権の譲渡に伴う賃貸人の地位の当然移転の根拠は，これを原則とし，特段の事情が主張・立証された場合に例外を認めることが，賃貸不動産の流通を促進し，賃貸人・賃借人・譲受人間の利益を最も良く調整して，賃貸不動産の効用を最大化できるルールであることについての社会的承認が得られてきたことに求められよう（伊藤編 2014: 52-53 頁〔松尾弘発言〕）。それは，およそ不動産の賃貸借契約を結ぶ当事者は，将来賃貸不動産の譲渡が予想される事態であり，その場合には賃貸借契約における賃貸人の地位が譲渡人から譲受人に当然承継されるのを原則とすることについての社会的承認が存在するとの法理によって説明できないか，検討の余地がある（例えば，預貯金債権については債権譲渡制限特約が付されていることが社会的に周知であり，その場合には債権譲渡制限特約が物権的効果をもつ法理〔民法 466 の 5〕が想起される）。

131）例えば，我妻 1965: 260-261 頁，我妻 1964: 20-21 頁。

無効で，αの所有権移転債務，引渡債務等の債務は発生しない。

　ただし，AがBとそのような契約をしたことに不注意があったときは，信義則上，AはBに契約締結上の過失責任（culpa in contrahendo）として，契約締結費用等，Bが契約の成立を信頼したことによって生じた損害の賠償責任を負う[132]。これは，αの滅失についてAに帰責事由がある場合のみならず，αの滅失自体にはAに帰責事由がない場合にも，契約をしたこと自体にAに信義則上の注意義務違反があれば，問題になる（図表IV-1参照）。

　他方，契約成立後に，履行不能が生じた場合（後発的不能。前記例では，AB間の売買契約成立後・履行前にαが滅失した場合）において，履行不能が債務者の帰責事由によるときは，債務は存続する（損害賠償債務に転化。改正前415後段）が，債権者は契約の解除により，自己の債務の履行を免れる（改正前543）。

　一方，契約成立後の履行不能が債務者の帰責事由によらないときは，債務者の債務は当然消滅するが，双務契約の場合における債務者の債権者に対する債権（債権者の反対給付債務）の存否は，当事者間に合意がない限り，危険負担の規定（改正前534〜536①）により，法律によって定められる（図表IV-1参照）。当事者双方の帰責事由によらない以上，法律が実質的なリスク負担者を決めざるをえないからである。前記例では，地震によるAの車庫の倒壊によってαが滅失した場合，αの所有権移転，引渡し等のAの債務は当然消滅する一方，AはBに対して代金50万円の支払いを請求できる（改正前534）[133]。

　これに対し，委員会方針，中間整理および中間試案は，契約による債務の履行が契約成立前から不能であったかどうか，また，履行不能が債務者の帰責事由によるかどうかにかかわらず，契約が締結された以上は債務者の債務が発生・存続することを前提に，債務者は，履行請求の限界事由があるときは債務の履行を免れる一方，債権者は，契約の解除が認められることにより，債務の履行を免れることから，危険負担の規定は不要であり，契約解除の制度に一元化すべきことを提案した（図表IV-1参照）[134]。

　この提案の背景には，いったん契約を締結した以上，契約成立の前後に履行不能が生じようが，それが債務者の帰責事由によろうがよるまいが，契約は有効であり，債務者の債務は発生・存続するが，債務者は「履行請求権の限界事

132）我妻 1954: 38-40頁。
133）ただし，AからBへのαの引渡し等，αの実質的な支配の移転によって，リスクが債務者から債権者に移転し，Aは50万円の支払請求ができるという，534条の制限的解釈が一般化している。研究会案は，目的物が債権者に引き渡された後に滅失・損傷したときは，債権者が危険を負担し，反対給付義務（前記例ではBが代金50万円の支払債務）を負うとする（研究会案476〜478）。
134）委員会方針【3.1.1.85】・【3.1.1.56】，中整 6.1・2.3，中試 11・12・9.2。

由」に当たることを主張・立証することにより，債務の履行を免れ，また，債権者は「契約解除」の要件を満たしていることを主張・立証することにより，反対給付債務の履行を免れるという基本思想がある[135]。

改正民法は，これらの提案を相当程度取り入れている。まず，契約解除から確認する。

(2) 契約解除

(i) 催告解除の要件　改正前民法 541 条は「当事者の一方がその債務を履行しない場合において，相手方が相当の期間を定めてその履行の催告をし，その期間内に履行がないときは，相手方は，契約の解除をすることができる」とする。

これに対し，中間試案 11.1 (1)は「当事者の一方がその債務を履行しない場合において，相手方が相当の期間を定めて履行の催告をし，その期間内に履行がないときは，相手方は，契約の解除をすることができるものとする。<u>ただし，その期間が経過した時の不履行が契約をした目的の達成を妨げるものでないときは，この限りでないものとする</u>」（下線は引用者による。以下同じ）と提案した。改正前民法との相違はただし書の追加にあり，催告期間内に履行がない場合でも，「不履行が契約をした目的の達成を妨げるものでないとき」（例えば，履行遅滞となっている部分が，給付の数量のごく一部である，付随的である等，軽微な義務違反の場合）は，契約解除を制限する趣旨である[136]。これは**「契約の重大な不履行」**と認められる場合にだけ解除を制限しようとした委員会方針の精神を承継するものと解されるが[137]，主張・立証責任の所在をより明確にするものといえる。すなわち，契約解除を主張する側が契約目的の達成不能の立証責任を負うのではなく，契約解除を争う当事者が解除の阻却要件として，契約目的の達成可能の主張・立証責任を負うとするものである。契約尊重（favor contractus）の思想を具体化するという観点から，評価することができるであろう。

改正民法は，この提案を実質的に採用し，「当事者の一方がその債務を履行しない場合において，相手方が相当の期間を定めてその履行の催告をし，その期間内に履行がないときは，相手方は，契約の解除をすることができる。**ただし，その期間を経過した時における債務の不履行がその契約及び取引上の社会通念に照らして軽微であるときは，この限りでない**」（民法 541 ＊）とした。た

135）中試 9.2，11。
136）中試 11.1 補足説明。判例法理（★最判昭和 36 年 11 月 21 日民集 15 巻 10 号 2507 頁等）の明文化である。
137）委員会方針【3.1.1.77】，中整 5.1 (1)ア。

だし書（強調部分）が，改正前541条との相違である。もっとも，ただし書の定め方は，中間試案における「契約をした目的の達成を妨げるものでないとき」から，「契約及び取引上の社会通念に照らして軽微であるとき」へと修正されている。これは，催告期間を経過した債務者に対し，債権者が解除の意思表示をしたのに対し，債務者は契約目的がなお達成可能であることを主張・立証しても，債務不履行が「契約及び取引上の社会通念に照らして軽微である」とはいえないときは，契約解除が認められないことを意味する[138]。その点で，契約の尊重をより重視した規定になっている。

　なお，**改正民法541条は，債権者による契約解除の要件として，債務者の帰責事由は求めていない**。これは，**債務者に対する責任追及の手段**から，**債権者を契約の拘束力から解放する手段**への契約解除制度の変更を意味する[139]。

　(ii)　**無催告解除の要件**　　無催告解除が認められる場合につき，改正前542条は「契約の性質又は当事者の意思表示により，特定の日時又は一定の期間内に履行をしなければ契約をした目的を達することができない場合において，当事者の一方が履行をしないでその時期を経過したときは，相手方は，前条の催告をすることなく，直ちにその契約の解除をすることができる」とし，改正前543条は「履行の全部又は一部が不能となったときは，債権者は，契約の解除をすることができる。ただし，**その債務の不履行が債務者の責めに帰することができない事由によるものであるときは，この限りでない**」と規定した。

　これに対し，中間試案11.1(2)はつぎの趣旨の提案をした。当事者の一方がその債務を履行しない場合において，その不履行が下記①〜④のいずれかの要件に該当するときは，相手方は，催告（前述(i)中試11.1(1)）をすることなく，契約の解除をすることができるものとする。

　①　契約の性質または当事者の意思表示により，特定の日時または一定の期間内に履行をしなければ契約をした目的を達することができない場合において，当事者の一方が履行をしないでその時期を経過したこと。

　②　その債務の全部につき，履行請求権の限界事由があること。

　③　①・②に掲げるもののほか，当事者の一方が催告（前述(i)中試11.1(1)）を受けても**契約をした目的を達するのに足りる履行をする見込みがないことが明白であること。**」

　④　加えて，中間試案11.1(3)は，「当事者の一方が履行期の前にその**債務の**

---

138)　債務不履行の軽微さは，履行されない債務の内容の軽微性のほか，不履行の態様の軽微さも含まれる。
139)　後述(iii)参照。

218 IV 債権各論(1) 契約総論部分の改正

履行をする意思がない旨を表示したことその他の事由により，その当事者の一方が履行期に契約をした目的を達するのに足りる履行をする見込みがないことが明白であるとき」も，催告（前述(i)中試 11.1(1)）をすることなく，契約の解除をすることができると提案した。

このうち，①定期行為の履行遅滞（中試 11.1(2)ア）は民法 542 条と同様である。これに対し，②債務の全部について履行請求権の限界事由がある場合（中試 11.1(2)イ）とは，履行不能（改正前 543。社会通念上，債務の履行が客観的に実現不可能な場合）よりも広いことに注意する必要がある[140]。

また，③①・②以外でも「契約をした目的を達するのに足りる履行をする見込みがないことが明白である」場合（中試 11.1(2)ウ）とは，改正前民法 543 条のうち履行の一部不能の場合，改正前民法 566 条 1 項，635 条に当たる場合，履行期後に債務者が確定的に履行拒絶をしている場合を含む[141]。さらに，④履行期前ですら，債務者が債務を履行する意思がない旨を表示したこと等により，「契約をした目的を達するのに足りる履行をする見込みがないことが明白であるとき」は，無催告解除が認められる（中試 11.1(3)）[142]。この事情は，解除をする当事者（債権者）が主張・立証すべきものである。

改正前民法との相違は，②が民法 543 条よりも広い点，および③・④が追加されている点である。これらは，改正前民法よりも解除要件を厳格化する催告解除（前述(i)）に比べ，解除の余地を拡大するものであり，両者の関係が問題になる。両者は債務者の帰責事由を要件とせず，債務者に対する制裁の手段から債権者を契約の拘束から解放する手段へと変更している点で共通するが，無催告解除が契約目的の達成可能性を解除要件の中核に据えている点で相違がある。

改正民法は，この提案を実質的に採用した（民法 542＊）。すなわち，**債権者は，つぎの場合には，催告をすることなく，直ちに契約の解除をすることができる。**

① 債務の**全部の履行が不能**であるとき（民法 542 ①[I]＊）。

② 債務者がその債務の**全部の履行を拒絶する意思を明確に表示したとき**

140）「履行請求権の限界事由」とは，契約による債権（金銭債権を除く）につき，①履行が物理的に不可能であること，②履行に要する費用が，債権者が履行によって得る利益と比べて著しく過大なものであること，③その他，当該契約の趣旨に照らし，債務者に債務の履行を請求することが相当でないと認められる事由である（中試 9.2 ア〜ウ）。

141）中試 11.1 補足説明 2。

142）中試 11.1 補足説明 3。これは，履行期に契約目的を達成するに足る履行が見込まれない場合に，履行不能を柔軟に認定し，早期に契約関係から離脱して代替取引を可能にする判例法理（★大判大正 15 年 11 月 25 日民集 5 巻 11 号 763 頁等）を反映するものである。

（民法542①［2］＊）。

③　債務の**一部の履行が不能**である場合または債務者がその債務の**一部の履行を拒絶する意思を明確に表示**した場合において，残存部分のみでは契約目的が達成できないとき（民法542①[3]＊）。

④　契約の性質または当事者の意思表示により，**特定の日時または一定の期間内に履行をしなければ契約目的を達成できない場合**において，債務者が履行せずにその時期を経過したとき（民法542①[4]＊）。

⑤　①～④のほか，債務者がその債務の履行をせず，債権者が催告（民法541＊）をしても**契約目的を達成するのに足りる履行がされる見込みがない**ことが明らかであるとき（民法542①[5]＊）。

⑥　債権者は，次の場合には，催告（民法541＊）せずに，直ちに**契約の一部の解除**をすることができる。［1］債務の一部の履行が不能であるとき，または［2］債務者がその債務の一部の履行を拒絶する意思を明確に表示したとき（民法542②＊）。

このように無催告解除については，一部解除の制度が付加されたほかは，契約目的の達成可能性が解除要件の中核に据えられており，中間試案の立場が基本的に採用されている。

(iii)　**帰責事由の要否**　改正前民法と中間試案・**改正民法**との最大の相違は，催告解除の場合のみならず，無催告解除の場合も，不履行が債務者の帰責事由によることを解除要件として要求しない点にある[143]。その理由は，①契約解除を債務者に対する「制裁」とみる思想は帰責事由を要求するが，契約解除を契約の拘束力から解放されるための制度とみれば，帰責事由は必要でなく，これは国際的な立法動向にも適合する，②つねに債務者の帰責事由を要求すると債権者に酷な場合もある（使用者の工場が自然災害で操業不能となった場合に報酬を受けられない労働者等），③解除の肯否をめぐる債権者と債務者の実質的な利益衡量は契約目的の達成可能性等の判断によって図られる，④裁判実務，取引実務では解除を認める場合に債務者の帰責事由を重要視していない，⑤危険負担制度を契約解除制度に一元化する観点からは，帰責事由を問うべきでないというものである[144]。

143）これに対し，従来の通説は，**債務者の帰責事由**を明文で定める履行不能の場合（改正前543）にとどまらず，履行遅滞（改正前541），定期行為の不履行（改正前542）の場合にも，**債務者の帰責事由（故意・過失または信義則上これと同視すべき事由）**を解釈上要求する。これに従い，催告解除・無催告解除のすべての場合に債務者の帰責事由を要する旨の見解があることも注記されている（中試11.1（注））。

144）中試11.1補足説明4⑵ア～オ。

このうち，理由④は必ずしも明確な理由とはいえず，理由⑤は危険負担制度の取扱い自体に議論が残っている。したがって，①～③が実質的に重要であり，他の要件を考慮に入れたうえで，債務者の帰責事由を要求しないことが，契約の両当事者の利益の公平な取扱いに資するという，一種の効用判断によって正当化できるかを検討すべきであろう。

改正民法は，前述(i)・(ii)のように，**債務者の帰責事由を契約解除の要件とはしていない**。一方，債務不履行が**債権者の帰責事由**によるものであるときは，**債権者は催告解除も無催告解除もできないことが明文化**された（民法543＊）。帰責事由のある債権者を契約の拘束力から解放し，双務契約の場合は反対給付をすべき債務から解放するのは，当事者間の公平に反し，債権者を契約の拘束力から解放する手段としての契約解除の趣旨に反するからである[145]。

(iv)　**複数契約の解除**　　中間試案は「同一の当事者間で締結された複数の契約につき，それらの契約の内容が相互に密接に関連付けられている場合において，そのうち一の契約に債務不履行による解除の原因があり，これによって複数の契約をした目的が全体として達成できないときは，相手方は，当該複数の契約の全てを解除することができる」という提案をした（中試11.2）。この点については判例法理が形成されつつあり[146]，それ自体は異論ないであろう。もっとも，この規定により，複数契約の無効・取消しの場合，当事者を異にする複数契約の内容が密接に関係する場合等への問題の広がりにどのように対応すべきかが課題になる。**改正民法**は，複数契約の解除については規定せず，解釈論に委ねた。

(v)　**契約解除の効果**

①　**履行請求権の否定**　　契約解除の効果につき，改正前民法545条との相違点を確認する。まず，中間試案11.3(1)は「当事者の一方がその解除権を行使したときは，各当事者は，その契約に基づく債務の履行を請求することができないものとする」とし，解除の効果として，**未履行債務の履行請求の否定**を明文化した。これは，解釈論上異論のない効果である[147]。

②　**原状回復請求権の発生**　　中間試案は，契約解除の効果としての原状回復請求に関し，改正前民法545条1項・2項を維持することに加え，原状回復

---

145) 債権者の帰責事由によって債務者が債務の履行をできなくなった場合，債権者は反対給の履行請求を拒むことができないとする規定（民法536②＊）とバランスをとるものである。
146) ★最判平成8年11月12日集50巻10号2673頁。
147) これは，契約解除の効果に関する直接効果説と間接効果説の対立に関する特定の立場を採るものではない（中試11.3補足説明1）。

義務の内容をより具体化し，受領した給付が金銭以外の場合につき，「給付を受けた金銭以外のものを返還するときは，その給付を受けたもの及びそれから生じた果実を返還しなければならないものとする。この場合において，その給付を受けたもの及びそれから生じた果実を返還することができないときは，その価額を償還しなければならないものとする」とし，果実の返還および現物返還が不能な場合の価額償還義務を明文化することを提案した（中試 11.3⑷）。なお，前段の果実の返還に関連して，使用利益の返還の明文化も問題になるが，目的物が経年減価する物かどうか等により，使用利益の算定方法が異なりうることから，解釈論に委ねられている[148]。

他方，後段の価額償還義務に関しては，「償還の義務を負う者が相手方の債務不履行により契約の解除をした者であるときは，給付を受けたものの価額の償還義務は，自己が当該契約に基づいて給付し若しくは給付すべきであった価額又は現に受けている利益の額のいずれか多い額を限度とするものとする」との特則を設けることを提案した（中試 11.3⑸）。

これは，契約の趣旨に適合しない高価品が引き渡された後に返還不能となった場合，目的物を返還すべき時の価額が値上りした場合等，価額償還義務を課すことが解除権者に不測の損害を与え，解除を躊躇させることを回避する趣旨とされる[149]。もっとも，現物返還が不能となる場合の中には，目的物の加工・変造等，改正前民法によれば解除権の消滅に当たる場合（改正前 548）もありうることを考慮に入れると，こうした特則を置く理由として，解除を躊躇させることの回避をも挙げることには，躊躇を覚える[150]。

前述⑴の例で，A が B に中古車 a を売却して引き渡し，B が代金 50 万円全額を支払った後に，a にエンジンの欠陥があり，契約目的に適合しないことが判明したために，B が契約を解除したが，a を返還する前に地震で B の車庫が倒壊して返還不能になってしまった場合において，B が a の受領後，返還時までが 1 年間だったとすれば，a の果実・使用利益および返還時の a の時価を返還すべきことになる。果実・使用利益が 1 年分で 12 万円，a の返還時の時価が 20 万円であったとすれば，B は 32 万円を A に返還する一方，A は B に52 万 5,000 円を返還すべきことになる。また，B が引渡しを受けた後に，a の価値が値上がりし，返還時に 80 万円になっていた場合は，価額償還義務の額

---

148) 中試 11.3 補足説明 3。判例は，使用利益の返還を認めている（★最判昭和 34 年 9 月 22 日民集 13 巻 11 号
1451 頁，★最判昭和 51 年 2 月 13 日民集 30 巻 1 号 1 頁）。
149) 中試 11.3 補足説明 4。
150) これに対し，中試 11.4⑵は改正前民法 548 条の削除を提案した。

222　Ⅳ　債権各論(1)　契約総論部分の改正

は 50 万円を限度とすることが認められる（このほか，果実・使用利益の 12 万円の返還義務を負う）[151]。

　なお，解除権者にさらに損害があれば，賠償請求が認められる（改正前 545 ③を維持。中試 11.3(6)）。

　改正民法は，中間試案の提案のうち，原状回復義務の内容を具体化するものとして，**受領時以降に生じた果実の返還義務**（民法 545 ③＊）**を付加した**。また，**損害賠償請求**（改正前 545 ③）**も維持した**（民法 545 ④＊）。

　(vi)　解除権の消滅

　①　解除権者の相手方の催告による解除権の消滅　　中間試案は，解除権者が相手方の催告に対し，設定された相当期間内に解除の通知をしなかった場合に解除権の消滅を認める民法 547 条の規定は，解除権を有する者の相手方に対する履行請求権について履行請求権の限界事由（中試 9.2）があり，かつ履行に代わる損害賠償について免責事由（中試 10.1(2)）があるときは，適用しないものとすることを提案した（中試 11.4(1)）。理由は，そのような場合，債権者は債務者に対して履行請求も履行に代わる損害賠償請求もできない一方で，解除権を失うと，自己の債務（反対給付義務）は負ったままになるからである[152]。しかし，**改正民法は，この提案は採用せず，民法 547 条を維持した**。

　②　解除権者の行為等による解除権の消滅　　中間試案は，解除権者の行為等による解除権の消滅に関する改正前法規定民法 548 条の削除を提案した（中試 11.4(2)）。理由は，売買契約の目的物の瑕疵について知らずに買主がそれを加工する等しただけで，解除権を喪失する帰結は，妥当でないとの判断による[153]。しかし，目的物の加工等を**解除権の放棄行為**と解釈する余地もあり，そのような解釈を可能にする手がかりとして，改正前民法 548 条を存置または改正する余地もあると考えられる[154]。

　改正民法は，中間試案の提案を採用せず，**改正前民法 548 条 1 項を実質的に維持した**。すなわち，「解除権を有する者が**故意若しくは過失によって**契約の目的物を著しく損傷し，若しくは返還することができなくなったとき，又は加工若しくは改造によってこれを他の種類の物に変えたときは，解除権は，消滅する。ただし，**解除権を有する者がその解除権を有することを知らなかった**

---

151) 中試 11.3 補足説明 4。なお，「現に受けている利益の額」は限度額の基準から外すべきとの意見もある（中試 11.3（注））。

152) 中試 11.4 概要，補足説明参照。ただし，反対説がある（同 11.4 注参照）。

153) 中試 11.4 概要，補足説明参照。

154) 松尾 2012a: 120 頁参照。

ときは，この限りでない」（民法 548＊）。ここでは，①改正前民法 548 条 1 項の「自己の行為若しくは過失」を「故意若しくは過失によって」と修正した。また，②ただし書（前記引用強調部分）が付加された理由は，本条による解除権の消滅理由が債権者による解除権の放棄行為にあるとすれば，解除権の存在を認識している必要があると考えられるからである。なお，③改正前民法 548 条 2 項は 1 項の反対解釈として当然導かれるから，削除された。

(3) 危険負担

中間試案は，(i)**改正前民法 534 条，535 条および 536 条 1 項の削除**を提案した（中試 12.1）。このうち，① 534 条・536 条 1 項の削除に関しては，[1] 既述のように，債務者の帰責事由によらない後発的不能の場合，債務者の債務の帰趨は履行請求権の限界事由・損害賠償債務の免責事由の有無によって判断し，債権者の反対債務の帰趨は契約解除の可否によって判断されるので，危険負担の規定によるまでもないこと，[2] 債権者が契約解除によって反対債務を免れるか否かに関しては，契約各論で特則を設けていることによる[155]。

②改正前民法 535 条 1 項・2 項は，改正前民法 534 条の特則であるが，滅失と損傷の場合を区別せずに，改正前民法 534 条と同様の規律に服させ，その改正と運命を共にすべく，削除が提案された（中試 12.1）[156]。また，改正前民法 535 条 3 項の帰結は，債務不履行による損害賠償，契約解除に関する一般ルールから導くことができるとして，やはり削除が提案された（中試 12.1）[157]。

こうして，中間試案は，危険負担制度の解除制度への一元化の完遂を提案した[158]。

改正民法は，これらの提案のうち，**改正前民法 534 条・535 条を削除**する一方，**改正前民法 536 条 1 項は実質的に維持**しつつ，「**当事者双方の責めに帰することができない事由によって債務を履行することができなくなったときは，債権者は，反対給付の履行を拒むことができる**」として，債務者の反対給付請求に対する履行拒絶権構成を採用した（民法 536 ①＊）。強調部分は，改正前民

---

155) 契約各論の特則として，中試 35.14（売買目的物の引渡後は，売主は債務不履行によらずに生じた売買目的物の滅失・損傷について，契約不適合の責任を負わない。したがって，買主は契約を解除できない），38.10・38.12（賃貸借），40.1（請負），41.1（委任），42.1（雇用）等がある。中試 12.1 補足説明 1 (1)，2 参照。

156) 中試 12.1 補足説明 1 (2)ア。

157) 中試 12.1 補足説明 1 (2)イ。

158) 解除制度への一元化に対しては，危険負担と異なり，債権者が反対給付債務を免れるために解除の意思表示を要し，負担となる等の批判もあった（中試 12.1 (注)）。これに対しては，解除の意思表示が過大な負担になるとはいえないこと（中試 12.1 補足説明 2 (3)），代償請求権（中試 10.5），代金減額請求権・修補請求権の行使等，債権者の選択の余地が増える等，解除一元化のメリットもあること（中試 12.1 補足説明 2 (2)）等が指摘されている。

法536条1項では「**債務者は，反対給付を受ける権利を有しない**」としていた部分であり，この部分の修正は，たとえ反対給付債務が履行不能になってもそれだけで反対債務までも消滅するものではないという，今次債権法改正の中心思想を貫徹している[159]。

(ii)民法536条2項前段は，債権者が「契約の趣旨に照らして債権者の責めに帰すべき事由」によって債務を履行しないときは，**契約の解除をすることができない**という形に表現を修正し，実質的に維持することが提案された。一方，改正前民法536条2項後段については，債務者は履行請求権の限界事由があることによって自己の債務を免れるときでも債権者に反対給付請求できるが，自己の債務を免れたことによって利益を得たときは債権者に償還しなければならないとし，実質的に維持することが提案された[160]。

これに対し，**改正民法**は，「債権者の責めに帰すべき事由によって債務を履行することができなくなったときは，**債権者は，反対給付の履行を拒むことができない**。この場合において，債務者は，自己の債務を免れたことによって利益を得たときは，これを債権者に償還しなければならない」（民法536②前段*）とした。強調部分は，改正前民法536条2項では「**債務者は，反対給付を受ける権利を失わない**」としていたが，債権者・債務者双方の帰責事由によらない債務不履行の場合における反対給付請求の拒絶構成（民法536①*）に合わせている。なお，反対給付請求が認められる債務者の利益償還義務に関する**改正民法536条2項後段**は，改正前民法536条2項後段の規定内容と実質的に同じである。

(4) 契約解除・危険負担の根本問題

改正前民法およびそれについての従来の解釈（前述(1)）と異なり，中間試案は，委員会方針以来の基本思想を保持し，①履行請求権の限界事由（原始的不能）に当たる給付を目的とする契約も有効に成立すると規定することを提案した（中試26.2）。②契約によっていったん成立した債権・債務は，弁済等の債権・債務の消滅事由がない限り，後に履行請求権の限界事由が生じても，消滅しない[161]，③双務契約において，履行請求権の限界事由がある債務の債務者が，債権者に対してもつ反対債権の履行請求の可否は，債権者が契約解除によって

---

159) 前述第Ⅰ章2(2)「第3に」以下参照。
160) 中試12.2。なお，債務者が自己の債務を免れたことによって利益を得た場合における債権者への償還義務については，契約各則で，中試38.10（賃貸借），40.1(3)（請負），41.3(3)（委任），42.1(2)（雇用）等の特則を設けている。
161) 中試9.2参照。

これを免れるかどうかによる[162]，という立場に立った。そして，④危険負担制度の廃棄と契約解除制度への一元化は，①〜③の帰結に過ぎない。その根本思想は，いったん契約によって債権・債務が成立した以上，「履行不能」による債権・債務の消滅を認めないこと，すなわち，原始的であれ，後発的であれ，履行不能概念の廃棄にあるとみることができる。ここには，改正論議の底流にある**契約絶対の思想**が改めて見出されるように思われる。

　これに対し，**改正民法**は，**前記①に対しては**，原始的不能の給付を目的とする契約も積極的に「有効である」とは明示せず，ただ**損害賠償請求が可能であることを示すにとどめた**（民法412の2②＊）。また，**前記③に対しては，双務契約の一方の債務が当事者双方の帰責事由によらずに履行不能となった場合，債務者の反対給付請求に対し，債権者は，契約解除をしなくとも，履行拒絶ができることも認めた**（民法536①＊）。その結果，**改正民法**は，**前記④に対しては，危険負担制度の廃棄と契約解除制度の一元化にまでは進まなかった**。しかし，今後の解釈論の蓄積により，さらなる改正——その方向性が解除一元論を徹底する方向か，緩和する方向かは措いて——も考えられる，浮動的状態にあるといえる。

8　継続的契約の終了

⑴　継続的契約の終了に関する規定を設ける意義

　契約の中には，賃貸借契約，雇用契約，継続的にある商品を仕入れて納入する売買契約，継続的な製作物供給契約，フランチャイズ契約等，同一当事者間で同じ内容の債権・債務の履行を継続して行う類型のもの（以下，継続的契約）がある[163]。

【例8】2016年5月1日，A会社はその製造・販売する製品 α を B 会社に毎月末日までに1,000個納入する契約を締結した。Bは α を用いた製品 β を製造・販売する会社であり， α は β の製造に欠かせない重要部品である。Bは α 1,000個の引渡しを受けた後，その代金100万円を毎翌月10日までに支払うものとし，契約期間は1年とした。ABはともに契約通りに債務を履行し，1年近くが経過した。2017年4月20日，Bは契約をさらに1年更新したい旨をA

162）中試 12.1.
163）委員会方針【3.2.16.12】は「契約の性質上」当事者の一方又は双方の給付がある期間にわたって継続して行われるべき契約を継続的契約と定義した。松尾 2012a: 140 頁参照。

図表Ⅳ-8　継続的契約

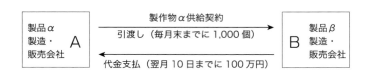

に通知したが，Aからは返信がないまま5月末日となった。そこで，BはAに早急にα 1,000個を納入するよう請求した（図表Ⅳ-8）。

継続的契約については，契約の終了をめぐって紛争が多発することから，継続的契約の終了に関する一般的な規律の創設が検討されてきた。中間試案は，以下のように提案した（中試34）[164]。

「1　期間の定めのある契約の終了
（1）　期間の定めのある契約は，その期間の満了によって終了するものとする。
（2）　上記(1)にかかわらず，当事者の一方が契約の更新を申し入れた場合において，<u>当該契約の趣旨，契約に定めた期間の長短，従前の更新の有無及びその経緯その他の事情に照らし，当該契約を存続させることにつき正当な事由</u>があると認められるときは，当該契約は，従前と同一の条件で更新されたものとみなすものとする。ただし，その期間は，定めがないものとする。
2　期間の定めのない契約の終了
（1）　期間の定めのない契約の当事者の一方は，相手方に対し，いつでも解約の申入れをすることができるものとする。
（2）　上記(1)の解約の申入れがされたときは，当該契約は，解約の申入れの日から相当な期間を経過することによって終了するものとする。この場合において，解約の申入れに相当な予告期間が付されていたときは，当該契約は，その予告期間を経過することによって終了するものとする。
（3）　上記(1)及び(2)にかかわらず，当事者の一方が解約の申入れをした場合において，<u>当該契約の趣旨，契約の締結から解約の申入れまでの期間の長短，予告期間の有無その他の事情に照らし，当該契約を存続させることにつき正当な事由</u>があると認められるときは，当該契約は，その解約の申入れによっては終了しないものとする。

164）なお，引用中下線は引用者による（以下同じ）。なお，委員会方針【3.2.16.13】～【3.2.16.17】，その特色に関し，松尾 2012a: 140-141頁参照。

8 継続的契約の終了　227

3　解除の効力

前記1(1)又は2(1)の契約を解除した場合には，その解除は，将来に向かってのみその効力を生ずるものとする。」

以下，これらの要件・効果について検討する。

(2)　期間の定めのある契約と更新拒絶

期間の定めのある契約は期間満了によって終了し，当事者の一方が相手方から更新の申入れを受けても拒絶できるのが原則である（前記中試 34.1 (1)）。これに対し，「当該契約の趣旨，契約に定めた期間の長短，従前の更新の有無及びその経緯その他の事情に照らし，当該契約を存続させることにつき正当な事由」がなければ，相手方の更新申入れを拒絶できないとする例外が提案されている（前記中試 34.1 (2)。とくに下線部）。相手方の更新の意向を拒絶するのに正当事由を要する規律は，借地借家法 5 条，28 条等にあるが，これを継続的契約に一般化して民法に規定する提案である[165]。もっとも，特別規定があればそれらが優先する[166]。

ここでは借地人・借家人といった特定の者の利益保護を超え，「継続性を保護すべき要請の高い類型」の契約を継続させることによる社会的効用の確保が目指されている。その法理上の根拠は信義則（民法 1 ②）に求められる[167]。しかし，それは当事者間の合意に立脚する意思主義的な契約法原理を修正する要素も含むように思われる。特に継続性保護の要請が高いか否かの判断には政策的考慮が入り込む余地があり，慎重な検討を要する[168]。

(3)　期間の定めのない契約と解約申入れ

期間の定めのない契約は，当事者が何時でも解約申入れできるのが原則である（前記中試 34.2 (1)）。その場合，①「相当な予告期間」を付して解約申入れがされたときは当該予告期間の経過によって契約が終了し（前記中試 34.2 (2)第 2 文），②そうでないときは「相当な期間」の経過によって終了する（前記中試 34.2 (2)第 1 文）[169]。

ただし，「当該契約の趣旨，契約の締結から解約の申入れまでの期間の長短，

165）その趣旨の裁判例もあるが（★札幌高決昭和 62 年 9 月 30 日判時 1258 号 76 頁，★福岡高判平成 19 年 6 月 19 日判タ 1265 号 253 頁等），最高裁判例はなく，判例法理になっているとはいえない（中試 34 概要・補足説明）。

166）例えば，賃貸借に関する民法 617 条，雇用に関する民法 627 条・628 条，借地契約に関する借地借家法 5 条・6 条，借家契約に関する同 26 条～ 28 条，労働契約に関する労働契約法 16 条・17 条・19 条等がある。

167）詳解Ⅴ：408 頁，410 頁参照。

168）継続的契約の終了について，民法には規律を設けず，解釈に委ねるべきとの意見もある（中試 34.1（注））。

169）この原則を表した規定がある（民法 617 ①，627 ①等）。

予告期間の有無その他の事情に照らし，当該契約を存続させることにつき正当な事由」がなければ[170]，解約申入れによって契約を終了させることはできない旨の例外規定が提案されている（前記2(3)）[171]。

ここでも期間の定めのある契約の更新申入れを拒絶するための正当事由に関するのと同じ問題がある[172]。

(4) 契約解除の非遡及効

例えば，賃借人の賃料不払を理由に賃貸借契約を解除した場合，その効果は将来に向かってのみ生じ，遡及しない（民法620）。賃貸人が受領した過去の賃料や賃借人が既に使用・収益した利得等，既履行給付の効力を否定して原状回復する必要はないし，履行が終わって債権・債務が消滅した部分は，契約目的を達成していると考えられるからである。この原則は雇用・委任・組合にも準用されているが（民法630・652・684），継続的契約一般に妥当すると考えられる。そこで，明文の規律が提案されている（前記中試34.3）[173]。

(5) 改正民法の立場

改正民法は，以上の提案を採用せず，解釈論に委ねた。

9 事情変更の法理

(1) 意義

事情変更の法理とは，契約当事者が契約締結時に基礎とした事情が著しく変動する等，予測できなかった事情が生じ，当初の契約通りに履行を求めることが著しく不当であると認められる場合，契約について再交渉したり，契約内容を改訂したり，契約を解除することを認めることにより，当事者間の利害を適切に調整する法理である[174]。この法理を明文化すべきか否かが議論された[175]。

【例9】 2016年5月1日，A会社はその製造する製品 a を B会社に毎月末日

---

[170] なお，予告期間の長短は「その他の事情」の1つとして，その解釈によって考慮に入れるべきかどうかが判断されうる（中試34.2 概要・補足説明）。

[171] これは裁判例・学説における一般的理解の明文化である（中試34.2 概要・補足説明，★名古屋高判昭和46年3月29日下民集22巻3=4号334頁，★大阪地判平成17年9月16日判時1920号96頁等）。しかし，判例法理になっているとまではいえない。

[172] 前述(ii)末尾段落参照。ちなみに，民法には規定せず，解釈に委ねるべきとの意見もある（中試34.2（注））。

[173] この原則は解約申入れによる継続的契約の終了にも妥当する（中試34.3 概要・補足説明）。

[174] 松尾2012a: 130-132頁，219頁。英米法のハードシップ（hardship）法理に対応する。

[175] 中試32 概要・補足説明1(1)。判例はこの法理を認めている（★大判昭和19年12月6日民集23巻613頁，★最判平成9年7月1日民集51巻6号2452頁等）。諸外国には，ドイツ民法313条1項等，立法例や立法提案がある。法制審議会民法（債権関係）部会第81回会議（平成25年12月10日）部会資料72B「民法（債権関係）の改正に関する要綱案の取りまとめに向けた検討(8)」9-15頁参照。

までに 1,000 個納入する契約を締結した。B は a 1,000 個の引渡しを受けた後，その代金 100 万円を毎翌月 10 日までに支払うものとし，契約期間は 2 年とした。2017 年 5 月 1 日，地震により，A の工場の一部が地盤沈下し，機械等も損傷を受け，完全な復旧には 2 か月を要する見込みである。そこで，A は B に対し，2017 年 5 月・6 月分の a 納入数を各 500 個とし，7 月・8 月に各 1,500 個，9 月以降は 1,000 個とするよう契約の変更を求めた。

民法（債権関係）改正の審議でも，(a)同法理を明規すべきとの積極論と，(b)実務上濫用が懸念されることから明文化せずに解釈に委ねるべきとの消極論があった[176]。中間試案はつぎのように提案した（中試 32）[177]。

「契約の締結後に，その契約において前提となっていた事情に変更が生じた場合において，その事情の変更が次に掲げる要件のいずれにも該当するなど一定の要件を満たすときは，当事者は，［契約の解除／契約の解除又は契約の改訂の請求］をすることができるものとするかどうかについて，引き続き検討する。

ア　その事情の変更が契約締結時に当事者が予見することができず，かつ，当事者の責めに帰することのできない事由により生じたものであること。

イ　その事情の変更により，契約をした目的を達することができず，又は当初の契約内容を維持することが当事者間の衡平を著しく害することとなること。」

以下，その要件・効果について検討する。

(2) 要件

事情変更の法理は，①契約締結時に契約の基礎となっていた事情が契約締結後に変更した，②当該事情の変更が当事者にとって予見可能でなかった，③当該事情の変更が当事者の帰責事由によらない事情によって生じた，④当該事情の変更により，当初の契約内容に当事者を拘束することが信義則上著しく不当と認められることを要件としており[178]，中間試案（前記(1)末尾）もこれを具体化したものと解される[179]。

このうち，①の例としては，想定を超える自然災害，大事故，戦争等が認められる一方，経済変動による目的物の価格の高騰や下落はそれに当たらないと解される[180]。

---

176) 中試 32 概要・補足説明 1(2)。
177) なお，委員会方針【3.1.1.91】〜【3.1.1.93】，松尾 2012a: 130-133 頁参照。
178) 中試 32 概要・補足説明 2。
179) 中試 32 概要・補足説明 2。なお，要件化の案につき，法制審議会民法（債権関係）部会・前掲（注 175）1-2 頁参照。

また，事情変更の重大性を示す④の中には，等価関係の破壊，経済的不能（債務者の債務履行コストと履行による対価的利益が著しく不均衡となること），契約目的の達成不能があるとされるが，中間試案は前二者を「契約当事者の利害に著しい不均衡を生じさせること」（前記イ）に包摂する趣旨である[181]。

(3) 効果

事情変更の法理の効果として，委員会方針は，①契約改訂のための再交渉請求権，②契約解除請求権，③具体的改訂案を提示した契約改訂請求権を挙げ，①を原則的効果とした[182]。これに対し，中間試案は②または②と③に絞って提案する。もっとも，当事者間の自発的交渉を促進する観点から，①を②・③の効果の発動要件とする余地も残されている[183]。また，②と③の関係について，当事者の予見可能性を確保し，かつ裁判所の私的自治への過度の介入を避ける観点から，②を原則としつつ，③は裁判上行使され，その内容が合理性をもつ場合に認める方向で，制度設計が模索されている[184]。

(4) 改正民法の立場

改正民法は，以上の提案を採用せず，解釈論に委ねた。

---

180) 中試 32 概要・補足説明 2。また，要件①は，契約締結後に客観的事情に重大な変化が生じたことを意味し，いわゆる主観的な行為基礎の脱落を排除する趣旨と解される（松尾 2012a: 131 頁注 429）。結局，要件①は，当事者が契約に際して織り込むことができなかったリスクを意味するものと解される。

181) 中試 32 概要・補足説明 2。

182) 委員会方針【3.1.1.91】〜【3.1.1.93】。松尾 2012a: 131-133 頁参照。

183) 中試 32 補足説明 4 (1)。

184) その際，①裁判手続は訴訟か非訟か，②事情変更に関する裁判と契約上の権利を訴訟物とする本案訴訟との関係をどうするか等が問題になる（中試 32 概要・補足説明 3）。

V 債権各論(2)

契約各論部分の改正

232 　V　債権各論(2)　契約各論部分の改正

1　売買契約

(1)　改正の方向性

売買契約については，①売主が行うべき義務内容をより明らかにすること，②売買目的物に欠陥等があった場合の買主の救済手段を使いやすいものにすること，③両当事者の帰責事由によらない事態が生じた場合に公平な問題解決を図ること，そして，④総じて両当事者にとって売買契約をより使いやすいものとすることが改正論の焦点であった。

売買契約に関しては，①中間試案の提案（中試35.1〜35.15）が，②「民法（債権関係）の改正に関する要綱案のたたき台(9)」[1] の素案（3.1〜3.13）によって修正された[2]。まず確認すべきは，中間試案が提案していた以下3点を，同たたき台が取り上げなかったことである（図表Ⅴ-1参照）[3]。

(2)　売買予約

当事者の一方のみが予約完結権をもつ場合を定める民法556条に対し，中間試案は当事者の双方が予約完結権をもつ場合も規定することを提案した（中試35.1）。しかし，①後者を加える実益がない，②中間試案の提案は予約完結権の行使によって直ちに契約が成立するタイプの予約（改正前民法が定めるタイプ）のほかに，予約完結権の行使によって相手方が契約を締結する義務を負うタイプの予約（義務型予約）を排除しているように見えるとの指摘があり，論点から外された。**改正民法も，現行法を維持した。**

(3)　事業者買主の適時検査・通知義務

買主が事業者の場合，目的物受取後遅滞なく検査し，契約不適合があれば相当期間内に通知しなければ，売主（悪意または重過失の売主を除く）の担保責任を追及できないとする提案（中試35.7）も，①「事業者」の概念が明確とはいえない，②「事業者」でもつねに売買の専門家とは限らないゆえに検査義務を課すことは酷であること等，反対意見をも考慮し，論点から外された。買主の適時検査・通知義務は，いったん成立した契約をできるだけ有効にし（favor contractus），取引費用を削減すべきとの商事取引のルールを，民法に取り込もうとするもので，かねて問題提起していた点であり[4]，慎重に対応する判断は妥

---

1)　法制審議会民法（債権関係）部会第84回会議（平成26年2月25日開催）部会資料75A。
2)　本章で引用する改正提案は，中間試案よりも新しい「たたき台」の素案を用いつつ，対応する中間試案の項目番号を併記する方法により，両者の関連を確認する際の便宜を図ることにする。
3)　たたき台(9)部会資料75A: 33-34頁。
4)　松尾 2012a: 12頁参照。

1　売買契約　233

図表 V-1　売買契約の改正点

項目	中間試案	たたき台(9)	改正民法
売買の予約	35.1	――	556
手付	35.2	3.1	557 ＊
売主の義務	35.3	3.2	560 ＊
契約不適合	35.4	3.3	562 ＊
代金減額請求	35.5	3.4	563 ＊
損賠請求・契約解除	35.4	3.5	564 ＊
検査・通知義務	35.7	――	――
追奪担保責任	35.8	3.6	565 ＊
期間制限	35.6	3.7	566 ＊
競売の場合	35.9	3.8	568 ＊
買主の義務	35.10	――	――
代金支払場所	35.11	3.9	574
権利を失うおそれ等	35.12	3.10	576 ＊
抵当権等がある場合	35.13	3.11	570 ＊, 577 ＊
危険の移転	35.14	3.12	567 ＊
買戻し	35.15	3.13	579 ＊

＊は改正があった条文を示す。

当と考える。**改正民法も，規定を設けなかった。**

(4)　買主の受領義務

　買主は契約の趣旨に適合する目的物を受け取る義務がある旨の提案（中試35.10）は，①判例が買主には原則として目的物の受領義務はないと解していること，②受領義務の効果が不明確で，もし損害賠償や解除まで認めるとすれば行き過ぎであること，③売主による押付けに濫用されるおそれがあり，消費者被害が拡大しかねない等の反対意見をも考慮し，論点から外された。**改正民法も，規定を設けなかった。**

(5)　売買契約成立後・履行着手前の解除

　いったん成立した売買契約も，当事者が履行に取りかかる前であれば，買主の手付放棄または売主の手付倍返しによって解除できる。これが両当事者の便宜のために導入された手付の制度である。改正前民法は「買主が売主に手付を交付したときは，当事者の一方が契約の履行に着手するまでは，買主はその手付を放棄し，売主はその倍額を償還して，契約の解除をすることができる」（改正前 557 ①）とする。

　これに対し，「買主が売主に手付を交付したときは，買主はその手付を放棄

し，売主はその倍額を<u>現実に提供して</u>，契約の解除をすることができる。ただ
し，<u>その相手方が契約の履行に着手した後は，この限りでない</u>」（中試 35.2）[5]
との改正が提案された。改正の趣旨として，①「相手方が契約の履行に着手」
していなければ，自分が履行に着手していても手付解除できる旨の判例法理を
取り入れて明確化した[6]。②売主が解除するためには手付の倍額は「現実に提
供」する必要があるが，支払までは要せず，相手方が受領拒絶をしたときも供
託までは必要ないことを明確にした。③履行の着手は手付解除の相手方が主
張・立証すべき旨を明確にするために，ただし書に置いた。①の点には疑問が
残るが[7]，信義則による対応等が考えられている[8]。

改正民法は，中間試案の前記提案を採用した（民法 557 ①＊）。

(6) 売主の義務と責任

(ⅰ) 売主の基本的義務　　売買契約が成立すると，売主は財産権移転義務お
よび目的物引渡義務を負う。中間試案およびたたき台は，これらを具体化した
ものとして，――

①「売主は，移転すべき権利の内容（他人の地上権，抵当権その他の権利の負担
の有無を含む。）に関し，その売買契約の趣旨に適合するものを買主に移転する
義務を負う」，

②「他人の権利を売買の目的としたとき（権利の一部が他人に属するときを含
む。）は，売主は，その権利を取得して買主に移転する義務を負う」，

③「売主は，売買の目的が物であるときは，**性状及び数量**に関して，その
売買契約の趣旨に適合するものを引き渡す義務を負う」，

④「売主は，買主に対し，登記，登録その他の売買の目的である権利の移
転を**第三者に対抗するために必要な行為をする義務**を負う」との規定の新設を
提案した[9]。

これらのうち，②は改正前民法に該当規定があり（改正前 560），①はその前
提として，解釈論上認められている。これに対し，このうち，③は改正前民法
の瑕疵担保責任（改正前 570）および数量不足の担保責任（改正前 565）を一括し
て債務不履行責任とする趣旨であるが[10]，売主の担保責任には帰責事由がな

---

5) 下線は引用者による（以下同じ）。たたき台(9) 3.1 も参照。

6) ★最判昭和 40 年 11 月 24 日民集 19 巻 8 号 2019 頁。ただし，**自分が履行に着手すれば，相手方は契約履行
への期待をもつこと**等を理由に，反対意見もある。

7) 松尾 2012a: 146 頁，★最判昭和 40 年 11 月 24 日民集 19 巻 8 号 2019 頁の反対意見参照。

8) 中試 35.2 補足説明 1 参照。

9) たたき台(9) 3.2。中試 35.3 も参照。

10) たたき台(9) 3.2 説明 1。中試 35.3 補足説明 2(1)も参照。

くとも負うものが含まれ，かつ期間制限も一般の消滅時効とは異なるルールを導入する提案もされている以上（後述(ii)），あえてここで規定することはかえって混乱を生じさせる懸念もある。

改正民法は，このうち，②を採用した（民法561＊）。また，**④を採用しつつ，その強調部分を「対抗要件を備えさせる義務」**（民法560＊）とした。

(ii)　瑕疵担保責任から契約不適合責任へ

①　売主の追完義務および追完権　　売買目的物に瑕疵があった場合の救済手段として，改正前民法は損害賠償請求と契約目的達成不能の場合の解除を規定するにとどまる（改正前570，566）。これに対し，以下のような改正が提案された[11]。

[1]　「引き渡された目的物が**性状及び数量**に関して**契約の趣旨に適合しないもの**であるときは，買主は，その内容に応じて，売主に対し，目的物の修補，代替物の引渡し又は不足分の引渡しによる履行の追完を請求することができる」。

[2]　「買主が請求した履行の追完の方法と異なる方法を売主が提供する場合において，売主の提供する方法が**契約の趣旨に適合し，かつ，買主に不相当な負担を課するものでないとき**は，履行の追完は，売主が提供する方法による」。

これは，売主の故意・過失等の帰責事由を問わない**無過失責任**としての追完義務（前記[1]）を売主の追完権（前記[2]）との関係とともに明確に規定するものである[12]。それは「隠れた瑕疵」を要件とする改正前民法の瑕疵担保責任（改正前570）と異なり，契約への不適合を要件とするものへと転換している[13]。

改正民法は，これらの提案を，若干の修正を加えつつ，実質的に採用した（民法562＊）。

[1]　「引き渡された目的物が**種類，品質又は数量**に関して**契約の内容に適合しないもの**であるときは，買主は，売主に対し，目的物の修補，代替物の引渡し又は不足分の引渡しによる履行の追完を請求することができる。ただし，売主は，**買主に不相当な負担を課するものでないとき**は，買主が請求した方法と異なる方法による履行の追完をすることができる」。

[2]　「前項〔民法562①＊〕の不適合が**買主の責めに帰すべき事由**によるものであるときは，買主は，同項の規定による履行の追完の請求をすることができない」。

このうち，[1] 引き渡された目的物の「性状及び数量」が「種類，品質又は

11）たたき台(9) 3.3。中試35.4も参照。

12）帰責事由を要件とする損害賠償請求（後述③参照）と異なる。中試35.4補足説明1～5，たたき台(9) 3.3説明1～2参照。

13）契約への不適合について買主に悪意または過失があるときは，契約自体がそれを予定しているものと解して売主への責任追及を排斥しうる。

数量」と修正されたのは，中間試案 35.3 (2) への回帰である。一方，**「契約の内容に適合しないもの」**は，中間試案およびたたき台の「契約の趣旨に適合しないもの」を修正したものである。これにより，追完請求の根拠が**契約において約束したことの実現（履行）**にあること[14]，その意味での**契約責任**であることがより明確にされている。もっとも，一般の債務不履行責任が帰責事由を要件とする（民法 415 ① 但＊）[15] のに対し，買主の追完請求権が**売主の帰責事由を問わずに認められる（無過失責任）**という意味では[16]，**法定責任**ということもできる。しかし，買主の追完請求権を契約責任か法定責任かという従来の議論枠組で性格つけることは適切でない[17]。なぜなら，**改正民法**の債務不履行責任概念自体が，従来の法定責任も取り込んだ不履行責任となっているからである[18]。これは，履行不能の効果（民法 412 条の 2 ＊）と並ぶ，今次の**民法改正の最大の特色**である[19]。

また，[2] の規律は，債務不履行が債権者の帰責事由によるときは，既述のように，契約解除権が発生しないこと（民法 543 ＊），また，後述するように，代金減額請求権も発生しないこと（民法 563 ③＊）から，追完請求権についても，同様であるべきものと判断された。

② **代金減額請求権**　改正前民法が規定する買主の損害賠償請求権（改正前 570, 566 ①）は，売主の帰責事由を問わない信頼利益の損害賠償であり，それは実質的に代金減額請求権（代金減額的損害賠償請求権）を意味するものと解されてきた[20]。この点に関して，以下の提案がされた。

[1]　引き渡された目的物が性状及び数量に関して契約の趣旨に適合しないものである場合において，買主が相当の期間を定めて履行の追完の催告をし，売主がその期間内に履行の追完をしないときは，買主は，意思表示により，その不適合の割合に応じて代金の減額を請求することができる。

---

14) 買主の追完請求権と履行請求権の関係は，議論されている。中間試案は追完請求権が履行請求権の性質をもつものと捉えていた（中試 38.4 (1) 但）。

15) もっとも，改正前民法 415 条後段の帰責事由と異なり，**改正民法** 415 条 1 項ただし書の帰責事由は「契約その他の債務の発生原因及び取引上の社会通念」に照らして判断され，明示の免責事由または黙示の免責事由（不可抗力の場合等）がある場合に免責されるにすぎないとすれば，債務不履行責任自体の契約責任化が強まっているともいえる。その一方で，**改正民法**もなお一般の債務不履行責任について債務者の帰責事由を要件とするという意味での法定責任の要素を捨て去っていないとの解釈も可能であるという，ヤヌス的な特色をもつものとなっている。

16) 買主の損害賠償請求権の要件に関する，**改正民法** 564 条（民法 415 ＊を援用）参照。

17) このことは，後述する代金減額請求権（後述②）にも当てはまる。

18) **改正民法** 415 条 1 項ただし書の「帰責事由」の意味に関する前掲注 15 参照。

19) 第Ⅲ章 A4 参照。

20) これに対し，売買目的物の数量不足または一部滅失の場合の売主の担保責任に関しては，買主の代金減額請求権，契約目的達成不能の場合の解除，損害賠償請求権が区別されている（改正前 565, 563, 564）。

[2]　次のいずれかに該当するときは，買主は，上記 [1] の催告をすることなく，直ちに代金の減額を請求することができる。

〈1〉　履行の追完が不能であるとき。

〈2〉　売主が履行の追完をする意思がない旨の確定的な意思を表示したとき。

〈3〉　契約の性質又は当事者の意思表示により，特定の日時又は一定の期間内に履行をしなければ契約をした目的を達することができない場合において，売主が履行をしないでその時期を経過したとき。

〈4〉　買主が催告をしても履行の追完を受ける見込みがないことが明らかであるとき。

　[3]　引き渡された目的物が性状及び数量に関して契約の趣旨に適合しないものである場合において，その不適合が契約の趣旨に照らして買主の責めに帰すべき事由によるものであるときは，買主は，代金の減額を請求することができない。

　以上は，買主の代金減額請求権につき，買主の追完請求権および売主の追完権との関係（追完請求権が第 1 次的救済であり，代金減額請求権はそれが期待できない場合の第 2 次的救済として位置づけられる）を含め，具体的に規定するものである[21]。

　改正民法は，この提案を実質的に採用した（民法 563 ＊）。もっとも，[1] の冒頭部分「引き渡された目的物が性状及び数量に関して契約の趣旨に適合しないものである場合において」は，改正民法では「前条〔民法 562 ＊〕第 1 項本文に規定する場合において」とされたことから（民法 563 ①＊），これを「引き渡された目的物が**種類，品質又は数量に関して契約の内容に適合しないものである**」場合においては（民法 562 ①本＊），と読み替えることになる。その趣旨については，代金額請求権について述べたのと同じである[22]。また，代金減額請求権の法的性質についても，追完請求権について述べたことが妥当する[23]。もっとも，代金減額請求権については妥当な**減額の算定基準時**（契約時，履行期，引渡時）が問題になるが，これについては規定されておらず，解釈に委ねられている[24]。

　③　**損害賠償義務および契約解除**　　買主の追完請求権，代金減額請求権と

21）たたき台(9) 3.4 説明 2，中試 35.5 補足説明 1 ～ 2 参照。

22）前述①の**改正民法 562 条**に関する記述 [1] 参照。

23）前述①の**改正民法 562 条**に関する記述 [1]・[2] 参照。

24）「引き渡された目的物」の契約不適合の責任を問うものであるから，引渡時を基準にするのが妥当であろう。買主の代金減額請求を引き渡された目的物の受領の意思表示と解し，引渡時の価値を基準にすべきとの見解（CISG50 条も同じ）がある（潮見 2015: 235 頁）。いずれにせよ，基準時以降の価格の下落があったときは，損害賠償請求（後述③。民法 564 ＊）で対応することが可能であろう。

並び，「引き渡された目的物が性状及び数量に関して契約の趣旨に適合しないものであるときは，買主は，債務不履行一般の規定による損害賠償の請求及び契約の解除をすることができる」との規定を置くことが提案された[25]。これは，代金減額請求権（前述②）との区別を明確にするものであり[26]，妥当である。

改正民法は，この提案を使用し，「前2条の規定〔民法562 *・563 *〕は，第415条の規定による損害賠償の請求並びに第541条及び第542条の規定による解除権の行使を妨げない」とした（民法564 *）。このうち，損害賠償請求に関して，損害賠償の範囲は，一般原則（民法415 *・416 *）に従い，いわゆる履行利益にも及びうる。

④　追奪担保責任　　売主は，売買契約に従って目的物の所有権を相手方に移転する義務を負い，権利の全部または一部を移転できなかったとき（他人の抵当権，地役権等の権利の負担が付いている場合を含む）は，担保責任を負う（改正前561 ～ 567）。

これに対しては，以下の提案が行われた。

[1]　「〔改正前〕民法第561条から第567条まで（同法第565条及び期間制限に関する規律を除く。）の規律を次のように改めるものとする。／前記3から5までの規定〔追完請求権，代金減額請求権，損害賠償請求権および解除〕は，**売主が買主に移転した権利の内容が契約の趣旨に適合しないものである場合及び売主が買主に権利の全部又は一部を移転しない場合について準用する**」[27]。これは，改正前民法が権利の瑕疵（改正前561 ～ 567）→物の瑕疵（改正前570）と規定していた順序を，契約目的物の契約不適合→権利の全部または一部の移転不能と逆転したにすぎないようにも見えるが，さらに実質的変更も含んでいる。すなわち，他人物売買の売主が善意であった場合における売主の契約解除権（改正前562①・②）は削除される。権利移転義務を履行しない売主に，たとえ善意でも契約から離脱する自由を与えることは合理性に欠けるとの理由による[28]。

[2]　売買目的たる不動産に存在した**先取特権または抵当権**が実行されて買主が所有権を失った場合に契約解除および損害賠償請求ができる旨の規定（改正前567①・③）は，先取特権または抵当権の実行による所有権喪失後に限定する必要はなく，そうであるとすればすでに前述③の損害賠償請求・契約解除でカバーされるから，規定を置く必要はない[29]。

25）たたき台(9) 3.5.
26）たたき台(9) 3.5 説明1 ～ 2参照。
27）たたき台(9) 3.6，中試 35.8。
28）たたき台(9) 3.6 説明3，中試 35.8 補足説明1 (2)参照。

改正民法は，これらの提案を何れも採用した。

[1] 「前3条の規定〔民法562＊・563＊・564＊〕は，**売主が買主に移転した権利が契約の内容に適合しないものである場合**（権利の一部が他人に属する場合においてその権利の一部を移転しないときを含む。）**について準用する**」（民法565＊）。善意の売主の特別の解除権に関する改正前民法562条は維持されていない。

[2] 「**買い受けた不動産について契約の内容に適合しない先取特権，質権又は抵当権**が存していた場合において，買主が費用を支出してその不動産の所有権を保存したときは，買主は，売主に対し，その費用の償還を請求することができる」（民法570＊）。本条は，改正前民法567条2項に「質権」を加えて維持する一方，改正前民法567条1項・3項を削除した。

⑤ 担保責任の期間制限　改正前民法は，売主の担保責任の期間を買主が事実を知った時から1年間の短期に制限していた（改正前566③，564）。これに対し，以下のような提案がされた[30]。

[1] 「民法第570条本文の規律のうち期間制限に関するものを，次のように改めるものとする。／売主が性状に関して契約の趣旨に適合しない目的物を買主に引き渡した場合において，買主がその不適合の事実を知った時から1年以内に当該事実を売主に通知しないときは，買主は，その不適合を理由とする前記3から5〔たたき台(9)3.3～3.5〕までの規定による履行の追完の請求，代金減額の請求，損害賠償の請求又は契約の解除をすることができない。ただし，売主が引渡しの時に目的物が契約の趣旨に適合しないものであることを知っていたとき又は重大な過失によって知らなかったときは，この限りでない」。

[2] 「民法第564条（同法第565条による準用を含む。）及び第566条第3項を削除するものとする」。

前記［1］は，瑕疵担保責任の期間制限について，(a)一般の消滅時効のルールを適用するか（中試35.6【甲案】），(b)必要な改正を加えて特別の期間制限を維持するか（中試35.6【乙案】），考え方が分かれていた問題につき，パブリック・コメントで【乙案】支持が比較的多かったこと等も考慮し，特別の期間制限を維持する方向での提案である[31]。瑕疵担保責任が売主に帰責事由がない場合にも妥当する特別ルールであり，一般の債務不履行責任に編入されない部分がある点にも鑑み，妥当であると解する。

---

29) たたき台(9)3.6 説明4，中試35.8 補足説明1(2)参照。
30) たたき台(9)3.7，中試35.6，35.8。
31) たたき台(9)3.7 説明1～3，5 参照。

前記［2］は，**権利の全部または一部の移転不能**は，売主の債務不履行と捉え，その担保責任の期間制限も，一般の消滅時効ルールによるとする趣旨である[32]。妥当であると考える。

改正民法は，これらの提案を採用した。「売主が**種類又は品質**に関して契約の内容に適合しない目的物を買主に引き渡した場合において，買主がその不適合を知った時から１年以内にその旨を売主に通知しないときは，買主は，その不適合を理由として，履行の追完の請求，代金の減額の請求，損害賠償の請求及び契約の解除をすることができない。ただし，売主が引渡しの時にその不適合を知り，又は重大な過失によって知らなかったときは，この限りでない」（民法566＊。強調・傍点は引用者による）。ここでは，本条による特別の期間制限に服する買主の権利が，売買目的物の「種類又は品質に関して」の契約不適合の場合に限定される。したがって，権利の全部または一部の欠陥や，それに準じるものと解される目的物の数量不足の契約不適合の場合は，買主の権利は一般の消滅時効に服することになる[33]。

⑥　競売における担保責任　　改正前民法は，強制競売の場合おいては，権利の全部または一部の移転不能（他人の権利による負担が付された場合を含む）についてのみ売主の担保責任を認め，瑕疵担保責任を認めなかった（改正前568①）。

これに対し，中間試案は，売買目的物の種類・品質・数量に関する契約不適合に対する売主の責任（従来の瑕疵担保責任を含む）を競売の場合にも適用する旨を提案した（中試35.9）。しかし，この提案に対しては，パブリック・コメントにおいて多くの反対意見が寄せられたことにも鑑み，再度以下のような提案がされた。

「〔改正前〕民法第568条第1項及び第570条ただし書の規律を次のように改めるものとする。／強制競売における買受人は，前記4から7までの規定〔たたき台(9)3.4〜3.7における売主の担保責任〕（**目的物の性状において契約の趣旨に適合しないものである場合に関するものを除く。**）により，債務者に対し，代金減額の請求又は契約の解除をすることができる」[34]。これは，実質的に改正前民法を維持することを示している[35]。

改正民法は，いくつかの修正を加えつつ，この提案を実質的に採用した。

［1］「民事執行法その他の法律の規定に基づく競売（以下この条において単に

32）たたき台(9) 3.7 説明4，5 参照。

33）これは，数量不足の担保責任の短期の期間制限（改正前565・564）の廃止を意味する。

34）たたき台(9) 3.8，中試 35.9。

35）たたき台(9) 3.8 説明1，2 参照。

「競売」という。）における買受人は，第 541 条及び第 542 条の規定並びに第 563 条（第 565 条において準用する場合を含む。）の規定により，債務者に対し，契約の解除をし，又は代金の減額を請求することができる」（民法 568 ①＊）

[2] 改正前民法 568 条 2 項を維持（民法 568 ②＊）

[3] 改正前民法 568 条 3 項を維持（民法 568 ③＊）

[4] 「前 3 項の規定は，競売の**目的物の種類又は品質に関する不適合について**は，**適用しない**」（民法 568 ④＊）

ここでは，[1] 改正前民法 568 条 1 項の「強制競売」は，担保権の実行を含む「競売」一般に拡張される一方，[4] 目的物の種類・品質に関する契約不適合責任（改正前民法 570 条の瑕疵担保責任に相当する）は排除されている[36]。なお，[1] において，追完請求権が認められていないことに鑑み，代金減額請求（民法 563＊）や契約解除（民法 541＊）に際しての追完の催告は不要と解される。

(7) 買主の義務

(i) 代金支払義務

① **代金支払場所**　買主の義務の中心は，代金支払義務である。まず，代金支払場所について，契約当事者間で特約がないときは，代金は売主の現在の住所で支払うべきものとされている（民法 484 ①。**持参債務の原則**）。ただし，目的物の引渡しと同時に代金を支払うべきときは，目的物の引渡場所を代金支払場所とする旨の特則がある（民法 574）。これを実質的に維持しつつ，「[1] 売買の目的物の引渡しと同時に代金を支払うべきときは，その引渡しの場所において支払わなければならない。／[2] 上記 [1] は，代金の支払前に目的物の引渡しがあったときは，適用しない」として，[2] の規律を加えることが提案された[37]。異論ないところであるが，当然のことでもあり，**改正民法**は，とくに規定を加えなかった。

② **権利を失うおそれがある場合の買主による代金支払の拒絶**　改正前民法 576 条の趣旨を実質的に維持しつつ，つぎの改正提案がされた[38]。「売買の目的について権利を主張する者があること<u>その他の事由により</u>，買主がその買い受けた権利の全部又は一部を<u>取得することができない</u>おそれがあるとき，又はこれを失うおそれがあるときは，買主は，その危険の限度に応じて，代金の全部又は一部の支払を拒むことができる。ただし，売主が相当の担保を供した

36）もっとも，権利に関する契約不適合か，物の種類・品質に関する契約不適合かをめぐる解釈上の争いは残る。例えば，目的物の法令上の利用制限（★最判昭和 41 年 4 月 14 日民集 20 巻 4 号 649 頁等），その他がある。

37）たたき台(9) 3.9，中試 35.11。判例（★大判昭和 2 年 12 月 27 日民集 6 巻 743 頁）による。

38）たたき台(9) 3.10，中試 35.12。

ときは，この限りでない」。これは，売買目的物に第三者が用益物権ありと主張してその負担が課されるおそれがある場合，債権の売買で債務者が債権の存在を否定する場合等もカバーしようとするものである[39]。異論のないところであり，**改正民法は，これを採用した**（民法576＊）。

③　抵当権等の登記がある場合の買主による代金支払の拒絶　改正前民法577条1項の趣旨を実質的に維持しつつ，つぎの改正提案がされた[40]。

「買い受けた不動産について契約の趣旨に適合しない抵当権の登記があるときは，買主は，抵当権消滅請求の手続が終わるまで，その代金の支払を拒むことができる。この場合において，売主は，買主に対し，遅滞なく抵当権消滅請求をすべき旨を請求することができる」。これは，買主が目的不動産に付された抵当権を考慮して代金額を決定した場合を除く趣旨であり[41]，異論のないところである。**改正民法**は，この提案を採用した（民法577＊）。

(ii)　**目的物受領義務**　　これについて規定を置くべきとの提案は，見送られた[42]。

(8)　**危険負担**

危険負担について，売買の箇所に以下の規定を新設することが提案された[43]。

①　売主が買主に契約の趣旨に適合する目的物を引き渡した場合において，その引渡しがあった時以後にその目的物が売主の責めに帰することができない事由によって滅失又は損傷したときは，買主は，その滅失又は損傷を理由とする前記3から5（たたき台(9) 3.3〜3.5）までの規定による履行の追完の請求，代金減額の請求又は契約の解除をすることができない。

②　売主が上記①の目的物の引渡しを提供したにもかかわらず買主が受領しない場合において，その提供があった時以後に，買主に引き渡すべきものとして引き続き特定されているその目的物が売主の責めに帰することができない事由によって滅失又は損傷したときも，上記①と同様とする。

このうち，前記①は，売買契約における危険負担に関して，債権者主義を定める改正前民法534条に対し，その制限的解釈が有力化していることも考慮し[44]，引渡主義に改めるものである[45]。前記②は，受領遅滞後の危険移転の

---

39)　たたき台(9) 3.10 説明1，2，中試 35.12 補足説明1，2参照。
40)　たたき台(9) 3.11，中試 35.13。
41)　たたき台(9) 3.11 説明1，2，中試 35.13 概要。
42)　前述(4)参照。
43)　たたき台(9) 3.12，中試 35.14。

ルールを明文化するもので，解釈論として異論のないところである[46]。

改正民法は，この提案を，若干の文言の修正を加えて，採用した（民法567＊）。

① 「売主が買主に目的物（**売買の目的として特定したものに限る。以下この条に**おいて同じ。）を引き渡した場合において，その引渡しがあった時以後にその目的物が当事者双方の責めに帰することができない事由によって滅失し，又は損傷したときは，買主は，その滅失又は損傷を理由として，履行の追完の請求，代金の減額の請求，損害賠償の請求及び契約の解除をすることができない。**この場合において，買主は，代金の支払を拒むことができない**」

② 「売主が契約の内容に適合する目的物をもって，その引渡しの債務の履行を提供したにもかかわらず，**買主がその履行を受けることを拒み，又は受けることができない場合において**，その履行の提供があった時以後に当事者双方の責めに帰することができない事由によってその目的物が滅失し，又は損傷したときも，前項と同様とする」（強調部分は主な修正点）。

本条は「売主が買主に目的物（売買の目的として**特定**したものに限る……）を**引き渡した場合**において，その引渡しがあった時以後に……」と規定しており，種類物売買の場合は，危険の移転は，たんに「特定」（民法401②）があっても生じることはなく，目的物の「引渡し」[47]によって生じることを明らかにしている点に注意する必要がある。

(9)　買戻し

(i)　改正前民法579条についての改正提案　改正前民法では，売主が買戻権を行使する際に返還しなければならない金銭の範囲に関する「買主が支払った代金及び契約の費用」（改正前579）は強行法規と解されている。しかし，そのために再売買の予約および仮登記が実際に利用される等，改正前民法は実務の要請に適合しているとはいえなかった。そこで，①「買主が支払った代金及び契約の費用」が特約によって変更可能な任意規定である旨を明らかにすることが提案された[48]。また，②買主が支払った代金および契約の費用を「返還して」（改正前579）は「現実に提供して」と改正することも提案された。

改正民法は，①については，「買主が支払った代金（別段の合意をした場合にあっては，その合意により定めた金額。第583条第1項において同じ。）**及び契約の費用**

44）松尾 2012a: 149-150 頁参照。
45）たたき台(9) 3.12 説明 1 〜 2，中試 35.14 補足説明 1。
46）たたき台(9) 3.12 説明 1 〜 2，中試 35.14 補足説明 2。
47）それは買主の「受領」（CISG69①）を意味すると解釈する見解として，潮見 2015: 241 頁がある。
48）たたき台(9) 3.13 説明 1，中試 35.15 補足説明 1。

244 V 債権各論(2) 契約各論部分の改正

……」とし,「買主が支払った代金」額に関して任意規定であることを定めた（民法 579 ＊）。また，②については,「……返還して」を維持した（同前）。

(ii) **改正前民法 581 条 1 項の改正提案**　改正前民法が「<u>売買契約と同時に</u>買戻しの特約を登記したときは，……」（改正前 581 ①）と規定していたところ，下線部を削除し,「買戻しの特約を登記したときは，買戻しは，第三者に対しても，その効力を有する」と改正することが提案された[49]。これは，売買契約に基づく所有権移転登記の後でも，買戻しの特約を登記することが可能にすることにより，買戻しの制度を使いやすくする趣旨である[50]。制度利用のインセンティブを付与するものとして，改正後の効果が注目されるところである。**改正民法は，これを採用した**（民法 581 ①＊）。加えて,「<u>登記をした</u>賃借人の権利は，その残存期間中 1 年を超えない期間に限り，売主に対抗することができる」（改正前 581 ②）は，借地借家法 10 条・31 条等による対抗要件も加え，それらが買戻しの登記の後に設定された場合が問題になっていることを明確にすべく,「前項〔民法 581 ①＊による買戻し〕の登記がされた後に第 605 条の 2 第 1 項に規定する対抗要件を備えた賃借人の権利は，……」（民法 581 ②＊）と修正された。異論のない点である。

2　贈与契約

(1)　改正の方向性

贈与契約に関する改正提案では，①贈与契約の意義，②担保責任についての見直しのほか，改正前民法には規定がないが，③贈与者が困窮した場合に贈与契約の解除を認めるかどうか，④受贈者に贈与者に対する非行があった場合に贈与契約の解除が認められるかについて，新たな規定の創設が提案された（図表V-2 参照）。

(2)　贈与契約の意義

改正前民法は，贈与契約の意義と成立要件につき,「当事者の一方が<u>自己の財産</u>を無償で相手方に与える意思を表示し，相手方が受諾をすることによって……」と規定する（改正前 549。下線は引用者による）。これは売買契約のように「当事者の一方がある財産権を相手方に移転することを約し，……」（民法 555）というのと規定の仕方が異なっている。そこで，改正提案は「贈与は，当事者

---

49) たたき台(9) 3.13 (2)，中試 35.15 (2)。
50) たたき台(9) 3.13 説明 2，中試 35.15 補足説明 2。

図表 V-2　贈与契約の改正点

項目	改正前民法	中間試案	改正民法
贈与の意義，成立	549	36.1	549 ＊
贈与の撤回（解除）	550	——	550 ＊
贈与者の担保責任	551	36.2	551 ＊
贈与契約の解除	——	36.3	
贈与者の困窮	——	36.4	
受贈者の非行	——	36.5	
定期贈与	552	——	552
負担付贈与	553	——	553
死因贈与	554	——	554

＊は改正があった条文を示す。

の一方が財産権を無償で相手方に移転する意思を表示し，相手方が受諾をすることによって，その効力を生ずるものとする」（中試36.1）とした。これは，①贈与の客体を売買と同様に「財産権」とし，②「与える」を「移転する」に改めるとともに，③他人の財産権を目的とする贈与契約も有効であるとの解釈の下に，「自己の」という文言を削る提案である。②は贈与者の財産権移転義務の明確化であり[51]，③はこの②の義務を生じさせる債権行為と財産権を移転する物権行為（民法176）とが日本民法上区別されているとの解釈による。

　改正民法は，これらの提案のうち，③を採用した。「贈与は，当事者の一方が**ある財産**を無償で相手方に与える意思を表示し，相手方が受諾をすることによって，その効力を生ずる」（民法549 ＊）。なお，贈与の規定を他の無償契約に準用する旨の規定を設けることは見送られた[52]。

(3)　贈与者の責任

（i）　**中間試案**　　改正前民法によれば，贈与者は目的たる物または権利の瑕疵または不存在について原則として責任を負わず，贈与者がその瑕疵または不存在を知りながら受贈者に告げなかった場合に例外的に責任（契約解除を受けること，損害賠償責任を負うこと）を規定した（改正前551）。

　これに対し，中間試案は以下の改正を提案した（中試36.2）[53]。

　①　贈与者は，次に掲げる事実について，その責任を負わないものとする。ただし，贈与者がこれらの事実を知りながら受贈者に告げなかったときは，こ

51）中試 36.1 補足説明 1。
52）中試 36.1 補足説明 2。
53）なお，本文下記①～③に代えて，贈与者の履行義務ならびにその不履行による損害賠償責任および契約解除に関する規律をそれぞれ一般原則に委ねる方法も併記する（中試同（注））。

の限りでないものとする。

　ア　贈与によって引き渡すべき目的物が存在せず，又は引き渡した目的物が当該贈与契約の趣旨に適合しないものであること。

　イ　贈与者が贈与によって移転すべき権利を有さず，又は贈与者が移転した権利に当該贈与契約の趣旨に適合しない他人の権利による負担若しくは法令の制限があること。

　②　他人の権利を贈与の内容とした場合（権利の一部が他人に属する場合を含む。）であっても，贈与者がその権利を取得した場合には，その権利を受贈者に移転する義務を負うものとする。

　③　上記①に掲げる事実があることにより，受贈者が贈与契約をした目的を達することができないときは，受贈者は，贈与契約の解除をすることができるものとする。

　④　負担付贈与の受贈者は，贈与者が贈与契約によって引き渡すべき目的物又は移転すべき権利に上記①に掲げる事実があることにより，受贈者の負担の価額がその受け取った物又は権利の価額を超えるときは，受贈者は，その超える額に相当する負担の履行を拒み，又は履行した負担の返還を請求することができるものとする。この場合において，負担を返還することができないときは，負担の価額の償還を請求することができるものとする。

　この提案は，改正前民法551条の実質的内容を維持しつつ，「瑕疵」を「契約の趣旨に適合しないものであること」に改め，かつ贈与者が担保責任を負わないこと（負担付贈与の贈与者は受贈者の負担の限度で担保責任を負うこと）の具体的意味内容を定めるとともに，贈与者の担保責任の具体的内容につき，受贈者の契約解除権に言及するものである。

　その他，物または権利が契約の趣旨に適合しない場合の悪意の贈与者の履行義務，債務不履行を理由とする損害賠償は，一般原則に委ねるものである。

　なお，前記②は，他人物贈与者は他人の権利を取得して受贈者に移転する義務（権利取得移転義務。売主はこれを負う。改正前560，民法561＊）は負わないものの，他人物贈与者が偶々その財産権を相続等によって取得したときは，受贈者に移転する義務を負うものとする。当事者間の衡平によるものと解される。

　前記③は，前記①に従い，贈与者が履行または損害賠償の責任を免れる場合でも，前記①の事実があり，受贈者が贈与契約をした目的を達できないときは，受贈者は契約解除できるとする。贈与者が履行や損害賠償の責任を負わなくとも，受贈者のイニシアティブで契約解消手段を認めるべきであるとの考慮によ

る。

前記④は，負担付贈与の贈与者の担保責任に関する改正前法（民法551②）の内容を明確にするとともに，贈与者が前記①によって責任を負わない場合にも適用されることを明らかにしたものである。

(ii) **要綱案の取りまとめに向けた検討**　これに対し，「要綱案の取りまとめに向けた検討(12)」（以下，検討という）の段階で，さらに以下のような提案がされた[54]。

①　贈与者の責任については，債務不履行の一般原則の適用があることを前提としつつ，[1]「贈与者は，贈与の目的である物又は権利を契約締結の時の状態で移転し，又は引き渡す義務を負うこと」，[2]「贈与者が，贈与の目的である物又は権利につき，自己の財産におけるのと同一の注意をもって管理したときは，[1]に基づく責任を負わないこと」を推定する旨の規定を設けるとの考え方があり得るが，どのように考えるか。

②　他人物贈与については，他人の権利を贈与の目的としたときは，贈与者は，その権利を取得する義務を負わないこととしつつ，贈与者が他人の権利を取得したときは，贈与者は上記①と同様の規律に服するとする考え方があり得るが，どのように考えるか。

③　負担付贈与における贈与者の担保責任に関する民法551条2項に代えて，「負担付贈与の受贈者は，受贈者の負担の価額が贈与の目的である物又は権利の価額を超えることとなったときは，贈与者に対し，その超える額の限度で，負担の減縮を請求することができる」とする旨の規定を設けるとの考え方があり得るが，どのように考えるか。

以上のうち，前記①は，引き渡された物の性状等が当事者間の合意の趣旨に照らして適切でなく，債務の履行といえないにもかかわらず，贈与の無償性を根拠に，贈与者が善意の場合または悪意でも受贈者に告げた場合は履行責任を負わないのは，違和感があるとの指摘がパブリック・コメントで寄せられたことによる。

また，中間試案によれば，ある財産を（たとえ改正前民法にいう「瑕疵」があっても）そのまま引き渡すことが契約の趣旨であったとしても，何らかの不具合等があった場合は悪意の贈与者はあえてこれを受贈者に告げないと免責されないことも，合理的でないとの指摘がある。

そこで，無償である贈与の場合，贈与者は契約締結時における状態で権利移

54）法制審議会民法（債権関係）部会86回会議（平成26年3月18日）部会資料76B: 11-12頁。

248 　V　債権各論⑵　契約各論部分の改正

転等をする義務を負うが，契約締結時から履行期までは自己の財産におけるのと同一の注意による管理義務を負えば足りるとすることが契約の趣旨に適合することが多いと判断し，その旨を規定することが検討されている（前記①[1]，[2]）。これは，当事者間の合意内容に関する意思表示の解釈方法を法定するものであり，意思推定の規定（民法136①，420③等）に当たる。

　また，中間試案は契約の趣旨に適合しない場合の贈与者の解除権を規定することを提案したが（中試36.2(3)），それは一般原則に委ねれば足りるとの判断から，この検討では規定は設けられなかった。

　前記①は，他人物贈与者は財産権取得義務は負わないが，その権利を取得した場合は受贈者への移転義務を負うこと（中試36.2(2)）を前提に，前記①と同様の推定が働くものとすべきであるとの考慮によるものである。

　前記③は，中間試案（中試36.2(4)）に対し，負担付贈与の目的に瑕疵等がある場合は，受贈者は追完請求等が認められるから，それを行使して損害を回復すれば足りるが，「一般的な意味での不具合があっても契約への不適合がない場合」は追完請求によって損害回復できないと解し，追完請求権とは別に，「贈与の無償性に鑑み，贈与の目的の価額まで負担を減縮する権利を形成権として受贈者に付与する」ことを検討するものである。

　その際，受贈者は「一般的な意味での不具合」に応じた負担の減縮請求権を行使するほかに，解除や損害賠償をすることが可能か，解釈論は分かれるが，代金減額請求と類似する減縮請求権を付与するのが適切ではないかという問題提起がされている。そうであるとすれば，受贈者の帰責事由によって契約の趣旨に適合しないことになった場合は，買主が代金減額請求できないのと同様，減額請求も否定されよう。

　改正民法は，以上の提案を踏まえつつ，検討の①を採用したものである。「贈与者は，贈与の目的である物又は権利を，**贈与の目的として特定した時の状態で引き渡し，又は移転することを約したものと推定する**」（民法551①＊）[55]。このように，目的物の「特定」は，贈与契約に関しては贈与者の担保責任の内容を推定する基準として，重要になることを意味する[56]。

⑷　贈与契約の解除による返還義務の特則

　改正前民法には規定がないが，中間試案は，「贈与契約が解除されたときは，受贈者は，解除の時に現に存していた利益の限度において，返還の義務を負う

---

55) なお，民法551条2項には変更がない。
56) この贈与者の担保責任は，契約責任説に基づくものであると解されている（潮見2015: 227頁）。

ものとする」との規定の新設を提案した（中試36.3）[57]。これは，契約解除に伴う原状回復義務に関し[58]，贈与契約を解除した場合の特則を規定しようとしたものである。贈与契約は無償契約であって受贈者は贈与者の債務と対価関係にある債務を負担していないにもかかわらず，契約解除の効果の一般原則に従い，《受け取ったものは全て返す》，つまり，全面的な原状回復義務（給付を返還できない場合は価額償還義務）を負担させるのは相当ではないと考えられるから，解除の時に存していた利益を限度とすべきである，と説明されている[59]。

もっとも，無償契約であることは反対給付義務を負わないことであるのに対し，いったん受領した物を解除を原因に返還する義務は別のものであるから，無償契約であることと解除の場合に現存利益の返還で足りることとは直結しないとも考えられる。

この点につき，中間試案は，贈与契約では受贈者は無償で目的物を取得できるはずだったのであり，受贈者に双務契約と同様の原状回復義務を負わせることは，実質的に受贈者が贈与者に対価を支払って目的物の取得をするのと同じ帰結となり，受贈者の意に反して過大な負担を負わせることとなりかねないと説明している[60]。

この点は，新たに導入が検討されている贈与者の困窮や受贈者の非行を理由とする解除の場合にも関わる問題であり，さらに検討を要するものと考えられる。ちなみに，中間試案の前記提案は，負担付贈与への適用を明示的には排除していない。この点をどう考えるかにつき，法制審議会民法（債権関係）部会第53回会議では「負担付贈与についても，その内容によっては契約の解除による一般原則どおりの原状回復義務を肯定すべき場面があるとの指摘があった」とされている[61]。**改正民法は，この提案は，採用しなかった。**

(5) 贈与者の困窮による贈与契約の解除

中間試案は，贈与契約の締結後に，贈与者が困窮した場合に，贈与契約を解除できる趣旨の規定の新設を提案した。「贈与者が贈与契約の時に予見することのできなかった事情の変更が生じ，これにより贈与者の生活が著しく困窮したときは，贈与者は，贈与契約の解除をすることができるものとする。ただし，履行の終わった部分については，この限りでないものとする」（中試36.4）。

---

57) なお，書面によらない贈与の「撤回」（改正前550）の語は，**「解除」**と改正された（民法550＊）。

58) 中試11.3概要・補足説明参照。

59) 中試36.3概要。

60) 中試36.3補足説明1。

61) 中試36.3補足説明2。なお，負担付贈与の場合は，民法553条を根拠にして，契約解除の一般原則に準拠して問題解決を図る可能性も示唆されている。

250　V　債権各論(2)　契約各論部分の改正

　この問題は，解釈論上はかねて議論されていた論点である。これについて，贈与者が予見できなかった贈与契約後の事情変更により，「贈与者の生活が著しく困窮したとき」は，贈与者に解除権を付与する旨の規定を新設する提案である。贈与契約の無償性に鑑み，「贈与者の生活が著しく困窮したとき」にまで契約の拘束力を貫徹するのは相当でない，との判断による[62]。ただし，履行が終わった部分の返還請求も認めると，次にみる受贈者の非行の場合と異なり，贈与者の困窮に対して帰責事由があるとは限らない受贈者に不測の損害を与えるおそれがある点を考慮して，履行終了部分は解除ができないとするものである。

　法制審議会民法（債権関係）部会では，いやしくも贈与も契約である以上，契約は守られなければならない（契約の拘束力）の原則が妥当し，困窮という「専ら贈与者側の事情」によって解除を認めることが正当化できるか疑問である，との意見も出された[63]。これに対しては，贈与契約の履行前であれば受贈者の地位を不当に不安定にするおそれはないとして（民法550＊も参照），契約解除が提案されたものである[64]。

　もっとも，条文化に際しては，要件設定についてさらに検討を深める必要性も指摘されている。例えば，①贈与者自身の困窮のみならず，「贈与者が扶養義務を負担する者」の生活状況をも考慮できるような要件設定とすべきかどうかは，検討に値する問題である。また，②「履行が終わった」の意味をさらに厳密に規定する必要性，③贈与者の解除権を一身専属的なものとすべきか，その性格づけも問題にされている[65]。このような課題の存在に鑑み，**改正民法は，この提案を条文化することは見送った。**

(6)　受贈者に著しい非行があった場合の贈与契約の解除

　贈与契約の後，受贈者の側に贈与者に対する一定の非行があった場合，贈与の無償性を考慮して，その解除を認めるべきか否かも，その法的構成とともに議論されてきた。この点につき，中間試案は以下のような提案をした（中試36.5）。

　①　贈与契約の後に，受贈者が贈与者に対して虐待をし，若しくは重大な侮辱を加えたとき，又は受贈者にその他の著しい非行があったときは，贈与者は，

62）中試 36.4 概要・補足説明。贈与者の困窮を理由とする契約の解除は，比較法的にも例がある。ド民 528 条，ス債 250 条 2 項等。

63）中試 36.4 概要・補足説明。

64）中試 36.4 概要・補足説明。

65）中試 36.4 概要・補足説明。

贈与契約の解除をすることができるものとする。

　②　上記①の解除権は，贈与者の一身に専属するものとする。ただし，受贈者が上記①に該当する行為により贈与者を死亡させたときは，この限りでないものとする。

　③　上記①の解除があったときは，受贈者は，上記①の解除の原因が生じた時に現に存していた利益の限度で，返還の義務を負うものとする。

　④　上記①の解除権は，贈与の履行が終わった時から［10 年］を経過したときは，その部分については行使できないものとする。

　前記①の要件は，推定相続人の廃除事由（民法 892）に該当するような非行が，受贈者により，贈与者に対して行われた場合に，贈与者は贈与契約を解除することができるとするものである。このような解釈は，すでに学説上でも提示されてきた。また，学説および裁判例では，信義則違反（民法 1 ②），解除条件付贈与（民法 127 ②），負担付贈与の「負担」（民法 553）の不履行の解釈等を通じて，贈与者の救済を図る法理も提示されてきた[66]。「著しい非行」の意義としては，その前に例示された贈与者に対する「虐待」・「重大な侮辱」に照らして解釈されることが想定されているが，推定相続人の廃除事由に関する解釈論が参照されるものと考えられている[67]。

　なお，贈与者に対する受贈者の「非行」の意義に関し，ビジネス上の無償行為の効果に対する影響ないし不安定化への懸念も表明された。しかし，企業間取引，その他の経済取引の一環として行われる贈与については，背信行為等を理由とする解除が問題になる余地は想定されていないようである[68]。

　なお，以上の点に関する規定の新設は，従来の解釈論による対応を認めないことにするものとは解されない。

　また，契約解消の法技術として，①契約解除（民法 540）とすべきか，②撤回（改正前 550。**民法改正**後は「解除」〔**民法 550 ＊**〕）とすべきかが考えられるが，中間試案は①契約解除構成を採用した。もっとも，契約解除の効果に関しては，前記③に特則を設けている[69]。この問題は，**民法改正**後は，「撤回」（改正前 550）が「解除」（民法 550 ＊）と改正されたことにより，解除構成で検討することになると考えられる。

　前記②第 1 文は，前記①の解除権が贈与者の一身に専属し，原則として相続

66）松尾 2016: 4.210 参照。
67）中試 36.5 補足説明 1。
68）中試 36.5 補足説明 1。
69）中試 36.5 補足説明 1。

の対象にならないことを明らかにするものである。受贈者の非行を理由とする解除権は、「贈与者と受贈者の人間関係の破綻等」を根拠とするものであると解されることから、解除権を行使するか否かは専ら贈与者の判断に委ねられるべきであり、その相続人に解除権を行使させるのは相当でない、と考えられるからである[70]。

ただし、前記②第2文は、受贈者が非行等、前記①に該当する行為により、「贈与者を死亡させたとき」は、例外的に、相続人による解除権の行使を認めている。その理由は、この場合は贈与者自身が解除権の行使に関する意思決定をする機会が奪われており、しかも、それは受贈者の行為によるものであるから、解除権を行使するか否かの判断を贈与者の相続人に委ね、受贈者をその判断に服させても、衡平に反しないと解されるからである。

そうであるとすれば、受贈者の虐待行為により、贈与者が——死亡に至らなくとも——意思能力を欠くような状態に陥った場合も、それと同様に解釈する余地がある[71]。

前記③は、贈与契約の解除による原状回復義務につき[72]、特則を設ける趣旨である。その理由は、非行等によって贈与契約の解除原因を自ら作出した受贈者は、返還の時点ではなく、非行等の時点で存していた利益の限度で返還義務を負担させるべきであると解されるからである。したがって、後者の意味であることを明らかにするために、「解除の原因が生じた時」に現に存在した利益の限度で、返還義務を負担するものとの規定が提案された[73]。

前記④は、受贈者の非行による解除権の行使期間につき、履行が終わった時を起算点とする期間制限を、消滅時効とは別に、設けるものである。理由は、[1] 当事者間の人間関係の破綻、感情的なもつれに関する紛争の場合は、早期に法律関係を安定化させる必要性が高いと解されること、[2] 贈与の履行終了から相当の時間が経過するに連れ、受贈者の背信性を理由とする契約解除の正当性が稀薄になってゆくと解されること等が考えられる[74]。

しかしながら、**改正民法は、この問題については、条文化を見送った。**

---

70) 中試 36.5 補足説明 2、民法 896 ただし書参照。
71) 中試 36.5 補足説明 2。
72) 中試 36.3。
73) 中試 36.5 補足説明 3。利益存在の基準時が繰り上がる分だけ、返還の負担は重くなるものと解される。もっとも、「解除の原因が生じた時」を特定することが困難な場合も予想されるが、事実認定によるほか、解除の意思表示の時とすることも妨げられない（判断時点が繰り下がるので）と解されている。
74) 中試 36.5 補足説明 4。なお、解除権に関する一般の消滅時効の規定も併せて適用されるものと解される。

3　消費貸借契約

(1)　改正の方向性

消費貸借は金銭・その他の消費物の所有権をいったん相手方に移転し，それを利用した後で同種・同等・同量の物の返還（無償の場合）および利息の支払（有償の場合）をする契約であり，賃貸借・使用貸借とともに貸借型契約の典型例である。一方，それは権利移転の要素も含むことから，権利移転型契約である売買（有償）や贈与（無償）とのバランスも考慮に入れる必要がある。消費貸借を現代の実務に適合させるためにはどのような改正が必要か，検討されてきた。

消費貸借に関する検討は，委員会方針（【3.2.6.01】～），中間整理（44.1～）を経て，中間試案（37.1～）へと議論が続いてきた。その後，法制審議会民法（債権関係）部会は「民法（債権関係）の改正に関する要綱仮案の原案（その3）」（部会資料 81-1。以下，「要仮原案」という）[75] において，①消費貸借の意義と成立，②消費貸借の予約，③準消費貸借，④利息に関する規定の創設，⑤貸主の担保責任，④借主による期限前弁済に関する規定について改正提案をした（図表V-3）。

(2)　消費貸借の意義と成立

（i）　従来の経緯　　民法は，ローマ法以来の伝統に従い，消費貸借は借主が種類・品質・数量の同じ物を返還することを約束して貸主から金銭・その他の物を受け取ることによって成立する要物契約であるとした（民法587）。その結果，貸主が金銭・その他の物（種類物）を貸すことを約束し，借主がそれと種類・品質・数量の同じ物を返還することを約束することによって合意が成立したとしても，当該目的物の授受が行われるまでは，貸主も借主も貸借約束を撤回することが認められる。このように要物契約とすることは契約の拘束力を弱める作用をもつ。無利息の消費貸借の場合には，貸主が目的物を引き渡す前に約束を撤回しても，契約の無償性に鑑み，衡平に反するとはいえないと判断されたとも考えられる。

しかし，利息付消費貸借が一般化すると，そのような価値判断は必ずしも妥当しないことになる。改正前民法は消費貸借の予約も有効であるとしており（改正前589），これは当事者間の合意のみによって成立するが，当事者の一方ま

---

75)　なお，要仮原案「参考資料」部会資料 81-2，同「補充説明」部会資料 81-3 も参照。要仮原案に基づき，消費貸借については，法制審議会民法（債権関係）部会の第 94 回会議（平成 26 年 7 月 15 日）において審議されている。

254　Ｖ　債権各論(2)　契約各論部分の改正

図表 V-3　消費貸借契約に関する改正点

項目	改正前民法	中間試案	要仮原案	改正民法
消費貸借の意義，成立	587	37.1	7.1	587，587 の 2 ＊
準消費貸借	588	37.3	——	588 ＊
消費貸借の予約	589	37.2	——	——
利息	——	37.4	7.4	589 ＊
貸主の担保責任	590	37.5	7.5	590 ＊
返還時期の定め				
貸主の権利	591 ①	——	——	591 ①，591 ③＊
借主の権利	591 ②	36.5	7.6	591 ②＊
価額の償還	592	——	——	592

＊は改正があった条文を示す。

たは双方に予約完結権を与え，それが行使されることによって貸主に貸す義務
が発生させるものである。そこで，消費貸借の予約からさらに一歩進んで，消
費貸借契約そのものを諾成契約とすることが検討されてきた[76]。

　すでに委員会方針は諾成主義を貫き，「消費貸借とは，当事者の一方（貸主）
が，相手方（借主）に，金銭その他の物を引き渡す義務を負い，借主が，引渡
しを受けた物と種類，品質および数量の同じ物をもって返還する義務を負う契
約である」と定義した[77]。ただし，無利息消費貸借では，書面（電子的記録を除
く）によらない消費貸借の約束は，貸主が目的物を借主に引き渡すまでは，各
当事者が解除しうるとする（無利息消費貸借の引渡前解除権）旨の提案がされた[78]。
また，諾成的消費貸借が認められる場合，消費貸借予約の場合（改正前589）と
同様，目的物の引渡前に当事者の一方が破産手続開始決定を受けたときは，効
力を失うものとされた[79]。

　(ⅱ)　**中間試案以後の展開**　中間試案は，委員会方針を基本的に承継し，
「①消費貸借は，当事者の一方が種類，品質及び数量の同じ物をもって返還を

76）ちなみに，諸外国の立法例には，消費貸借を諾成契約とするものがすでにある。例えば，スイス債務法 312
　条，ドイツ民法 488 条（金銭消費貸借契約）・607 条（物品消費貸借契約）等である。一方，フランス民法
　1892 条は要物契約性を維持した。
77）委員会方針【3.2.6.01】。有償消費貸借に関し，研究会案 605 条も同旨。中整 44.1 (1)参照。
78）委員会方針【3.2.6.03】。消費貸借の予約が書面（電子的記録を除く）でされた場合も，同様に解しうる（委
　員会方針【3.2.6.04】乙案）。ただし，貸主が事業者，かつ借主が消費者の場合は，書面による消費貸借も，目
　的物の引渡しまで，借主は契約を解除しうる（片面的強行規定）との提案もされている（委員会方針【3.2.6.03】
　乙案〈2〉）。中整 44.1 (2)，(3)参照。他方，研究会案 613 条は，無利息消費貸借につき，「契約書面」によるこ
　とを成立要件の原則とし，加えて，貸主の意思表示が書面でされた場合，または目的物が引き渡された場合に
　も効力を生じるとする。
79）委員会方針【3.2.6.06】。ここでは民法 589 条と同様に当然失効とされており，契約解除権を付与するものと
　はされていないことが注目される。中整 44.1 (4)参照。

することを約して相手方から金銭その他の物を受け取ることによって，その効力を生ずるものとする」という改正前民法 587 条と同様の規定に加え，「②上記①にかかわらず，書面〔電磁的記録によるものを含む。〕でする消費貸借は，当事者の一方が金銭その他の物を引き渡すことを約し，相手方がその物を受け取った後にこれと種類，品質及び数量の同じ物をもって返還をすることを約することによって，その効力を生ずるものとする」とした（中試 37.1 (2)）[80]。

　ただし，このように書面（電磁的記録によるものを含む）による場合であっても，③借主は「貸主から金銭その他の物を受け取るまで，その消費貸借の解除をすることができるものとする。この場合において，貸主に損害が生じたときは，貸主は，その損害を賠償しなければならない」とし，借主が目的物を受け取るまでは，なおも借主の撤回権を（貸主に対する損害賠償義務付きで）留保した（中試 37.1 (4)）[81]。また，④借主が貸主から金銭・その他の物を受け取る前に「当事者の一方が破産手続開始の決定を受けたとき」は，消費貸借の合意はその効力を失うとした（中試 37.1 (5)）。

　諾成的消費貸借契約の成立に関しては，実務上，貸主・借主間の融資約束（たんなる合意）であっても拘束力を認めるべきことが必要とされる場合が少なくないとされており，契約自由の原則に立ち返れば，そうした融資合意を有効とすることは，理論上も認められると解される。すでに判例も，諾成的消費貸借の成立を認めている[82]。

　これに対し，中間試案は，一挙に諾成的消費貸借を認めるところまではゆかずに，書面による消費貸借の合意に拘束力を認めた。これは，借主または貸主が軽率に消費貸借の合意をすることを防ぐとともに，消費貸借の予約との区別を図ろうとしている[83]。また，書面による諾成的消費貸借であっても，目的物引渡し前であれば借主が解除権をもつことについては，目的物引渡し前に資金需要がなくなった借主に契約の拘束力から解放される手段を与えるべきことには理由があると解されるからである。さらに，書面による諾成的消費貸借であっても，「消費貸借の当事者の一方」が目的物引渡前に破産手続開始の決定

---

80) その際，消費貸借の内容を記録した電磁的記録（電子的方式，磁気的方式，その他人の知覚によっては認識することができない方式で作られる記録であって，電子計算機による情報処理の用に供されるもの）によってされた場合は，書面によってされたものとみなされるとした（中試 37.1 (3)）。これは，書面の意義を保証契約に関する民法 446 条 3 項と同様のものとする趣旨である。

81) その際，「この場合において，貸主に損害が生じたときは，借主は，その損害を賠償しなければならないものとする」との提案も付加されたが，これについては規定を設けず，解釈論に委ねるべき旨の意見も注記された（中間試案 37.1（注））。

82) ★最判昭和 48 年 3 月 16 日金法 683 号 25 頁。

83) 中試 37.1 概要・補足説明 1 ～ 3。

を受けた場合は，消費貸借の合意が効力を失う旨の規定は，改正前民法の消費貸借の予約に関する民法589条とのバランスを図るものと解される[84]。

　以上の提案は，消費貸借について，権利移転型契約である贈与と同様の契約の成立要件および拘束力発生要件を定めるものといえる[85]。消費貸借が権利移転の要素をもつことに鑑みても妥当であると解される。**改正民法は，以上の提案を採用した**（民法587の2＊）。

　(iii)　**消費貸借の予約**　　中間試案は，消費貸借の予約（改正前589条）についても，

　①　消費貸借の予約は，書面でしなければ，その効力を生じないものとする。

　②　消費貸借の予約がその内容を記録した電磁的記録……によってされたときは，その消費貸借の予約は，書面によってされたものとみなすものとする。

　③　消費貸借の予約は，その後に当事者の一方が破産手続開始の決定を受けたときは，その効力を失うものとする，という規定を置くことを提案した（中試37.2）。

　これは，消費貸借の予約についても書面を要求するものである。その趣旨は，諾成的消費貸借（前記(ii)）と同様，軽率な消費貸借の締結を防ぐことにある[86]。その他，書面による諾成的消費貸借に関する諸提案（目的物受領前の借主の解除権，目的物受領前の当事者の破産手続開始決定による失効）も同様に消費貸借の予約にも適用することが提案されていた（消費貸借の予約が書面で行われたときは，本契約は書面で行われる必要はないと解される）。新たな提案による諾成的消費貸借以上の効果を，既存の消費貸借の予約に付与する必要性はないとの判断によるものと考えられる。ちなみに，要仮原案は，消費貸借の予約に関する改正前民法589条の削除を提案した[87]。**改正民法は，改正前民法589条を削除した。**

　(iv)　**準消費貸借**　　中間試案は，準消費貸借（改正前588）につき，「**消費貸借によらないで**」との文言を削除し，「金銭その他の物を給付する義務を負う者がある場合において，当事者がその物を消費貸借の目的とすることを約したときは，消費貸借は，これによって成立したものとみなす」（中試37.3）との改正提案をした。これは，消費貸借に基づいて成立した旧債務を整理して，新たに消費貸借の目的とすることをも認める趣旨である[88]。なお，準消費貸借は，

84）中試37.1概要・補足説明4。なお，当事者の一方が破産手続開始決定のほか，再生手続開始または更生手続開始の決定を受けた場合に関しては，民事再生法49条・会社更生法61条・中試37.5(5)の解釈に委ねられている。

85）**改正民法**550条参照。

86）中試37.2概要・補足説明。

87）要仮原案7.2，同参考資料（民法（債権関係）部会資料81-2: 7.2。

貸主が借主に目的物を新たに引き渡すことを予定していないため，諸成的消費貸借と異なり，書面を要求することはしていない[89]。

改正民法は，この提案を採用し，「消費貸借によらないで」との文言を削除した（民法588＊）。

(ⅴ)　**利息**　　利息については，つぎの規定を設けることが提案された。「利息の定めがある場合には，借主は，貸主から**金銭その他の物を受け取った日から起算して**利息を支払う義務を負うものとする」（中試37.4）。その趣旨は，①借主は利息の合意がある場合に限り，利息の支払債務を負うことを明文化すること，②利息は元本の受領日から生じることを明文化することである[90]。したがって，例えば，貸主が利息を天引きして借主に引き渡しても，借主は天引き後に引き渡された額を元本として，引渡日を起算点とする約定利率または法定利率による利息の支払義務を負う。なお，利息の起算日を元本受領日より後とする旨の合意は妨げられない[91]。

改正民法も，この立場を実質的に承継し，「①貸主は，特約がなければ，借主に対して利息を請求することができない。／②前項の特約があるときは，貸主は，借主が金銭その他の物を受け取った日以後の利息を請求することができる」とした（民法589＊）[92]。

(3)　**消費貸借の効力**

(ⅰ)　**貸主の担保責任**

①　**改正前民法**　　消費貸借の目的物に瑕疵があった場合は，[1] 利息付消費貸借の貸主は瑕疵のない物の履行および損害賠償の責任を負い，[2] 無利息消費貸借の貸主は，瑕疵について悪意のときは利息付消費貸借の貸主と同様の責任を負うが，そうでないときは，借主は瑕疵ある物の価額を返還すれば足りる（改正前590）[93]。

②　**委員会方針**　　利息付消費貸借では売買と同様の，無利息消費貸借では贈与と同様の担保責任を貸主に負わせることを提案した[94]。

[1]　**利息付消費貸借**に基づいて引き渡された物に瑕疵（権利の瑕疵を含む）が

88）中試 37.3 概要。判例もすでにこのことを認めている。★大判大正 2 年 1 月 24 日民録 19 輯 11 頁。
89）この点は，改正前民法の準消費貸借の規定（改正前 588）が，準消費貸借の成立を要物契約とはしていないことと共通する理由である。
90）中試 37.4 概要。②は判例法理である。★最判昭和 33 年 6 月 6 日民集 12 巻 9 号 1373 頁。
91）中試 37.4 補足説明。
92）この文言は，要仮原案 7.4 で固まった。同補充説明（民法（債権関係）部会資料 81-3: 7.4。
93）研究会案 608 条・615 条も同旨。
94）検討委員会 2009: 343 頁，詳解Ⅴ: 394-396 頁。中整 44.3 (1)参照。

258　Ⅴ　債権各論(2)　契約各論部分の改正

あった場合，借主は貸主に対し，⟨1⟩瑕疵のない物の履行，⟨2⟩瑕疵に相当する割合の利息の減額，⟨3⟩契約解除，⟨4⟩損害賠償を請求できる。このうち，⟨2⟩は利息付消費貸借に特有の規定であるが，⟨1⟩〜⟨3⟩の相互関係，⟨1⟩・⟨4⟩に関する瑕疵通知義務には，売買に関する規律が準用される。⟨2⟩利息減額請求は，瑕疵の通知が合理的期間の経過後にされたときは，通知前の分については認められず，通知後の分についてのみ認められる。⟨3⟩契約解除は，期間制限に服しない[95]。

[2]　**無利息消費貸借**の目的物が，契約当事者の合意および当該消費貸借契約の趣旨に照らしてあるべき状態と一致していないときは，借主は貸主に対し，瑕疵のない物の履行（代物・修補等の追完）を請求できるとし，ただし，追完請求が「当該消費貸借契約に照らして貸主に合理的に期待できない」ときはこの限りでない[96]。

[3]　利息付か否かにかかわらず，借主は瑕疵ある物の価額を返還すれば責任を免れ，無利息消費貸借の借主の返還義務（改正前 590 ②）の規律を利息付消費貸借にも拡大する[97]。

③　中間試案　委員会方針の立場は，中間試案にも実質的に承継されているとみられる。中間試案は，民法 590 条に対し，以下のような改正提案をした（中試 37.5）。

[1]　利息付消費貸借において，引き渡された目的物が当該消費貸借契約の趣旨に適合していない場合における貸主の担保責任については，売主の担保責任に関する規定を準用する。

[2]　無利息消費貸借において，引き渡された目的物が当該消費貸借契約の趣旨に適合していない場合における貸主の担保責任については，贈与者の担保責任に関する規定を準用する。

[3]　利息の有無にかかわらず，借主は，当該消費貸借契約の趣旨に適合していない引き渡された物の価額を返還することができるものとする。

このうち，[1]・[2] の提案は，消費貸借が貸主から借主への目的物の所有権移転を生じさせる点で売買・贈与と共通する要素をもつゆえに，消費貸借の目的物が契約の趣旨に適合しない場合における貸主の担保責任，売主および贈与者の担保責任と整合性をもつ必要がある，と考えられたことによるものである。なお，「瑕疵」（改正前 590）の用語は，売主の担保責任の見直しと平仄を合

95）委員会方針【3.2.6.07】。
96）委員会方針【3.2.6.08】。贈与者の担保責任に関し，同【3.2.3.11】，前述 2 (3)(i)参照。
97）委員会方針【3.2.6.09】。この(iii)の責任と(i)または(ii)の責任とは選択的である（中整 44.3 (2)参照）。

わせ，「**契約の趣旨に適合しない**」場合と言い換えられている。

　また，［3］の提案は，改正前民法590条2項前段の規定を，利息の有無を問わずに適用するルールに改正するものである。貸主から瑕疵あるないし契約の趣旨に適合しない目的物を引き渡された借主は，その引き渡された物の価額を返還すべきであるという価値判断は，利息の有無によって異ならないと考えられるからである 98)。

　④　**要仮原案**　　要仮原案は，委員会方針・中間試案の立場を実質的に承継し，つぎのように提案をした（要仮原案7.5）。［1］改正前民法590条1項を削除する。［2］贈与者の担保責任の規定は，無利息の消費貸借について準用する。［3］利息の有無にかかわらず，引き渡された物が契約の内容に適合しないものであるときは，借主は，その物の価額を返還することができる。このうち，［1］は，次の事情による。すなわち，売買契約に関する改正提案において，売買目的物が契約の趣旨に適合しなかった場合，代替物の引渡し等の追完履行請求をすることができると提案されている。この規定が新設されると，売買の規定は有償契約に原則として準用されるから（民法559），利息付消費貸借にも準用され，代替物の引渡しについては規定が重複することになる。したがって，規定全体の整合性を図るためにも，民法590条1項は削除が提案された 99)。一方［2］・［3］，委員会方針・中間試案の立場を承継している。

　改正民法は，この提案を採用した。すなわち，［1］改正民法551条（贈与者は贈与の目的たる物又は権利を，贈与の目的として特定した時の状態で引渡し，又は移転することを約したものと推定する）は，無利息消費貸借について準用する（民法590①＊）。［2］利息の特約の有無にかかわらず，貸主から引き渡された物が種類または品質に関して契約の内容に適合しないものであるときは，借主は，その物の価額を返還することができる（民法590②＊）。その結果，貸主の担保責任としては，**無利息消費貸借**については，同じく無償契約である贈与者の担保責任の規定が準用され，**利息付消費貸借**には，売主の責任に関する**改正民法562条**が準用される（民法559）。

　(ⅱ)　**抗弁の接続**　　委員会方針は，①事業者たる供給者Aと消費者Bの間で物品もしくは権利の購入または有償で役務の提供を受ける契約（供給契約）を締結し，②BがAとは異なる事業者C（第三者）たる貸主との間で消費貸借契約を締結した場合において，③当該供給契約と当該消費貸借契約が経済的一

---

98)　中試37.5概要。
99)　要仮原案7.5補足説明。

260　Ⅴ　債権各論(2)　契約各論部分の改正

体性をもち（例えば，消費貸借契約による借入れが供給契約による代金の立替払金の返済のためである等），かつ④当該供給契約と当該消費貸借契約を一体としてなすことについてA―C間に予め合意が存在したときは，B（供給契約の購入者等で，消費貸借契約の借主）は，Aに対して生じている理由，例えば，目的物の瑕疵を理由とする契約解除等をもって，Cに対抗することができる旨の規定を提案していた[100]。これは，**抗弁の接続**（BがAに対してもつ抗弁をCに対しても主張できること）といわれるものである。

　ここでは，④供給契約と消費貸借契約との一体性に関する供給者―貸主間の合意として，その旨の明示的契約のほかに，どの程度のものを含むかが，この規定の実効性を左右する。すでに，それらの契約の一体性に関する明示的合意に限らず，加盟店契約等も含む趣旨であることが示唆されており，注目されるものであった[101]。それは，供給者―貸主間で共同の利益を追求するために提携する旨の合意があれば足りるとすべきであると考えられる。

　しかしながら，抗弁の接続については，中間試案も要仮原案も提案をせず，**改正民法も規定を設けなかった**。この点は，関係者間の公平を確保するためにも，立法的措置が望まれる点であり，残念に思われる。

　(ⅲ)　**期限前弁済**　改正前民法は，消費貸借の当事者が返還時期を定めなかったときは，①**貸主は**「相当の期間」を定めて返還を催告することができる一方（民法591①），②**借主は**「いつでも返還をすることができる」としている（改正前591②）。加えて，②に関して，期限の利益の放棄に関する総則規定が「期限の利益は，放棄することができる。ただし，これによって相手方の利益を害することはできない」と定めている（民法136②）。

　中間試案は，これらの規定を踏まえ，②に関しては改正前民法591条2項の場面に136条2項を適用した帰結をも示す形で規定を設けることを提案した。すなわち，[1]**当事者が返還の時期を定めなかったときは**，**借主は**，いつでも返還をすることができるものとする。／[2]**当事者が返還の時期を定めた場合であっても**，**借主は**，いつでも返還をすることができるものとする。この場合において，**貸主に損害が生じたときは**，借主は，その損害を賠償しなければならないものとする（中試37.6）。[1]は改正前民法591条2項の規定を維持するものである。[2]は，民法136条2項の趣旨を，実際にその適用例が最も多い消費貸借に適用した場合の帰結を示して規定したものである。したがって，

100）委員会方針【3.2.6.D】甲案，【3.2.6.10】。中整44.5参照。
101）検討委員会2009: 344-345頁。

実質的規律内容を変更する趣旨ではない。なお，貸主に生じるであろう「損害」の内容は個別事例における解釈に委ねる趣旨である[102]。

改正民法は，[1]と[2]前段を合体して591条2項とし，[2]後段を591条3項として規定することにより，この提案を実質的に採用した（民法591＊）。すなわち，①当事者が返還の時期を定めなかったときは，**貸主は**，相当の期間を定めて返還の催告をすることができる（現行民法591①と同じ）。②**借主は，返還の時期の定めの有無にかかわらず**，いつでも返還をすることができる（民法591②＊）。③当事者が返還の時期を定めた場合において，貸主は，借主がその時期の前に返還をしたことによって損害を受けたときは，借主に対し，その賠償を請求することができる（民法591③＊）。異論のないところであろう。

4　賃貸借契約

(1)　貸借型契約における賃貸借の規律と改正の方向性

不動産・動産・知的財産等の賃貸借が経済活動において極めて重要な機能を営んでいることに表れているように，賃貸借は円滑な経済活動を促進する鍵を握る制度であり，経済政策上も注目される法制度の1つである。それらを現代の実務に適合させるためにどのような改革が求められているかが，改正の際の基本視角である。賃貸借に関しては，中間試案における提案の多くが，民法改正に結びついている（図表V-4参照）。

(2)　賃貸借の意義と成立

(i)　賃貸借の定義と返還義務の明規　借地借家法，農地法等の賃貸借の特別法が増加する中で，民法典の賃貸借規定の存在意義が問われている。委員会方針以来，民法典では賃貸借の一般原則を明らかにした規定に絞って内容を再編する方向が示され，中間試案もこの方針を維持している。賃貸借は経済・社会の変動の影響を比較的大きく受ける法領域であるだけに，この方針は妥当である。

この観点から，賃貸借の定義中に賃借人が「契約の終了により目的物を返還する義務を負う」旨を明示することが早い段階から提案された[103]。中間試案

---

102) 中試 37.6 概要・補足説明。貸主の「損害」は約定された返還時期までに生じるべきであった利息相当額になるとは限らない。なぜなら，①期限前弁済を受けた債権者は，返済された元本を他に貸し付ける等の再運用をして利益を得ることができるからである。また，②利息は元本を実際に運用している間にのみ生じるとの原則によれば（前述(2)(v)参照），期限前弁済を受けた貸主の損害は，借主への貸付金の調達コスト等の積極損害を基礎にして算定すべきであるとも考えられるからである。

103) 委員会方針【3.2.4.01】，研究会案 521 条。

262　V　債権各論(2)　契約各論部分の改正

図表 V-4　賃貸借契約に関する改正点

項目	改正前民法	中間試案	改正民法
賃貸借の意義	601	38.1	601 ＊
短期賃貸借	602	38.2	602 ＊
賃貸借の存続期間	604	38.3	604 ＊
不動産賃貸借の対抗力	605	38.4(1)	605 ＊
不動産賃貸人の地位の移転			
当然承継	——	3.84(2)〜(5)	605 の 2 ＊
合意承継		38.5	605 の 3 ＊
不動産賃借人の妨害排除	——	38.6	605 の 4 ＊
敷金		38.7	622 の 2 ＊
賃貸物の修繕義務等	606	38.8	606 ＊
減収による賃料減額請求等	609・610	38.9	609 ＊，610
賃借物一部滅失等と賃料減額	611	38.10	611 ＊
転貸の効果	613	38.11	613 ＊
賃借物全部滅失等による終了	——	38.12	616 の 2 ＊
終了後の収去・原状回復義務	616	38.13	616 ＊，621 ＊，622 ＊
損害賠償・費用償還請求	621	38.14 *1	622 ＊
ファイナンス・リース契約		38.15(1)	——
ライセンス契約	——	38.15(2)	——

*1: 損害賠償請求のみについて期間制限を規定する。
＊は改正があった条文を示す。

もこれを承継し，賃貸借の定義（改正前 601）を改訂して，「賃貸借は，当事者の一方がある物の使用及び収益を相手方にさせることを約し，相手方がこれに対してその賃料を支払うこと及び**引渡しを受けた物を契約が終了した後に返還することを約することによって，その効力を生ずる**」と提案した（中試 38.1。下線は筆者による。以下同じ）。これは，賃貸借の終了による賃借人の目的物返還債務が賃料支払債務と並ぶ賃借人の基本的債務であることを冒頭規定に盛り込んで明らかにする趣旨である[104]。**改正民法は，この提案をほぼそのまま条文化した**（民法 601 ＊。中間試案の「契約が終了した後に」を「契約が終了したときに」とした）。

　(ⅱ)　**短期賃貸借と制限行為能力者**　　中間試案は，短期賃貸借（改正前 602 柱）につき，①「**処分につき行為能力の制限を受けた者**」の文言を削り，②「**処分の権限を有しない者**」だけにして，この者が賃貸借をする場合は「同条各号に掲げる賃貸借は，それぞれ当該各号に定める期間を超えることができない」（中試 38.2 第 1 文）とした。なぜなら，①「行為能力の制限を受けた者」（制限行

──────────
104）中試 38.1 概要・補足説明。

為能力者）は未成年者・成年被後見人・被保佐人・被補助人を指すが，これら
の者が短期賃貸借契約を締結できるか否かは，これらの者が単独で法律行為で
きる範囲に関する規定（民法5・9・13・17等）によって定まり，成年被後見人や
未成年者は，営業を許された未成年者の営業範囲に属する場合等でない限り，
基本的に単独で賃貸借契約はできない一方，被補助人は賃貸借が補助人の同意
を要する行為に指定されていなければ単独で賃貸借契約をすることが可能だか
らである [105]。

　また，**処分の権限を有しない者**（**不在者の財産管理人，後見監督人がある場合の後
見人，持分割合の合計が過半数の共有者，代理行為の範囲の定めのない任意代理人等**）**が
「契約でこれ**〔**短期賃貸借**〕**より長い期間を定めたときであっても，その期間は，
当該各号に定める期間とする**」とし，超過期間のみが無効とされるとの解釈を
明文化した（中試38.2第2文）。これらは何れも委員会方針の段階で提案されて
いたものである [106]。

　改正民法は，この提案を採用し，そのまま条文化した（民法602＊）。

　(iii)　**賃貸借の存続期間の上限**　　賃貸借の存続期間の原則規定については議
論があり，(a)原則20年に制限する改正前民法604条を維持する立場と，(b)制
限を撤廃し，20年を超える部分については解約権が留保されていると推定す
る旨の代替案があった [107]。(c)中間試案は単純に制限を撤廃し，改正前民法
604条の削除を提案した [108]。理由は，ゴルフ場敷地の賃貸借，重機やプラン
トのリース契約等で20年超とするニーズがある等である [109]。①当事者間の便
宜に加え，②資源の最適利用に向けた当事者間の交渉促進のためのルールとし
ては，(c)説が妥当であろう。これに対し，制限を設けないと賃借物の損傷，劣
化等が顧みられない状況が生じかねないこと等を理由に，(a)改正前民法維持説
もある [110]。

　**改正民法は，これらの議論を踏まえつつ，いわば(a)・(b)の制限説と(c)の無制
限説の中間をとる形で，「①賃貸借の存続期間は，50年を超えることができな
い。契約でこれより長い期間を定めたときであっても，その期間は，50年と
する。／②賃貸借の存続期間は，更新することができる。ただし，その期間は，**

105）中試38.2概要・補足説明。
106）委員会方針【3.2.4.02】〈3〉。中整45.1。
107）委員会方針【3.2.4.04】甲案，研究会案522条（改正前民法維持）と，委員会方針【3.2.4.04】乙案，
　　【3.2.4.22】〈2〉・〈3〉（改正前民法改正）。中整45.2も参照。
108）要仮原案3・8.3もこれを支持した。
109）中試38.3概要・補足説明。
110）中試38.3（注）。

264　V　債権各論(2)　契約各論部分の改正

更新の時から 50 年を超えることができない」（民法 604 ＊）とした。**改正民法**が無制限説に踏み切らなかった理由は，あまりに長期の賃貸借は，所有者にとっても負担となることに鑑み，永小作権（民法 278）に範を求め，それと同じ上限期間を設定したことによるものである[111]。

(iv)　**賃貸借と第三者との関係**

①　**賃借権の対抗**　改正前民法は不動産賃借権（賃貸人 A，賃借人 B）が登記されたときは，その後に物権を取得した者 C に対しても B の賃借権は「**効力を生ずる**」とする（改正前 605。傍点は筆者による。以下同じ）。これは，本来債権である賃借権に物権に優先する効力を特別に認め，「売買は賃貸借を破る」の原則に対する例外を設けたものと解されている（同様のことが，借地借家法 10・30，農地法 16 等の特別法上の対抗要件を具備した場合にも認められる）。

これに対し，中間試案は，不動産の賃貸借を登記したときは「その不動産について物権を取得した者その他の**第三者に対抗することができる**」とし，C が登記後の物権取得者の場合のみならず，登記の前後を問わず，二重賃借人，不動産を差し押さえた者等を含む第三者との関係につき，登記の先後で優劣を決定する旨を明確にした（中試 38.4 (1)）[112]。

また，「その効力を生ずる」（改正前 605）との文言を「対抗することができる」に改めた理由は，ここではもっぱら賃借人 B の**賃借権の第三者 C への対抗**のみを問題として，A の**賃貸人の地位が賃貸不動産の譲受人 C に移転するか**うかは独立の条文を創設して規定する趣旨である[113]。なお，不動産賃借人の賃貸人に対する登記請求権，動産賃借権の対抗要件に関する規定の創設は見送られた[114]。

②　**賃貸不動産の譲渡と賃貸人の地位の移転**　前記 AC 関係につき，中間試案は，不動産賃借人 B が「不動産の譲受人」C に対して賃貸借を対抗することができる場合は「**その賃貸人たる地位は，譲渡人〔A〕から譲受人〔C〕に移転するもの**」とした（中試 38.4 (2)）。その際，**C は所有権移転登記をしなければ B に対抗することができない**（中試 38.4 (4)）[115]。賃貸人の地位が A から C に移転する結果，A の B に対する**敷金返還債務**（中試 38.7 (2)。後述(3)(ii)参照），**費用償還債務**（民法 608）も C に移転する旨の明文化も提案された（中試 38.4

---

111)「民法（債権関係）の改正に関する要綱仮案（案）補充説明」部会資料 83-2: 44 頁。

112)　判例法理（★最判昭和 42 年 5 月 2 日判時 491 号 53 頁等）を明確にするものである。

113)　中試 38.4 概要・補足説明 1。最終的に**改正民法** 605 条の 2，605 条の 3 となった。

114)　委員会方針【3.2.4.A】・【3.2.4.05】，研究会案 526 条参照。一方，中整 45.3 (5)は，動産賃貸借の対抗要件制度の要否を検討対象としていた。

115)　★最判昭和 49 年 3 月 19 日民集 28 巻 2 号 325 頁の明文化である。

(5)）[116]。

　ただし，① A と C が「**賃貸人たる地位を譲渡人〔A〕に留保**」し，かつ②「**当該不動産を譲受人〔C〕が譲渡人〔A〕に賃貸**」する旨の合意をしたときは，**賃貸人たる地位は譲受人に移転しない**ものとした。その場合，**その後に AC 間の賃貸借が終了したとき**〔A の C に対する賃料不払による債務不履行解除，AC 間の合意解除等による〕は，「**譲渡人〔A〕に留保された賃貸人たる地位は，譲受人〔C〕又はその承継人に移転するもの**」として，B の地位の保護を図った（中試 38.4(3)・(5)）。

　この問題は，委員会方針以来，議論されてきた。委員会方針は，判例を踏まえ，賃貸人の地位を A に留保する旨の AC 間の合意を無効とした[117]。これは，所有権を失った者は最早賃貸人たりえないとみるものである。これに対しては，賃貸不動産の所有権のみの譲渡，賃貸不動産の譲渡担保や信託的譲渡，賃貸不動産の所有権を共有持分権や信託受益権に小口化して売却する等の場合は，C が賃貸不動産の所有権（または共有持分権，信託受益権）の取得のみを希望し，賃貸人の地位の取得を望まないというニーズが存在するとして，実務界から異論があった[118]。中間試案は，こうした実務動向に配慮したものとして注目される[119]。もっとも，なお議論があり，規定を設けず，解釈に委ねるべきであるとの考え方もあった[120]。しかし，**改正民法は，この提案を採用した**（民法 605の 2 ＊）。

　なお，賃借人 B が不動産譲受人 C に対して対抗要件を具備しておらず，「**不動産の譲受人〔C〕に対して賃貸借を対抗することができない場合であっても**」，賃貸人の地位は「**譲渡人〔A〕及び譲受人〔C〕の合意により，賃借人〔B〕の承諾を要しないで**」，賃貸人の地位を A から C に移転させることができる（合意承継）との規定も別途提案された（この場合，賃貸人の地位を A に留保する合意の有効性に関する中試 38.4(3)は準用されていない）（中試 38.5）。**改正民法は，この提案も採用した**（民法 605 条の 3 ＊）。

116）判例は，敷金は旧所有者の下で生じた延滞賃料等に充当された残額についてのみその返還債務が新所有者に移転するとする（★最判昭和 44 年 7 月 17 日民集 23 巻 8 号 1610 頁）。しかし，実務ではかかる充当なしで全額新所有者に移転させることが通例化しており，この点は特約およびその解釈に委ねられる。一方，必要費・有益費の償還債務は新所有者に当然に移転すると解されている（★最判昭和 46 年 2 月 19 日民集 25 巻 1 号 135 頁）。

117）委員会方針【3.2.4.06】，中整 45.3(1)～(4)，★最判平成 11 年 3 月 25 日判時 1674 号 61 頁に付された反対意見（藤井正雄裁判官）。

118）荒木 2008: 302-303 頁。

119）要仮原案 3・8.4(2)～(5)もこの立場を維持する。

120）中試 38.4（注）。

266　　Ⅴ　債権各論(2)　契約各論部分の改正

　以上のような中間試案が形成された経緯，中間試案が民法改正に至った経緯，
それに対する評価については，すでに契約上の地位の移転に関する民法規定
（民法 539 の 2 ＊）の創設の箇所で論じた[121]。そこでも触れたように，賃貸人の
地位の承継が，①賃借人が対抗要件を満たした結果として，または②譲渡人・
譲受人間の合意の効果として生じるとみることには疑問がある。不動産賃貸人
の地位は，賃借人の対抗要件の有無や譲渡人・譲受人間の合意の有無にかかわ
らず，譲渡・相続・合併等によって当該不動産の所有権が A から C に移転し
たこと自体に伴い，社会通念（所有権者が賃貸人である方が修繕義務等の使用・収益さ
れる債務を履行しやすい，賃貸不動産が敷金返還債務の担保となる等）により，A から C
に当然承継されると解されるからである（当然承継の原則）。

　そして，賃貸人の地位の留保合意は，かかる当然承継の原則の実質的根拠で
ある社会通念に反しない条件（個別事例において B・C 双方の利益保護に配慮した具体
的内容）が AC 間で合意される等して存在する場合において，賃借人の利益を
著しく害しないものと認められる特段の事情があるときは有効なものとされる
べきである（当然承継原則の例外）[122]。

　③　不動産賃借権に基づく妨害排除請求　　中間試案は，不動産賃借人が
**「賃貸借の登記をした場合又は借地借家法その他の法律が定める賃貸借の対抗
要件を備えた場合」**において，**「不動産の占有を第三者が妨害しているとき」**
は，当該第三者に対する**「妨害の停止の請求」**をすることができ，同じくその
「不動産を第三者が占有しているとき」は**「当該第三者に対する返還の請求」**
をすることができるという規定の創設を提案した（中試 38.6）[123]。

　改正民法は，これを採用した（民法 605 条の 4 ＊）。もっとも，本条は，たと
え賃借人が対抗要件を備えない場合でも，対抗要件の不存在を主張する正当な
利益をもたない第三者（不法占拠者等）に対しては妨害排除等請求等ができる，
という解釈を否定する趣旨ではない[124]。しかし，賃借権に基づく妨害排除請
求権の要件をめぐっては，(a)不動産賃借権一般について認める見解（ただし，
賃貸人が所有者であることを要件とする），(b)不動産賃借権が対抗力をもつことを要
件とする見解，(c)賃借人が目的物の引渡しを受けたことを要件に，対抗要件の
具備や不動産・動産を問わず，妨害排除請求権を認める見解等もあり[125]，解

121）前述第Ⅳ章 6 (2)参照。
122）松尾 2014: 112-130 頁参照。
123）判例法理（★最判昭和 28 年 12 月 18 日民集 7 巻 12 号 1515 頁等）の明文化である。
124）中試 38.6 概要・補足説明。
125）委員会方針【3.2.4.07】は，本文(a)または(b)を要件にして，目的物の使用・収益の妨害に対する停止請求権
　　を認めた。中整 45.3 (6)も参照。

釈上さらに拡大する余地を残している。したがって，この点の**改正民法**は，判例の明文化にとどまるものである。

(3) 賃貸人の義務

（i）**賃貸人の修繕義務等**　中間試案は，①賃貸人が賃貸物の使用および収益に必要な修繕をする義務を負うこと（改正前601①）を確認する一方で，②**賃借物が修繕を要する場合において，賃借人がその旨を賃貸人に通知し**（民法615参照），**または賃貸人がその旨を知ったにもかかわらず賃貸人が相当の期間内に必要な修繕をしないときは，賃借人は自ら賃借物の使用・収益に必要な修繕をすることができる**（ただし，急迫の事情があるときは，賃借人は直ちに必要な修繕をすることができる）という規定を提案した（中試38.8）[126]。とくに賃借人の修繕権限を定めた点が新しい提案である。賃借物は賃借人の所有物ではないことが，賃借人による修繕の要件の限定の問題を生じさせる。賃借人の修繕方法に問題があり，賃貸人に損害を生じさせたような場合がとくに問題であるが，その場合でも賃貸人が修繕義務に反した（修繕義務の不履行）を理由とする損害賠償請求額の減額等の明文化（中整45.4(1)，(2)参照）は提示されなかった。加えて，③**賃借人の帰責事由によって修繕を要する状態になった場合には賃貸人の修繕義務は生じない**とすることも検討された[127]。

　改正民法は，以上の提案のうち，①・②・③すべてを採用した。①・②については「賃借物の修繕が必要である場合において，次に掲げるときは，賃借人は，その修繕をすることができる。[1] 賃借人が賃貸人に修繕が必要である旨を通知し，又は賃貸人がその旨を知ったにもかかわらず，賃貸人が相当の期間内に必要な修繕をしないとき。／[2] 急迫の事情があるとき」（民法607条の2＊）とした。また，議論のあった③についても，**改正民法**606条1項にただし書を追加する形で，「賃貸人は，賃貸物の使用及び収益に必要な修繕をする義務を負う。**ただし，賃借人の責めに帰すべき事由によってその修繕が必要となったときは，この限りでない**」（民法606①＊）と規定した。

（ii）**敷金返還義務**　中間試案は，改正前民法でも言葉としては用いられていた「敷金」（民法316，619②）を定義し，その返還債務に関する規定を設ける

126）あるいはより端的に，賃貸人が修繕義務を履行しない場合，賃借人は賃借物の使用および収益に必要な修繕をすることができると定める方法も提示された（中試38.8（注））。

127）中試38.8補足説明は，賃借人の帰責事由によって修繕を要する状態になった場合は，[1] 賃料は減額されない，[2] 賃貸人の修繕義務は発生しない（修繕権限はある），[3] 賃借人が修繕した場合に必要費償還請求権は発生しない，[4] 賃借人が修繕しなくとも賃貸借終了時に原状回復義務は発生するとし，このうち，[2] については異論があることから，中試38.8本文(1)ではそれを明記するに至らず，引き続き検討する必要があるとしていた。

ことを提案した。それによれば，①敷金とは，名義のいかんにかかわらず，賃料債務，その他賃貸借契約に基づいて生ずる賃借人の賃貸人に対する金銭債務を担保する目的で，賃借人が賃貸人に交付する金銭をいう（中試38.7(1)）。②敷金は，[1] 賃貸借が終了し，かつ賃貸人が賃貸物の返還を受けたとき，または[2] 賃借人が適法に賃借権を譲渡したときに，賃貸人が賃借人に返還しなければならない（中試38.7(2)）。その場合において，賃料債務，その他賃借人の賃貸人に対する金銭債務があるときは，敷金はその債務の弁済に充当される。③敷金返還債務の発生前でも，賃貸人は，賃借人が賃料債務その他の賃貸借契約に基づいて生じた金銭債務の履行をしないときは，敷金を当該債務の弁済に充当することができるものとする。しかし，賃借人の側から敷金を当該債務の弁済に充当することはできない（中試38.7(3)）[128]。

改正民法は，この提案を実質的に採用した（民法622の2＊）。

(4) 賃借人の義務

(i) 賃料支払義務と減収による減額請求　　中間試案は，賃借人の減収による賃料減額請求に関し，改正前規定（改正前609・民法610）の削除を提案した。理由は，これらの規定は，農地改革以前の小作関係を想定したものであり，現在では収益を目的とする土地の賃借人がどの程度の収益を得られるかは，原則として賃借人が予め計算して負うべきリスクであること，また，農地・採草放牧地の賃借人の保護は特別法による借賃等の増減額請求権（農地法20）によって図られていることによる。また，改正前609条が不可抗力によって賃料より少ない収益を得たことのみを要件とする点に対しては，経済事情の変動，近傍類似の土地または近傍同種の建物の賃料との比較等による不相当性の判断（農地法20，借地借家法11・32）の必要性も指摘された[129]。

しかし，**改正民法**は「耕作又は牧畜を目的とする土地の賃借人」が賃料減額請求をすることができると文言を修正したのみで，**改正前民法609条を維持し，**その改正を前提に，**民法610条も維持した。**

(ii) 賃借物の一部滅失等による賃料減額　　改正前民法は，賃借物の一部が賃借人の過失によらずに滅失した場合，賃借人に**賃料減額請求権**を認めていた（改正前611①）。これに対し，中間試案は，①[1] 賃借物が一部滅失した場合のみならず，より広く賃借物の一部が使用・収益不能になった場合は，賃借人

---

128) 中試38.7概要・補足説明。これらは，判例法理の明文化である（①につき，★大判大正15年7月12日民集5巻616頁，②[1] につき，★最判昭和48年2月2日民集27巻1号80頁，②[2] につき，★最判昭和53年12月22日民集32巻9号1768頁，③につき，★大判昭和5年3月10日民集9巻253頁）。

129) 中試38.9概要・補足説明。

の減額請求を待たずに，賃料は「その部分の割合に応じて減額される」として，**当然減額**を認めた。ただし，[2] 賃借物の一部の使用・収益の不能が「契約の趣旨に照らして賃借人の責めに帰すべき事由」によるときは減額されないとした（中試38.10(1)）。なお，②賃貸人は自己の債務を免れたことによって利益を得たときは賃借人に償還しなければならない（中試38.10(2)）。また，③残存部分のみでは賃借目的を達することができない場合は，賃借人は契約解除をすることができるものとした（中試38.10(3)）。

このうち，前記①は，賃借人の賃料債務は賃借物の使用・収益の対価であるから，賃借物の一部が滅失した場合だけでなく，より広く賃借物の一部が使用・収益不能になった場合は，その対価である賃料もその割合に応じて当然に発生しないという理解に基づく[130]。ここで，賃借物の一部滅失を一部使用・収益不能に拡大することは妥当である。しかし，賃料の当然減額に関しては，検討すべき問題が残されている。というのも，賃借物の使用・収益と賃料支払債務との対価関係は，〈1〉**賃貸人の帰責事由による使用・収益の一部不能の場合**は，その割合に応じて賃料を当然減額させるが，〈2〉**賃貸人・賃借人の何れの帰責事由にもよらない使用・収益の一部不能の場合**に，賃料債務が減額されるか否かは，当事者間に特約や合意がなければ，危険負担のルールによらざるをえず，法律の規定で定められるべき事柄であるから，〈1〉の場合と同様に当然減額されるとは限らないはずである。そこで，改正前民法611条1項ないし前記①[1]が，この危険負担ルールに当たり，その結果として，賃料が当然減額されることになる。ただし，〈3〉**賃借物の使用・収益の一部不能が賃借人の帰責事由による場合**は，賃料債務は減額されない（前記①[2]）。なぜなら，賃料債務の発生根拠が賃借物の使用・収益の対価であるとしても，賃借人に帰責事由がある場合にまで賃料減額を認めるのは相当でないと考えられるからである[131]。中間試案はこれを認め，前述した明文規定（ただし，賃借物の一部の使用・収益の不能が「契約の趣旨に照らして賃借人の責めに帰すべき事由」によるときは減額されない）を設けた。この場合，賃借人の帰責事由による使用・収益不能であることの主

---

130) 中試38.10概要・補足説明。これは，委員会方針以来の提案である。委員会方針【3.2.4.14】，中間整理45.5(2)参照。それは賃貸借の有償性に鑑み，目的物の使用・収益権限と賃料支払義務との対価性を一層重視するとともに，委員会方針における債務不履行責任における帰責事由原則の廃棄により，一部不能の原因が賃貸人の帰責事由によるか否かで賃借人の救済方法に差を設けることが首尾一貫しなくなるという考慮があった。この考え方により，目的物が一時的に利用できなかった場合も，利用できなかった期間について「賃料債権は生じない」との規定も提案されていた（委員会方針【3.2.4.15】）。
131) 中試38.10(1)第2文。請負・委任・雇用・寄託の報酬請求権に関する中試40.1(3)，41.4(3)イ，42.1(2)，43.6参照）。

張・立証責任は，賃貸人が負うべきものと想定されている[132]。しかし，それは，改正前民法611条1項——「賃借物の一部が賃借人の過失によらないで滅失したときは，賃借人は，その滅失した部分の割合に応じて，賃料の減額を請求することができる」——では，賃借人が自己の過失によらない一部滅失であることについての主張・立証責任を負うという理解を変更することを意味する。これに対しては，改正前民法611条1項の規律の方が合理的であるとして，これを維持すべきであるとの考え方もある[133]。賃借物は賃借人の支配下にあるから，賃借人に帰責事由があることを賃貸人が主張・立証するのは通常困難であると解されるからである。**改正民法**は，この批判を考慮し，前記①の提案を一部修正した（後述）。

前記②は，民法536条2項後段の規律を，賃借物の一部の使用・収益不能の場面で具体化したものである[134]。

前記③は，賃借物の一部が滅失した場合（改正前611②）のみならず，より広く賃借物の一部が使用・収益不能になった場合において，それが賃借人の帰責事由によるか否かにかかわらず，賃借人の解除権を認める趣旨である。これは，賃借物の一部使用・収益不能により，賃借人が賃借目的を達できない以上，その過失の有無を問わず，賃借人による解除を認めるのが相当であるとの判断に基づくものであり，中間試案の改正提案が提示する契約解除原則に従うものである[135]。

改正民法は，これらのうち，前記①を先の批判を考慮して修正した。前記②は採用せず，前記③を採用した。まず，前記①の文言を修正して，「賃借物の一部が滅失その他の事由により使用及び収益をすることができなくなった場合において，それが賃借人の責めに帰することができない事由によるものであるときは，賃料は，その使用及び収益をすることができなくなった部分の割合に応じて，減額される」（民法611①＊）とした。賃借物の一部の使用・収益不能が賃借人の帰責事由によらないことについては，賃借人が主張・立証責任を負う。

前記②については，改正民法は，この規律を条文化しなかった。民法536条2項後段の解釈・適用により，この帰結を導くことができるからである。

前記③については，これを採用した（民法611②＊）。

---

132) 中試38.10補足説明3。
133) 中試38.10（注）。
134) 中試38.10概要。
135) 中試38.10補足説明3。

なお，借地借家法 11 条・32 条と同趣旨の，事情変更による賃料増減請求権の規定を民法に取り込むべきとの委員会方針以来の提案は [136]，中間試案には取り込まれず，**改正民法も条文を設けなかった。**

(iii)　**賃借物の転貸**　　中間試案は，賃借物の転貸に関し，改正前民法 613 条の規定の詳細化を提案した（中試 38.11）。すなわち，①賃借人 B が適法に賃借物を C に転貸したときは，賃貸人 A は転借人 C が転貸借契約に基づいて賃借物の使用および収益をすることを妨げることができない。②賃借人 B が適法に賃借物を転貸したときは，転借人 C は転貸借契約に基づく債務を賃貸人 A に対して直接履行する義務を負う。この場合，直接履行すべき債務の範囲は賃貸人 A と賃借人 B（転貸人）の間の賃貸借契約に基づく債務の範囲（かつ転貸人 B と転借人 C の間の転貸借契約に基づく債務の範囲）に限られる。③②の場合，転借人 C は「**転貸借契約に定めた時期の前に転貸人に対して賃料を支払ったとしても**」，②の賃貸人 A に対する義務を免れない [137]。④②・③は，賃貸人 A が賃借人 B に対してその権利を行使することを妨げない。⑤賃借人 B が適法に賃借物を C に転貸した場合において，賃貸人 A および賃借人 B が賃貸借契約を合意により解除したときは，賃貸人 A は転借人 C に対して当該解除の効力を主張することができない [138]。ただし，当該解除の時点において賃借人 B の賃貸人 A に対する債務不履行を理由とする解除の要件を賃貸人 A が満たしていたときは，この限りでない（図表Ⅴ–5 参照）。

これらのうち，⑤に関しては，委員会方針以来，賃借人 B の賃料債務の不履行があった場合において，賃貸人 A は転借人 C にその旨を告げ，転借人 C による賃借人 B の賃料債務の弁済がされないことを確認したうえでなければ，賃貸人 A が賃借人 B との賃貸借契約を解除しても転借人 C に対抗できない旨の規定の導入も検討されていた [139]。これは，それと異なる判例の取扱いを見直し，賃貸人・転借人間の衡平を改善するものとして妥当と考えられる [140]。しかし，その点の改正は，中間試案には盛り込まれなかった。

---

136) 委員会方針【3.2.4.13】（もっとも，これを任意規定とする旨の明示も提案されていた。同〈2〉）。中整 45.7 (1)も参照。

137) これは「前払」（改正前 613 ①後段）の意味を，判例（★大判昭和 7 年 10 月 8 日民集 11 巻 1901 頁）に従って明確にしようとするものである。これに対し，改正前民法の「前払」の文言を維持すべきとの考え方もあった（中試 38.11（注））。

138) 判例法理（★最判昭和 62 年 3 月 24 日判時 1258 号 61 頁，★最判昭和 38 年 2 月 21 日民集 17 巻 1 号 219 頁等）の明文化である。

139) 委員会方針【3.2.4.20】〈2〉乙案。中整 45.6 (2)。なお，土地の賃貸借がされた場合において，当該土地上に賃借人が所有する建物の賃貸借がされているときも，同様に土地の賃貸人 A は賃借人 B の債務不履行を理由とする解除をする際に，建物の賃借人 C に催告することを要するとされる（同〈3〉）。

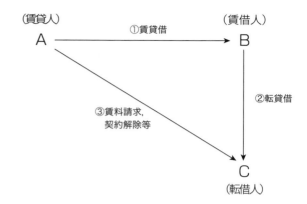

図表 V-5
転貸借の法律関係

　改正民法は，以上の中間試案の提案のうち，②・④・⑤を採用した（民法613条＊）。①は当然のことであり，③も明文化はされなかったが，従来の判例法理・解釈に委ねる趣旨である。

　なお，賃借権の無断譲渡・賃借物の無断転貸の場合に，民法612条を維持しつつ，賃借権の無断譲渡または賃借物の無断転貸が当事者間の信頼関係を破壊するに至らない場合は，賃貸人Aによる賃借人Bとの賃貸借契約の解除は認められず，その場合は適法な転貸借等がされたものとみなす旨の，信頼関係破壊の法理の明文化も[141]，中間試案には盛り込まれず，**改正民法も規定を設けることはしなかった**。従来の判例法理・解釈に委ねられる。

(5) 賃貸借の終了

（ⅰ）**目的物の滅失等による使用・収益の不能**　賃貸借の終了原因のうち，目的物の滅失等によって賃貸人の債務が履行不能となった場合の規律が問題とされてきた。委員会方針はこの場合に賃貸借契約は当然終了する旨の規定を設けることを提案した[142]。この立場は中間試案でも支持され（中試38.12）[143]，要綱仮案も「**賃借物の全部が滅失その他の事由により使用及び収益をすることができなくなった場合**」（下線は筆者による。以下同じ），**賃貸借はこれによって終了する**と提案した（要仮33.12）。

140）なお，適法な転貸借がされている場合において，原賃貸借が合意解除されても，転借人との間では解除の効果を生じない，または合意解除が認められたうえで，原賃貸人と転借人との間の賃貸借契約に移行する。委員会方針【3.2.4.20】〈1〉，＊案参照。中整 45.6 (2)
141）委員会方針【3.2.4.18】。なお，研究会案534条参照。中整 45.6 (1)も参照。
142）委員会方針【3.2.4.25】〈1〉。一方，委員会方針は，当事者が合意すれば給付が履行不能の場合でも債務は発生し，履行されるまで存続し，契約解除によって履行請求できなくなるにとどまる旨の立場を採用しており，これとの整合性が問われた。松尾 2012a: 162 頁。
143）判例法理（★最判昭和32年12月3日民集11巻13号2018頁，★最判昭和36年12月31日民集15巻12号3243頁等）の明文化でもある。

改正民法は，この提案を採用した（民法616の2＊）。この規定自体には異論がない。問題はこの提案が履行不能による債務消滅を一般的に否定する立場——①契約成立時に履行不能（原始的不能）が生じていても契約は有効である[144]，②契約成立後に履行不能（後発的不能）が生じた場合も，債務者に帰責事由がなくとも債務は消滅せず，履行請求権の限界事由となるにとどまる[145]，③双務契約の一方の債務が履行不能である場合も他方の債務は消滅せず[146]，相手方が契約解除をすればそれに対して履行請求できなくなるにとどまる[147]——と整合性を欠く点であった。私見は，この不整合に批判的である[148]。

これに対し，要綱仮案は，①原始的不能の契約も有効とする旨の規定は置かず，債務者に帰責事由がある場合に損害賠償請求を妨げないとする[149]，②履行不能の場合は債権者は履行請求できない[150]，③双務契約の一方債務が履行不能である場合，相手方は契約解除しなくとも反対債務の履行を拒むことができる[151]，という提案をしている。このうち，①～③は，改正前民法が立脚する**履行不能による債務消滅原則**（改正前415但，536①）を維持しているとの解釈と両立可能であるとも解される。そうであるとすれば，賃借物の滅失等による賃貸人の債務の履行不能による賃貸借契約の当然終了（要仮33.12）との整合性は高まるものと考えられる。

(ⅱ)　**賃貸借終了時における賃借人の原状回復義務等**　改正前民法は賃貸借終了時において賃借人が賃借物を「原状に復して，これに附属させた物を収去することができる」と規定するにとどまり（改正前616・598），原状回復および収去の権利・義務の内容は必ずしも明確でない。

委員会方針は，①賃借人は附属させた物を自己の費用で収去する権利をもつ，②分離に過分の費用がかかる場合は賃貸人に費用償還請求できる，③自然損耗分は原状回復義務の対象とならない（賃貸人が事業者で賃借人が消費者の場合は強行規定とする）旨規定することを提案した[152]。

中間試案は，①賃借人は賃借物の受取後に附属させた物を収去する権利および義務をもつ（ただし，分離不能または分離に過分の費用を要する物を除く），②賃借

144）委員会方針【3.1.1.08】，中試26.2。
145）委員会方針【3.1.1.56】，中試9.2。
146）委員会方針【3.1.1.85】，中試12.1。
147）委員会方針【3.1.1.77】，中試11.1⑵イ。
148）松尾2012a: 162頁。
149）要仮11.1。
150）要仮10.1。
151）要仮13.2⑴。
152）委員会方針【3.2.4.26】・【3.2.4.11】。中整45.7⑵参照。

人は賃借物受領後に生じた損傷を原状回復する義務を負うが，[1] 損傷が「契約の趣旨に照らして賃借人の責めに帰することができない事由」によって生じた場合を除く。また，[2] 通常の使用・収益によって生じた賃借物の劣化・価値減少についても原状回復義務を負わないとの規定を提案した（中試38.13）[153]。

要綱仮案は，基本的に中間試案の内容を踏まえつつ，①賃借物受取後の附属物に対する賃借人の [1] **収去義務**（ただし，分離不能の場合および分離に過分の費用を要する場合を除く）と [2] **収去権**を分けて規定する。また，②損傷に対する原状回復義務について，[1] **帰責事由主義**を維持するとともに，[2]「損傷」概念自体から通常損耗（通常の使用および収益によって生じた賃借物の損耗ならびに経年変化）を除外した（要仮33.13）。これは，中間試案よりも明確かつ論理的であると評価できる。

改正民法は，この提案を採用し，賃貸借終了時[154] における①賃借人による附属物についての [1] **収去義務**と [2] **収去権**について，使用貸借の規定を準用する（民法622＊，599①・②＊）とともに，②賃借人による損傷の原状回復義務につき，[1] 通常の使用・収益によって生じた賃借物の損耗ならびに経年変化を除くこと，[2] 損傷が賃借人の帰責事由によらずに生じたときは，原状回復義務を負わないことを規定した（民法621＊）。

(iii) **賃貸人・賃借人間の損害賠償請求権等の期間制限**　　委員会方針は，①賃借人の用法違反による賃貸人の**損害賠償請求権**および②賃借人の**費用償還請求権**の期間制限（賃貸人への目的物返還時から1年間の除斥期間。改正前621・600）の双方につき，ともに消滅時効（債権時効）への統合を提案した[155]。

これに対し，中間試案は，**①賃貸人の損害賠償請求権については改正前民法と同様の除斥期間**を維持し（中試38.14(1)），かつ**②その間は消滅時効（賃借人の用法違反時から起算される10年の消滅時効。改正前167①）が完成しない**（停止事由となる）こと（中試38.14(2)），③賃借人の費用償還請求権の期間制限の部分は，一般の消滅時効に委ねる趣旨で削除することを提案した[156]。

これに対し，要綱仮案は，前記①・②賃貸人の損害賠償請求については中間試案の提案を維持する一方，前記③**賃借人の費用償還請求権については，改正前民法の返還後1年の期間制限（除斥期間）を復活させた**（要仮33.14）。これは，

---

153) ③は判例法理（★最判平成17年12月16日集民218号1239頁）の明文化である。

154) 期間を定めた賃貸借は，その期間の満了によって終了する（民法622＊・597＊）。

155) 委員会方針【3.2.4.27】，中間整理45.7⑶。なお，賃借権の相続に関しては，賃借権の多様性に鑑みて，規定が見送られた（委員会方針【3.2.4.B】）。

156) これは，無権原占有者・留置権者の費用償還請求権についても除斥期間の定めがないこと（民法196，299）との権衡を考慮に入れている（中試38.14 概要⑶参照）。

賃貸人・賃借人間の紛糾の長期化を回避する趣旨と解される[157]。

改正民法は，この要綱仮案の提案を採用した（民法 622 ＊・600 ＊）。

(6)　賃貸借類似の契約

（i）　**ファイナンス・リース**　　実務上用いられている賃貸借類似の契約について，民法の賃貸借の節に規定すべきか，独立した典型契約として規定すべきか，解釈論に委ねるべきかが議論されてきた。その 1 つがファイナンス・リースである。

委員会方針はこれを独立した典型契約として民法に規定する方向で検討していた[158]。私見は，リース契約の法理は確立されているとはいえず，この段階で独立した典型契約の 1 類型として民法に規定することは，典型契約に期待される一連の整合的な規範の提示作用を妨げる懸念があるとみて，消極的に解した[159]。

これに対し，中間試案は賃貸借の節に規定を設けることを提案した（中試 38.15 (1)）。それはファイナンス・リースを，当事者の一方 A（リース提供者）が相手方 B（ユーザー）の指定する財産を取得して B に引き渡すことおよび B による当該財産の使用・収益を受忍することを約し，B が「その使用及び収益の対価としてではなく当該財産の取得費用等に相当する額の金銭」を支払うことを約する契約として定義した（図表 V-6 参照）。そして，①賃貸人の修繕義務（改正前 606 ①）・賃借人の費用償還請求権（民法 608 ①）・その他当該契約の性質に反する規定を除き，賃貸借の規定を準用する，②その際，A は B に対し，有償契約に準用される売主の担保責任（中試 35.4 以下）を負わない，③ A がその財産の取得先 C に対し，売主の担保責任に基づく権利を有するときは，B は A に対する意思表示により，当該権利（解除権および代金減額請求権を除く）を取得することができるとした。

これはファイナンス・リースの包括的規定ではなく，その一類型に関するものとされる[160]。それは，[1] ある財産の所有者でない者 B が当該財産を使用・収益することを内容とする契約であるが，[2] 当該財産の使用・収益の対価でなく，当該財産の取得費用等に相当する金銭を支払うことを約束し，それゆえリース提供者の修繕義務やユーザーの費用償還請求権は発生しない[161]。しかし，[3] その他，当該契約の性質に反しない限り，賃貸借に関する規定を

157）これと同様の検討の経緯が，使用貸借についてもみられた（後述 5 (4)(iii)）。
158）委員会方針【3.2.7.01】～【3.2.7.09】。中整 56.2，内田 2009: 190 頁参照。
159）松尾 2012a: 162-164 頁。
160）中試 38.15 概要・補足説明。

276　　V　債権各論(2)　契約各論部分の改正

図表 V-6　ファイナンス・リース

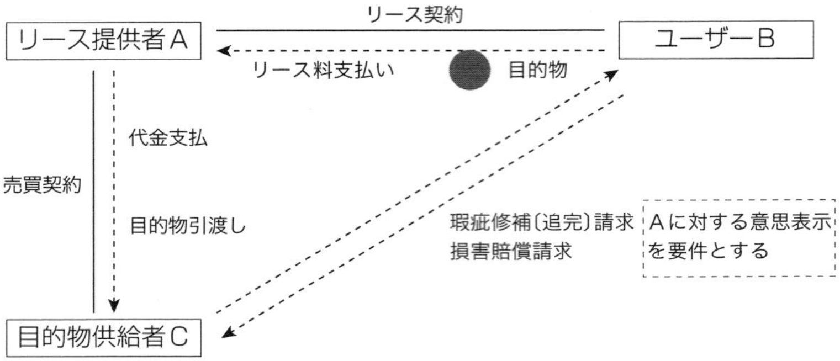

準用する。ただし，[4] B は A に有償契約の債務者としての担保責任を負わない。もっとも，[5] B は C が A に負う売主の担保責任の内容をなす A の権利のうち，契約解除権および代金減額請求権を除いて行使できるとするものである。

　これら [1] 〜 [5] が法理として首尾一貫した整合性をもつものといえるかは，依然として疑問である。とりわけ，[1] ユーザーによる目的物の使用・収益を内容としながら，[2] ユーザーが支払う金銭が使用・収益の対価ではないとし，[3] にもかかわらず，あえて賃貸借の規定を準用しながら，[4] 有償契約の債務者としての担保責任を免除するというコンポーネントを論理必然的に結びつける核が何かが，必ずしも明確に説明されていないように思われる[162]。

　要綱仮案は，ファイナンス・リースに関する規定を取り上げなかった[163]。**改正民法も，とくに規定を設けなかった。**もっとも，このことは，現代社会の経済動向に照らしてリース法理を追求する意義が薄れたことを意味するものではない。むしろ，①リース期間中の目的物の管理に関するリース提供者の負担軽減，②リース終了後の目的物の処理に関するユーザーの負担軽減，③それらによる技術進歩のスピードが速い物の取引・利用・開発の促進等の観点から，整合性のある法理の一層の検討が求められる。

　(ⅱ)　**ライセンス契約**　　現代の取引実務で重要性が増している賃貸借類似の契約として，有体物の使用・収益ではなく，ノウハウ等の知的財産の使用・収

161）★最判平成 7 年 4 月 14 日民集 49 巻 4 号 1063 頁等参照。ただし，ユーザーがリース提供者に支払う金銭が使用・収益の対価の意味をもつ「賃貸借と評価されるファイナンス・リース」もあるとされる（中試 38.15 概要参照）。
162）中試 38.15（注）および概要参照。
163）要仮 33 参照。

益に関するライセンス契約がある。

中間試案は，ライセンス契約（知的財産の利用許諾に関する契約）についても賃貸借の節に規定を設けることを提案した（中試 38.15 (2)）[164]。それによれば，ライセンス契約とは，①当事者の一方が自己の有する知的財産権（知的財産基本法 2 ②参照）に係る知的財産（同 2 ①参照）を相手方が利用することを受忍することを約し，②相手方がこれに対してその利用料を支払うことを約束する契約である。これについては，賃貸借の目的物の所有権の移転に伴う賃貸人たる地位の移転等に関する規定（中試 38.4 (2)〜(5)），その他当該契約の性質に反する規定を除き，賃貸借の規定を準用するものとする，という提案である。

賃貸目的物の所有権の移転に伴う賃貸人たる地位の当然承継（賃借人の知らない間に賃料支払債務の債権者たる貸主が変更することがありうる）を原則とする中間試案 38.4 (2)〜(5)は，ライセンス契約の性質に反するとの指摘があることから，準用されない規定として例示されている[165]。

もっとも，知的財産を対象とするライセンス契約と有体物を対象とする賃貸借契約とを類似のものとして整理することが妥当か，前者を賃貸借の規定の一部の準用のみによって適切に規律できるか，さらに，それは多くが事業者間取引であるから民法に規定することが適切か（この点は，ファイナンス・リースにも当てはまる）等，検討課題も依然として残っており，規定の創設自体や規定を賃貸借の節に設けることに対する消極的立場もあった（中試 38.15（注））[166]。要綱仮案は，リース契約に関する規定を取り上げなかった[167]。**改正民法も，とくに規定を設けなかった。**

5　使用貸借契約

(1)　使用貸借の特色

賃貸借は借主が目的物の使用・収益の対価支払義務を負う有償契約であるのに対し，使用貸借は借主に対価支払義務がない無償契約である。この有償性の相違が貸主・借主間の権利・義務に重要な相違を生じさせる。不動産・動産・知的財産等の賃貸借は，現実の経済活動において極めて重要な機能を営んでい

164）なお，これは典型的なライセンス契約の要素を明文化する趣旨であり，無償のライセンス契約（実際上も少なくないとされる）を否定する趣旨ではない（中試 38.15 概要参照）。

165）中試 38.15 概要参照。

166）中試 38.15 概要・補足説明。

167）要仮 38 参照。

278 　V　債権各論(2)　契約各論部分の改正

るが，使用貸借も経済取引の一環として看過できない作用をもつ。賃貸借および使用貸借は円滑な経済活動を促進するための鍵を握る制度であり，経済政策上も注目される法制度の1つである。それらを現代の実務に適合させるためにどのような改革が求められているのかが，検討課題になる。

　無償契約を先に有償契約を後に規定する改正前民法（贈与→売買，使用貸借→賃貸借）に対し，有償契約を先に無償契約を後に規定する委員会方針以来の提案（売買→贈与，賃貸借→使用貸借）は，中間試案，要綱仮案でも維持された[168]。これは契約の原則形態を有償契約に見出すという見解に基づいている。しかしながら，**改正民法は，改正前民法の規定配列を維持した。**

(2)　使用貸借の成立等

　使用貸借の成立につき，委員会方針は，贈与と同様に，使用貸借を諾成契約とする一方で，書面（電子的記録を除く）によらない使用貸借の合意は，貸主が目的物を借主に引き渡すまでは，各当事者が解除可能とする旨の規定を設けることを提案した[169]。

　中間試案も，要物契約を諾成契約に改める基本方針を使用貸借の要物契約性（改正前593）にも適用し，「使用貸借は，当事者の一方がある物を引き渡すことを約し，相手方が引渡しを受けた物を無償で使用及び収益をした後に返還することを約することによって，その効力を生ずる」と提案した[170]。使用貸借は経済取引の一環として行われることも多く，約束しても目的物の引渡しまでは契約上の権利・義務が生じない（要物契約）とすると，取引の安定を害するおそれがあるという理由付けもされている[171]。

　ただし，中間試案は「使用貸借の当事者は，借主が借用物を受け取るまでは，契約の解除をすることができるものとする。ただし，書面による使用貸借の**貸主は**，借主が借用物を受け取る前であっても，契約の解除をすることができない」とした（中試39.1(2)）。この規定は，書面によらない使用貸借は，借主が目的物を受け取るまでは解除できることに加え，**借主は**，書面による場合でも，目的物を受け取るまでは解除ができることを意味する。

　ちなみに，無償契約の拘束力を緩和すべく，書面によらない場合は目的物の引渡し（履行）前は解除できるとするルールが認められているが（改正前550），

168）委員会方針【3.2.4.01】以下，研究会案521条以下，中試38・39，要仮33・34。
169）委員会方針【3.2.5.01】・【3.2.5.02】，【3.2.5.05】，【3.2.5.10】等。中整46も参照。
170）中試39.1(1)。なお，この使用貸借の冒頭規定は，借主の返還義務も規定していることが注目される。
171）中試39.1概要・補足説明。なお，目的物引渡前に当事者の一方が破産手続開始，再生手続開始または更生手続開始の決定を受けた場合については，特段の規定を設けず，破産法53条，民事再生法49条，会社更生法61条の解釈に委ねる趣旨である（中試37.1(5)・37.2(3)，改正前589参照）。

使用貸借の場合はさらにその特則を設け，借主に限っては書面による場合でも解除できるとするものである。その理由は，使用貸借の借主は目的物の受領後でもいつでもそれを返還して契約を終了させることができるから（中試 39.2 (5)），借主は書面の有無や目的物の引渡しの有無を問わず，何時でも契約解除できるとするのが相当であるとの判断に求められる [172]。

要綱仮案は，中間試案の立場を実質的に承継し，①使用貸借の定義について中間試案と同様の定義を設けるとともに（もっとも，「……**契約が終了したときに返還することを約する**」と返還についての約束内容を明確に規定することも提案した。要仮 34.1），②使用貸借を諾成契約としつつ（要仮 34.1），③借主が目的物を受け取っていないときは，貸主は契約の解除ができること（ただし，書面による使用貸借は解除できない。要仮 34.3 (1) ア），④借主は「いつでも契約の解除をすることができる」（要仮 34.3 (3)）という，より明確な規定を提案した（図表Ⅴ-7）[173]。

改正民法は，この提案を採用した。①使用貸借の定義について，「使用貸借は，当事者の一方がある物を**引き渡すことを約し**，相手方がその受け取った物について無償で使用及び収益をして契約が終了したときに**返還をすることを約することによって，その効力を生ずる」（民法 593 ＊）。②同条は，諾成契約であることを明規した（強調部分参照）。③貸主の解除可能性については，「貸主は，借主が借用物を受け取るまで，契約の解除をすることができる。ただし，書面による使用貸借については，この限りでない」（民法 593 の 2 ＊）とし，貸主に関しては，同じく無償契約である贈与（民法 550 ＊）とバランスをとっている [174]。④借主の解除可能性については，「借主は，いつでも契約の解除をすることができる」（民法 598 ③＊）とした。

その結果，例えば，貸主Aが借主Bと使用貸借の合意をし，Bが目的物の引渡しを請求する場合，使用貸借の合意が**請求原因**となる（民法 593 ＊）。これに対し，Aは使用貸借を解除するとの意思表示をすることが考えられる（**抗弁**。民法 593 条の 2 本＊）。しかし，BはAに対し，AB 間の使用貸借が書面によることを主張し，解除の効果を妨げることができる（**再抗弁**。民法 593 条の 2 但＊）。その際，「書面」の意義に関しては，書面によらない贈与（民法 550 ＊）に関する改正前からの判例等を参考にしつつ，使用貸借の諾成化の趣旨に照らして解

172）中試 39.1 概要・補足説明。
173）要仮 34.1.
174）もっとも，贈与では「**書面によらない贈与**は，各当事者が解除をすることができる。ただし，**履行の終わった部分**については，この限りでない」（民法 550 ＊）とされ，書面性が本文に，履行の終了がただし書に規定されている。

280　　V　債権各論(2)　契約各論部分の改正

図表 V-7　使用貸借に関する改正点

項目	改正前民法	中間試案	改正民法
使用貸借の成立等	593	39.1	593 ＊，593 の 2 ＊
使用貸借の終了	597	39.2	597 ＊，598 ＊
終了後の収去・原状回復義務	598	39.3	599 ＊
損害賠償・費用償還請求	600	39.4 *1	600 ＊

*1: 使用貸主の損害賠償請求権のみについて期間制限を規定する。
＊は改正があった条文を示す。

釈することになる。しかし，使用貸借の諾成契約化は，まだ道半ばで，重要な問題を残している（後述(3)）。

(3)　使用借権の効力

　使用借権については，不動産・動産問わず，対抗要件を具備する方法が定められていない。例えば，先の例で，使用貸借の貸主 A が借主 B に目的不動産を引き渡した後に，A がこれを C に賃貸して登記し，C が A に明渡請求した場合，B の使用借権は C の賃借権に対抗することができないために，B はこれを拒むことができないことになる。A が B に引き渡した後に，目的不動産所有権を D に譲渡して移転登記し，D が B に明渡請求した場合も同様である。この制度構成を前提とする限り，貸主 A と借主 B が使用貸借の合意をしたが，A が引き渡さない場合において，B が A に対して使用貸借の合意を請求原因として引渡請求する際に，使用借権を被保全債権として，B に対して占有移転禁止の仮処分や処分禁止の仮処分を申し立てることも困難であると考えられる。使用借権は元々そのように弱い権利なのだといってしまえばそれまでであるが，しかし，建物所有目的の土地の使用貸借のような場合，比較的長期間に及ぶ利用権の保護や建物保護の観点から，対抗要件を具備する必要性も検討に値する[175]。しかし，中間試案はこの点については提案をせず，要綱仮案も同様であり[176]，**改正民法も使用借権の対抗力には触れなかった。** なお残された課題である。

(4)　使用貸借の終了

(ⅰ)　使用貸借の終了原因　　使用貸借の終了原因（改正前 597）に関し，中間試案はつぎのような改正提案をした（中試 39.2）。①当事者が返還時期を定めた場合は，**返還時期の到来時に終了**する。②返還時期は定めなかったが，使用・収益の目的を定めた場合は，借主が**使用・収益の目的に従って使用・収益を終**

───────────
175）中整 46.2 参照。松尾 2012a: 162 頁。
176）中試 39，要仮 34 参照。

わった時に終了するほか，③②の場合で借主がその目的に従って使用・収益するのに足りる期間経が過したときは，貸主が**契約解除**できる。④返還時期も使用・収益の目的も定めなかった場合は，貸主は何時でも**契約解除**できる。⑤借主は借用物の受取後も（書面による使用貸借でも）何時でも**契約解除**できる。

前記①〜④は実質的に改正前民法 597 の内容を維持しつつ，一定の事実の発生による当然終了と契約解除による終了で規定を分けた。前記⑤は改正前民法に規定がないが，借主は何時でも目的物を返還できるとの解釈を契約解除と構成して明文化したものである。これは目的物受取前の解除（書面による場合でも借主は解除できる）と対応するものである[177]。

改正民法は，当然終了事由として，①（民法 597 ①＊），②（民法 597 ②＊）[178]，解除による終了事由として，③（民法 598 ①＊），④（民法 598 ②＊），⑤（民法 598 ③＊）という形で，この提案を全面的に採用した。

(ii) **使用貸借終了後の収去・原状回復義務** 契約終了後の原状回復義務等（改正前 598）に関し，中間試案は，以下の改正提案をした（中試 39.3）。

① 借主が借用物の受取後に附属させた物は，使用貸借終了時に借主が収去の権利・義務を負う。ただし，分離不能または分離に過分の費用を要する物は，この限りでない。

② 借主は借用物の受取後に生じた損傷につき，使用貸借終了時に原状回復義務を負う。ただし，その損傷が「契約の趣旨に照らして借主の責めに帰することができない事由によって生じたものであるときは」原状回復義務を負わない。

前記①・②はともに改正前民法 598 条の収去の権利・義務をより明確にする趣旨であり，賃貸借の場合（前述 4(5)(ii)）と同様である。もっとも，賃貸借の場合（民法 621＊）と異なり，通常損耗の回復が原状回復義務に含まれるかどうかは，個々の使用貸借契約の趣旨によって様々であると考えられることから，デフォルト・ルールはあえて置かない趣旨である。

要綱仮案は，前記①を [1] 借主の収去義務に絞って規定する一方，[2] 附属物の収去権については別途規定する形式をとるほかは，中間試案の立場を実質的に維持した（要仮 34.4(1)・(2)・(3)）。**改正民法は，この提案を採用し，**①借主が借用物を受け取った後に附属させた物につき，[1] 借主の**収去義務**（民法 599 ①＊），[2] 借主の**収去権**（民法 599 ②＊），②借主が借用物を受け取った後に

177）中試 39.2 概要・補足説明。
178）借主の死亡も，当然終了事由である（民法 597 ③＊）。

生じた損傷の**原状回復義務**（「ただし，その損傷が借主の責に帰することのできない事由によるものであるときは，この限りでない」）（民法 599 ③＊）とした。

(iii)　**損害賠償・費用償還請求権の期間制限**　　損害賠償・費用償還請求権の期間制限に関し，中間試案は賃貸借の場合（前述 4 (5)(iii)）と同様に，改正前民法 600 条に対する改正を提案した（中試 39.4）。すなわち，①契約の趣旨に反する使用・収益によって生じた貸主の損害賠償請求は目的物の返還を受けた時から 1 年以内に請求しなければならず，②この損害賠償請求権の消滅時効（その起算点は契約の趣旨に反する使用・収益時。改正前 166 ①）は貸主が目的物の返還を受けた時から 1 年間は完成しない，③**借主が支出した費用の償還請求権に関する特別の期間制限の部分を削除する**というものである。

　これに対し，要綱仮案は前記③借主の費用償還請求権の期間制限の部分を削除する中間試案の提案を削除し，改正前民法と同様の規律に戻したことが注目される（要仮 34.5）。これは，使用貸借終了後の貸主・借主間の紛争の早期解決に資するものと解される。**改正民法は，この提案を採用し，**「①契約の本旨に反する使用又は収益によって生じた**損害の賠償**及び借主が支出した**費用の償還**は，貸主が返還を受けた時から 1 年以内に請求しなければならない。／②前項の損害賠償の請求権については，貸主が返還を受けた時から 1 年を経過するまでの間は，時効は，完成しない」（民法 600 ＊）とした。これは賃貸借に関する貸主の損害賠償請求権および借主の費用償還請求権に関する期間制限の規律（民法 622 ＊による民法 600 ＊の準用。前述 4 (5)(iii)参照）と同様の取扱いである。

6　請負契約

(1)　**請負契約をめぐる改正論点**

　役務提供契約に関する雇用・請負・委任・寄託の 4 類型についての規定に先立ち，役務提供に関する総論規定およびこの 4 類型以外の役務提供契約の受け皿規定として，「**役務提供契約**」という新類型を置く提案があった[179]。しかし，これは中間試案でも要綱仮案でも採用されず，**民法改正には通じなかった。**

　役務提供型の契約に関しては，天災地変等の事情により，請負人が建築中の建物が倒壊した，労働者が勤務していた使用者の工場が操業不能になった場合，報酬請求できるかどうか等，規定の明確化が模索されている。その基準が請負と雇用で同じか違うかも，両契約の特色を考える重要な題材である。注文者と

---

179)　この提案については，松尾 2012a: 164-166 頁参照。

6 請負契約 283

請負人，使用者と労働者の利益をキメ細かに調整し，現代の実務に適合させることが求められている。

請負契約に関しては，改正前民法632条〜642条に対し，委員会方針および研究会案以降，①**請負の定義**について，(a)仕事の完成に加え，目的物の引渡しをも要するタイプの狭義のものに限定するか[180]，(b)仕事の完成を目的とするものであれば目的物の引渡しを要しない場合をも含む広義のもの（改正前民法と同様）とするか，②**注文者の「受領」**（履行として受け入れること）を報酬支払義務の要件とするか，③適法な下請負人の注文者に対する**報酬の直接請求権**を認めるか，④**仕事の目的物に瑕疵がある場合**の請負人の責任に関する規定に改正の余地がないか等が検討された。このうち，中間試案および要綱仮案は，①・②・③は取り上げなかった一方で，④を取り上げた。加えて，⑤**仕事未完成の場合における報酬等の請求**の可否，⑥**注文者が破産した場合**における請負人の解除権についても改正提案をした（図表Ⅴ-8参照）。

(2) **仕事が完成しなかった場合における報酬請求権等**

請負契約は，仕事の完成および必要な場合は目的物の引渡しを目的とし，それに対して報酬を支払うことを本質とするから（民法632・633），請負人の仕事が「完成」しなかった場合は[181]，その原因が天災地変等の自然災害による未完成物の滅失，注文者が契約解除した等[182]，請負人の帰責事由によらないときでも，報酬請求できない（成果完成型＝請負人のリスク負担）のが原則である。

しかし，中間試案は，仕事の進捗状況，仕事が完成しなかった原因への注文者の関与の程度等によっては，全く報酬請求できないのは「不合理」で，報酬の全部または一部の請求を認めるべき場合があるとする[183]。すなわち，①「既にした仕事の成果が可分であり，かつ，その給付を受けることについて注文者が利益を有するとき」（中試40.1(1)ア），または②「請負人が仕事を完成することができなくなったことが，請負人が仕事を完成するために必要な行為を注文者がしなかったことによるものであるとき」（中試40.1(1)イ）は，請負人は既にした仕事の報酬および報酬に含まれていない費用を請求できるとすることを提案した[184]。

---

180) 「役務提供契約」の類型を新設する提案は，(a)狭義の請負説を採用し，後述する広義の請負のうちで目的物の引渡しを要しないものを役務提供契約と捉える案を提示したものである（松尾2012a: 166-167頁参照）。

181) 例えば，①請負人が途中まで行った仕事の目的物が滅失・損傷した，③仕事の完成前の仕事の継続が不可能になった等の事情が考えられる。

182) 注文者は仕事完成前であれば任意に契約解除でき，その場合に請負人は，損害賠償請求はできるが（民法641），報酬支払請求はできない。

183) 中試40.1 概要・補足説明1参照。

284 V 債権各論(2) 契約各論部分の改正

図表 V-8 請負・雇用に関する改正点

項目	改正前民法	中間試案	改正民法
仕事の未完成と報酬請求権等	——	40.1	634 ＊
契約不適合と請負人の責任	634	40.2	634，635 削除
注文者の破産手続開始と解除	642	40.3	642 ＊
雇用の中途終了と報酬請求権	——	42.1	624 の 2 ＊
期間の定めある雇用の解除	626	42.2	626 ＊
期間の定めない雇用の解約	627	42.3	627 ＊

＊は改正があった条文を示す。

①は判例法理を明文化するものである[185]。仕事の成果が可分で，かつ注文者が利益を得ていれば，その部分は仕事の完成と観念することもでき，妥当と考えられる。

②の請負人の仕事完成不能が「請負人が仕事を完成するために必要な行為を注文者がしなかったことによるものであるとき」とは，請負人の仕事完成不能について注文者に「帰責事由」があるかどうかを問わず，**注文者の「支配領域」で生じた不能リスク**として，注文者に責任を負わせる趣旨である[186]。それは一種の危険負担規定ということができる。

中間試案はさらに，②とは別に，③請負人の仕事完成不能が「**契約の趣旨に照らして注文者の責めに帰すべき事由によるものであるとき**」は，請負人は「反対給付を請求することができる」（ただし，請負人が自己の債務を免れたことによって利益を得たときは，注文者に償還しなければならない）とした（中試 40.1 (3)）。これも②が危険負担ルールであることを裏付けるものといえる[187]。

提案②に対しては，注文者が仕事の目的物を保管している際に，第三者に盗まれたような場合はそれに当たるとしても，周辺一帯を巻き込むような大規模な火災によって目的物が滅失した等，およそ注文者の「コントロール」が及ばない場合も含めてよいか，そもそも注文者に「帰責事由」がない場合は請負人が報酬請求できなくともやむを得ない（それが請負）ではないかという伝統的見解も存在したことが留意される（中試 40.1 (注)）[188]。

---

184) 請負人の報酬請求権および費用償還請求権は，請負人の不履行を理由に注文者が契約を解除した場合でも可能とする（中試 40.1 (2)）。

185) ★最判昭和 56 年 2 月 17 日判時 996 号 61 頁等。

186) 例えば，注文者が供給した材料に瑕疵があった場合，注文者の肖像画を描く仕事を請け負ったが注文者が途中で死亡した場合，注文者が仕事の目的物を保管中に第三者の放火によって滅失した場合等が挙げられる（中試 40.1 補足説明 3 (1)・(2)参照）。

187) 中試 40.1 概要・補足説明 3。

188) 中試 40.1 補足説明 3。

これに対し，要綱仮案は，請負人が仕事の途中で「〔1〕**注文者の責めに帰することができない事由によって仕事を完成することができなくなった場合又は〔2〕仕事の完成前に請負が解除された場合において，既にした仕事の結果のうち，可分な部分の給付によって注文者が利益を受けるときは，その部分を仕事の完成とみなす。この場合において，請負人は，注文者が受ける利益の限度において，報酬を請求することができる**」と提案した（要仮35.1）。これは，①請負人の仕事完成不能について注文者に帰責事由がない場合の危険負担ルールであることを明確にするものの，②既にした仕事の成果が注文者の利益になっている可分な部分に限って注文者に報酬請求できるとするにとどまり，リスク分配ルールとしては中間試案より後退し，請負についての伝統的理解を再度前面に出しているとみられる。**改正民法は，この提案を採用し，若干の文言修正等をして条文化した**（民法634＊）[189]。

(3) 請負人の瑕疵担保責任から契約不適合責任へ

(i) 仕事の目的物の瑕疵から契約不適合へ　　仕事が完成したものの，仕事の目的物に「**瑕疵**」がある場合（改正前634〜640）につき，中間試案は「瑕疵」の代わりに「**仕事の目的物が契約の趣旨に適合しない場合**」（以下，契約不適合という）の用語を用いることを提案した（中試40.2）。ここで「**契約の趣旨**」とは，契約で「明示的に合意されていた内容」だけでなく，「その契約の性質，契約をした目的，契約締結に至る経緯その他の事情」に基づいて定まるものであり[190]，請負人はかかる契約の趣旨に適合した性能・品質・規格等の仕事を完成させる義務を負うとするものである。これは，請負目的物の「瑕疵」に対する請負人の担保責任を，契約不適合という債務不履行に対する責任とみることに通じ，仕事の未完成に対する債務不履行責任と完成した仕事の瑕疵に対する担保責任とを隔てる垣根が低くなり，融合する方向へと進むことが予想される。しかし，請負人の責任にはその帰責事由によらない法定責任の要素も含まれるとすると，帰責事由を要件とする債務不履行責任との関係が問われうる[191]。

中間試案は，修補請求権の限界を定めた改正前民法634条1項ただし書「ただし，瑕疵が重要でない場合において，その修補に過分の費用を要するとき」に代えて，「ただし，修補請求権について履行請求権の限界事由があるとき」

[189] 本文に引用した要仮35.1末尾の「利益の限度において，」は，「利益の割合に応じて」（民法634柱＊）と修正された。

[190] 中試40.2補足説明1。「契約の趣旨」に関しては，中試8.1(1)，35.4参照。

[191] もっとも，**改正民法**415条1項ただし書の帰責事由を，契約したことそれ自体に求める（したがって，明示または黙示の免責特約が存在する場合のみ免責される）ものとして解釈する方向（いわゆる契約絶対思想）に進むとすれば，債務不履行責任の範囲が広がり，実質的に法定責任との距離が縮まる可能性もある。

286   V   債権各論⑵   契約各論部分の改正

という規定も提案した。履行請求権の限界事由は，中間試案が債権総論規定において定義しているが，それは物理的不能のほか，経済的不能（履行によって得られる利益に比して履行に要する費用が社会通念上著しく過大であり，社会通念上履行することができないと考えられる場合）を含むものである（中試 9.2）[192]。これを改正前民法 634 条 1 項ただし書と置き換えることは，たとえ瑕疵が重要であっても，経済的不能と認められるほど修補に過分の費用を要する場合は，それ自体を独立の修補請求権の限界事由（拒絶事由）と認め，改正前民法を変更することを意味する。

　さらに，要綱仮案は，改正前民法 634 条 1 項に代え，「仕事の目的物が種類又は品質に関して契約の内容に適合しないものであるとき」は，注文者は請負人に相当期間を定めて目的物の修補請求ができる旨の規定に変更した（要仮 35.2⑴）。それは瑕疵概念に代えて契約不適合概念を用いているが，中間試案における**契約の性質・目的・契約の締結に至る経緯・その他の事情を考慮した**「**契約の趣旨**」から，**目的物の種類・品質に関する**「**契約の内容**」へと，契約への適合性の判断基準として，当該契約の内容がよりストレートに重視され，契約責任の色彩を一層強めたものとみられる[193]。

　改正民法は，この提案を実質的に取り込み，**契約不適合に対する請負人の責任の要件・効果として，追完**（修補・代物）**請求権，代金減額請求権，損害賠償請求権・契約解除権を定める売主の契約不適合責任の規定**（民法 562＊〜564＊）**を，有償契約に準用すること**（民法 559）**を通じて，適用する方法を採用した。**その結果，**改正前民法 634 条**（修補請求権，損害賠償請求権）は**削除**された[194]。

　（ⅱ）　**注文者の解除権**　　改正前民法 635 条は，仕事の目的物に瑕疵があるために契約目的が達成できないときは，注文者は契約を解除できるが（本文），「建物その他土地の工作物については，この限りでない」（ただし書）とした。これに対し，中間試案は，①改正前民法 635 条本文は契約解除に関する一般規定でカバーできる一方（中試 11.1），②同条ただし書は「合理的な規律でない」

192）中試 40.2⑴補足説明 2。
193）なお，修補に過分の費用を要する場合に修補請求を否定する改正前民法 634 条 1 項ただし書に相当する規定は含まれていない。履行不能の一般論またはその解釈論に委ねる趣旨と解される。
194）請負人の担保責任を定めた改正前民法 634 条の削除（および改正前 635 も削除。後述(ⅱ)）により，請負人の契約不適合責任の定義・要件・効果を定めた規定は，改正前民法 634 条に置くことができなくなった。そこで，請負人の担保責任を制限する**改正民法 636 条**で，「請負人が**種類又は品質に関して契約の内容に適合しない仕事の目的物**を注文者に引き渡したとき（その引渡し要しない場合にあっては，仕事が終了した時に仕事の目的物が種類又は品質に関して契約の内容に適合しないとき）は，注文者は，注文者の供した材料の性質又は注文者の与えた指図によって生じた不適合を理由として，**履行の追完の請求，報酬の減額の請求，損害賠償の請求及び契約の解除**をすることができない。ただし，請負人がその材料又は指図が不適当であることを知りながら告げなかったときは，この限りでない」という形で，請負人の契約不適合責任の定義（要件・効果）が初めて現れることになった。

とし，同条全体の削除を提案した（中試40.2(2)）。もっとも，②については，請負人が建築した建物に重大な瑕疵があって建て替えるほかない場合に，建替費用相当額の損害賠償請求を認めても改正前民法635条ただし書の趣旨に反しないとした判例が参照され[195]，「瑕疵が重大で建て替えるほかない場合を除き」，解除することができないという代案も検討された。

しかし，「建て替えるほかない場合」に至らないときでも，契約目的が達成できないほどの重大な瑕疵ないし契約不適合のある土地工作物について，契約解除を認めないことは，注文者にその利用方法を何とか見出すように過大な負担を強いる結果にもなりかねない[196]。このことは，改正前民法635条ただし書の趣旨，すなわち，——①土地工作物について原状回復しなければならないとした場合の請負人の負担の大きさ，および②社会経済的な損失の回避——を考慮に入れても，なお注文者に重過ぎる負担といえる。したがって，注文者と請負人の利益衡量，民法制定当時からの経済事情の変化，建築技術の進歩等に鑑み，改正前民法635条はただし書も削除することが妥当であろう。

要綱仮案も，改正前民法635条（本文およびただし書）の削除を提案した（要仮35.2(2)）。

改正民法も，これらの提案を採用し，改正前民法635条を削除した。

(iii) **請負人の担保責任の存続期間**　請負人の担保責任（瑕疵修補，損害賠償，契約解除）の存続期間は「仕事の目的物を引き渡した時」（引渡しを要しない場合は「仕事が終了した日」）から1年以内とされている（改正前民法637）。これに対し，中間試案は，2通りの改正方法を提案した（中試40.2(3)）。

【甲案】　民法637条を削除し，消滅時効の一般原則に委ねる。

【乙案】　消滅時効の一般原則に加え，仕事の目的物が契約の趣旨に適合しないことを注文者が知ったときから［1年以内］にその適合しないことを請負人に通知しないときは，注文者は，請負人に対し，その適合しないことに基づく権利を行使することができないものとする。ただし，請負人が，引渡しの時に，仕事の目的物が契約の趣旨に適合しないことを知り，または重大な過失によって知らなかったときは，この限りでないものとする。

【甲案】は，請負人の契約不適合責任を債務不履行責任と解する立場と整合的である一方，【乙案】は，請負人の責任に固有の期間制限を課す改正前民法を維持するものであり[197]，請負人の責任が法定責任を含むと理解する余地を

---

195)　★最判平成14年9月24日判タ1106号85頁。
196)　中試40.2(2)概要・補足説明。

残している。

　加えて，【乙案】は，①［1年間］の起算点を目的物の引渡時（または引渡しを要しないときは仕事の終了時）ではなく，**注文者が契約不適合を「知ったとき」からとしており**，注文者が契約不適合を知らないまま制限期間が経過する不利益から救済しようとしている。また，②制限期間内に注文者がすべき行為の内容として，修補請求等の権利の行使ではなく，**契約不適合についての「通知」**で足りるとし，この点でも注文者の救済を図りやすくしている[198]。

　もっとも，請負人の責任が法定責任を含むと解する立場からは，［1］目的物の引渡後（引渡しを要しない場合は仕事の終了後）から一定期間経過すれば責任を免れることへの請負人の期待保護，［2］瑕疵の有無や原因をめぐる当事者間の紛争の早期解決および紛糾の回避という観点から，【乙案】の①起算点に対し，改正前民法を維持すべきであるという提案もあった（中試40.2(3)(注)）。土地工作物の請負の瑕疵については長期の責任期間の特則（改正前638）もあることに鑑みれば[199]，起算点に関する改正前民法維持説も考慮に値する。これに対し，【甲案】および【乙案】①（制限期間の起算点を注文者が契約不適合を知ったときとする）によれば，土地工作物の請負の瑕疵に関する責任期間の特則（改正前638）は不要となり，削除が提案された（中試40.2(3)）。

　要綱仮案は，契約不適合概念の修正（前述(i)）以外は，中間試案【乙案】を採用した（要仮35.2(3)，(4)）。

　改正民法は，この提案を採用した。すなわち，①**改正民法636条本文**〔請負人が**種類又は品質に関して契約の内容に適合しない仕事の目的物を注文者に引き渡したとき**（その引渡し要しない場合にあっては，仕事が終了した時に仕事の目的物が種類又は品質に関して契約の内容に適合しないとき）〕に規定する場合において，**注文者がその不適合を知った時から1年以内にその旨を請負人に通知しないときは，**注文者は，その不適合を理由として，履行の追完の請求，報酬の減額の請求，損害賠償の請求及び契約の解除をすることができない（民法637①＊）。②①の規定は，仕事の目的物を注文者に引き渡した時（その引渡しを要しない場合にあっては，仕事が終了した時）において，**請負人が同項の不適合を知り，又は重大な過失によって知らなかったときは，**適用しない（民法637②＊）。

197）中試40.2(3)概要・補定説明3。
198）これは，買主が売主の担保責任の存続期間内にすべき行為として，損害賠償請求をする旨および損害額の根拠を示す必要があるとした判例（★最判平成4年10月20日民集46巻7号1129頁）の立場とは異なる規定を提案するものである（中試40.2(3)補定説明3参照）。
199）中試40.2(4)補定説明1末尾参照。

また，この改正により，注文者が契約不適合を知ったにもかかわらず1年経っても請負人に通知しなかったときは責任追及できないとされた結果，**土地工作物の請負人の責任期間の特則**（改正前638）は不要となり，それを前提とする**責任期間の伸長の規定**（改正前639）も存在意義がなくなり，**併せて削除された**。

(iv)　**請負人の責任の免責特約**　改正前民法640条によれば，請負人が注文者と瑕疵担保責任の免責特約をした場合において，請負人が瑕疵について知りながら（悪意）告げなかった事実については免責されないとされるから，知っていても（悪意）注文者に告げていれば免責特約はなお有効である。これに対し，中間試案は，契約不適合について請負人が悪意のときは，たとえこれを注文者に告げたとしても，免責特約の効力を主張できず，責任を免れないとした（中試40.2(5)）。その理由として，単に契約不適合の存在を告げるだけで免責が認められるのは，請負人が「完成義務を負っていることと整合しない」というものである[200]。

しかし，瑕疵ないし契約不適合を知った請負人が，免責特約の効力を維持する方途を全く遮断されてしまってよいかという問題は残る。請負人から瑕疵の存在を告げられた注文者がそれを承認したと解されるときは，免責特約の効力を維持しうると考えられる。要綱仮案は，改正前民法640条に関する中間試案の前記改正提案を採用しなかった。

改正民法は，この要綱仮案の立場に与した。もっとも，売買における免責特約の効力に関する規定（民法572＊）がすでに同旨のことを定めており，これは有償契約に準用されるから（民法559），改めて規定する必要はないとして，**改正前民法640条も削除された**。

(4)　**注文者の破産と請負人の解除権**

注文者について破産手続が開始した場合，注文者の破産管財人のほか，請負人も契約解除権を与えられている（改正前642）。解除により，請負人は仕事完成の先履行をしなければならないことから生じうる損害（注文者の報酬不払）を回避できる。しかし，請負人は仕事完成後には最早解除しても損害を回避できない。そこで，中間試案は「請負人が仕事を完成しない間は」請負人は契約解除できるとする旨を提案した（中試40.3）。

要綱仮案も，民法642条1項前段につき，注文者の破産管財人は契約解除できる一方，注文者は「仕事を完成しない間に限り」契約解除できるとした（要

---

200) 中試 40.2(5)補足説明。

290　　V　債権各論⑵　契約各論部分の改正

仮 35.3）[201]。

　改正民法も，この提案を採用し，「ただし，請負人による契約の解除については，仕事を完成した後は，この限りでない」（民法 642 ①但＊）との規定を追加した。

⑸　下請負人の注文者に対する直接報酬請求権

　適法な下請負が行われた場合において，下請負人が注文者に書面をもって報酬支払の直接請求をしたときは，注文者はその請求額の限度で，その後に元請負人に支払ったことをもって対抗できない旨の提案は[202]，中間試案および要綱仮案では採用されなかった。**改正民法も，規定を設けなかった。**

7　雇用契約

⑴　雇用契約をめぐる改正論点

　中間試案は，①労務の履行が中途で終了した場合の報酬請求権，②期間の定めのある雇用の解除（改正前 626），③期間の定めのない雇用の解約申入れ（改正前 627）に関する改正を提案した（図表V-8 参照）。

⑵　労務が履行できなくなった場合の報酬請求権

　労働者は約束した労働の終了後に報酬請求することができ，期間によって定めた報酬はその期間経過後に請求することができる（民法 624 ①・②）。こうして労働者には先履行義務があるが，その**履行が中途で終了した場合**の報酬請求権の有無や範囲を明確にした規定はない。ちなみに，請負契約では原則として仕事完成（および必要な場合は目的物引渡し）前は報酬支払請求できず，改正前民法およびその伝統的解釈によれば，その時点の履行不能は，原則として請負人負担であった（成果完成型。前述 6⑵）[203]。これに対し，雇用契約ではそもそも履行割合に応じて報酬が支払われるのが原則である（履行割合型）[204]。そこで，中間試案は，①労働者が労務を中途で履行できなくなった場合は「**既にした履行の割合に応じて報酬を請求することができる**」とした（中試 42.1⑴）。他方，②労働者が労務を履行できなくなったことが**使用者の帰責事由によるとき**は「労働者は，反対給付を請求することができる」が，労働者が自己の債務を免

201）なお，破産法 53 条，54 条参照。

202）委員会方針【3.2.9.10】，中整 48.8。

203）ただし，この場合でも，注文者が受ける利益の割合に応じた報酬請求が認められる場合を定めた（民法 634 ＊）。

204）中試 42.1 補足説明 2 参照。これら報酬支払の 2 方式（成果完成型と履行割合型）につき，松尾 2012a: 165 頁参照。

れたことによって利益を得たときは使用者に償還しなければならないとした（中試 42.1(2)）。①は委任に関する改正前民法 648 条 3 項を参照し[205]，報酬請求権があることの明文化を提案したものである[206]。これに対し，②は改正前民法 536 条 2 項を雇用に関して維持しつつも，労働者が実際に労務を履行しなければ報酬請求権は具体的に発生しないとの原則（ノーワーク・ノーペイ）も加味し，「債務者は，反対給付を受ける権利を失わない」（改正前 536 ②）ではなく，「労働者は，反対給付を請求することができる」とし，報酬請求権の発生を法定する意味をもつ[207]。

　これに対し，要綱仮案は前記①についてのみ「**使用者の責めに帰することができない事由によって労働に従事することができなくなったとき又は雇用が履行の中途で終了したときは，労働者は，既にした履行の割合に応じて報酬を請求することができる**」と提案した（要仮 37.1）。この規定は危険負担に関する法定ルールの 1 つということができる。

　改正民法は，要綱仮案の提案を採用し，条項の配置を整理した。すなわち，**労働者は，**次に掲げる場合には，**既にした履行の割合に応じて報酬を請求する**ことができる。／ [1] **使用者の責めに帰することができない事由**によって労働に従事することができなくなったとき。／ [2] **雇用が履行の中途で終了したとき**（民法 624 の 2 ＊）。それは委任に関する規定（民法 648 ③＊）と同じ構成をとった。

(3)　期間の定めのある雇用の解除

　期間の定めのある雇用契約の解除（改正前 626）につき，中間試案は①「期間の定めのある雇用において，5 年を超える期間を定めたときは，当事者の一方は，5 年を経過した後，いつでも契約を解除することができる」（中試 42.2(1)）とし，②契約解除するときは「2 週間前にその予告をしなければならない」（中試 42.2(2)）と提案した。①は改正前民法 626 条 1 項の文言を修正し，②は解除の予告期間を 3 か月から 2 週間に短縮したものである（図表Ｖ-9 参照）。

　これに対し，要綱仮案は，①「雇用の期間が 5 年を超え，**又はその終期が不確定であるとき**は，当事者の一方は，5 年を経過した後，いつでも契約を解除することができる」（要仮 37.2(1)）とし，改正前民法に一部近い文言（強調部分）

205）なお，**改正民法** 648 条 3 項は，本文①・②を採用した**改正民法** 624 条の 2 と平仄を取り，同趣旨の規定となった。

206）中試 42.1 概要・補足説明 1・2。

207）中試 42.2 概要・補足説明 3。なお，★大判大正 4 年 7 月 31 日民録 21 輯 356 頁，★最判昭和 62 年 7 月 17 日民集 41 巻 5 号 1350 頁参照。

図表 V-9　雇用契約の解除または解約申入れによる終了に関する規律

項目	改正前民法	中間試案	改正民法
期間の定めある雇用	626	42.2	626 ＊
使用者による解除	3 か月前	2 週間前	3 か月前
労働者による解除	3 か月前	2 週間前	2 週間前
期間の定めない雇用	627	42.3	627 ＊
使用者による解約	30 日前（労基法 20） 前期前半 /3 か月前 *1	30 日前（労基法 20）	30 日前（労基法 20） 前期前半 /3 か月前 *1
労働者による解約	前期前半 /3 か月前	2 週間（民法 627 ①）	2 週間（民法 627 ①）

*1: 6 か月以上の期間によって報酬を定めた場合
＊は改正があった条文を示す。

に戻すとともに，②①によって契約の解除をしようとするときは「**使用者は 3 箇月前に，労働者は 2 週間前にその予告をしなければならない**」（要仮 37.2⑵）とし，労働者による解除の場合のみ予告期間を 2 週間に短縮した。

　改正民法は，この要綱仮案の提案を採用した（民法 626 ＊。図表 V -9 参照）。

⑷　期間の定めのない雇用の解約申入れ

　期間の定めのない雇用契約の解約申入れに関する改正前民法 627 条によれば，各当事者は何時でも解約申入れができ，2 週間の経過によって契約が終了する。期間によって報酬を定めた場合，解約申入れは当期の前半に次期以後について行うことができる。6 か月以上の期間によって報酬を定めたときは 3 か月前に解約申入れすればよい[208]。これに対し，中間試案は，改正前民法 627 条 2 項・3 項の削除を提案した。これにより，①使用者による解雇の予告期間はもっぱら労働基準法 20 条により，30 日前の解雇予告または解雇予告手当の支払をしなければならない一方，②労働者からの解約予告期間（辞職申入期間）が 3 か月となるのは長過ぎて不当であるとし，改正前民法 627 条 1 項によって一律 2 週間とした（中試 42.3。図表 V -9 参照）[209]。

　これに対し，要綱仮案は，民法 627 条 2 項・3 項を「**使用者からの解約の申入れ**」に限定する文言を付加して維持することを提案した（要仮 37.3）。これらの規定を労働基準法 20 条と抵触しない範囲で適用する趣旨であると解される。**改正民法は，この要綱仮案の提案を採用した**（民法 627 ＊。図表 V -9 参照）。

208）ただし，使用者による解約申入れについては，労働基準法 20 条（30 日前の解雇予告または解雇予告手当の支払）により，改正前民法 627 条 2 項・3 項の適用が事実上排除され，死文化しているとの解釈もある（中試 42.3 補足説明）。

209）なお，労働基準法の適用がない雇用契約の解約申入期間は，使用者・労働者による解約の何れについても 2 週間である（改正前 627 ①による）。

8 委任契約

(1) 改正の論点

役務提供型契約のうち，請負契約では請負人が仕事の完成という結果を達成する義務（**結果債務**）を負い，それゆえ特約や法律で特に禁止がなければ下請も可能で，その限りで自己執行義務は緩和される。一方，雇用契約は労働者が使用者の指揮・命令に服して労働に従事する（**従属労働性**）という行為自体が義務（**行為債務**）の中心であり，それゆえ特約等で認められない限り，自己執行義務がある。これに対し，委任は，受任者が善良な管理者としての注意義務を尽くして行為すること自体が主眼で（行為債務），それに必要な範囲で自己執行義務を負うが，専門的な知識・技術等を用いて法律行為，その他の事務処理を行うために必要な裁量権ももつ（**独立労働性**）。また，委任も一定の成果の達成を目的とする場合は結果債務的な要素を含み，さらに，委任事務処理自体が行為債務性と結果債務性の融合したものとみる余地もある。こうして委任には請負的要素と雇用的要素の双方が絡み合うという特色がある。

委任契約（民法 643 〜 656）に関し，中間試案は，①受任者の自己執行義務，②金銭消費の責任，③受任者が受けた損害の賠償義務，④報酬に関する規律，⑤委任の終了に関する規律，⑥準委任について改正提案を示した。要綱仮案は，このうち①・④・⑤（委任者の任意解除権）について改正提案をした（図表 V–10 参照）。

(2) 受任者の自己執行義務

受任者が委任事務を復受任者に復委任できるかを定めた明文規定はないが，任意代理人による復代理人の選任権（民法 104），選任・監督に関する責任（改正前 105），復代理人と本人の法律関係（改正前 107）に関する規定を類推適用し，これを認めてきた。しかし，代理は代理人・復代理人とその相手方との法律行為の効果が本人に帰属するか否かの問題——**外部関係**——に関するのに対し，委任は受任者・復受任者と本人との権利・義務関係に関する問題——**内部関係**——に関する。そこで，中間試案は委任に固有の規定として，①民法 104 条に照らし，「受任者は，委任者の許諾を得たとき，又はやむを得ない事由があるときでなければ，復受任者を選任することができない」とし，その内部効果につき，②民法 107 条 2 項に照らし，「代理権の授与を伴う復委任において，復受任者は，委任者に対し，その権限の範囲内において，受任者と同一の権利を有し，義務を負う」という規定の新設を提案した（中試 41.1 (1)・(2)）[210]。

294 V 債権各論(2) 契約各論部分の改正

図表 V-10 委任に関する改正点

項目	改正前民法	中間試案	改正民法
①受任者の自己執行義務	104	41.1	104
②委任者の金銭消費の責任	647	41.2	──
③受任者が受けた損害の賠償義務	650 ③	41.3	──
④報酬に関する規律	648	41.4	648＊，648 の 2＊
⑤委任の終了に関する規定	651	41.5	651＊
⑥準委任	656	41.6	656

＊は改正があった条文を示す。

①の規定を設ける場合，民法 104 条は復代理人が相手方とした法律行為の効果が本人に帰属するための外部関係に関する規定として存続することになる。なお，本人の許諾が得られない場合は「やむを得ない事由」がなければ復受任者を選任できないとすると，とくに分業化が進んだ現代社会では，受任者が委任事務処理を全うするのに狭すぎるとの立場からは，委任の趣旨を活かすためにも，「復受任者を選任することが契約の趣旨に照らして相当であると認められるとき」に復受任者を選任できるとする旨の代替案が提示された（中試 41.1（注））。その場合は，民法 104 条もそれに合わせて改正することになる[211]。

②は，改正前民法 107 条 2 項の規定のうち，任意代理人が選任した復代理人と本人との内部関係に関する部分を委任に移動させることを意味する。それを根拠に，復受任者もまた委任者に対し，善管注意義務を負う一方で，費用償還請求（民法 650），報酬請求権（民法 648）をもつことになる。なお，改正前民法 107 条 2 項は，復代理人は第三者および法定代理人の本人に対し，代理人と同一の権利を有し，義務を負う旨の規定に改正すべきものとなる[212]。

要綱仮案は，中間試案を承継し，①「受任者は，委任者の許諾を得たとき，又はやむを得ない事由があるときでなければ，復受任者を選任することができない」，②「代理権を付与する委任において，受任者が代理権を有する復受任者を選任したときは，復受任者は，委任者に対して，**その権限の範囲内において**，受任者と同一の権利を有し，義務を負う」との規定の新設を提案した（要仮 36.1）。**改正民法は，この提案を採用した**（民法 644 の 2＊）。

(3) 報酬に関する規律

中間試案は，委任の無償性の原則を見直し，民法 648 条 1 項の削除を提案し

───────────────
210) 中試 41.1 概要・補足説明 1 ～ 2。
211) 中試 41.1 概要・補足説明 3。
212) 中試 41.1 概要・補足説明 4。

た。無償性の原則は，医師・弁護士等の「高級な労務」の提供は対価を取得するのに馴染まないというローマ法以来の沿革に由来するが，今日の取引実態には適合しないという判断によるものである。もっとも，この提案でも，受任者が委任者に報酬請求をするために，報酬の支払合意および報酬額の合意（または相当額）について受任者が主張・立証責任を負う点は，民法648条1項に変更はない[213]。

　なお，報酬の支払時期（原則として委任事務履行後。民法648②）に関し，「委任事務を処理したことによる成果に対して報酬を支払うことを定めた場合には，目的物の引渡しを要するときは引渡しと同時に，引渡しを要しないときは成果が完成した後に，これを請求することができる」という若干の改正も提案した。これは請負的要素を含む有償委任の場合に，請負に関する規律（民法633）を取り込むものであると解される[214]。

　問題は，委任事務の全部または一部を処理することができなくなった場合の報酬請求権の有無である。改正前民法は，委任が受任者の帰責事由によらずに履行の「中途」で終了したときは，受任者は既履行部分の割合に応じて報酬請求権をもつとする（改正前648③）。

　これに対し，中間試案は，委任の終了が受任者の帰責事由によるか否かを問わず，つぎの規律を提案する。すなわち，①受任者が委任事務の「一部」を処理できなくなったときは[215]，受任者は既履行割合に応じて報酬請求できる。ただし，委任事務処理の「成果」に対して報酬を支払うと定めた場合は，[1]既履行の委任事務処理の成果が可分，かつ当該給付を受けることに委任者が利益を有するとき，または[2]受任者の委任事務処理の一部不能が受任者の成果完成に必要な行為を委任者がしなかったことによるときに報酬請求できる（中試41.4(3)ア）。他方，②受任者が委任事務の「全部又は一部」を処理できなくなったことが，契約の趣旨に照らして委任者の帰責事由によるときは，受任者は反対給付請求できる。ただし，受任者は自己の債務を免れたことによって利益を得たときは委任者に償還しなければならない（中試41.4(3)イ）[216]。

---

213) 中試41.4(1)概要・補足説明。報酬額に関する「特約」（民法648①）がない場合でも，委任者の受任者に対する相当の報酬額の支払義務を認めた判例もある（弁護士の報酬に関し，★最判昭和37年2月1日民集16巻2号157頁）。

214) 中試41.4(2)概要・補足説明2。

215) ここでは「既履行部分」の報酬請求が問題であるから，少なくとも一部が履行されていなければ，つまり，全く履行できなかった場合は，規定の適用の余地がないからである（中試41.4(3)補足説明3）。この点は，改正前民法648条3項も同様と解される。受任者の帰責事由によらない全部不能の場合，改正前民法536条1項により，受任者は報酬請求権をもたない（**改正民法536条1項**によれば，委任者は報酬支払を拒むことができる）ものと解される。

296　　V　債権各論(2)　契約各論部分の改正

受任者の帰責事由によるか否かを問わないとする点は，中間試案が危険負担ルールを廃棄する方針の帰結であるように思われる（中試12.1）。しかし，この問題の実質が契約当事者双方の帰責事由によらない履行不能のリスク分配に関わることは明らかである。

要綱仮案は，①委任の無償性の原則（民法648①）は維持する一方，②成果に対して報酬支払の特約がある場合の支払時期に関し，改正前民法648条2項に加え，「**委任事務の処理により得られた成果に対して報酬を支払うことを約したときは，報酬は，その成果の引渡しと同時に，支払わなければならない。**ただし，その成果が引渡しを要しないときは，民法第648条第2項本文の規定を準用する」との追加規定を提案した（要仮36.2(1)）。

さらに，③受任者が委任事務を処理できなくなった場合等につき，[1]「**委任者の責めに帰することができない事由によって委任事務を処理することができなくなったとき又は委任が履行の中途で終了したときは，受任者は，既にした履行の割合に応じて報酬を請求することができる**」（下線は引用者による）とした。ここで「委任者の責めに帰することができない事由によって」とは，〈1〉委任者・受任者双方の帰責事由によらない場合と，〈2〉受任者の帰責事由による場合とを含むことになる。〈1〉の場合，本規定は危険負担ルール（受任者に帰責事由がなくとも既履行部分の割合を超える報酬請求ができない点で，債務者主義の原則）を意味する。これに対し，〈2〉の場合，本規定は既履行部分の割合に従って報酬請求を認めるものとして，既履行の委任事務処理を請負的に，または行為債務性と結果債務性の融合したものとして捉えるルールを意味するものと解される。このうち，①に関しては，改正前民法648条3項を維持し，受任者の帰責事由によらない場合（危険負担の問題）であることを明らかにした（要仮36.2(2)ア）。

これに加え，[2] 委任事務の処理によって得られた**成果に対して報酬を支払うことを約した場合**で，「**委任者の責めに帰することができない事由によって成果を得ることができなくなったとき又は成果を得る前に委任が終了したとき**」は，既履行の委任事務処理による結果のうち，可分な部分の給付によって委任者が利益を受けるときに限り，その部分を得られた成果とみなす。この場合，受任者は委任者が受ける利益の限度において報酬請求することができる旨の規定を提案した（要仮36.2(3)イ）[217]。これは，委任事務処理の成果に対する

216）もっとも，②は改正前民法536条2項の適用の帰結を示すものであり，規定を設けなくともよいとの見解もある（中試41.4(3)(注)）。

217）これは，請負契約のルール（民法634＊）と平仄を合わせたものとみることができる。

報酬支払約束という請負的要素がある場合における危険負担ルールの特則であると解される。これら③［1］・［2］は，要綱仮案が改正前法の帰責事由主義およびその帰結としての危険負担ルールを維持していることを示していると考えられる。

改正民法は，これら要綱仮案の提案①・②・③［1］［2］を採用した。①は改正前 648 条 1 項を維持するものである。③［1］は「受任者は，次に掲げる場合には，既にした履行の割合に応じて報酬を請求することができる。／［1］委任者の責めに帰することができない事由によって委任事務の履行をすることができなくなったとき。／［2］委任が履行の中途で終了したとき」（民法 648 ③＊）と条文化され，請負におけると同様の構成（民法 634 ＊）をとった。また，②・③［2］は，成果に対して報酬を支払うことを約した場合であり，「委任事務の履行により得られる成果に対して報酬を支払うことを約した場合において，その成果が引渡しを要するときは，報酬は，その成果の引渡しと同時に，支払わなければならない」（民法 648 の 2 ①＊）とし，**改正民法** 634 条の規定は，「委任事務の履行により得られる成果に対して報酬を支払うことを約した場合について準用する」（民法 648 の 2 ②＊）とした。これらの規定は，**遺言執行者の報酬**に関して準用される（民法 1018 ②＊）。

(4)　委任の終了に関する規定

(i)　委任契約の任意解除権　　委任は各当事者がいつでも解除でき，「相手方に不利な時期」に解除したときは損害賠償しなければならないが，「やむを得ない事由」があったときは損害賠償義務を負わない（改正前 651）。中間試案はこの規律を維持したうえで，「委任が受任者の利益をも目的とするものである場合（その利益が専ら報酬を得ることによるものである場合を除く。）において，委任者が同条〔改正前 651〕第 1 項による委任の解除をしたときは，委任者は，受任者の損害を賠償しなければならないものとする。ただし，やむを得ない事由があったときはこの限りでないものとする」という追加規定を提案した（中試 41.5 ⑴）。これは，改正前民法 651 条に関する判例を明文化したものである。すなわち，①委任契約が「受任者の利益をも目的とする」場合 [218]――委任が有償であるというだけでは「受任者の利益をも目的とする」とはいえない（★最判昭和 58 年 9 月 20 日集民 139 号 549 頁）――は，委任者は原則として解除できないが（★大判大正 9 年 4 月 24 日民録 26 輯 562 頁），②委任者が解除権を放棄したと

218）例えば，債権者（受任者）が債務者（委任者）からその第三者に対する債権の回収を受任し，回収金額を債権の弁済に充てて債権回収を確実にする利益を得る場合等である（中試 41.5 ⑴補足説明 1）。

298   V 債権各論(2) 契約各論部分の改正

は解されない事情がある場合は委任を解除できる一方，受任者は委任者に損害
賠償請求できる（★最判昭和56年1月19日民集35巻1号1頁）。ただし，③受任者
の利益をも目的とする委任であっても，やむを得ない事情がある場合は損害賠
償せずに解除できる（★最判昭和56年1月19日民集35巻1号1頁）[219]。

　要綱仮案は，中間試案の提案を承継し，「民法第651条第1項の規定による
委任の解除が次のいずれかに該当するときは，その解除をした者は，相手方の
損害を賠償しなければならない。ただし，やむを得ない事由があったときは，
この限りでない。／[1]当事者の一方が相手方に不利な時期に委任を解除し
たとき。／[2]**委任者が受任者の利益（専ら報酬を得ることによるものを除く。）を
も目的とする委任を解除したとき**」と提案した（要仮36.3）。

　改正民法は，この提案を採用した（民法651②*）。

　(ii) **破産手続開始による委任の終了**　　中間試案は，委任の当然終了事由
（民法653）のうち，委任者または受任者の破産手続開始決定（民法653[2]）を改
め，①有償委任の委任者が破産手続開始決定を受けたときは，受任者または破
産管財人は委任を解除できる（この場合，受任者は既履行割合に応じた報酬について破
産財団の配当に加入できる），②受任者が破産手続開始決定を受けたときは，委任
者または有償委任における破産管財人は委任を解除できる，③①・②の場合，
契約解除によって生じた損害の賠償は，破産管財人が契約解除した場合におけ
る相手方に限り，請求できる（この場合，相手方は損害賠償について破産財団の配当に
加入する）と提案した（中試41.5(2)）。

　しかし，要綱仮案はこの提案を取り入れず[220]，**改正民法も中間試案の提案
は採用しなかった。**

　(5) **その他**

　中間試案は，委任者の金銭消費の責任[221]，受任者が受けた損害に対する委
任者の賠償義務[222]，準委任[223]についても改正提案をした。しかし，要綱仮
案はこれらの提案を取り入れず，**改正民法も中間試案の提案を採用しなかった。**

---

219) 中試41.5(1)概要・補足説明。
220) 要仮36.3参照。
221) 中試41.2概要参照。
222) 中試41.3概要・補足説明参照。
223) 中試41.6概要・補足説明参照。

9 寄託契約

(1) 改正の論点

寄託契約は委任契約の特殊形態としての面をもつ。寄託契約（改正前657～666）に関する改正点として，中間試案は，①寄託契約の要物契約性，②受寄者の自己執行義務，③保管に関する受寄者の注意義務，④受寄物に対して第三者が権利主張してきた場合，⑤受寄者が損害を受けた場合の寄託者の損害賠償責任，⑥報酬に関する規律，⑦寄託物の損傷または一部滅失の場合の責任，⑧寄託者による返還請求，⑨寄託者が破産した場合，⑩混合寄託，⑪消費寄託を取り上げた（図表Ⅴ-11参照）。このうち，要綱仮案は，①，②，④，⑦，⑧，⑩，⑪について改正提案をし，**改正民法**へと通じた。

(2) 寄託契約の諾成契約化

寄託契約は，当事者の一方が相手方のために保管を約束して「ある物を受け取ることによって」成立する（改正前657。要物契約）。これに対し，中間試案は，諾成契約の原則を採用し，「寄託は，当事者の一方が相手方のためにある物を保管することとともに，保管した物を相手方に返還することを約し，相手方がこれを承諾することによって，その効力を生ずる」と提案した（中試43.1(1)ア）。これは，(i)寄託の定義に受寄者の返還約束を加えるとともに，(ii)**寄託を諾成契約とする**ものである。もっとも，①**有償寄託の場合**は，寄託者は受寄者が寄託物を受け取るまでは契約解除ができ，それによって受寄者に損害が生じたときは，寄託者は賠償義務を負う（中試43.1(1)イ）。②**無償寄託の場合**は，受寄者が寄託物を受け取るまでは両当事者が契約解除できる。ただし，書面による無償寄託の受寄者は，寄託物の受取前でも契約解除できない（中試43.1(1)ウ）とし，諾成契約とした場合の拘束力を緩和する。また，③**有償寄託**または**書面による無償寄託**の受寄者は，寄託物の受取時期が経過しても寄託者が寄託物を引き渡さない場合，相当期間を定めて催告しても期間内に引渡しがないときは，契約解除できる（中試43.1(1)エ。受寄者が不当に契約に拘束され続けることを防ぐ趣旨）[224]。さらに，④有償寄託の寄託物受取前に**寄託者が破産手続開始の決定を受けたときは**，受寄者または破産管財人は契約解除できる。解除によって生じた損害の賠償は，破産管財人が契約解除した場合の受寄者に限って請求でき，破産財団の配当に加入する（中試43.1(2)）[225]。

---

224) もっとも，③は不要との見解もある（中試43.1(1)（注））。
225) 中試43.1(2)同概要・補足説明参照。

300   V 債権各論(2)　契約各論部分の改正

図表 V-11　寄託に関する改正点

項目	改正前民法	中間試案	改正民法
①寄託契約の成立等	657	43.1	657＊, 657の2＊
②受寄者の自己執行義務	658	43.2	658＊
③受寄者の保管に関する注意義務	659	43.3	659
④第三者の権利主張	660	43.4	660＊
⑤寄託者の損害賠償責任	661	43.5	661
⑥報酬に関する規律	665	43.6	――
⑦寄託物の損傷／一部滅失	――	43.7	664の2＊
⑧寄託者による返還請求	662	43.8	662
⑨寄託者の破産	――	43.9	
⑩混合寄託	――	43.10	665の2＊
⑪消費寄託	666	43.11	666＊

＊は改正があった条文を示す。

　寄託の諾成契約化は，倉庫契約等に典型的に見出される現在の取引実態に適合させ，規律の現代化を図るものである[226]。もっとも，完全な諾成契約化ではなく，①契約締結後に寄託を望まなくなった寄託者の解除権[227]，②書面によらない無償寄託の寄託物受取前の両当事者の解除権（ただし，書面による無償寄託の受寄者は，寄託物受取前でも解除権をもたない）[228]，③有償寄託または書面による寄託の目的物受領前の受寄者による催告解除権，④有償寄託の寄託者が破産した場合の受寄者または破産管財人の解除権に服する。

　要綱仮案は，(i)寄託の定義から受寄者の返還約束を外す一方，(ii)諾成契約とする（要仮38.1(1)）。もっとも，寄託物受取前の諾成的寄託契約の拘束力を緩和し，①**寄託者は**受寄者が寄託物を受け取るまで契約解除できるが，契約解除によって受寄者に損害が生じたときは，受寄者は賠償請求できる（要仮38.1(2)）。②**無償寄託の受寄者は**，寄託物の受取りまでは契約解除ができる。ただし，書面による寄託は解除できない（要仮38.1(3)）。③**有償寄託または書面による無償寄託の受寄者は**，寄託物の受取時期が経過したにもかかわらず寄託者が寄託物を引き渡さない場合，相当期間を定めて催告し，同期間内に引渡しがないときは契約解除ができるものとした（要仮38.1(4)）。

　改正民法は，この提案(i)・(ii)①～③を採用した（民法657の2＊）。

226）中試43.1概要・補足説明。

227）すでに改正前民法が，返還時期を定めた寄託契約の成立後でも，寄託者は何時でも返還請求できることを認めている（改正前662）。

228）無償契約である使用貸借に関する目的物引渡前の規律（中試39.1(2)）と同趣旨の規律である。

(3) 受寄者の自己執行義務

受寄者は，寄託者の承諾を得なければ，寄託物を使用できず，第三者に保管させることもできない（改正前658①）。中間試案は，(i)第三者保管が認められる要件として，①寄託者の承諾を得た場合に加え，②「**やむを得ない事由があるとき**」も，受寄者が寄託物を第三者（再受寄者）に保管させることができるものとし，受寄者の自己執行義務を若干緩和する提案をした（中試43.2(1)イ）[229]。そして，(ii)再受寄者と寄託者の法律関係につき，改正前民法105条・107条2項を準用する改正前民法658条2項に対し，「**再受寄者は，寄託者に対し，その権限の範囲内において，受寄者と同一の権利を有し，義務を負う**」という改正を提案した（中試43.2(1)・(2)）。これは，委任の規律（前述8(2)）との整合性を図ったものと解される[230]。要綱仮案は中間試案の提案を維持し（要仮38.2），**改正民法もこれを採用した**（民法658＊）。

(4) 寄託物についての第三者の権利主張

寄託物について権利を主張する第三者がある場合（改正前660）につき，中間試案の提案を受け（中試43.4），要綱仮案は次のように提案した。①寄託物について権利を主張する第三者が受寄者に訴えを提起し，または差押え，仮差押えもしくは仮処分をしたときは，受寄者は遅滞なくその事実を寄託者に通知しなければならない。ただし，寄託者が既に知っているときはこの限りでない。②第三者が寄託物について権利主張する場合でも，受寄者は寄託者の指図がない限りは寄託者に寄託物を返還しなければならない。ただし，受寄者が①の通知をした場合または寄託者が①の事実を既に知っている場合において，当該寄託物を当該第三者に引き渡すべきことを命ずる**確定判決**または**確定判決と同一の効力を有するもの**があり，それに従って当該第三者に当該寄託物を引き渡したときはこの限りでない。③受寄者は②によって寄託者に寄託物を返還しなければならない場合，寄託者にその寄託物を引き渡したことによって第三者に損害が生じたとしても賠償責任を負わない旨を提案した（要仮38.3）。**改正民法は，この提案を採用した**（民法660＊）。

(5) 寄託物の損傷・一部滅失の場合

寄託物が損傷または一部滅失した場合における寄託者の受寄者に対する損害賠償請求権に関し，改正前民法には規定がないが，中間試案の提案を受け（中

---

229) これに対し，「再受寄者を選任することが契約の趣旨に照らして相当であると認められるとき」に寄託物を第三者に保管させることができる旨の代替案も提示された（中試43.2（注））。

230) 中試43.2 概要・補足説明。

試 43.7)，要綱仮案は，次のように提案した。すなわち，①返還された寄託物の一部滅失または損傷があった場合の損害賠償および受寄者が支出した費用の償還は，寄託者が返還を受けた時から1年以内に請求しなければならない。②①の損害賠償請求権については，寄託者が返還を受けた時から1年経過するまで時効は完成しない（要仮 38.4）。**改正民法は，この提案を採用した**（民法 664 の 2 ＊）。

(6) 寄託者による返還請求

寄託契約の当事者が返還時期を定めた場合であっても，寄託者はいつでも返還請求できる（民法 662 ①）。その追加規定として，中間試案の提案（中試案 43.8）を受け，要綱仮案は，寄託者が返還時期の前に返還請求したことによって受寄者に損害が生じたときは，受寄者はその損害の賠償を請求できる旨を提案した（要仮案 38.5）。**改正民法はこれを採用した**（民法 662 ②＊）。これは異論のない解釈を条文化したものである。ここでいう「損害」の賠償は，諾成的寄託の成立後，寄託物の受取りまでの間に，寄託者が契約解除をしたときに生じる損害の賠償（民法 657 の 2 ①＊）と同じ趣旨である。その際に，寄託物の返還時期の定めがある場合において，その時期よりも前に寄託物が返還されたときに[231]，**寄託物の返還時から本来の返還時期までの報酬相当額**が損害に当たるかどうかは，解釈に委ねられている[232]。

(7) 混合寄託

受寄者が寄託を受けた代替物を，他の寄託者から寄託を受けた種類および品質が同一の寄託物と混合して保管し，寄託されたのと同一の数量のものを返還する特殊な寄託が，混合寄託（混蔵寄託）である。これにつき，中間試案の提案を受け（中試 43.10），要綱仮案は次のように提案する。すなわち，①複数の者が寄託した物の種類および品質が同一である場合，受寄者は，各寄託者の承諾を得たときに限り，これらを混合して保管できる。②①の場合，寄託者は**寄託した数量の物**の返還を請求できる。③①の場合において，寄託物の一部が滅失したときは，寄託者は，その**寄託した物の数量の割合に応じた物**の返還を請求することができる（要仮 38.6）。

改正民法は，この提案を採用し，新条文を設けた（民法 665 の 2 ＊）。なお，②は「寄託した物と同じ数量の物」の返還請求，③は「寄託した物の割合に応

231）寄託物の返還時期の定めがある場合，①寄託者はいつでも返還請求できるが（民法 662 ①），②受寄者は「やむを得ない事由」がなければ，期限前に返還することができない（民法 663 ②）。
232）中試 43.8 補足説明，中試 43.6 補足説明 2(3)参照。

じた数量の物」の返還請求とされた。これは，混合寄託の寄託者が寄託物に対する所有権を失い，返還を受けるべき物に対して所有権や共有持分権をもつものではないことから，債権的請求権としてとくに規定する意味があるものと解される。

(8) 消費寄託

消費寄託（改正前666）に関しては，中間試案の改正提案（中試43.11）を受け，要綱仮案は次のように提案した。すなわち，①受寄者が契約によって寄託物を消費できる場合，受寄者は寄託された物と種類，品質および数量の同じ物を返還しなければならない。②消費貸主の担保責任（改正前590）および価額償還（民法592）の規定は，①の場合に準用する。③消費借主はいつでも返還できる旨の規定（民法591②）は，預金または貯金に係る契約によって金銭を寄託した場合に準用する（要仮38.7）。

改正民法は，この提案を採用した（民法666＊）。その際，前記③の準用規定には，**借主は返還の時期の定めの有無にかかわらずいつでも返還できる**旨の規定（民法591②＊）に加え，**貸主は借主が返還時期の前に返還したことによって損害を受けたときは借主に賠償請求できる**旨の規定（民法591③＊）も準用されている（民法666③＊）。

消費寄託は寄託物と種類・品質・数量の同じ物を返還すべきものとする点で消費貸借（民法587）と類似する面がある一方，消費寄託は主として寄託者の利益，消費貸借は主として借主の利益を目的とする点で異なる面もある。そこで，消費寄託に消費貸借の規定を準用する際に，改正前民法のように一般的に準用することを改め，準用規定と準用される消費寄託の類型を個別的に明らかにするのが，改正の趣旨である。

(9) その他の改正提案

以上のほか，中間試案は，有償受寄者の保管に関する善管注意義務[233]，寄託者の損害賠償責任[234]，受寄者の報酬請求権に関する受任者の規律の準用[235]，寄託物の受取後に寄託者が破産手続開始決定を受けた場合における受寄者の返還権及び破産管財人の返還請求権ならびに返還時期前に返還請求を受けた受寄者の損害賠償請求権についても[236]，改正提案をした。しかし，要綱仮案はこれらを採用せず，**改正民法も規定を設けなかった**。

---

233) 中試43.3 概要参照。
234) 中試43.5 概要・補足説明参照。
235) 中試43.6 概要・補足説明参照。
236) 中試43.9 概要・補足説明参照。

304   V 債権各論(2)   契約各論部分の改正

10   組合契約

(1)   組合契約の意義

　組合契約とは，当事者が財産または労務を出資し，共同事業を営むことを約
束する契約である（民法667）。と同時に，組合は団体としての側面ももつ。民
法は組合について，組合員間の契約という観点から，第3編・債権，第2章・
契約の中に規定しているが（民法667～688），組合員が構成する団体という観点
からは，組合は社団と並ぶ団体であり，権利主体の一形態として，組合をみる
ことも必要である。そして，組合の団体的性質は通常の契約とは異なるルール
を必要としている。この点が，改正点にも関わっている（図表V-12）。

(2)   意思表示または法律行為の無効・取消し

　組合員の一部と他の組合員との組合契約に法律行為の無効原因，意思表示の
取消原因等があった場合，組合契約全体を失効させると，有効な組合契約を締
結した他の組合員への影響が過大となるおそれがある。そこで，**組合契約の無
効または取消しは，その当事者の脱退原因となるにとどまり，他の組合契約に
は影響しない**という解釈論が形成された。組合を通常の契約から区別して合同
行為とみるゆえんであるが，それは組合の団体的性質に起因する[237]。

　中間試案は，かかる解釈論を明文化すべく，組合員の一部の意思表示または
法律行為に「無効又は取消しの原因」があっても，他の組合員の間における組
合契約の効力は妨げられないとする旨の規定を提案した（中試44.1）。要綱仮案
もこれを採用し，同旨の規定を提案した（要仮39.2）。**改正民法は，この提案を
採用し，**「組合員の一人について意思表示の無効又は取消しの原因があっても，
他の組合員の間においては，組合契約は，その効力を妨げられない」とした
（民法667の3＊）。固まった解釈論を明文化するものとして，異論ないであろう。

(3)   契約総則に関する規定の不適用

　同様の問題は組合契約の無効，取消しのみならず，解除の場合にも生じる。
また，出資債務を履行していない組合員がある場合，出資債務の履行を求めら
れた他の組合員が，債務を履行していない者が存在することを理由に，同時履
行の抗弁権（民法533）を行使して，出資債務の履行を拒むことができるかも問
題になる。

　中間試案は，他の組合員が出資債務を履行しない場合につき，①組合員は他
の組合員が出資債務の履行をしないことを理由として自己の出資債務の履行を

237）松尾 2012a: 234 頁参照。

10　組合契約　　305

図表 V-12　組合に関する改正点

項目	改正前民法	中間試案	改正民法
①組合契約の無効・取消し	──	44.1	667 の 3 ＊
②契約総則規定の不適用	──	44.2	667 の 2 ＊
③組合の財産関係	668，674 ～ 677	44.3	675 ＊，677 ＊
④組合の業務執行	670	44.4	670 ＊
⑤組合代理	──	44.5	670 の 2 ＊
⑥組合員の加入	──	44.6	677 の 2 ＊
⑦組合員の脱退	678 ～ 681	44.7	680 の 2 ＊
⑧組合の解散事由	682	44.8	682 ＊
⑨組合の清算	685 ～ 688	44.9	685 ＊～ 687 ＊，688

＊は改正があった条文を示す。

拒むことができないこと（**同時履行の抗弁権の否定**），②組合員は他の組合員が出資債務の履行をしない場合でも組合契約の解除ができないこと（**解除権の否定**）を明文で定める提案をした（中試 44.2）。これら契約総則の規定を組合契約には適用しない理由も，組合の団体的性質に由来すると考えられる。

　要綱仮案も，①・②を採用すること（要仮 39.1）に加え，③双務契約の一方の債務が履行不能になった場合における他方の債務の履行請求の可否に関する危険負担ルール（民法 536）も組合契約には適用しないことを提案した（要仮 39.1 (1)）。これは，出資債務等，組合に対する一部の組合員の債務が履行不能になっても，他の組合員の債務に影響を及ぼさないことを明らかにするものである。

　改正民法は，これら①〜③の提案を採用した。すなわち，①・③につき，「**第 533 条及び第 536 条の規定は，組合契約については，適用しない**」（民法 667 の 2 ①＊）とし，②につき，「**組合員は，他の組合員が組合契約に基づく債務の履行をしないことを理由として，組合契約を解除することができない**」（民法 667 の 2 ②＊）と定めた。

(4)　組合の財産関係

(i)　組合財産の帰属　　組合員の出資や組合活動によって形成・取得された組合財産は，総組合員の「共有」に属する（民法 668）。したがって，各組合員は組合財産に対する持分をもつが，組合員がそれを売却する等処分しても，他の組合員および組合の債権者に対抗できず（改正前 676），持分権に基づく分割請求もできない（改正前 677）。一般の共有の場合（民法 256 参照）と異なる点であり，いわゆる合有と呼ばれる共同所有関係である。中間試案はこれらを前提

306　V　債権各論(2)　契約各論部分の改正

に，その内容をさらに明確にする趣旨の規定を提案した（中試44.3）。以下，組合員をA・B・C，組合員Aの債権者をP，組合の債権者をQ，組合の債務者をRとして，これらのルールがどのように整理されたかを確認する（図表V-13）。

　　①　**組合員Aの債権者P**は，「**組合財産に属する財産**」であるaに対し，その「**権利を行使すること**」[238]**ができない**（民法677＊に至る）。

　　②　**組合員A**は，組合財産に属する債権につき，「**自己の持分に応じて分割して行使すること**」**ができない**（民法676②＊に至る）。

　　③　**組合の債権者Q**は，「**組合財産に属する財産**」であるaに対し，その「**権利を行使すること**」**ができる**（民法675①＊に至る）。

　　④　**組合の債権者Q**は，「**組合財産に属する財産**」であるaのみならず（前記③），**各組合員A・B・Cに対しても**「**等しい割合でその権利を行使すること**」**ができる**。ただし，Qがその債権の発生時に組合員A・B・Cの**損失分担の割合を知っていたときは，その割合によってのみその権利を行使することができる**（民法675②＊に至る）。

　前記①・②・③は，改正前民法を前提に，**組合財産の独立性**（組合員の個人財産からの分離）を明確にするものである。とりわけ，前記①は，組合員個人Aの債権者Pが組合財産をAに対する当該債権（図表V-13の｜債権1｜）の責任財産とすることができない（したがって，Aに対する｜債権1｜に基づいて財産aの差押え等の執行もできない）ことを明確にする。ちなみに，組合員Aが組合財産（例えば，土地a）に対する持分権を他人（例えば，Aの債権者P）に売却または代物弁済する等の「処分」をしても，組合および「組合と取引をした第三者」（例えば，組合の債権者Q）に対抗できないことについては，すでに明文規定がある（民法676①）。その趣旨を根拠にして，PはAのaに対する持分権を差し押さえることもできないという解釈論を一般化し，Pはaに対する「**権利を行使すること**」**ができない**と一般的に規定するのが，前記①である。

　もっとも，一般社団法人及び一般財団法人に関する法律，有限責任事業組合契約に関する法律等に基づく法人のように，法人の登記および法人名義の財産の登記・登録が可能な場合と異なり，組合の場合は組合の登記も組合財産の登記・登録もできないことから，何らの公示なしに組合財産の独立性を一般的に認めることの明文化は，制度間のバランスを失する感もある[239]。そこで，前

238）ここでは，組合財産の総体ではなく，組合財産に属する個々の財産を対象とする権利行使等を問題にしていることを意味する（★最判昭和33年7月22日民集12巻12号1805頁，中試44.3補足説明2(2)参照）。

記①の規定は設けず，解釈に委ねるべきであるという考え方もあった。これに対し，Pは「組合財産に属する財産を差し押さえること」ができないと規定するにとどめることにより，組合財産の独立性を必要以上に強調することを回避できるという対案も示唆された[240]。

しかし，**改正民法は，前記①の提案を採用し，「組合員の債権者は，組合財産についてその権利を行使することができない」**と定めた（民法677＊）。

前記②は，組合財産に属する債権が組合員A・B・Cに分割帰属しないことを明示することにより，分割債権の原則（民法427）の例外を明文化するものである[241]。その趣旨は，すでに改正前民法も，組合の債務者Rが組合員B個人に対してたまたま債権（図表Ⅴ-13の債権2）をもっていたとしても，当該債務と債権2を相殺できないとする規定（改正前677）によって明らかにしていた。こうした分割債権の原則の例外は，組合事業のために用いられるべき組合財産（に属する債権）が組合員個人のために用いられ，組合活動に支障を来すことを回避する趣旨である[242]。

改正民法は，この提案を採用し，「組合員の債権者は，組合財産についてその権利を行使することができない」と定めた（民法677＊）。この規定は，「組合の債務者は，その債務と組合員に対する債権とを相殺することができない」とする改正前民法677条を包含することになる。

(ⅱ) **組合債務の帰属**　前記③は，組合債務，例えば，組合に対する債権者Qの債権（図表Ⅴ-13）が，各組合員に分割帰属するのではなく，1個の債務として総組合員に帰属し，組合財産がその引当てとなる趣旨の明文化である[243]。なお，組合の債権者Qが組合財産に属する財産を差し押さえ，強制執行する方法（組合員全員を相手方とする請求等）も明確にする必要がある。

改正民法は，この提案を採用し，「組合の債権者は，組合財産についてその権利を行使することができる」と定めた（民法675①＊）。

前記④は，同じく組合債務につき，組合に対する債権者Qは，組合員個人の責任を追及することもできる点に関わる。改正前民法は，Qが債権発生当時における組合員A・B・C間の損失分担割合を知らなかったときは，各組合員に対して等しい割合で権利行使できるとした（改正前675）。

---

239) 中試 44.3 概要・補足説明 2 ⑶。
240) 中試 44.3 補足説明 2 ⑶参照。
241) 組合財産は「総組合員の共有に属する」（民法668）から，組合財産に属する債権も各組合の準共有（民法264）に属するものと解される。
242) 中試 44.3 補足説明 3 参照。
243) 中試 44.3 概要・補足説明 4 ⑴参照。

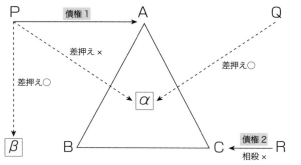

　これに対し，前記④は原則と例外を入れ替える提案である。その理由は，Qに対しA・B・C相互の損失分担割合を知らなかったことの証明を求めるより，均等割合を原則とし，これと異なる損失分担割合の定めがある場合は，それを債権者が知っていたことを各組合員が証明する方が適切であるという考え方に基づくものである[244]。

　改正民法は，この提案を採用し，「組合の債権者は，その選択に従い，各組合員に対して損失分担の割合又は等しい割合でその権利を行使することができる。ただし，組合の債権者がその債権の発生の時に各組合員の損失分担の割合を知っていたときは，その割合による」と定めた（民法675②＊）。

　こうして，改正民法は，前記①〜④の提案をいずれも採用した[245]。

(5) 組合の業務執行と組合代理

（i）**意思決定・その実行・組合代理の区別**　　組合の活動には様々な法律行為および事実行為が含まれる。それらは，①組合の業務に関する意思決定およびその実行としての②法律行為ならびに③法律行為以外の業務執行に区別することができる。このうち，②は組合員または業務執行者による代理行為（組合代理）によって行われる。改正前民法では，これら①〜③が明確に区別されずに組合の活動について規定されていた（改正前670〜673）。改正提案はこれらの区別を明確にした。

（ii）**組合の意思決定と業務執行の方法**　　組合の活動に関し，改正前民法は

---

244) 中試44.3概要・補足説明4(2)参照。
245) 前記①〜④の提案は，要綱仮案では，要仮39.3(1)＝前記③，同39.3(2)＝前記④，同39.4(1)＝前記①，同39.4(2)＝前記②に対応する。このうち，要仮39.3(1)＝前記③，要仮39.4(1)＝前記①は，組合財産と組合財産に属する個々の財産を区別する表現はせず，「組合財産」というにとどめた。また，要仮39.4(2)＝前記②は，組合員は組合財産である債権の「持分についての権利を単独で行使することができない」と表現した。

「組合の業務の執行」について規定した（改正前 670）。この業務執行は，その意思決定とその実行を含むものである。中間試案は両者を区別し，以下の改正を提案した（中試 44.4(1)～(5)）。

①　組合の業務は「組合員の過半数」によって「決定し」，「各組合員」が「執行する」。

②　「組合の業務執行」（意思決定とその実行を意味する）[246)]は，組合契約の定めに従い，1 人または数人の組合員または第三者に委任することができる。

③　前記②の委任を受けた者（業務執行者）は，組合の業務を決定し，これを執行する。業務執行者が 2 人以上ある場合は，組合の業務は業務執行者の過半数によって決定し，各業務執行者が執行する。

④　業務執行者を置いている場合でも，総組合員が組合業務を「執行すること」は妨げられない。

⑤　前記①～④にかかわらず，組合の「常務」は各組合員または各業務執行者が単独で決定し，執行できる。ただし，その完了前に他の組合員または業務執行者が異議を述べたときはこの限りでない。

以上のうち，前記①は，業務執行者を置かない組合の業務執行につき，意思決定の方法は改正前法どおり過半数で決するが，その執行の方法は各組合が実行できるとする。意思決定自体とその執行は別であり，いったん決定された業務の実行まで過半数による必要はないことを明らかにするものである。改正前民法 670 条 1 項もそれを否定する趣旨ではない [247)]。**改正民法は，前記①を採用し，「組合の業務は，組合員の過半数をもって決定し，各組合員がこれを執行する」とした**（民法 670 ①＊）。

前記②は，組合の業務執行は，組合契約の定めに従い，組合員以外の第三者に対しても委任でき，委任の方法も組合契約の定めによるべきであることを明示したものである [248)]。**改正民法は，この②を採用し，「組合の業務の決定及び執行は，組合契約の定めるところにより，一人又は数人の組合員又は第三者に委任することができる」とした**（民法 670 ②＊）。

前記③は，前記①と同様の趣旨を，業務執行者が複数ある場合について規定したものである。**改正民法は，この③を採用し，「前項〔民法 670 ②＊〕の委任を受けた者（以下「業務執行者」という。）は，組合の業務を決定し，これを執行**

---

246) 中試 44.5 補足説明 1 参照。
247) 中試 44.4 概要・補足説明 2(1)。
248) 判例（★大判大正 6 年 8 月 11 日民録 23 輯 1191 頁）の明文化である（中試 44.4 概要・補足説明 3(1)）。

する。この場合において，**業務執行者が数人あるときは，組合の業務は，業務執行者の過半数をもって決定し，各業務執行者がこれを執行する**」とした（民法670③＊）。

前記④は，組合の業務執行を業務執行者に委任した場合，組合員は業務執行権を失うが，組合員全員であればなお業務執行できることを明らかにしたものである。それは代理法理の当然の帰結を明文化したものである[249]。本人のための行為である以上，本人の意思決定およびその実行の余地を否定できないという趣旨である。**改正民法は，この④の提案を採用し，「前項の規定にかかわらず，組合の業務については，総組合員の同意によって決定し，又は総組合員が執行することを妨げない」**とした（民法670④＊）

前記⑤は，組合の常務について改正前法（改正前670③）を維持しつつ，意思決定とその執行を区別して規定した（どちらも単独で可とする）ものである。しかし，要綱仮案は常務について意思決定とその執行を区別する前記⑤を採用せず，**改正民法もここでは意思決定とその執行を区別することをせず，「組合の常務は，前各項の規定にかかわらず，各組合員又は各業務執行者が単独で行うことができる。ただし，その完了前に他の組合員又は業務執行者が異議を述べたときは，この限りでない」**とした（民法670⑤＊）[250]。

(iii)　**組合代理**　　組合の業務執行（意思決定とその実行）には，①組合と第三者との法律行為および②事実行為がある。①組合の法律行為の場合，[1] 組合員から他の組合員または組合員以外の業務執行者に対する代理権の授与（委任契約等による内部関係）と，[2] 代理権を授与された組合員または業務執行者による法律行為の相手方との代理行為（組合代理たる外部関係）がある。改正前民法はこれらの何れについても明確に区別していない。中間試案はこれらを区別し，組合代理について別個の規定を設けることを提案した（中試44.5）。

〈1〉　各組合員が他の組合員を代理して組合の業務を執行するには，**組合員の過半数による代理権授与**を要する。これは，組合の常務に属しない業務の代理権をどの組合員に授与するかも，組合員の過半数によるべきことを明確にしたものである[251]。

〈2〉　業務執行者を定めた場合は，業務執行者のみが組合員を代理する権限を

249）中試44.4概要・補足説明3(3)。

250）その理由は，組合の常務は意思決定もその執行も各組合員または各業務執行者が単独で行うことができるゆえに，改正前民法670条3項を改正する必要はないと考えられたものであろう。

251）判例（★大判明治40年6月13日民録13輯648頁，★最判昭和35年12月9日民集14巻13号2994頁）の明文化である（中試44.5補足説明2参照）。

有する。これは，業務執行者を選任した場合は，業務執行権の付与とともに代理権も授与されたものと解する判例を前提に[252]，その場合には組合代理の権限は業務執行者のみがもつことを明らかにしたものである。もっとも，この場合でも，組合員全員が第三者と法律行為をすることは可能であると解される[253]。

〈3〉　業務執行者が2人以上ある場合に，各業務執行者が組合員を代理して組合の業務を執行するには，業務執行者の過半数による代理権授与を要する。

〈4〉　ただし，組合の常務は各業務執行者が当然に組合員を代理して行う権限を有する。

改正民法は，〈1〉～〈4〉の提案を何れも採用した（民法670の2①＊＝〈1〉，同②＝〈2〉・〈3〉，同③＝〈4〉）。

さらに，組合代理の重要問題は，〈5〉組合員または業務執行者の1人が必要な過半数の同意を得ずに代理行為をしたり，業務執行者でない組合員が代理行為をした場合の法律行為の効果である。とりわけ，法律行為の相手方の保護が問題になる。この点につき，中間試案は改正提案をせず[254]，**改正民法**も定めなかった。表見代理等の代理の規定によって解決する趣旨である。

(6)　組合員の加入および脱退

（i）　**組合員の加入**　中間試案は，①組合の成立後でも組合員全員の同意または組合契約の定めに従い，新たに組合員を加入させることができ[255]，②その場合，新組合員は加入前に生じた組合の債務については履行する責任を負わない旨の規定を提案した（中試44.6(1)・(2)）。②は，組合の債権者Qは組合員A・B・C個人の固有財産にも権利行使できること（改正前675）を前提に，新規加入組合員については，加入前に生じた組合債務についての責任を免除する趣旨である。ちなみに，持分会社の場合は，会社成立後に加入した社員も加入前に生じた会社債務について弁済する責任を負う（会社法605）。ここには組合と組合よりも組織性が高く，団体・その構成員およびその財産状況についての公示も進んでいる社団法人（持分会社）との相違が現れている[256]。

要綱仮案は前記①・②の提案を採用し（要仮39.8(1)・(2)。もっとも，「履行する責任」に代えて「**弁済する責任**」とした），**改正民法もそれに従って規定を設けた**（民

252）★大判明治44年3月8日民録17輯104頁，★大判大正8年9月27日民録25輯1669頁，中試44.5補足説明3(1)参照。
253）これについては，前述(ii)④参照。
254）中試44.5補足説明3(3)。
255）判例（★大判明治43年12月23日民録16輯982頁）の明文化である。有限責任事業組合契約に関する法律24条，中試44.6補足説明1参照。
256）中試44.6補足説明2参照。

312　Ⅴ　債権各論(2)　契約各論部分の改正

法 677 の 2 ＊）。

　（ⅱ）　**組合員の脱退**　　中間試案は，改正前民法 678 条〜 681 条を維持しつつ，民法 678 条に加え，①やむを得ない事由があっても組合員が脱退できないことを内容とする合意は無効である，②脱退組合員は，組合債権者に対し，脱退前に生じた組合債務を履行する責任を負うが，他の組合員に対し，当該債務からの免責を得させることまたは相当な担保を供することを請求できる旨の規定を提案した（中試 44.7 (1)・(2)）[257]。

　要綱仮案は，前記②のみを採用し（なお，「履行する責任」に代えて「**弁済する責任**」とした），かつその場合につき，③組合債務を弁済した脱退組合員は組合に求償権を行使できる旨の規定を提案した（要仮 39.9 (1)・(2)）。最早団体構成員でない脱退組合員（例えば，図表Ⅴ-13 の C）は脱退前に生じた組合債務に関しても，組合員 A・B に対する内部関係においては組合債務を最早もたないという理解を前提にするものと解される。したがって，組合員の脱退時における組合との債権・債務関係については，当該組合の財産状況も考慮して，脱退時までに取り決めておく必要がある。

　改正民法は，これらの提案を採用した。まず，**前記②**に関し，「脱退した組合員は，その脱退前に生じた組合の債務について，従前の責任の範囲内でこれを弁済する責任を負う。この場合において，債権者が全部の弁済を受けない間は，脱退した組合員は，組合に担保を供させ，又は組合に対して自己に免責を得させることを請求することができる」（民法 680 の 2 ①＊）とした。この規定は，脱退組合員と組合との債権・債務関係はすでに清算されていることを前提にしている。したがって，脱退後の組合員が自己の固有財産から組合債務を弁済することは，他人の債務の弁済に当たるから，組合に対して担保の供与や免責の請求（組合財産で弁済可能な場合もある）が可能になる。一方，脱退組合員が組合債務を弁済すれば，他人の債務の弁済として，求償権を発生させる。そこで，**前記③**に関し，「脱退した組合員は，前項に規定する組合の債務を弁済したときは，組合に対して求償権を有する」（民法 680 の 2 ②＊）との規定も設けた。なお，組合と脱退組合員との間で，組合債務の弁済や求償につき，これと異なる約定をしたときは，それによることになる。

　（7）　**組合の解散および清算**

　（ⅰ）　**組合の解散事由**　　改正前民法は，組合の解散事由として，①組合の目

257)　前記①は任意脱退を許さないとする特約は公序良俗に反する（民法 90）と解するものであり，判例（★最判平成 11 年 2 月 23 日民集 53 巻 2 号 193 頁）の明文化である。中試 44.7 概要・補足説明 1 参照。

的である事業の成功またはその成功の不能のみを挙げる（改正前682）。中間試案はこのほかに，②組合契約で定めた存続期間の満了，③組合契約で定めた解散事由の発生，④総組合員の同意を追加する旨を提案した（中試44.8）。

さらに，⑤組合員が1人になった場合も解散事由に加えるべきか否かが問題になる。(a)組合の契約性または団体性を根拠に解散事由とする立場がある。しかし，(b)2人以上の組合員の合意によって組合がいったん成立し，事業を開始した後は，たとえ組合員が1人になっても，当該組合契約の内容に照らして新たな組合員の加入の可能性が否定できない限り，解散事由とせず，組合の存続を認めることが妥当であろう[258]。

このうち，要綱仮案は前記①〜④の提案を採用し（要仮39.10(1)〜(4)）[259]，**改正民法も前記①〜④を規定する改正を行った**（民法682＊）。

(ii)　**清算**　中間試案は，改正前民法685条〜688条を維持しつつ，改正前民法686条に対し，清算人は「清算事務の範囲内で各組合員を代理する権限を有する」旨の規定の追加を提案した（中試44.9）[260]。しかし，要綱仮案はこれを採用しなかった。これに対し，**改正民法は，清算人について，業務執行者による業務の決定と執行に関する改正民法**670条3項〜5項，**業務執行者による代理に関する改正民法**670条の2・2項，3項を準用した（民法686＊）。清算人の権限内容の詳細化と明確化を図ったものと解される。

11　終身定期金契約

終身定期金とは，当事者の一方が自己・相手方または第三者の死亡に至るまで定期に金銭・その他の物を相手方または第三者に給付する合意である（民法689）。もっとも，利用例が多くないことから，(a)民法の典型契約から削除すべき旨の提案もあった（中試45（注））[261]。これに対し，(b)**①当事者の一方または第三者の死亡まで存続する終身性**，および**②当事者間の対価的均衡に関する射倖性**において，他の典型契約にない特色があり，①または②の要素を含む無形契約の解釈指針になりことに鑑み，その存置が提案された[262]。

(b)の立場を前提に，中間試案は民法689条〜694条を維持しつつ，終身定期

---

258) ちなみに，合名会社に関する旧規定（社員が1人になったことを解散事由とした。会社法制定前商法94[4]）と異なり，現在は社員が1人でも持分会社は存続する（会社法641[4]）。中試44.8補足説明2参照。
259) 前記⑤に関しては，解釈論に委ねる趣旨と解される。
260) 判例法理（★大判大正14年5月2日民集4巻238頁）の明文化といえる。中試44.9概要参照。
261) なお，中試45補足説明2参照。
262) 中試45補足説明1。例えば，リバース・モーゲージ，私的年金契約等が想定されている。

金債務者の債務不履行を理由とする元本返還請求（民法691 ①前段）は，債務不履行の一般原則に従った契約解除を要件とする旨の改正を提案した（中試45）。しかし，要綱仮案は，(a)の削除案も(b)の改正提案も採用せず，**改正民法も，何ら改正をしなかった。**

12　和解契約

和解とは，争いをやめる約束である（民法695）。中間試案は，(a)「争いの対象である権利の存否又は内容に関する事項のうち当事者間で争われていたもの」については，錯誤があっても無効主張（改正前95。**改正民法**95条は取消し）ができない旨の規定を提案した（中試46）[263]。これに対しては，(b)引き続き解釈に委ねるべきであるとする立場もあった（中試46（注））[264]。要綱仮案は，(a)の提案を採用せず，**改正民法も，何ら規定しなかった。**(b)解釈論に委ねるものと解される。

263）これは，①争いの目的であった事項については錯誤無効の主張を認めない（★最判昭和38年2月12日民集17巻1号171頁等）が，②①の前提または基礎であった事項（★大判大正6年9月18日民録23輯1342頁等）および③①②以外の事項については錯誤無効を認めうる（★最判昭和33年6月13日民集12巻9号1492頁等）とする判例に依拠している。中試46補足説明1～2参照。
264）なお，中試46補足説明3参照。

おわりに
──「債権法改正」とは何か

1. 債権法改正の「隠された十字架」

　本書におけるこれまでの考察を踏まえて振り返ってみると，債権関係を中心とする今次の民法改正（以下，**債権法改正**）には，**契約尊重**（favor contractus）**の思想**──契約の成立・有効性・効力・解除等が問題となる各場面で，可能な限り契約が有効に存在するという解決を優先する思想[1]──が，**改正民法**の各所に具体化していることが確認できる。さらに，債権法改正には，契約尊重の思想を強化した契約絶対の原則──契約に基づく債務は，免責事由の明示または黙示の定めが認められない限り，絶対的であるという原則[2]──までもが潜入している可能性がある。すなわち，──

　①　契約自由の原則（方式の自由）が明規され（民法 522 ②＊），消費貸借（書面または電磁的記録による。民法 587 の 2 ＊），使用貸借（民法 593 ＊），寄託（民法 657 ＊）は当事者間の合意のみによって成立するものとされた（要物契約の諾成契約化）。

　②　契約の成立時に契約に基づく債務が履行不能であっても，債務不履行による損害賠償請求が可能である（民法 412 の 2 ②＊）。このことは，原始的不能の給付を目的とする契約も有効であり，それに基づく債権・債務が発生する（給付の実現可能性は契約の有効要件ではない）という解釈を可能にする。

　③　債権・債務の履行が不能であっても，債務が当然消滅することはなく，債権者の履行請求に対して債務者が履行拒絶できるにとどまる（民法 412 ①＊）。ただし，賃貸借契約は，賃借物全部の滅失等による使用・収益不能により，当然終了する（民法 616 の 2 ＊）。

　④　双務契約の一方当事者の債務の履行が不能になった場合，他方当事者の反対債務が原則として当然消滅すること（改正前 536 ①）はなく，一方当事者による反対債

---

1) 第 I 章「2　改正の趣旨」参照。「契約の尊重」の考え方に関しては，松尾 2012a:11-12 頁および同所注 22 参照。

2)「契約絶対の原則」に関しては，松尾 2012a: 9-11 頁参照。

務の履行請求に対し，他方当事者は履行拒絶をすることができる（民法536①＊）。

⑤　売買等の有償契約の目的物が種類・品質・数量に関して契約内容に適合しないときは，債権者は債務者に目的物の修補・代替物の引渡し・不足分の引渡しによる履行の追完請求，代金減額請求，損害賠償請求，契約解除を所定の要件の下にすることができる（民法562＊，563＊，564＊）。このうち，追完請求・代金減額請求・契約解除は，目的物引渡債務を負う売主・その他の債務者の故意・過失等の帰責事由なしに認められる。ただし，目的物がその引渡後に，当事者双方の帰責事由によらずに滅失・損傷したときは，追完請求・代金減額請求・損害賠償請求・契約解除はできない（民法567①＊）。

⑥　契約は，債権者が相当期間を定めて債務者に催告した後に債務の履行がされない場合でも，債務不履行が「軽微」であるときは，解除することができない（民法541但＊）。

⑦　契約当事者による合意の効果が認められる範囲が拡大された。例えば，連帯債権者または連帯債務者の1人（の行為）について生じた事由は原則として他の連帯債権者または連帯債務者に影響を及ぼさない相対的効力が原則であるが，他の連帯債権者の1人と債務者，または他の連帯債務者の1人と債権者が別段の意思を表示したときは，「その意思に従う」ことが規定された（民法435の2但＊，441但＊）。また，買戻しは，買主が支払った代金と契約費用を返還し，売買契約を解除して行われるが，買主が支払った代金に関しては，当事者が別段の合意によって金額を定めたときは，それによる（民法579前括＊），その他である。

⑧　債務者が債務の本旨に従った履行をしないとき，または債務の履行が不能であるときは，債権者はそれによって生じた損害の賠償請求ができるが，債務の不履行が債務者の「責めに帰することができない事由」によるときは，損害賠償義務を負わない（民法415①但＊）。

しかしながら，債務不履行が債務者の「責めに帰することができない事由」によるといえるか否かは，「契約その他の債務の発生原因及び取引上の社会通念」（民法415①但＊）によって判断されることから，「契約」等の債務発生原因と「取引上の社会通念」の関係をどのように解釈するかにより，債務者が損害賠償義務を免れるか否かの帰結が左右されることになる。(a) 両者の関係を主観的帰責不能事由と客観的帰責不能事由として並列的に解釈すれば，改正前民法415条の帰責事由の解釈から離れるものではない。これに対し，(b)「契約」における帰責不能事由の定めを重視すれば，「契約」において免責事由を定めておかなければ，損害賠償（履行利益の賠償）義務を負うと判断される余地を残している。ここには，契約によって債務を負担したからには，免責事由を契約で明示または黙示に定めておかなければ，損害賠償責任を負うという，**契約絶対**の原則が潜入しており，帰責不能事由の解釈次

第では，それが発現する可能性がある。まさに今次民法改正の「隠された十字架」[3]というべきものである。

2.「契約」とは何か

　もっとも，契約の尊重やそれに伴う契約の効力強化の傾向，とりわけ契約絶対の原則に対しては，民法の適用対象となる市民が，これらの改正規定（前述 1 ①〜⑧）をどのように解釈し，具体的問題の解決のために適用してゆくかにより，契約の意味内容が微妙な相違を生じる可能性もある。例えば，給付の実現可能性を契約の有効要件から外し，《契約成立時に既に実現不可能な給付を目的とする契約》も有効であるとした場合，そこでの「契約」は，実体を伴ったリアルなものというよりも，合意を通じて約束したこと，引き受けたこと，その文言自体に着目したノミナルなものとして観念されることが考えられる。いずれの契約観が主流化してゆくかにより，例えば，債務不履行による損害賠償を請求された債務者が，不履行は「債務者の責め帰することができない事由」であると反論するときの，この事由の存在を根拠づける「契約……及び取引上の社会通念」（民法 415 ①但＊）が，どれだけ「契約」に依拠したものとなるか，あるいは「取引上の社会通念」が独自の判断基準を提供しうるか，そして，改正民法 415 条の損害賠償責任がもっぱら契約責任として純化し，契約絶対の原則に接近するか，あるいは契約からは相対的に独立した帰責事由によって責任の有無を判断する帰責事由主義（改正前 415 後）が維持されるかが，影響を受けるであろう。

　ちなみに，ノミナルな契約観をとることは，契約文言を重視し，契約が当事者の一方による承諾の意思表示の到達によって成立する（民法 522 ①＊，97 ＊）その時まで，契約文言の交渉を通じて予めリスク回避行動をとることに通じるであろう。それは熟練した事業者に適合する契約観でもある。そうした契約観をもつ者にとって，契約の成立については到達主義を徹底し，申込みや承諾の通知の到達不能リスクは表意者に負わせるべく，承諾通知の延着の通知（改正前 522）および申込みの撤回通知の延着の通知（改正前 527）の規定が削除されたことは，行動準則として受容可能であろう。問題は，そうしたノミナルな契約観が，消費者たる一般市民にも支持されるかどうかである。

　こうしてみると，債権法改正は，既に終わったのではなく，今まさに始まろうとしている――せいぜい始まりの終わりを迎えたにすぎない――というべきであろう。

3）第Ⅰ章「2　改正の趣旨」の末尾参照。

索　引

あ行

異議をとどめない承諾　　129, 130
意思能力　　25
意思表示の瑕疵　　203
一部弁済による代位　　153
一部無効　　45
委任契約　　19, 293
請負契約　　19, 282
受取証書　　144
役務提供契約　　282
延着の通知
　　承諾通知の――　　174
　　申込みの撤回通知の――　　175
落ち度　　173

か行

外国通貨債権　　65
解散事由　　312
解除権　　286, 289
買戻し　　243
価額償還義務　　94, 221
隔地者間　　179
確定期限　　69
貸金等根保証契約　　115
瑕疵担保責任　　4, 235, 285
過失相殺　　78
元本確定期日　　115
元本確定事由　　115
危険の移転　　73, 143
期限の利益　　49
危険負担　　4, 16, 70, 214, 223, 242
期限前弁済　　260
基準割合　　66

帰責事由　　70, 219
　　――主義　　74, 173
帰責不能事由　　75
寄託契約　　20, 299
規範的解釈　　183
記名式所持人払証券　　135
客観的帰責事由主義　　75
求償権　　106, 111, 112, 116, 117, 139, 163
供託　　125, 147
共通錯誤　　29
共同保証人　　151
極度額　　116
組合員
　　――の加入　　311
　　――の脱退　　312
組合契約　　21, 304
組合財産　　22, 305
組合債務　　307
組合代理　　21, 308
グレーリスト　　188
経営者保証　　117
継続的契約　　225
競売　　240
契約
　　――の解釈　　182
　　――の重大な不履行　　216
　　――の成立時期　　15, 179
　　――の尊重　　3, 5, 22, 170
　　――の有効要件　　182
契約解除　　16, 214, 216, 237, 281, 289
契約改訂　　230
契約交渉段階　　174
契約自由の原則　　170
　　契約締結の自由　　170
　　契約の内容決定の事由　　170

契約の方式の自由　　170
契約上の地位の移転　　204
契約責任主義　　75
契約絶対主義　　75, 173, 225
契約締結上の過失　　172, 215
契約不適合　　232, 238, 240, 284-289
――責任　　16, 235, 237, 285-287
検査・通知義務　　232
原始的不能　　3, 70, 170, 214, 224
現受利益　　46
原状回復　　18, 273
懸賞広告　　15, 180
顕名主義　　33
権利行使要件　　129, 131
権利保護（資格）要件　　29, 31
合意重視　　157
合意主義　　157, 168
合意承継原則　　213
更改　　15, 99, 103, 105, 113, 162
交叉的不法行為　　159
口座への払込み　　144
公序良俗違反　　24
公正証書　　117
後発的不能　　4, 70, 215, 223
抗弁の接続　　259
個人貸金等根保証契約　　115
個人求償保証契約　　116
個人根保証契約　　115
個人保証人　　114
雇用契約　　18, 290
混合寄託　　302
混同　　99, 103, 105, 113

さ行

債権　　64, 69
――の譲渡性の原則　　122
――の内容　　64
――の目的　　64
債権回収機能　　84, 93
債権者代位権　　11, 82
債権譲渡　　13, 122
債権譲渡制限特約　　13, 122
債権的効果　　124
再交渉　　230

催告　　58
催告解除　　16, 216
債務消滅行為　　111, 113
債務の移転　　136
債務引受　　136
債務不履行責任　　4
債務免除　　104
詐害行為取消権　　11, 87
詐欺　　8
錯誤　　6, 27
指図証券　　134
三面更改　　166
敷金　　18, 267
事業者法　　173
時効
――の援用権者　　60
――の完成猶予　　9, 56
――の更新　　9, 54
――の中断　　54
――の停止　　56
自己契約　　38
自己執行義務　　293, 301
事後の通知　　107, 112
持参人払証券　　135
事情変更の法理　　228, 271
事前求償権　　111
事前の通知　　106, 112
指定行為　　180
支払不能　　91
指名債権　　122, 126
収去義務　　274, 281
収去権　　274, 281
終身定期金契約　　313
修繕義務　　267
修繕権　　267
受益の意思表示　　199
主観的起算点　　49
授権　　44
受贈者の非行　　250
受託保証人　　111, 114
受領義務　　233
受領権者としての外観を有する者　　14
受領遅滞　　11, 72, 142
種類物　　65
準消費貸借　　256

320 索 引

条件　　8, 48
証券的債権　　134
条項使用者不利の原則　　191
商事消滅時効　　51
使用貸借契約　　17, 277
承諾　　123, 129, 131, 165
消費寄託　　303
消費者法　　173
消費貸借契約　　17, 253
消滅時効　　9, 49, 103, 104, 108
将来債権譲渡　　13, 127
除斥期間　　53
署名代理　　33
心裡留保　　26
　狭義の——　　26
請求　　99, 103, 114
生命・身体　　53
責任財産減少行為　　90
絶対的効力事由　　105, 114
選択債権　　66
相殺　　14, 100, 103, 105, 113, 155
　——の禁止　　155, 158
　——の充当　　161
　債権譲渡と——　　13
相対的効力事由　　105, 114
相対的効力の原則　　12, 103, 104, 105
相対的取消し　　88
相対的無効　　88, 92
相当価格処分行為　　90
双方代理　　38
双務契約　　192
贈与契約　　16, 244
贈与者の困窮　　249
贈与者の責任　　245
損益相殺　　79
損害軽減義務　　78
損害賠償額の予定　　79
損害賠償請求権　　236, 274, 282

た行

代金減額請求権　　236
代金支払義務　　241
第三者による詐欺　　30
第三者による弁済　　148

第三者のためにする契約　　15, 196
第三者保護　　10, 29, 30
第三取得者　　151, 152
代償請求権　　10, 79
代物弁済　　92, 147
代理権の濫用（代理人の権限濫用）　　8, 40
代理行為の瑕疵　　35
対話者間　　179
諾成契約　　17, 20, 147, 295
諾成主義　　170
諾成的消費貸借　　254
短期賃貸借　　262
担保責任
　請負人の——　　19, 193, 285
　売主の——　　65, 192, 232, 234, 275
　競売における——　　240
　消費貸主の——　　257, 258, 303
　贈与者の——　　16, 246, 248, 259
　——の存続期間　　240, 287
担保保存義務　　153
遅延賠償　　11
中間利息　　11, 78
重畳適用　　41
貯金債権　　126
賃貸借契約　　17, 261
賃貸借の存続期間　　263
賃貸人の地位の移転　　206, 207, 264
賃料減額請求権　　268
追完権　　235
追完請求権　　236
追奪担保責任　　238
通知　　131
定期金債権　　52
定型約款　　15, 185, 186
手付　　16, 233
転貸　　271
塡補賠償　　11, 76
転用型　　83, 87
動機の錯誤　　28
同時交換的行為　　90
同時履行　　144
同時履行の抗弁（権）　　16, 192
当然承継原則　　204, 212, 213
到達主義　　33, 176, 178
特定債権　　83

索引　321

特定物債権　64
特定物の現状引渡義務　143
特別解約権　115
取引上の社会通念　64, 72, 75

な行

二重期間化　49
任意解除（権）　19, 297
任意代位　150
根保証　115

は行

売買契約　232
発信主義　175, 178
非義務行為　92
非真意表示　26
被代位権利　82
否認権　87, 90
被保全債権　82
表見代理　41
費用償還請求権　274, 282
比例原則　109
ファイナンス・リース　275
不安の抗弁　193
不意打ち条項　188
不確定期限　8, 69
不可分債権　101
不可分債務　108
復受任者　8, 19
複数契約の解除　220
復代理人　37
不実表示　28, 31
付従性　109
不真正連帯債務　104
付随義務　173
負担部分　106, 108
物権的効果　126
不当条項規制　188
不当利得　22
不特定物　65
不法行為　53, 158
ブラックリスト　188
分割債権　98

分割債務　102
併存的債務引受　137
弁済　14, 99, 142
　——による代位　14, 150
　——の充当　145
　——の提供　73, 142
　——の場所・時間　144
変動制　66
偏頗行為　91
妨害排除請求等　96, 266
報酬請求権　283, 290, 295
法人貸金等根保証契約　116
法定委任　85
法定責任　236
法定訴訟担当　85
法定代位　151
法定追認　47
法定利率　11, 66, 78
暴利行為　25, 189
法律行為　24
保護義務　173
補充的解釈　183
保証債務　12, 109
本旨弁済　91
本来的解釈　183

ま行

無委託保証人　112
無記名債権　9, 135, 136
無記名証券　136
無権代理人の責任　9
無催告解除　16, 217
無償行為　46
無利息消費貸借　258
免除　99, 103, 108, 114, 167
免責的債務引受　137, 138
免責特約　289
申込み
　承諾期間の定めのある——　174
　承諾期間の定めのない——　175

や行

約款　　185
有価証券　　9, 134
要物契約　　5, 17, 20, 253
預金債権　　126
予約　　232, 256

ら・わ行

ライセンス契約　　276
利益相反行為　　8, 38
履行　　99
履行危殆化事由　　194
履行拒絶権　　71
履行請求権　　69, 171, 200, 220, 224
　　——の限界事由　　70
履行遅滞　　69
履行の強制　　11, 74
履行不能　　10, 70, 214, 225
履行補助者　　37
利息　　257
利息債権　　66
利息付消費貸借　　257
連帯債権　　12, 98
連帯債務　　12, 102
和解契約　　314

松尾　弘（まつお　ひろし）

慶應義塾大学大学院法務研究科教授。
1962年長野県生まれ。慶應義塾大学法学部卒業。一橋大学大学院法学研究科博士後期課程単位取得。横浜市立大学商学部助教授，横浜国立大学大学院国際社会科学研究科教授を経て，現職。この間，シドニー大学客員教授，オックスフォード大学客員研究員，社会資本整備審議会（住宅宅地分科会）臨時委員，国土審議会（土地政策分科会）委員，公認会計士試験委員（民法），国際協力機構（JICA）法整備支援委員会委員，国際協力銀行（JBIC）環境社会配慮ガイドライン担当審査役などを務める。
主要著作に，『民法の体系——市民法の基礎（第6版）』（慶應義塾大学出版会，2016），『民法改正を読む——改正論から学ぶ民法』（慶應義塾大学出版会，2012），ヘルムート・コーイング『法解釈学入門』（訳，慶應義塾大学出版会，2016），ジョセフ・ラズ『法体系の概念——法体系論序説（第2版）』（訳，慶應義塾大学出版会，2011），『発展するアジアの政治・経済・法——法は政治・経済のために何ができるか』（日本評論社，2016），『開発法学の基礎理論——良い統治のための法律学』（勁草書房，2012），『良い統治と法の支配——開発法学の挑戦』（日本評論社，2009），『基本事例から考える損失補償法』（大成出版社，2015），『財産権保障と損失補償の法理』（大成出版社，2011），『物権・担保物権法（第2版）』（共著，弘文堂，2008），『債権総論』（共著，法律文化社，2006），『新訂 民法と税法の接点——基本法から見直す租税実務』（共編著，ぎょうせい，2007）ほか。

債権法改正を読む

——改正論から学ぶ新民法

2017年10月20日　初版第1刷発行

著　者————松尾　弘
発行者————古屋正博
発行所————慶應義塾大学出版会株式会社
　　　　　　〒108-8346　東京都港区三田2-19-30
　　　　　　ＴＥＬ〔編集部〕03-3451-0931
　　　　　　　　　〔営業部〕03-3451-3584〈ご注文〉
　　　　　　　　　〔　〃　〕03-3451-6926
　　　　　　ＦＡＸ〔営業部〕03-3451-3122
　　　　　　振替 00190-8-155497
　　　　　　http://www.keio-up.co.jp/
装　丁————渡辺澪子
組　版————株式会社キャップス
印刷・製本——萩原印刷株式会社
カバー印刷——株式会社太平印刷社

©2017　Hiroshi Matsuo
Printed in Japan ISBN978-4-7664-2474-4

慶應義塾大学出版会

民法の体系［第6版］
――市民法の基礎

松尾 弘著　新民法に完全対応！　本書1冊で民法総則から親族・相続法まですべての民法領域をカバー。民法を体系的に理解できる好評のテキスト。改正点については、改正前民法と新民法の違いを理解できるように記述され、各種試験対策にも最適。見出項目を充実させ、記述内容が一目で分かるようになった、最新「第6版」！　　　　　　　　◎5,200円

民法改正を読む
――改正論から学ぶ民法

松尾 弘著　まず学ぶべき改正の「原点」！
本書『債権法改正を読む』姉妹書。今回の民法改正にいたるまでの道のりは長い。どういった議論を経て、この民法改正は成立しているのか？『債権法改正を読む』の前段階を記述する。改正の過程から読み解くことにより、民法の論点、改正の趣旨・内容を学び、民法をより深く理解できる好評書。　◎2,400円

表示価格は刊行時の本体価格（税別）です。